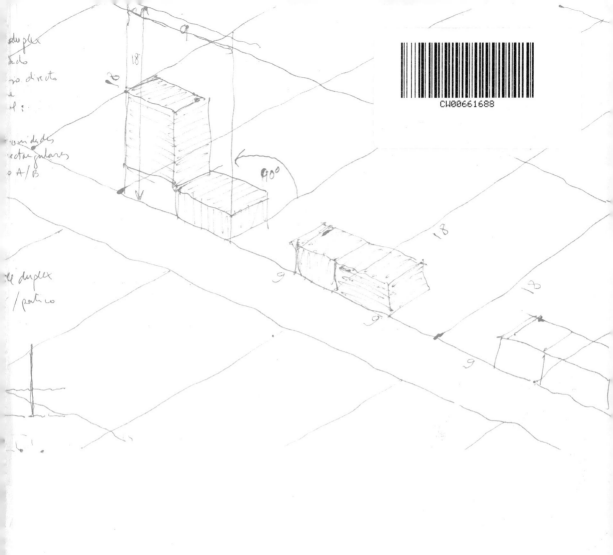

du plex
ucho
io directo
el :

vividades
rectangulares
o A/B

e duplex
/ portico

18

900

9

18

18

9

9

ELEMENTAL

ELEMENTAL

MANUAL DE VIVIENDA INCREMENTAL | INCREMENTAL HOUSING
Y DISEÑO PARTICIPATIVO | AND PARTICIPATORY DESIGN MANUAL

Alejandro Aravena | Andrés Iacobelli

HATJE
CANTZ

TABLA DE CONTENIDO | **TABLE OF CONTENTS**

TABLA DE CONTENIDO | TABLE OF CONTENTS

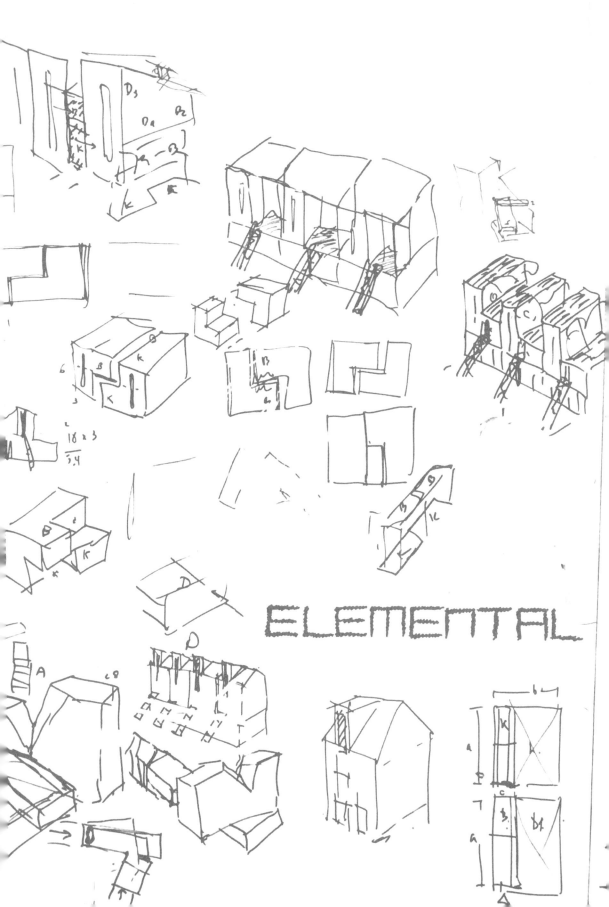

ELEMENTAL

INTRODUCCIÓN

Este libro es básicamente un documental: recoge la experiencia de Elemental siguiendo un orden cronológico, desde nuestros comienzos como una iniciativa orientada a mejorar la calidad de la vivienda social, hasta los proyectos a escala de ciudades completas en los que estamos trabajando actualmente.

Además de los proyectos propiamente tal, se registra la historia personal detrás de Elemental, las condiciones de la política habitacional dentro de las cuales se aceptó trabajar, las distintas estructuras adoptadas para financiar nuestro tiempo y las estrategias de participación comunitaria, por nombrar algunas de las dimensiones de nuestra acción.

Al comienzo del libro el lector encontrará, en pocas palabras, algunas conclusiones de lo que nos parece relevante definir al momento de proponer vivienda social. Luego, para cerrar, se ofrece un resumen operativo de estas mismas conclusiones. Quien quiera tomar un atajo por el libro, puede leer el principio y el final. Todo lo que hay entremedio no es más que el detalle, lo más honesto posible, del camino que nos llevó a tales conclusiones.

INTRODUCTION

This book is basically a documentary: it collects the experience of Elemental in chronological order, from its inception as an academic initiative aimed at improving the quality of social housing, all the way up to its role as a professional "Do Tank" operating at the scale of entire cities.

In addition to the housing projects, this publication records the personal history behind the practice, the policy and political framework, the different shapes the group has adopted to finance their operation, and the strategies for participatory design.

At the beginning the reader will find some definitions of what is relevant when designing social housing, and at the end there is an operational synthesis that allows this knowledge to be transformed into concrete projects; what is found in between is only the most honest possible detailing of the road that led Elemental to its conclusions.

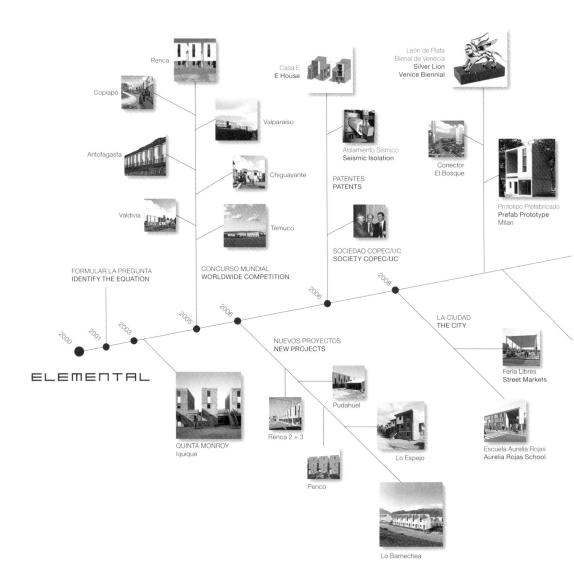

Renca

Copiapó

Antofagasta

Valdivia

Casa E
E House

Valparaíso

Chiguayante

Temuco

Aislamiento Sísmico
Seismic Isolation

PATENTES
PATENTS

SOCIEDAD COPEC/UC
SOCIETY COPEC/UC

León de Plata
Bienal de Venecia
Silver Lion
Venice Biennial

Conector
El Bosque

Prototipo Prefabricado
Prefab Prototype
Milan

FORMULAR LA PREGUNTA
IDENTIFY THE EQUATION

CONCURSO MUNDIAL
WORLDWIDE COMPETITION

LA CIUDAD
THE CITY

2000   2001   2003   2005   2006   2006   2008

ELEMENTAL

NUEVOS PROYECTOS
NEW PROJECTS

Feria Libres
Street Markets

QUINTA MONROY
Iquique

Renca 2 + 3

Pudahuel

Lo Espejo

Escuela Aurelia Rojas
Aurelia Rojas School

Penco

Lo Barnechea

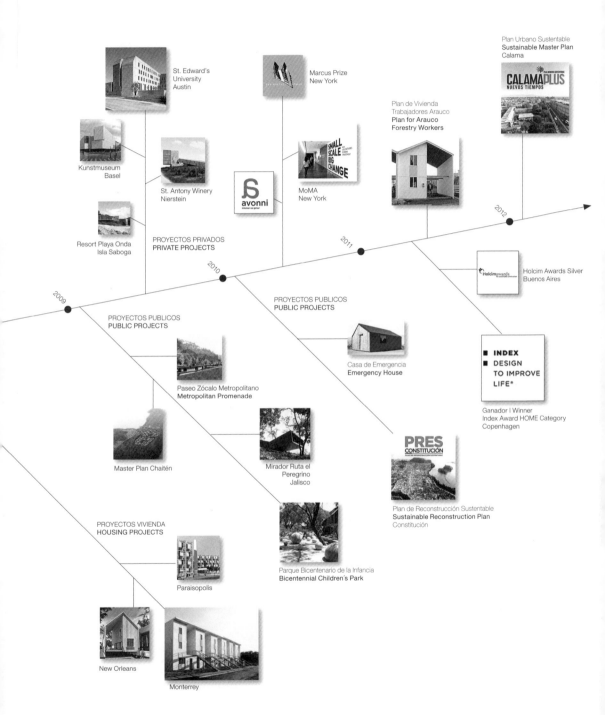

St. Edward's
University
Austin

Marcus Prize
New York

Plan Urbano Sustentable
Sustainable Master Plan
Calama

Plan de Vivienda
Trabajadores Arauco
**Plan for Arauco
Forestry Workers**

Kunstmuseum
Basel

St. Antony Winery
Nierstein

MoMA
New York

**PROYECTOS PRIVADOS
PRIVATE PROJECTS**

Resort Playa Onda
Isla Saboga

2012

2011

2010

Holcim Awards Silver
Buenos Aires

2009

**PROYECTOS PUBLICOS
PUBLIC PROJECTS**

**PROYECTOS PUBLICOS
PUBLIC PROJECTS**

Casa de Emergencia
Emergency House

Paseo Zócalo Metropolitano
Metropolitan Promenade

■ **INDEX**
■ **DESIGN
TO IMPROVE
LIFE***

Master Plan Chaitén

Mirador Ruta el
Peregrino
Jalisco

Ganador | Winner
Index Award HOME Category
Copenhagen

PRES
CONSTITUCIÓN

**PROYECTOS VIVIENDA
HOUSING PROJECTS**

Plan de Reconstrucción Sustentable
Sustainable Reconstruction Plan
Constitución

Paraisopolis

New Orleans

Parque Bicentenario de la Infancia
Bicentennial Children's Park

Monterrey

¿CUÁL ES EL PUNTO?
El Problema de la Vivienda Social en Pocas Palabras

WHAT'S THE POINT?
The Problem of Social Housing in a Few Words

Cualquiera de nosotros (una familia de clase media) puede vivir razonablemente bien si la vivienda tiene en torno a los 70 u 80 metros cuadrados.[1] Pero ¿qué pasa si no hay dinero suficiente, ya sea en la forma de ahorro familiar privado o de dinero público, para pagar ese estándar?

Tanto las políticas públicas como el mercado han desarrollado dos estrategias para enfrentarse a la escasez de recursos: alejar y achicar. Cuando no hay dinero suficiente, las viviendas se tienden a construir ahí donde el suelo cuesta poco, en las periferias carentes de servicios, marginadas de las oportunidades que las ciudades concentran (fig. 1) y, por otra parte, la escasez de recursos hace que el tamaño de la vivienda se reduzca hasta llegar a superficies que están entre los 30 y los 40 metros cuadrados (fig. 2).

Frente a la escasez de tamaño, las familias reaccionan ampliando sus viviendas como pueden, en general, a pesar de los diseños y no gracias a ellos, con los consiguientes riesgos estructurales, deterioro urbano y hacinamiento general (figs. 3–4). Frente a la lejanía, no hay mucho que las familias puedan hacer.

Any of us in a middle-class family can live reasonably well in a house of between seventy and eighty square meters.[1] But what if there is not enough money? What if there are insufficient private savings or access to a mortgage or public subsidies to pay for a middle-class standard?

Public policies, and real estate markets as well, have developed two strategies to deal with the scarcity of means: to reduce and to displace. When there is not enough money, housing solutions tend to be built where land costs close to nothing, in underserved peripheries, marginalized from the opportunities that cities concentrate (fig. 1). On the other hand, scarcity of means reduces the size of the housing unit until areas range from thirty to forty square meters (fig. 2).

In order to compensate for the lack of space, people react by expanding their homes—building themselves, however they can, in general despite the unit's design and not thanks to it, with subsequent structural risks, urban deterioration, and general overcrowding (figs. 3–4). There is not much people can do to compensate for the distance and displacement.

---

1   Esta afirmación se basa en parte en datos duros que se expondrán en detalle en el capítulo de política habitacional. Pero es también fruto del sentido común y sobre todo resultado de lo que usamos sistemáticamente como parámetro de calidad: hacer el ejercicio de preguntarnos a nosotros mismos si viviríamos en las casas que diseñamos.

1   This statement is made based on data that will be presented in the housing policy chapter. But it is also fruit of common sense and mainly of what we systematically use as a parameter to measure quality—the exercise of asking ourselves: would I myself live in this house I am designing?

fig. 1

fig. 2

fig. 3

fig. 4

MONEY NO MONEY

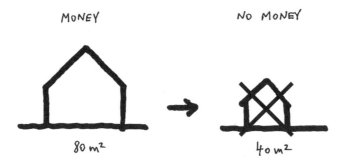

80 m²   40 m²

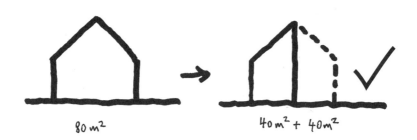

80 m²   40 m² + 40 m²

1.1 ½ CASA BUENA ≠ 1 CASA CHICA

Lo que hicimos en Elemental fue sustituir un lógica reduccionista (achicar) por un principio de síntesis. Dijimos: si el dinero no alcanza para más de 40 metros cuadrados, ¿por qué no consideramos que en vez de una casa chica, éstos pueden ser vistos como la mitad de una casa buena? Cuando el problema se reformula mirando a los 40 metros cuadrados como la mitad de una casa buena, en vez de una casa chica, la pregunta clave es: ¿qué mitad hacemos? Nos pareció que lo más eficiente era hacer aquella mitad de una casa que una familia nunca va a poder lograr por cuenta propia.

Esto no es más que entender que cuando no hay dinero suficiente, una alternativa a achicar, es formular el problema como vivienda progresiva, como vivienda incremental. Bajo ese lente, la autoconstrucción informal puede dejar de ser vista como un problema y empezar a ser considerada como parte de la solución. Las favelas, barriadas, villas miseria, campamentos o como se les quiera llamar a los asentamientos informales, pueden ser vistos como una incapacidad de ciertos sectores de la población para acceder a la vivienda formal; pero ellas también pueden ser vistas como una enorme capacidad de autogestionarse el propio espacio de habitación a pesar de no contar con las herramientas para hacerlo dentro de los mecanismos formales de la sociedad. Se puede considerar a los asentamientos informales como un problema, si se los ve como la consecuencia de no tener suficientes recursos; pero se los podría considerar como parte de la solución si los vemos como lo que se puede hacer a

1.1 HALF A GOOD HOUSE ≠ ONE SMALL HOUSE

At Elemental we replaced the reductive logic with a principle of synthesis. We said: if the money can only pay for around forty square meters, instead of thinking of that size as a small house, why don't we consider it as half of a good one? When the problem is reframed by looking at forty square meters as half of a good house instead of a small one, the key question is: which half do we do? We thought the best thing was to do the half that a family was unlikely to do well on its own.

When there is not enough money, an alternative to reducing (size and quality) is to frame the problem as incremental housing. Under that lens, self-construction can stop being seen as a problem and start being considered as part of the solution. Favelas, slums, squats, and other informal settlements are normally seen as indicative of the incapacity of a population to access formal housing; but they could also be seen as the enormous capacity of the population to provide itself with the dwelling space despite lacking the tools to do so within the formal mechanisms of society. Informal settlements are a problem if we look at them as the consequence of not having enough resources, but they could be a solution if we look at them as what can be done despite not having enough resources. Evidence shows that self-construction actually requires considerable financial and building capacity. The real scarce resource then is not so much money, but coordination: the sum of individual performances, even if each of them is of certain quality, does not necessarily guarantee the collective quality or the common good. An overall view and sense of the whole is therefore necessary to channel

pesar de no tener suficientes recursos. La evidencia muestra que la autoconstrucción requiere de hecho una enorme capacidad financiera y constructiva. Por lo tanto, lo verdaderamente escaso no son los recursos, sino la coordinación: la suma de acciones individuales, incluso de una cierta calidad en sí mismas, no garantizan necesariamente la calidad colectiva ni el bien común. Una visión de conjunto y un sentido de total son por tanto necesarios para canalizar en un sentido y dirección positivos la enorme cantidad de energía individual que la informalidad contiene.

La idea de vivienda progresiva o incremental no es nueva; se planteó a fines de los años sesenta. ¿Qué es lo nuevo entonces? Entender que lo incremental no es simplemente dejar una construcción inacabada y esperar que cada individuo la complete. La incrementalidad debe ser diseñada. Siguiendo el sentido común y la ley del mínimo esfuerzo, hay que anticipar en la forma inicial esa segunda mitad que le permitirá a cada familia alcanzar el estándar de clase media. En Elemental identificamos un conjunto de condiciones de diseño que se hacen cargo de la incrementalidad.

1.2 LA VIVIENDA COMO INVERSIÓN
Y NO SÓLO COMO GASTO SOCIAL

Todos nosotros, cuando compramos una casa, esperamos que ella aumente de valor en el tiempo. Por eso la vivienda, casi por definición, es una inversión. Lamentablemente, en vivienda social, esto no ocurre. La vivienda social se parece más a comprar un auto que una casa; cada día que pasa, su valor decrece.

in a positive direction the enormous quantity of individual energy that informality contains.

Incremental housing is not new; it has been around since the late sixties. Then what is new? To understand that incrementality does not mean simply to leave a construction unfinished and wait for each individual to complete it. Incrementality has to be designed. Following common sense and the "minimum effort law," the initial form has to anticipate how self-construction will allow a family to achieve a middle-class standard. At Elemental we identified a set of design parameters that takes charge of the incremental condition of housing.

1.2 HOUSING AS INVESTMENT
AND NOT AS MERE SOCIAL EXPENSE

All of us when buying a house expect its value to increase over time. That is why a house, almost by definition, is an investment. Unfortunately, that doesn't happen in social housing. Social housing is closer to buying a car than to buying a house: every day that goes by, its value decreases.

To understand this is very important given that a housing subsidy may be by far the largest amount of aid a poor family will ever receive from the state. And they might receive it only once in their lifetimes. If those who receive a subsidy become

El problema de la vivienda en el mundo
se podrá resolver en la medida podamos
sumar las políticas públicas coordinadas
top-down y la enorme energía individual
de la autoconstrucción *bottom-up*.

The housing problem in the world
will only be solved if we are able to
combine *top-down* public policies with
bottom-up self-construction capacity.

Esto es muy importante porque el subsidio de vivienda es la ayuda más importante que una familia recibe en toda su vida (y por una única vez) de parte del Estado. Si quienes reciben un subsidio habitacional se transforman en propietarios de la vivienda,[2] como es el caso de Chile, sería deseable que el traspaso más importante de fondos públicos al patrimonio familiar, se comportase como un capital capaz de valorizarse en el tiempo. La vivienda entonces, podría ser usada como una herramienta para pedir un crédito que le permita a una familia empezar un pequeño negocio, acceder a una mejor educación o simplemente entrar al mercado normal de la movilidad habitacional. Si ello ocurriese, y la vivienda se comportase como una inversión más que como un gasto social, entonces estaríamos hablando de una herramienta para superar la pobreza y no sólo de un techo para proteger de la intemperie.

Este aumento de valor no es sólo algo deseable en sí mismo, sea por razones económicas o de eficiencia en el uso de los siempre escasos recursos públicos; es también el reflejo de una mejoría en la calidad de vida. La valorización de una propiedad refleja entre otras cosas, que una familia ha podido invertir en ella, ampliándola, mejorándola, y que ha podido por tanto destinar recursos que están más allá de la propia subsistencia. Dada la influencia de la localización en el aumento de valor de una propiedad, la plusvalía también refleja que probablemente la vivienda se haya emplazado en un barrio bien localizado, más seguro, probablemente con

owners of their units,[2] as is the case in Chile, it would be desirable that the biggest transfer of public money into a family asset could behave as capital that is able to gain value over time. Housing could then be used as a tool to ask for a loan that allows a family to start a small business, get access to better education for the children, or simply to enter the market of social mobility. If housing behaves as an investment and not just as a social expense, then we would be using housing as a tool to overcome poverty and not just as shelter against the environment.

Value appreciation is not only something desirable in itself, be it for economic reasons or for the efficient use of always scarce public resources; it also reflects an improvement in the quality of life. Appreciation in the value of a property reflects, among other things, that a family has been able to spend money on their house, expanding and improving it, and that it has therefore been able to allocate resources beyond its own mere survival. Given the huge impact of location on value appreciation, value gain also reflects that the house was very likely placed in a well-served, safer neighborhood, with better access to services and less distant from work and study, and as

2   La tesis del economista peruano Hernando de Soto planteada en el libro *El Misterio del Capital* (Nueva York, 2000), pp. 5-6, es que la clave para que una casa en un asentamiento informal (activo) pueda tener una vida paralela como capital, es el acceso a la tenencia formal del suelo. En ese sentido, una política orientada a la propiedad, tiene potencialmente no sólo la posibilidad de dotar de condiciones de vida digna a una familia, sino de transformarse en un mecanismo económico de superación de la pobreza.

2   Peruvian economist Hernando de Soto's thesis, stated in the book *The Mystery of Capital: Why Capitalism Triumphs in the West and Fails Everywhere Else* (New York, 2000), pp. 5–6, is that the key for a house in an informal settlement (asset) to be able to have a parallel life as capital is the access to formal ownership of land. In that sense, a property-oriented policy has the potential not only to provide decent living conditions to a family, but also to become an economical mechanism to overcome poverty.

SOCIAL HOUSING has to solve the following QUESTION

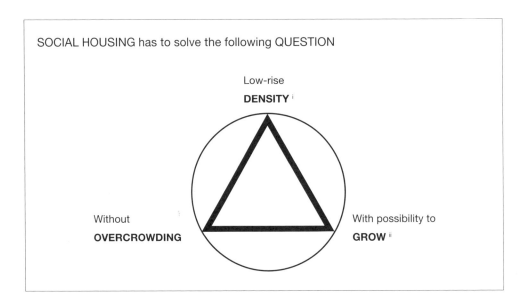

Low-rise
DENSITY [i]

Without
OVERCROWDING

With possibility to
GROW [ii]

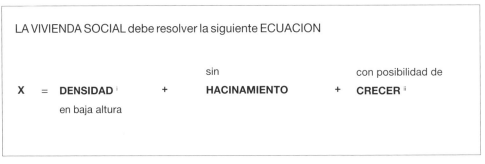

LA VIVIENDA SOCIAL debe resolver la siguiente ECUACION

sin   con posibilidad de

X   =   **DENSIDAD** [i]   +   **HACINAMIENTO**   +   **CRECER** [ii]

en baja altura

i. Para pagar suelo bien localizado 450 Inhab/há a 900 inhab/há
ii. Desde 40m² iniciales a 80 m² por vivienda

i. To pay for well-located land, 450 to 900 inhabitants/hectare
ii. From initial forty square meters per house to eighty square
meters per expanded house

La densidad en altura no es
una alternativa; la baja altura sin
densidad tampoco.

High-rises to achieve density
are not an alternative; neither
is low-rise without density.

mejor acceso a servicios, quizás a menor distancia del trabajo y del estudio, y por lo mismo con menor cantidad de tiempo empleado en transportarse. La valorización de una propiedad es la manera más directa de medir el estándar de calidad de la vivienda; de hecho, aumento de valor es una redefinición de la noción misma de calidad, convencionalmente asociada a tamaño o a solidez.

Una de las primeras cosas que se debe hacer, es sustituir la lógica de construir las viviendas ahí donde el suelo cuesta poco (alejar) por una lógica que permita insertar las viviendas dentro de la red de oportunidades que las ciudades concentran. Además, hay que lograr el aumento de valor de las unidades, sabiendo que una parte de ellas va ser construida por la propia gente.

Por lo tanto, se podría decir que para enfrentar el problema de la vivienda social habría que resolver la siguiente ecuación: Densidad suficientemente alta (que permita pagar suelos caros, bien localizados), en baja altura (eliminando los espacios colectivos como pasillos o ascensores que no pueden ser mantenidos), sin hacinamiento y con posibilidad de crecimiento (que permita a cada familia alcanzar incrementalmente en el tiempo, un estándar de clase media). En Elemental identificamos un conjunto de condiciones de diseño que resuelven esta ecuación.

a consequence with less time spent on transportation. Value appreciation is the most direct way to measure the quality of housing; value appreciation is in fact a redefinition of the notion of quality, conventionally associated with size and material solidity.

One of the main and more urgent challenges in social housing is to replace the logic of building where land costs little (displacement) with a logic that allows housing to be inserted within the network of opportunities that cities concentrate. In addition, value gain has to be achieved knowing that people themselves will build a significant part of their homes.

So it could be said that in order to face the problem of social housing, the following equation will need to be solved: low-rise, sufficiently dense projects without overcrowding and with the possibility to grow. Low-rise is necessary to eliminate common areas like halls and elevators that cannot be maintained and may as a consequence cause deterioration and value loss; density is necessary to pay for expensive, well-located land. The possibility to grow is necessary to allow a family to achieve a middle-class standard over time. At Elemental we identified a set of design parameters that solve this equation.

PRINCIPIOS DE ELEMENTAL
PRINCIPLES OF ELEMENTAL

2.1 LA RELEVANCIA
DEL PROBLEMA DE LA VIVIENDA:
UNA BUENA Y UNA MALA NOTICIA

La Buena…

El inicio del siglo XXI será recordado como el momento a partir del cual, por primera vez en la historia de la humanidad, hubo más personas viviendo en ciudades que en el campo. En el 1800, un 3% de la población mundial vivía en ciudades; en el 1900 un 13%. En poco más de cien años se produjo un salto cuántico no sólo en términos porcentuales, sino además en términos absolutos: se estima que más de 3,2 billones de personas viven hoy en ciudades. Y la tendencia es que para el 2030, 5 billones de personas serán habitantes urbanos (de un total de 8.000 millones de personas que tendrá el mundo para entonces). Este crecimiento urbano estará basado principalmente en la migración del campo a la ciudad.[3]

Que la población del mundo será cada vez más urbana es un hecho; pero dependiendo de cómo lo hagamos, podemos beneficiarnos como nunca antes en la historia de la humanidad de un poderoso vehículo para mejorar la calidad de vida de la gente, o podemos entrar en una espiral de conflictos sociales sin precedentes. La ciudad ha sido un invento humano muy eficiente para mejorar la calidad de vida de la población, particularmente de los más pobres. Para una gran mayoría de países del mundo, la ciudad es prácticamente un mecanismo de salud pública, un vehículo de supervivencia,

2.1 THE RELEVANCE
OF THE HOUSING PROBLEM:
GOOD NEWS AND BAD NEWS

The Good News . . .

The beginning of twenty-first century will be remembered as the moment from which, for the first time in mankind history, there will be more people living in cities than in the countryside. In 1800, only three percent of the world's population lived in urban areas; in 1900, barely thirteen percent. In slightly more than a century, there was growth not only in relative but also in absolute terms: it is estimated that more than 3.2 billion people live today in cities. And the trend is that by 2030, five out of eight billion will be urban dwellers. This process of urbanization is based mainly on the migration of people from rural areas to the city.[3]

That the world's population will be more and more urban is a fact; but depending on how we deal with it, we can either benefit like never before from a powerful vehicle to improve people's quality of life or we can enter into a spiral of unprecedented social conflicts. The city has been a very efficient human invention to improve the quality of life for the population, particularly for its poorest citizens. For a majority of the countries, the city is practically a

[3] La población urbana del mundo desarrollado o incluso el de América Latina, se ha estabilizado en torno al 80%. En Asia y África, está todavía en el rango del 40%. Dejan Sudjic and Ricky Burdett, *Living in the Endless City* (Londres, 2011).

[3] The urban population in the First World and even in Latin America has stabilized around eighty percent. In Asia and Africa it is still around forty percent. Dejan Sudjic and Ricky Burdett, *Living in the Endless City* (London, 2011).

un tema, literalmente, de vida o muerte. La concentración de personas en el territorio hace que aumente la eficiencia para dar cobertura a las necesidades básicas de la gente: es más eficiente mejorar la salud dotando de agua potable o proveyendo sistemas de alcantarillado en las concentraciones urbanas que en el campo. Dotar de energía a la población para que cocine, conserve alimentos o hierva agua, puede ser más eficientemente administrado teniendo a la población concentrada en ciudades, que dispersa fuera de ellas. Lo mismo vale para la entrega de atención hospitalaria, los esfuerzos de alfabetización, la entrega de alimentos o la cobertura de transporte público. Por lo tanto, se está mejor en la ciudad que en el campo, por anti-intuitivo que ello pueda parecer.

Pero la ciudad no es sólo una entidad eficiente para favorecer y asistir a los más pobres por medio de las políticas públicas. Ha sido gracias a las concentraciones urbanas que algunos países se han hecho competitivos y han podido por ende dar un salto cuántico hacia el desarrollo. Las ciudades son básicamente una concentración de oportunidades: de trabajo, de educación, de salud, de movilidad, incluso de recreación. Es justamente esta concentración de expectativas de superación y mejoría lo que explica que la gente se mueva hacia las ciudades. Y por primera vez en la historia de la humanidad, tendremos una mayoría de gente viviendo en este invento eficiente, lo cual en principio es una excelente noticia.

mechanism for public health, a vehicle for survival, literally a question of life or death. The concentration of people increases efficiency when it comes to covering people's basic needs. It is more efficient to improve health, providing clean water or organizing plumbing systems, in urban concentrations than in rural areas. Providing energy to the population for refrigeration or cooking, so they can boil water, can be more efficiently administered when people are concentrated in cities than when they are dispersed in the countryside. The same is true for hospital care, literacy campaigns, food distribution, and public transport. So people do better in cities than outside them, no matter how counterintuitive this may sound.

But the city is not only an efficient entity for providing benefits and assistance to poorer people by means of public policies. Because of urban concentrations, some countries have become competitive and have thus been able to leap towards development. Cities are basically a concentration of opportunities: of jobs, of education, of health care, of transportation, and even of recreation. It is exactly because of this concentration and the expectation of improvement that people come to cities. And for the first time in the history of humankind we have a majority of people living within this efficient invention, which is in principle excellent news.

La Mala Noticia . . .

El problema es que al mismo tiempo de haber cruzado este umbral hacia un mundo mayoritariamente urbano, estamos también cruzando el umbral de tener más perjuicios que beneficios para los habitantes de las ciudades.

Una primera dificultad está dada por la envergadura y la velocidad del proceso de urbanización. El problema no es tanto que no hayan recursos para acoger en las ciudades a esta cantidad de gente, sino que la escala para la que se debe generar una respuesta es de una magnitud sin precedentes. La capacidad de respuesta satisfactoria se está viendo sobrepasada y va a ser cada vez peor (a menos que pensemos en algo).

Un segundo problema es que si los gobiernos y los mercados no pueden reaccionar a tiempo, no es que la gente dejará de venir a la ciudades; seguirá viniendo, pero el proceso de urbanización se va a dar importantemente a través de campamentos.[4] De los 3 billones de personas que viven hoy en ciudades, 1 billón se encuentra bajo la línea de pobreza, viviendo en campamentos; al 2030 se espera que los pobres urbanos aumenten a 2 billones (de un total de 5 billones de personas en el mundo que estarán viviendo en ciudades). Según Lars Reutersward, director de la División Global de UN Habitat, "si la tasa de crecimiento urbano del mundo es de una Alemania al año, la de personas viviendo en campamentos crece anualmente en una Holanda y una Bélgica juntas". Sólo para dar una idea de la escala del conflicto, Dharavi, en el centro de

The Bad News . . .

The problem is that as we cross this threshold and enter a primarily urban world, we are also crossing the threshold of there being more drawbacks than benefits for city inhabitants.

An initial problem is caused by the extent and speed of the urbanization process: the scale for which an answer must be provided is of unprecedented magnitude. The capacity for providing an adequate response is being overwhelmed and it will grow even worse in the future (unless we think of something).

A second problem is that if governments and markets do not react in time and properly, it is not that people will stop coming to cities; they will keep on migrating but the urbanization will develop informally, as slums and favelas.[4] Out of the three billion people that live in cities today, one billion live below the poverty line in slums. By 2030 it is foreseen that the urban poor population will increase to two billion (from a total world population of five billion living in cities). According to Lars Reutersward, director of the global division of UN Habitat, "if the world's urban growth rate is of one Germany a year, the one of people living in slums is one Holland and one Belgium together." To give an idea of

[4]   Por campamento se entiende un asentamiento que no cuente con agua, alcantarillado, seguridad en la tenencia de la propiedad, ni durabilidad / calidad de la estructura o hacinamiento; basta que una de estas cinco condiciones no se cumpla para que estemos en presencia de una campamento.

[4]   A slum is understood as a settlement without running water, sewage systems, secure property ownership, structural quality/durability, and overtaxed by overcrowding. If only one of these five conditions is met, we are in the presence of a slum.

Mumbai, es el mayor campamento ilegal de Asia, con más de 1 millón de personas viviendo en 215 hectáreas; hay un WC cada 1.500 personas. Kibera (donde se filmó el Jardinero Fiel) es un campamento ilegal a la salida de la idílica sede de UN Habitat en Nairobi, con una población de 1 millón de habitantes viviendo en 250 hectáreas de terreno. Esto refleja que el proceso de urbanización verá aumentar la proporción de gente excluida de los beneficios y oportunidades que las ciudades concentran.

Lo que termina por dar una señal de alerta, es que sabemos que ese aumento de la población urbana (y por ende también de los pobres urbanos) ocurrirá mayoritariamente en los países más pobres del mundo. Más específicamente, la urbanización del mundo ocurrirá en la zona comprendida entre los trópicos de Cáncer y Capricornio.

Para dar respuesta al crecimiento urbano de aquí al 2030, deberíamos ser capaces de construir, sólo en los países en vías de desarrollo, una ciudad de 1 millón de habitantes por semana con unidades de vivienda de $10.000 dólares, en el mejor de lo casos. Pero la mayor parte de las veces, se deberá responder con recursos que ni siquiera alcanzarían para la mitad de una casa, como es el caso de Chile, sino para casi la pura infraestructura. Dicho de otra forma:

the scale of conflict, Dharavi is the largest illegal slum in Asia, in the center of Mumbai, with more than one million people living in 215 hectares; there is one WC for every 1,500 persons. Kibera (where The Constant Gardener was filmed) is an illegal slum just outside the idyllic headquarters of UN Habitat in Nairobi, with a population of one million people living in 250 hectares. These are just two examples of how the urbanization process will exclude a large proportion of people from the benefits and opportunities in cities.

The third and final warning signal comes from the fact that the increase in urban population (and, therefore, the urban poor) will mostly occur in the poorer countries of the world. To be more specific, the urban development of the world will occur between the Tropics of Cancer and Capricorn.

In order to provide an answer for urban growth that will occur from now until 2030, we must be able to build, in developing countries alone, one city for one million inhabitants per week with US$10,000 per unit in the best of cases. Most of the time, the answer will need to be given with resources not even sufficient to pay for half of a house, as in the case of Chile, but only towards the infrastructure and sanitation system. Framed in a different way:

$$X = \frac{1 \text{ city} \times 1 \text{ million people} \times 1 \text{ week}}{US\$10,000 \times 1 \text{ family} \times 20 \text{ years}}$$

Resolver esta ecuación no es trivial. En general, en el mundo se sabe cómo hacer buenas viviendas con muchos recursos. También se sabe cómo hacer viviendas muy económicas pero de mala calidad. Cómo hacer viviendas económicas y de calidad es lo realmente difícil. Y a nosotros nos parecía que en Chile, teníamos algo de camino recorrido en este problema. No tanto porque ya tuviéramos la respuesta, sino porque teníamos circunstancias y restricciones similares, y porque ya habíamos cometido suficientes errores de los cuales podíamos aprender.

2.2 ORÍGENES Y FUNDAMENTOS

Elemental tuvo su comienzo cuando en el año 2000, Andrés Iacobelli, Pablo Allard y Alejandro Aravena coincidieron en la Universidad de Harvard.

Iacobelli[5] (Santiago de Chile, 1969) se formó como ingeniero de transporte en la Universidad Católica de Chile en 1992. Luego de trabajar en Endesa (Empresa Nacional de Energía Electrica) como analista de proyectos e inversiones, actuó como el primer director ejecutivo de Servicio-País, un programa de la sociedad civil con financiamiento estatal destinado a superar la pobreza. El año 1999 llegó a la Kennedy Swchool of Government de la Universidad de Harvard a cursar el Master en Políticas Públicas. Obtuvo su grado en 2001 con una tesis sobre análisis y propuestas para el conflicto de las comunidades indígenas mapuches y

Solving this equation is not trivial. In general, we know how to make good housing with lots of money. We also know how to deliver low-cost housing, but of very poor quality. The really difficult challenge is to do good housing with almost no money. And we thought that in Chile some distance had already been walked along that path. Not so much because we knew the answer, but because we have had similar constraints and terms of the equation and because we had made enough mistakes from which we can learn.

2.2 ORIGINS AND FUNDAMENTALS

Elemental started when Andrés Iacobelli, Pablo Allard, and Alejandro Aravena met at Harvard University in 2000.

Iacobelli[5] (Santiago de Chile, 1969) was as a transportation engineer from the Pontificia Universidad Católica de Chile (1992). He later worked at Endesa (the National Energy Company) as a project and investment analyst. He acted as the first executive director of Servicio-País, a civil society program with public financing designated for overcoming poverty. In 1999 he arrived at the Kennedy School of Government at Harvard University for graduate studies in public policy.

5   Luego de crear y dirigir el Centro de Políticas Públicas de la Universidad Católica entre el año 2002 y 2005, trabajó como gerente de logística de Embotelladora Andina y luego como gerente general de Proes, una empresa de construcción de caminos, al mismo tiempo que actuaba como miembro del directorio de Elemental.

5   After creating and directing the Center for Public Policy at Universidad Católica de Chile between 2002 and 2005, he went private as the Logistics Chief Officer for Andina Bottling Co. and afterwards as the CEO of Proes, a road building company, while acting simultaneously as a member of the board of Elemental.

fig. 5   fig. 6

las empresas forestales en Chile, dirigida por Jeffrey Sachs. Obtuvo el premio Raymond Vernon al graduado más destacado de la generación (fig. 5).

Allard (Santiago de Chile, 1969) se tituló de arquitecto y magíster en arquitectura en la Universidad Católica de Chile en 1996. Luego de trabajar en algunas oficinas privadas en Chile, llegó a la Graduate School of Design de Harvard (GSD) donde obtuvo su Master en Diseño Urbano en 1999 y luego su Doctorado en Diseño Urbano en el 2003, con una tesis sobre el sistema de concesiones de autopistas urbanas y su rol en el desarrollo de la ciudad (fig. 6).

Aravena[6] (Santiago de Chile, 1967) se tituló como arquitecto en la Universidad Católica de Chile en 1992. Abrió su propia oficina en 1994. El año 2000 fue invitado por Jorge Silvetti como profesor de taller de proyectos a la GSD de Harvard. Su primer estudio lo tituló "Otherwise-ness", en el que trabajó en vivienda de emergencia, buscando que la escasez de tiempo y dinero actuase como antídoto contra la arbitrariedad. Luego de este primer taller, fue invitado como profesor hasta el 2004, período en el que desarrolló los talleres de vivienda social de Elemental (fig. 6).

He graduated in 2001 with a thesis directed by Jeffrey Sachs on analyses and proposals for the conflict of the indigenous Mapuche communities with the foresting enterprises of Chile. He obtained the Raymond Vernon prize as the top-ranked graduate of his class (fig. 5).

Allard (Santiago de Chile, 1969) earned his Bachelor in Architecture and Master of Architecture at the Universidad Católica de Chile in 1996. He later worked at private offices in Chile and arrived at The Graduate School of Design of Harvard (GSD) where he obtained his masters in urban design in 1999 and later his doctorate in design in 2003 with a thesis about the franchise system of urban highways and its role in city development (fig. 6).

Aravena[6] (Santiago de Chile, 1967) graduated as an architect from the Universidad Católica in 1992. He opened his own office in 1994. In 2000, he was invited to be a studio professor at the Harvard GSD. His first studio titled "Otherwise-ness" dealt with emergency housing, using the scarcity of time and money as an antidote to arbitrariness. After this first studio, he was invited to be a professor through 2004, a period in which he would develop the social housing studios of Elemental (fig. 6).

6   Aravena mantuvo siempre su práctica privada con la cual desarrollaba principalmente proyectos institucionales. En el 2008 recibió la Medalla Erich Schelling de Arquitectura en Alemania. El 2009 fue nombrado miembro del Jurado del Premio Pritzker. El 2010 fue nombrado Internacional Honorary Fellow por el Royal Institute of British Architects, recibió el Marcus Prize y fue nombrado miembro del Comité Asesor del Programa de Ciudades de la London School of Economics. Ese mismo año, el diario español *El País*, lo nombró entre las 100 personas más influyentes de América Latina.

6   Aravena maintained his private practice with which he developed mainly institutional projects. In 2008 he received the Erich Schelling Medal in Germany. In 2009 he was appointed member of the Pritzker Prize Jury and in 2010 he was named International Fellow of the Royal Institute of British Architects in 2010. He received the Marcus Prize in 2010 and was appointed as a member of the Cities Program Advisory Board at the London School of Economics. The same year he was named as one of the one hundred most influential people by the Spanish newspaper *El País*.

Se podría decir que el inicio de Elemental fue durante una comida en Cambridge, cuando Iacobelli preguntó: "Parece que la arquitectura chilena está pasando por un buen momento, con mucho reconocimiento internacional. Si es cierto que la arquitectura chilena es tan buena, ¿porqué la vivienda social es tan mala?"

A partir de entonces, decidimos hacer algo para mejorar el estándar de la vivienda social. Al principio no sabíamos bien qué (podría haber sido un libro, una exposición, un seminario), pero lo que fuese, tenía que ser planteado y formateado de tal forma de tener un impacto real y efectivo sobre el tema.

Pragmatismo y Realismo

Para tener un real impacto en el tema de la vivienda social, lo que se hiciera tenía que verificar cuatro condiciones:

a. Pensar a escala de conjunto: Cualquier punto en vivienda social se prueba a escala de conjunto y no con una sola unidad.
b. Construirse: Los proyectos en el papel o en las pantallas son inofensivos. Para confrontarse al descrédito y escepticismo con que normalmente se mira a los trabajos académicos, era necesario construir.
c. Seguir las reglas del mercado: Sólo aceptando las mismas restricciones con que trabaja el mercado, la burocracia, los costos, los plazos, etc., los proyectos serían replicables.

It could be said that Elemental started at a dinner party in Cambridge when Iacobelli asked: "Looks like Chilean architecture is going through a very good moment, getting a lot of international attention and recognition. If it's true that Chilean architecture is so good, then why is the social housing so bad?"

From that moment, Allard, Iacobelli, and Aravena decided to do something to improve the standard of social housing. At first they were not sure what: a book, an exposition, a seminar? But whatever it was, it had to be planned and formatted in such a way that it would have a real impact.

Pragmatism and Realism

What we did know was that to have a real impact, whatever we did would have to respond to four conditions:

a. Scale: anything developed for social housing must be proven on the scale of the complex and not with just one unit.
b. It had to be built: projects presented on paper and displayed on screens are futile. To confront the skepticism normally directed toward academic works, we had to build.
c. It had to follow market rules: only by accepting the same restrictions within which everybody else was working (the bureaucracy, the costs, the timeframes, etc.) could our projects be replicable.
d. It had to survey and formulate the right question (not invent it): instead of asking ourselves what would

En el 2001, el Ministro de Vivienda y Urbanismo era Jaime Ravinet.

Jaime Ravinet was minister of housing and urbanism in 2001.

d. Formular la pregunta correcta (no inventarla): En lugar de preguntarnos a nosotros mismos respecto de lo que debía ser una vivienda social de calidad, lo cual podía llevarnos a ejercicios interesantes pero irrelevantes, decidimos preguntárselo a quien tenía el problema concreto de hacer muchas unidades de vivienda social y con urgencia. Decidimos plantear nuestras intenciones al Ministerio de Vivienda y Urbanismo de Chile[7], aceptando operar íntegramente dentro de la política habitacional vigente.[8] Por esas sincronías afortunadas, nos confirmaron que podíamos contribuir probando estrategias y proyectos en el marco de una nueva política habitacional que el Ministerio estaba a punto de lanzar: la Vivienda Social Dinámica sin Deuda (VSDsD),[9] un nicho que el mercado aún no había probado.

constitute a quality social housing project, which could lead us to many interesting yet ultimately irrelevant exercises, we decided to ask those who know best exactly what the most urgent needs are. From the beginning, it was clear we must work within the current housing policy.[7] We decided to communicate our intentions with the Ministerio de Vivienda y Urbanismo de Chile (the ministry of housing and urbanism of Chile; acronym: MINVU).[8] Due to some chance synchronizations, MINVU informed us that we could contribute by testing strategies and projects for the new housing policy the ministry was about to launch: la Vivienda Social Dinámica sin Deuda (dynamic debt-free social housing; acronym: VSDsD)[9]—a niche that the market had not yet touched.

7   En adelante MINVU. Las primeras conversaciones las tuvimos en Harvard con el entonces Ministro de Vivienda y Urbanismo de Chile, Claudio Orrego. El trabajo formal de Elemental empezó mientras fue Ministro Jaime Ravinet.

8   En Chile, el sistema por medio del cual se ha abordado la provisión de vivienda para la gente de escasos recursos está basado en un subsidio estatal a la demanda, la cual es satisfecha por el mercado privado de la construcción. Este sistema ha sido muy eficiente en términos de cantidad de soluciones entregadas, pero no en cuanto a la calidad de la vivienda ni del barrio que ellas generan.

9   La VSDsD estaba enfocada a los más pobres de la sociedad, aquellos que no tenían capacidad de endeudamiento. Consistía en un subsidio de 280 Unidades de Fomento (en adelante, UF), unos 7.200 dólares por familia, entregado por una sola vez en la vida de cada beneficiario, al cual se sumaba el ahorro de cada beneficiado, el cual debía ser como mínimo de 10 UF (unos 300 dólares). Con esta combinación de subsidio y ahorro que sumaba un total de 7.500 dólares, se debía pagar el terreno, la urbanización y la casa propiamente tal. En el mejor de los casos (y en un mercado de la construcción bastante eficiente), esa cantidad de dinero significaba una vivienda de entre 25 m2 y 30 m2. Es decir, si bien la familia quedaba sin deuda con el Estado, el escaso monto de ese subsidio, obligaba a los beneficiarios a ser ellos mismos quienes transformaran en el tiempo la mera solución habitacional en una vivienda digna. De ahí el nombre del programa: dinámica, sin deuda.

7   In Chile, the system through which the housing supply for low-income people has been approached is based on a state subsidy according to demand, which is then met by the private building market. This system has been very efficient in terms of the quantity of delivered solutions but not in terms of their quality nor in the type of neighborhoods they create.

8   The first conversations were had with then minister of housing and urbanism in Chile, Claudio Orrego. The formal work of Elemental began later with minister Jaime Ravinet.

9   The VSDsD was aimed at the poorest strata of society, those with no debt capacity. It consisted of a subsidy of some US$7,200 per family, given one time within the life of each beneficiary, to which they must contribute personal savings of around US$300. With this combination of subsidy and savings adding up to US$7,500, the site, infrastructure, and house had to be covered. In a best-case scenario this amount translated into a dwelling of around twenty-five to thirty square meters. Although the family owed nothing to the state, the low amount of the subsidy forced the beneficiaries to transform the meager housing solution into a decent home. Thus the origin of the program's name: dynamic, debt-free.

Calidad más que Caridad Profesional

Desde un comienzo, quisimos cambiar la carga negativa que tiene trabajar en vivienda social. Por lo general se asocia vivienda social con aquello que se hace a falta de más recursos, porque no queda otra. Una vivienda Elemental, en cambio, es algo a lo que uno debería aspirar como profesional, incluso teniendo muchos recursos. Un proyecto Elemental distingue lo importante de lo accesorio, deshaciéndose de todo aquello que no es necesario. Elemental es un término que para algunos remite a lo obvio o lo evidente, aunque también se refiere a los elementos o principios de una ciencia o arte, lo fundamental o primordial de algo. Elemental es aquello que no se puede seguir descomponiendo, una unidad básica e irreducible. La vivienda social podía considerarse por tanto, una oportunidad privilegiada para operar en el límite de la disciplina arquitectónica.

Por otra parte, queríamos ampliar el espectro de razones por las cuales ocuparse de vivienda social, siempre demasiado guiada por motivaciones meramente éticas, morales y/o humanitarias. La dificultad de la pregunta hacía que la buena voluntad y las buenas intenciones fueran condiciones necesarias pero no suficientes para dar una respuesta adecuada al desafío. Hacer arquitectura de calidad con recursos mínimos es quizás la más difícil de las preguntas a las que nos enfrentamos como profesionales. Hacer una arquitectura elemental es un asunto de mérito intelectual, que requiere capacidad y experiencia profesionales, inteligencia práctica del más alto nivel; calidad más que caridad profesional.

Professional Quality, Not Charity

From the start we wanted to change the negative association of working in social housing. In general, social housing is associated with a lack of resources and a lack of options. An "elementary" project, on the other hand, is something worthy of professional aspiration regardless of the resources at hand. An "elementary" project separates the important from the accessory and disposes of everything unnecessary. "Elemental" is a term that for some means "the obvious" or "the evident," but it also refers to the elements or principles of a science or an art: "the fundamental" or "the essential." The Elemental is that which cannot be broken down further, a basic irreducible unit. Social housing could be considered as such, a privileged opportunity to operate at the limit of the architectural discipline.

We also sought to broaden the spectrum of reasons why we would engage ourselves in social housing, usually guided by merely ethical, moral, and/or humanitarian motivations. The difficulty of the question suggested that good will and good intentions were necessary but ultimately insufficient to provide an appropriate response to the challenge. To create quality architecture out of minimal resources is probably the most difficult challenge we face as professionals. To create an Elemental architecture is a business of intellectual merit, requiring professional capacity and experience as well as practical intelligence of the highest level; professional quality more than professional charity.

fig. 7

Dureza e Ignorancia

El año 2001 empezamos a trabajar paralelamente en Harvard y en la Universidad Católica de Chile.[10] En Harvard contamos desde un comienzo con el apoyo del Chairman de GSD, Jorge Silvetti (fig. 7), quien no sólo permitió que usáramos los talleres como campo de investigación, sino que además, en su calidad de consejero del David Rockefeller Center for Latinamerican Studies (DRCLAS), nos ayudó a conseguir fondos para tales investigaciones.

No sabíamos nada de vivienda social. Hacíamos seminarios con estudiantes, más que para enseñar, para aprender junto con ellos. Hacíamos preguntas tontas, ingenuas, las que no pocas veces produjeron miradas entre compasivas e irritadas de los entendidos. Evidentemente no éramos expertos en vivienda social; tampoco pretendíamos serlo. Dice Ítalo Calvino que un experto es alguien que en un determinado campo sabe decir todo lo que no hay que hacer; a nosotros nos interesaba en cambio, tomar el riesgo de hacer propuestas, proponer lo que sí había que hacer. Aún cuando tuvimos que asimilar enormes cantidades de información en poco tiempo, procuramos hacer de nuestra ignorancia una virtud.

Eventualmente nuestras preguntas tontas resultaron ser frescas y nos permitieron destrabar supuestos que se creían irremediables. El propio hecho de trabajar simultáneamente en

Persistence and Ignorance

In 2001, we began to work in parallel at Harvard Graduate School of Design and at the Universidad Católica de Chile.[10] From the very beginning, Chairman of the Harvard GSD Jorge Silvetti (fig. 7) was very supportive, allowing us not only to use the studios as a research field but also, in his role of member of the board of the David Rockefeller Center for Latin American Studies (DRCLAS), helping us to get funds to finance that research.

We started from scratch. We knew nothing about social housing. We gave student seminars to learn with them more than teach them. We asked silly, naive questions, frequently producing irritated looks from outside expert listeners. We were clearly not experts in social housing, but then again we weren't trying to become experts either. Ítalo Calvino says that an expert is someone who in a given field can tell you everything you can't do; on the contrary, we were interested in taking the risk of doing proposals and stating something that could be done. As we swallowed huge amounts of information in a short amount of time, we tried to make our ignorance a virtue.

10   En Chile fue clave el apoyo del director de la Escuela de Arquitectura, luego decano y posteriormente vicerrector académico de la UC, Juan José Ugarte, y del arquitecto y profesor titular de la Escuela de Arquitectura de la UC, Rodrigo Pérez de Arce que dirigió lo que denominamos "Taller Gemelo".

10   In Chile, essential support was received from the director of the school of architecture, and now academic vice-rector of the UC, Juan José Ugarte, as well as the architect and tenured professor of the UC School of Architecture, Rodrigo Pérez de Arce, who leads the sister studio in Santiago.

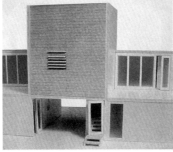

Santiago y en Cambridge buscaba calibrar dos perspectivas diferentes: una desde el interior del problema, que tiene la ventaja de ofrecer respuestas ajustadas y que vienen al caso; otra viendo el problema desde fuera, lo que permite superar la parálisis que en ocasiones produce el exceso de información. Durante dos años trabajamos en talleres de proyectos, tratando de identificar con precisión tanto la pregunta que se debía contestar cuando se hace vivienda social, como el conjunto de reglas dentro de las cuales se debía encontrar la respuesta.

Para que nuestra ignorancia rindiese frutos, fuimos durísimos en la crítica, pero más que con la vivienda social que se hacía, con la pertinencia de nuestras propias propuestas. Fuimos duros con los estudiantes, privilegiando siempre la disciplina por sobre la genialidad, el rigor por sobre la ocurrencia, la coherencia por sobre el talento. Y fuimos duros con nuestras propias reglas: invitábamos a nuestras correcciones y exámenes a quienes pudiesen hacer las preguntas más devastadoras.

Disposición a Botar Todo a La Basura

Entre el año 2001 y el 2003, hicimos una serie de talleres en la Universidad de Harvard. El primero de ellos lo titulamos *"US$3.200"*, haciendo referencia a la cantidad de dinero que queda disponible para la construcción de la vivienda si del subsidio de 7,500 dólares se descuenta el valor del suelo y la urbanización. Trabajamos en el marco de la política habitacional vigente en Chile, específicamente en el recientemente creado

Eventually our stupid questions were regarded as refreshing and allowed us to reexamine suppositions previously thought to be irremediable. By working simultaneously in Santiago and Cambridge, we were trying to calibrate two different perspectives: one from inside the problem, with the advantage of offering specific and to-the-point solutions, and one from the outside, allowing us to break free of the paralysis produced by an excess of information. For two years we worked in project studios, trying to precisely identify the question of social housing we needed to answer as well as the set of rules from which the answer was to be found.

To ensure that our ignorance bore fruit, we were extremely critical, not so much though of social housing itself as of the pertinence of our own proposals. We were tough with students as well, always praising discipline over genius, rigor over wit, and consistency over talent. We were hard on our own rules: we invited to our critiques and exams those who could deliver the most devastating questions.

A Readiness to Throw It All in The Trash

Between 2001 and 2003 we worked in a series of studios at Harvard University. The first one entitled *US$3,200,* referring to the amount of money available for housing construction subtracting the land value and cost of infrastructure from the subsidy of US$7,500. We worked within the framework of the existing housing policy in Chile, specifically within the recently created VSDsD program. Knowing that this was a global problem, we called the following

De izquierda a derecha,
Andrés Velasco y Hashim Sarkis

From left to right,
Andres Velasco and Hashim Sarkis

programa llamado Vivienda Social Dinámica sin Deuda. Seguros de que esto era un problema de escala global, hicimos un segundo taller en el GSD, que llamamos "Scar.City" cuyo título hacía referencia a la escasez de recursos como detonantes de una respuesta creativa y a la vez a la escala urbana que toda operación de vivienda social lleva implícita.

El apoyo y la confianza desde el inicio del DRCLAS, en especial de su director ejecutivo Steve Reifenberg, nos permitió financiar viajes a terreno a Chile con los estudiantes. El texto introductorio del Taller US$3.200 empezaba con una cita a Rodrigo Pérez de Arce, que sintetizaba extraordinariamente todo el sentido de la operación: "...sólo queremos recuperar para la más modesta y simple de las habitaciones, una calidad que esté acorde con su misión de ser una pieza Elemental de la ciudad y el lugar para la vida cotidiana." Durante varias semanas trabajamos con los estudiantes diseñando esa "pieza", hasta que en un momento cercano a la mitad del semestre pasaron dos cosas:

El 29 de octubre de 2001, dos días antes del examen intermedio del taller, comiendo en un restorán vietnamita de Cambridge, Andrés Velasco, un brillante economista chileno, profesor en la KSG de Harvard,[11] preguntó casi por cortesía para saber cómo iba el taller: "... ¿y qué hacen con la extensión de la ciudad?".

Parecía la pregunta más natural del mundo, de esas a las que se trata de dar una respuesta más o menos inteligente.

studio *Scar.City,* referring to the lack of resources as the trigger for creative thinking and also to the implicit urban scale that every housing project carries within.

The support of DRCLAS, particularly of its executive director Steve Reifenberg, allowed us to fund field trips to Chile with the students. The introductory text of the US$3,200 studio began with a quote from Rodrigo Pérez de Arce who synthesized the whole point with extraordinary clarity: " . . . we only want for the most simple and modest of dwellings, to recover a quality in accordance with its mission: to be an Elemental piece of the city and the stage of daily life." For several weeks we worked with students on the design of this "piece." As we neared the midpoint of the semester, two things happened:

October 29, 2001, two days before the midterm review, eating at a Vietnamese restaurant in Cambridge, Andrés Velasco, a brilliant Chilean economist of Harvard's KSG,[11] asked almost out of courtesy how things were going with the studio: ". . . and what are you going to do about the urban sprawl?"

It seemed like the most natural question in the world, a question to which one would like to give a

11   Andrés Velasco, Sumitomo Professor de la Kennedy School of Government Harvard University, fue luego Ministro de Hacienda del Gobierno de Chile bajo la presidencia de Michelle Bachelet y es candidato presidencial para las elecciones del 2014.

11   Andrés Velasco, Sumitomo Professor of International Development at the Kennedy School of Government, Harvard University, was finance minister of the Chilean government under President Michelle Bachelet and is now presidential candidate for the 2014 elections.

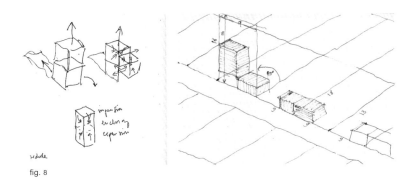

fig. 8

Pero como toda buena pregunta, ella arrojó una sombra de duda sobre la manera en que estábamos haciendo el taller. Hasta entonces, habíamos estado centrados en la casa misma, con el resultado de no estar haciendo nada más que eso: casas sobre lotes individuales, no sólo dejando de lado el problema de la extensión de la ciudad, sino siendo parte de la extensión misma de la mancha urbana de la ciudad latinoamericana, pobre y carente de oportunidades.

Luego, el 31 de octubre, cuando el examen intermedio del taller estaba por terminar, Hashim Sarkis,[12] preguntó: "… entonces ¿cuánta plata en total hay por familia?" "7.500 dólares", contesté. "… ¿y cuántas familias tiene un proyecto?" "Depende, pero digamos… 100", contesté. "¿Cuál es el mejor edificio que se puede hacer por 750.000 dólares?", entre que preguntó y afirmó Sarkis.

Nuestra primera reacción fue tratar de explicar que por esa cantidad de plata no se podían hacer edificios en altura. Pero en realidad Sarkis no estaba pidiendo un edificio en altura sino sólo preguntando qué tipo de edificio se puede hacer por ese dinero. Tratamos entonces de explicar que teníamos suficiente evidencia en contra de edificios altos en vivienda social. Pero la pregunta volvía a golpear con su simpleza inicial: ¿qué edificio que no tenga esos problemas se puede hacer por ese dinero? En el último intento por justificar el haber pasado 7 semanas trabajando en un problema mal formulado, tratamos de argumentar que dada la necesidad de crecimiento de cada vivienda debido a su tamaño inicial de 25 m², no era posible hacer edificios. Y ahí estaba otra vez, la simple y corrosiva pregunta, que en vez de eliminar al

more or less intelligent answer. But like any good question, it cast a shadow of doubt in our minds over the way we were conducting the studio. Until then, we had been concentrating on the houses themselves resulting in individual residential structures sitting on individual lots with no capacity for building a city. Not only did they leave out the problem of urban growth—they were contributing to the same problem that we aimed to solve: the urban mess of the Latin-American city, poor and lacking opportunity.

Later on October 31, as we were wrapping up the midterm review, Hashim Sarkis[12] asked: "So, how much money per family?" "US$7,500", was my answer. "And how many families per project ?" "It depends, but let's say . . . 100," I answered. "What is the best building that can be built for US$ 750,000?" Sarkis both probed and stated.

Our first reaction was to try to explain that multistory buildings couldn't be done for that amount of money. But Sarkis was not asking for a multistory building; he was simply asking what kind of collective building could be done for that money. We then tried to explain that we had lots of evidence against using multi-family buildings for social housing. But the question struck us again with its simplicity: What appropriate building can be built for that amount of money? One last time, we tried to argue that given each unit's need to

---

12   Hashim Sarkis, Aga Kahn Professor of Landscape Architecture and Urbanism in Muslim Societies at Harvard University

12   Hashim Sarkis, Aga Kahn Professor of the Harvard GSD in Landscape Architecture and Urbanism

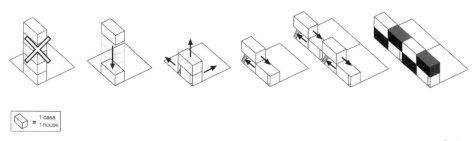

fig. 9

edificio como una alternativa, no hacía más que proponer la primera condición que tal edificio debía cumplir: hacer posible las ampliaciones.

Hecha la pregunta indicada, la respuesta era evidente: un edificio no acepta los crecimientos individuales… salvo en el primer y en el último nivel. El primer nivel puede crecer horizontalmente sobre el suelo que tiene alrededor, mientras que el último piso puede crecer verticalmente, hacia el aire. Lo que había que hacer entonces era un edificio que tuviese sólo el primer y el último piso. Lo llamamos el Edificio Paralelo debido a su estructura de propiedad: una casa abajo y un departamento encima, paralelamente dispuestos respecto al suelo. Eso en realidad no tenía nada de nuevo. Se trataba de una versión actualizada de la típica casa de altos de la ciudad colonial latinoamericana, que tiene dos puertas por cada solar dando a la calle: una que conduce a la casa y luego al patio y otra detrás de la cual hay una escalera que lleva a la segunda planta. Quizás nuestra única contribución haya sido diseñar una casa de altos suficientemente "porosa" para que en los "poros" y dentro de la propia estructura, inscritas en la silueta del volumen, pudieran hacerse las ampliaciones (figs. 8–9).

Hecha la pregunta indicada, todo lo que faltaba era precisar las reglas del juego que nos permitieran desarrollar el edificio paralelo como un híbrido entra casa y edificio, que tomase de él su alta densidad, para hacer un uso eficiente del suelo, y de la casa su posibilidad de crecimiento.

expand from the initial twenty-five square meters, it was impossible to make a building instead of houses. But there it was, that simple and corrosive question. Instead of eliminating a collective building as an option, it reaffirmed the first condition that the building must be able to expand.

With the right question raised, the answer was now clear: a multistory building did not allow for individual growth except on the ground and top floor. The ground floor could grow horizontally on the land around it and the top floor vertically into the air. So what we had to create was a building that only had a ground and a top floor. We named it the "Parallel Building" due to its structural properties: a house running parallel to an apartment above. In reality, this was nothing new. It was an updated version of the typical two-story house of colonial Latin America that has two doors for each lot facing the street: one leading to the house and then the courtyard and the other that opens onto a staircase taking you to the upper floor unit. Our only contribution was to make the house "porous" so that it allowed the expansions to occur in the "pores," within the building volume (figs. 8–9).

With the right question raised, the only thing left, was to define the rules of the game to develop the parallel house as a hybrid between a house and a collective building; we took advantage of the high density and efficient land use of a building and combined it with the capacity of a house to grow over time.

Hecha la pregunta indicada, todo lo que restaba por hacer era botar a la basura lo que habíamos hecho hasta entonces, pedirles disculpas a los estudiantes y volver a empezar, esta vez realmente de cero. Hace falta mucho trabajo para empezar realmente desde el principio, para empezar por un principio.

Del Papel al Concreto

A fines del 2001, Andrés Iacobelli volvió a Chile a la Universidad Católica y se hizo cargo del recién creado Programa de Políticas Públicas. Elemental funcionó como un caso de prueba para ver cómo desde la universidad, se podía influir en una política pública, en este caso de vivienda. En paralelo afinábamos y presentábamos en seminarios algunos ejercicios proyectuales abstractos para probar las posibilidades del Edificio Paralelo. Cuando tuvimos un diseño resistente, volvimos al Ministerio de Vivienda con una posible solución para el planteamiento que nos habían hecho tiempo atrás: una tipología capaz de pagar suelos caros (dada su alta densidad) y que al mismo tiempo permitiese a cada familia ampliar su vivienda.

Fue entonces que el Programa Chile Barrio, específicamente la Directora Nacional de Infraestructura, Silvia Araos (fig. 10), se enteró de estos desarrollos y decidió contratarnos para trabajar en la Quinta Monroy.[13] Nos pidieron radicar un campamento de 100 familias en el mismo terreno que habían ocupado ilegalmente en el

With the right question raised, all that was left was throwing out everything we had previously done, apologizing to the students, and starting over, this time truly from scratch.

From Paper to Concrete

At the end of 2001, Andrés Iacobelli returned to Chile to Universidad Católica to lead the newly created Programa de Políticas Públicas (program of public policies). Elemental became a case example of how the university could influence government policy, in this case housing policy. At the same time, we refined our designs and presented abstract projects in various seminars to test the possibilities of the Parallel Building. When we thought we had a resilient design, we returned to the Ministerio de Vivienda (ministry of housing) to tell them that we had a possible response to our previous conversation: a typology capable of buying more expensive land (due to density) that simultaneously allowed for growth.

It was then that the Programa Chile Barrio (Chile barrio program) of the ministry of housing, specifically its national director Silvia Araos (fig. 10), learned of these developments and decided to hire us to work on Quinta Monroy.[13] They asked us to resettle a shantytown of one hundred families on the site they had been illegally occupying in downtown Iquique,

13   Los honorarios de arquitectura para el desarrollo de proyecto y supervisión de obras fueron 8 millones de pesos, unos 15.000 dólares por 2 años de trabajo para un equipo de 4 personas.

13   The architectural fee for the design development and construction supervision was US$15,000 for two years of work and a team of four.

fig. 10

centro de Iquique, para el cual en los últimos 30 años no se había encontrado una solución. Se esperaba que usando el Edificio Paralelo, trabajando en el marco de la Vivienda Social Dinámica sin Deuda, es decir, 300 UF (unos US$7,500 de la época)[14] por familia, pudiésemos pagar por ese terreno que costaba 3 veces más de lo que la vivienda social normalmente puede pagar y aún nos quedara dinero para construir las casas.[15]

Durante un año trabajamos para poder pasar de un modelo abstracto a un proyecto real, que entrase en costo, que cumpliese con toda la normativa vigente y que fuera aceptado por las familias. Nos presentamos al Fondo Concursable de Subsidios del MINVU, obtuvimos los subsidios, hicimos una licitación pública para adjudicar la construcción,[16] hicimos innumerables talleres participativos con las familias, tanto antes (lo que modificó y afinó el proyecto genérico) como durante la construcción

and for which an appropriate solution had not been found after thirty years of failed initiatives. We hoped that by using the Parallel Building and working within the framework of VSDsD—that is, 300UF or US$7,500 per family[14]—we could buy the land that cost three times what social housing could afford and still have enough money to build homes for one hundred families.[15]

For a year we worked to turn the abstract model into a real project, adapting to costs, complying with regulations, and winning the acceptance of the families. We presented to the MINVU subsidy assignment system, obtained the subsidies, and held a public bidding process for construction.[16] We conducted innumerable participative workshops for the families both before (to modify and refine the general project) and during construction (to prepare families for the transition). We

14   UF es la abreviación de Unidad de Fomento, un instrumento financiero que se reajusta mensualmente siguiendo la inflación que en Chile es del orden del 4% anual. A abril de 2012, 1 UF corresponde aproximadamente a US$46.50. En junio de 2003, 300 UF equivalían a US$7,500. En Abril de 2012, 300 UF corresponden a US$13,950 pero hemos querido mantener la cifra de US$7,500 para ser consistentes con los montos que aparecen en muchos documentos iniciales de Elemental.

15   Dado que los costos de construcción y urbanización son más o menos fijos, el único ítem donde se puede ahorrar es en el valor del suelo. Los suelos que cuestan poco están en la periferia o a veces incluso, como el caso de Iquique, fuera de la ciudad. Esto explica la segregación, marginación y erradicación a la que las familias pobres se ven enfrentadas y explica también por qué este campamento llevaba tanto tiempo sin poder encontrar una solución que permitiese radicarlo en el mismo lugar. Pasados 30 años, lo que alguna vez fue periferia de Iquique, era ahora una ubicación central, lo cual de hecho se expresaba en el valor del suelo.

16   Una mención especial merece la Constructora Loga, su gerente Juan Garrido y el Jefe de Obra, Hernando Hernández, tanto por la particular y nada evidente disposición a la innovación como por el compromiso profesional ejemplar con que contribuyeron a la obra.

14   UF is the abbreviation for Unidad de Fomento, a financial instrument that adjusts monthly following the inflation rate, which in Chile is around four percent per year. In April 2012, 1 UF was US$46.50. In June 2003, 300 UF were equivalent to US$7,500. In April 2012, 300 UF were equivalent to US$13,950 but we opted for keeping the US$7,500 figure in order to match the quantity that appears in many of the early documents of Elemental.

15   Being that many construction and infrastructure costs are more or less fixed, the only item where one can save is on land value. The cheapest areas are on the periphery or even, as in Iquique, outside of the city. This location explains the segregation, marginalization, and eradication poor families face and also explains why a solution that would allow these people to stay in the same place took so long. After thirty years, what had once been on the periphery of Iquique was now a central location, as evident from its land value.

16   A special mention is deserved for the Loga contractors, manager Juan Garrido, and foreman Hernando Hernández, on account of their particular and uncommon desire for innovation and for their exemplary professional commitment with which they contributed to the project.

(lo que preparó a las familias para el cambio), cumplimos con todas las exigencias que ponía el SERVIU[17] y obtuvimos las recepciones municipales del caso, para permitir a las familias obtener los títulos de propiedad de sus casas definitivas.

En diciembre de 2004, las familias recibieron sus viviendas.[18] Desde entonces y hasta el día de hoy, con nuestra asesoría, las familias han ampliado, terminado y mejorado no sólo sus casas, sino también los espacios colectivos.

Un Minuto con Rockefeller

Siempre supimos que para tener impacto real y efectivo en el debate y provisión de vivienda social, debíamos replicar el proceso vivido en Iquique, en otras condiciones geográficas, topográficas, climáticas, urbanas y sociales, de manera de poder cubrir una mayor diversidad de casos.

Dado que los talleres que desarrollamos en la Universidad de Harvard habían contado con el aporte del David Rockefeller Center for Latin American Studies para hacer estudios y trabajo en terreno, en una visita de David Rockefeller a Chile en 2003, con motivo de la inauguración

met all the demands put forth by SERVIU[17] and obtained all the necessary municipal building permits for the families to obtain their property titles.

In December of 2004, the families received their homes.[18] Since then, the families, with our counseling, have expanded, finished, and improved not only their homes, but the collective spaces as well.

One Minute with Rockefeller

From the very beginning we knew that in order to have a real and effective impact in the debate and provision of social housing, we had to replicate the process of Iquique for other geographical, topographical, climatic, urban, and social conditions in order to cover a diversity of cases.

Given that the studios at Harvard had the financial support of the DRCLAS, and because it was the kind of activity DRCLAS was hoping to promote, we were given one minute during David Rockefeller's visit to Chile in 2003 for the inauguration of the center's office in Santiago to tell him what our project was about.

17   El Servicio de Vivienda y Urbanismo de la I Región, su jefa Dina Tarraza y funcionarios del servicio, Juan Carlos Huhn, Wilfredo Rojas y Gloria Platero, sin renunciar a su rol de garantes de la calidad y legalidad del proyecto aportaron con un espíritu constructivo y flexible.

18   Al día siguiente de haber entregado sus casas a las familias, en una ceremonia en el Palacio de La Moneda, Elemental recibió de manos del Presidente de la República de entonces, Ricardo Lagos, el sello Bicentenario como una de las 8 iniciativas que el gobierno distinguió por su contribución al desarrollo de Chile.

17   Servicio de Vivienda y Urbanismo (service of housing and urbanism; acronym SERVIU) is dependent upon the ministry of housing and works in the implementation of the policies. In Region 1, its head Dina Tarraza and service professionals Juan Carlos Huhn, Wilfredo Rojas, and Gloria Platero contributed with a constructive and flexible disposition without sacrificing their role as guarantors of the quality and legality of the project.

18   The day after handing the homes over to the families, in a ceremony held at the Presidential Palace, Elemental received the Bicentennial seal from then President of the Republic Ricardo Lagos, as one of the eight initiatives honored for its contribution to the development of Chile.

David Rockefeller y Alejandro Aravena
David Rockefeller and Alejandro Aravena

de la oficina del DRCLAS en Santiago, nos propusieron contarle en un minuto cuáles habían sido los avances de nuestro proyecto, porque era del tipo de actividades que el DRCLAS esperaba promover. Ante la necesidad de sintetizar 2 años de trabajo en 60 segundos, dijimos lo siguiente:

"Ha habido 2 momentos importantes en la historia de la vivienda social: El primero en 1927, en Alemania, cuando los mejores arquitectos de la época se juntaron y construyeron un barrio modelo cerca de Stuttgart.[19] El segundo en los años 70, en Perú, cuando los más importantes arquitectos del mundo de ese momento, por última vez, se juntaron y construyeron un barrio modelo en las afueras de Lima.[20] Elemental busca escribir el tercer capítulo de esta historia y traer de vuelta a los mejores arquitectos del mundo a construir vivienda social."

Esta necesidad de contracción argumental nos permitió entender que el paso siguiente al trabajo que estábamos desarrollando en Iquique, era identificar a esos arquitectos y cambiar de escala. Nos planteamos entonces la necesidad de construir otros 7 proyectos que pudiesen abordar los desafíos de esas distintas condiciones: grandes ciudades, nuevas periferias de clase media, terrenos en pendiente, climas lluviosos, sitios bien localizados pero con suelos que requerían ser recuperados, etc. Para ello, se debía volver a verificar que los proyectos se hicieran dentro del marco de

Confronted with the need to synthesize two years of work in sixty seconds, we said the following:

"There have been two important moments in the history of social housing: The first, in 1927 in Germany, when the best architects of the time got together and built a model neighborhood near Stuttgart.[19] The second in the seventies in Peru, when the most important architects of the moment for the last time got together and built a model neighborhood outside of Lima.[20] Elemental wants to write the third chapter of this story and bring the best architects in the world back to build social housing."

Delivering this short-form pitch made us understand that the next step to the work we developed in Iquique was to identify those "best" architects and change our scale. So we determined that we needed to build seven other projects to address the challenges of these different conditions: big cities, the new peripheries of the middle class, sloping sites, rainy climates, well-located sites in need of remediation, etc. For this, we had to verify that the new projects were also made within current housing policy, market conditions, and with the participation of the community.

19   Barrio modelo de viviendas que marcó la consolidación del movimiento moderno, con figuras tales como Behrens, Le Corbusier, Oud, Scharoun, Gropius, Taut, Poelzig y Mies van der Rohe.

20   Experiencia similar a la de Stuttgart pero efectuada en un contexto real de comunidades peruanas. Participaron arquitectos como James Stirling, Fumihiko Maki, Charles Correa, Christopher Alexander, Aldo van Eyck, Candilis / Josic / Woods.

19   A model housing neighborhood that marked the consolidation of the modern movement, with such figures as Peter Behrens, Le Corbusier, Jacobus Oud, Hans Scharoun, Walter Gropius, Bruno Taut, Hans Poelzig, and Ludwig Mies van der Rohe.

20   A similar experience as Stuttgart yet executed in a real context of Peruvian communities. Architects such as James Stirling, Fumihiko Maki, Charles Correa, Christopher Alexander, Aldo van Eyck, Candilis / Josic / Woods participated.

En sentido horario:

1. Vista aerea de la Weissenhof Siedlung (1927);
2. Hans Scharoun (Alemania),
3. Pieter Oud (Holanda),
4 .Le Corbusier (Suiza-Francia),
5. Mies van der Rohe (Alemania)

Clockwise:

1. Aerial view of Weissenhof Siedlung (1927);
2. Hans Scharoun (Germany),
3. Pieter Oud (Netherlands),
4. Le Corbusier (Swiss-France),
5. Mies van der Rohe (Germany)

WEISSENHOF SIEDLUNG 1927

1

5

2

4

3

En sentido horario:

1. Vista aerea de PREVI Lima (1971-2003);
2. Esquerra, Samper, Sáenz, Urdaneta (Colombia),
3. Charles Correa (India),
4. Maki, Kikutake, Kurokawa (Japón)

Clockwise:

1. Aerial view of PREVI Lima (1971-2003);
2. Esquerra, Samper, Sáenz, Urdaneta (Colombia),
3. Charles Correa (India),
4. Maki, Kikutake, Kurokawa (Japan)

PREVI LIMA 1971

1

2

4

3

El Concurso pedía resolver una ecuación la cual atrajo un gran número de participantes y también la atención de la prensa.

The competition asked to solve an equation which attracted many participants as well as the attention of the press.

la política habitacional vigente, dentro de las condiciones de mercado con que operaba el sistema y con la participación de la comunidad.

Se nos ocurrió entonces organizar un Concurso Mundial de Arquitectura para seleccionar tanto a profesionales como a estudiantes de excelencia y hacer converger así conocimiento relevante a los distintos casos que buscábamos abordar. El problema era cómo financiar este concurso. Presentamos entonces un proyecto al fondo de innovación y transferencia tecnológica de Fondef/Conicyt, asociados con las Escuelas de Arquitectura y de Ingeniería de la Universidad Católica, diversas empresas privadas ligadas al ámbito de la construcción y ONGs con experiencia en trabajo en terreno con familias y comités de vivienda.[21]

El concurso tuvo más de 700 inscritos y recibimos más de 500 propuestas en total, siendo hasta ahora el concurso de mayor convocatoria en la historia de Chile. Parte de esta convocatoria se explica por el nivel del jurado que fuimos capaces de reunir, el cual contaba con 2 premios Pritzker, con el Ministro de Vivienda y los máximos representantes de los gremios de la construcción y de la arquitectura locales. Pablo Allard fue el Director del Concurso.[22]

It occurred to us to organize a worldwide architectural competition to look for professionals and students who could contribute relevant knowledge to the various cases we wanted to address. But the question was: How do we finance this competition? We submitted a proposal to the innovation and technological transfer fund of FONDEF/CONICYT, associated with the schools of architecture and engineering of the Universidad Católica, diverse private businesses linked to the construction market, and NGOs with hands-on experience with the families and housing committees.[21]

The competition had more that 700 registered entries and more than 500 proposals were submitted in total, making it the largest competition in Chilean history so far. The quality of the jury, which included two Pritzker Prize laureates, the minister of housing, and the top-level representatives of building and local architectural associations, may explain part of this success. Pablo Allard acted as the competition's director.[22]

With the Fondef grant, we initiated development of the competition's winners in the seven locations throughout Chile. But those funds eventually came

21   Los proyectos Fondef suponen una alianza público-privada y académico-productiva en que una o varias empresas privadas, con alguna necesidad productiva real, se asocian con una universidad para investigar y desarrollar productos que satisfagan la necesidad. Las universidades valorizan su trabajo y reciben capital de trabajo tanto de las empresas socias como del Estado. Elemental recibió un aporte de Fondef de $ 500.000 dólares para un proyecto de $ 7,5 millones de dólares en total si se consideran los subsidios de todas las viviendas.

22   Después del concurso, Pablo Allard se mantuvo vinculado a la iniciativa como un colaborardor permanente.

21   FONDEF grants presuppose a public-private, academic-productive alliance in which one or several private enterprises associate with a university to research and develop products meeting the demand. The universities appraise their work and receive working capital from the associate enterprises and the state. Elemental received a US$500,000 grant from Fondef for a project of a total cost of US$7.5 million, considering the subsidies of all the houses.

22   After the competition, Pablo Allard remained linked to the initiative as a permanent collaborator.

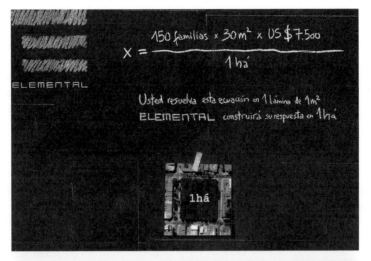

Durante la constitución de Elemental S.A.:
Roberto Angelini, presidente de Empresas Copec;
el abogado Jorge Carey; Andrés Iacobelli y Jorge
Bunster, gerente general de Copec

During the founding of Elemental S.A.:
Roberto Angelini, president Copec Holding; the
attorney Jorge Carey; Andrés Iacobelli; Jorge
Bunster, CEO of Copec

Con el dinero de Fondef pudimos iniciar el proceso de desarrollo de los proyectos ganadores del concurso en 7 localidades a lo largo de Chile. Pero ese aporte pronto llegó a su fin. La pregunta fue entonces: ¿cómo seguir? Quedaba mucho trabajo hasta que los proyectos se transformaran en obras construidas y no podíamos dejar a las familias botadas con los procesos a medio camino. Este debe haber sido el momento más difícil de Elemental; durante más de un año debimos trabajar en los distintos proyectos sin recibir ni un solo peso, subsidiando con nuestros propios ingresos el funcionamiento de Elemental.

Sabíamos que para tener un modelo sustentable en el tiempo, no podíamos depender de donaciones. Es más: para influir de manera efectiva y permanente en un tema como este, se requería un modelo y una estructura que fuesen económicamente sólidos, basados en una remuneración justa y competitiva para quienes trabajaban en Elemental. Comenzó entonces un proceso de búsqueda de socios[23] que aportasen un capital semilla para crear una compañía capaz de fortalecer la cadena profesional necesaria para el aumento efectivo de calidad en la vivienda social. Esa cadena, que abarca desde la arquitectura y el diseño urbano hasta la ingeniería, era la clave para apoyar proyectos que si bien son socialmente relevantes y profesionalmente desafiantes, muchas veces no cuentan ni con el tiempo ni con los recursos que permitan formular adecuadamente la pregunta y dar una respuesta de calidad.

to an end. The question was then: how do we move forward? There was still a lot of work to do in order to transform projects into built work and we could not leave the families with processes halfway completed. This must have been the most difficult moment at Elemental; for almost a year we had to work without receiving any salary, subsidizing the functioning of Elemental with our own income.

We knew that in order to have a sustainable working model over time, we should not depend on donations. Even more: to have an effective and permanent influence in a theme like this, an economically solid structure was required based on a fair and competitive income for all those working at Elemental. So we started a search for partners[23] who might be interested in contributing with seed capital to create a company able to strengthen the entire professional chain needed for the social housing quality upgrade. That chain, which covered architecture to urban design and engineering, was key to supporting socially relevant and professionally challenging projects that normally do not have the time or resources to frame the right question and get a quality answer.

---

23   En la búsqueda de financiamiento, contactamos a los gerentes Sandro Solari y Guillermo Agüero de Homecenter Sodimac. Ellos habían auspiciado las primeras iniciativas de Elemental, y simpatizaban con el proyecto. Sin embargo, estimaban que necesitábamos mayor escala. Para ello pusieron al servicio de Elemental al ejecutivo Alejandro Hormann, quie más tarde fue clave para encontrar a nuestro socio Copec.

23   In the search for financing, we contacted Sandro Solari and Guillermo Aguero of Homecenter Sodimac. They had sponsored the first initiatives of Elemental and were sympathetic to the project. Nevertheless they estimated that we needed a larger scale. To that end they made available to Elemental the services of the executive Alejandro Hormann, who would later be key in finding our partner Copec.

Equipo Elemental durante la ceremonia
del premio Index en Copenhagen

**The Elemental team during the Index
Award ceremony in Copenhagen**

El primer interesado en apoyar esta iniciativa fue la Compañía de Petróleos de Chile, Copec.[24] En diciembre de 2005, el directorio de Empresas Copec aprobó los fondos hacer 2 cosas:

1) Financiar la creación de la Cátedra Elemental-Copec[25] en la Universidad Católica, con el fin de investigar y generar conocimiento en problemas urbanos complejos.

2) Hacer un aporte de capital a la sociedad anónima Elemental S.A,[26] conformada por Copec (40%), la Pontificia Universidad Católica de Chile (30%) y los gestores de Elemental (30%)[27], cuyo fin sería materializar en obras concretas las investigaciones y descubrimientos de la Cátedra.

La sociedad se constituyó formalmente en septiembre de 2006.[28] Bajo este formato, Elemental pudo llevar a término un conjunto de obras significativo tanto en Chile como en

The first partner interested in supporting this initiative was the Chilean oil company Copec.[24] In December 2005, the board of Copec Holding approved the funding in order to do two things:

1) Fund the Elemental-Copec Chair[25] at Universidad Católica aimed at doing research and

2) create new knowledge for complex urban problems and provide seed capital for the company Elemental S.A.[26] whose partners were Copec (40%), the Universidad Católica (30%), and the founders of Elemental (30%),[27] and whose goal was to put into practice the findings of the Elemental-Copec Chair.

The company was formally established in November 2006[28] and in this form we were able to

---

24   La primera presentación de Elemental se la hicimos a Arturo Natho, entonces gerente de desarrollo de Copec en un hotel de Santiago. Nos citó para hacerle la misma presentación al día siguiente al entonces gerente general de Copec, Jorge Bunster. Bunster a su vez nos pidió hacerle una presentación al directorio de Empresas Copec, presidido por Roberto Angelini.

25   Como profesor titular de la cátedra Elemental-Copec fue nombrado Alejandro Aravena.

26   El directorio de Elemental quedó constituido por Jorge Bunster (gerente general de Copec) como presidente, Arturo Natho (gerente de desarrollo de Copec), Jaime Bellolio (gerente de empresas UC), Raúl Novoa (fiscal de la UC), Felipe Edwards (Diario La Segunda / El Mercurio) y Andrés Iacobelli. Como director ejecutivo de Elemental fue nombrado Alejandro Aravena. El aporte de Copec a la sociedad fue de 1 millón de dólares.

27   Los socios de Elemental Ltda. fueron inicialmente Alejandro Aravena (30%), Andrés Iacobelli (25%), Gonzalo Arteaga (20%), Alejandro Hormann (15%) y Pablo Allard (10%).

28   El equipo de Elemental quedó constituido en sus inicios por Alejandro Aravena como director ejecutivo, por Gonzalo Arteaga como director de proyectos, por el artista y arquitecto Víctor Oddó, como director de arte y comunicaciones, por los arquitectos Tomás Cortese, Fernando García-Huidobro, Diego Torres y Juan Ignacio Cerda y por la ingeniero comercial Paula Mendía.

24   The first presentation was done to Arturo Natho, then the Development Chief Officer of Copec. He asked us to make the same presentation the next day to Jorge Bunster, Copec CEO, who asked us to introduce the initiative to the board of Copec, whose president was Roberto Angelini.

25   Alejandro Aravena was appointed as the Elemental-Copec professor at the Universidad Católica.

26   The Elemental board was composed of Jorge Bunster (Copec CEO) as president, Arturo Natho (Copec DCO), Jaime Bellolio (UC Enterprises CEO), Raúl Novoa (UC attorney), Felipe Edwards (La Segunda / El Mercurio newspapers), and Andrés Iacobelli. Alejandro Aravena was appointed as executive Director of Elemental. The contribution of Copec to Elemental was one million US dollars.

27   The partners of Elemental at that time were Alejandro Aravena (30%), Andrés Iacobelli (25%), Gonzalo Arteaga (20%), Alejandro Hormann (15%), and Pablo Allard (10%).

28   The team was originally constituted by Alejandro Aravena as executive director, Gonzalo Arteaga as director of projects, artist and architect Víctor Oddó, architects Tomás Cortese, Fernando García-Huidobro, Diego Torres, and Juan Ignacio Cerda, and Paula Mendía as CFO.

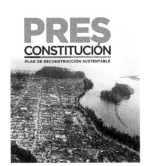

el extranjero que fueron capaces de contribuir de manera concreta a resolver el problema de la vivienda.[29]

Elemental comenzó además a ampliar su ámbito de acción desde la vivienda a la ciudad completa, trabajando en proyectos de infraestructura, transporte y espacio público. El punto culminante de esta apertura llegó en marzo de 2010, cuando la empresa forestal Arauco nos llamó para liderar la elaboración de un plan maestro de reconstrucción urbana para la ciudad de Constitución, que fue devastada por el terremoto y maremoto de 8,8 grados en la escala de Richter que afectó a Chile el 27 de febrero de ese año. Este Plan de Reconstrucción Sustentable (PRES), debía servir de guía para coordinar y canalizar de manera eficiente la enorme cantidad de fondos públicos y privados que se iba a requerir para reconstruir Constitución. Este plan fue innovador, no sólo por la naturaleza del problema, que incluía diseñar una ciudad con un ADN capaz de resistir a un tsunami, una pregunta inédita en Chile, sino también por el proceso de participación de la ciudadanía en la elaboración del plan.[30]

complete a significant number of works in Chile and abroad that made a concrete contribution to social housing.[29]

We also began expanding our field of operation from housing to the whole city, working on projects of public space, infrastructure, and transportation. The moment of truth to this expansion came when in March 2010 we were asked by the forestry company Arauco to elaborate and lead a master plan for the reconstruction of city of Constitución, which had been devastated by the 8.8 Richter scale earthquake and tsunami that struck Chile on February 27 of that year. This Plan de Reconstrucción Sustentable (plan for sustainable reconstruction; acronym: PRES) had to serve as a guide to coordinate and channel the huge amount of public and private money that reconstruction of Constitución would require. This plan was innovative, not just because of the nature of the challenge, which included designing a city with DNA capable of withstanding a tsunami, an unprecedented question in Chile, but also because of the community participation process.[30]

29   El año 2008, Elemental recibió el León de Plata en la Bienal de Venecia por el proyecto de Quinta Monroy. El 2010, Elemental ganó el Brit Insurance Award al mejor diseño de arquitectura y fue expuesto en el MoMA de Nueva York. El 2011, el conjunto de viviendas de Monterrey, en México, recibió el Index Award en Copenhagen, y el PRES Constitución, la Medalla de Plata Holcim de Construcción Sustentable.

30   El trabajo de participación estuvo a cargo de la empresa de comunicación estratégica Tironi y Asociados.

29   In 2008 Elemental received the Silver Lion of the Venice Biennale. In 2010 we won the Brit Insurance Award in the UK for best architectural design and were exhibited at MoMA in New York. In 2011, the Monterrey project was awarded the Index Award in Copenhagen and PRES Constitución received the Silver Medal of the Holcim Foundation for sustainable construction.

30   The community participatory process was led by Tironi & Associates, a strategic communications company.

Ese mismo año 2010, Andrés Iacobelli fue llamado por el presidente de la República Sebastián Piñera para ocupar el cargo de Sub-secretario de Vivienda, el número 2 en la jerarquía del Ministerio de Vivienda y Urbanismo.[31] Esto significó un cambio tanto en el Directorio[32] como en el equipo Elemental, que quedó integrado por Alejandro Aravena, Gonzalo Arteaga, Juan Ignacio Cerda, Víctor Oddó, Diego Torres y Cristián Martínez.[33]

El modelo de Constitución sirvió de base para otro proyecto emblemático para Elemental, quizás el más importante desarrollado hasta este momento: Calama PLUS. Contratados por Codelco, la Corporación Nacional del Cobre, se nos pidió liderar la elaboración de un Plan Urbano Sustentable (PLUS) para la ciudad de Calama, donde se concentra un quinto de la producción de cobre de Chile. En esta ciudad, la gente había salido masivamente a la calle a protestar por el desfase entre la calidad urbana y la riqueza que el cobre le genera al país. En este contexto de realizar obras concretas, esperamos probar el punto que la ciudad puede ser a la vez un vehículo de desarrollo y atajo hacia la equidad.

That same year, Andres Iacobelli was appointed Vice Secretary of Housing by President Sebastián Piñera.[31] That meant a change in the board[32] and also in the team of Elemental, which in the end was formed by Alejandro Aravena, Gonzalo Arteaga, Juan Ignacio Cerda, Victor Oddó, Diego Torres, and Cristián Martinez.[33]

The model of Constitución served as the base for another emblematic project by Elemental, maybe the most important we are developing at the moment: Calama PLUS. Hired by the Chilean national copper corporation Codelco, we were asked to elaborate a Sustainable Urban Plan (PLUS) for the city of Calama, which accounts for one-fifth of the production of copper in Chile. In this city, people had gone to the streets to protest against the unevenness between the wealth they produce for the country and the quality of life they have. We expect that within this context of making concrete projects, we will be able to prove that cities are simultaneously a powerful vehicle for development and a shortcut towards equality.

31   Para evitar conflicto de intereses Iacobelli debió dejar toda su participación en Elemental.

32   El directorio quedó constituido por Arturo Natho (de Copec) como presidente, Maurizio Angelini (representando a Copec), Jaime Bellolio (gerente de empresas UC), José Rosas (Decano de Arquitectura de la UC), Felipe Edwards (del diario La Segunda / El Mercurio) y Alejandro Hormann (de Sodimac).

33   El grupo de socios actual tiene participación en partes iguales en Elemental Ltda.

31   To avoid any conflict of interest, Iacobelli resigned to any type of participation at Elemental.

32   The board was comprised of Arturo Natho (Copec) as president, Maurizio Angelini (Copec), Jaime Bellolio (UC), José Rosas (UC), Felipe Edwards (La Segunda / El Mercurio), and Alejandro Hormann (Sodimac).

33   All partners of Elemental Ltda. have equal participation.

De izquierda a derecha,
proyecto para conectar el distrito
financiero y el Parque Metropolitano
de Santiago, proyecto para la Línea
4 del Metro de Santiago y el Parque
Bicentenario de la Infancia

From left to right,
project to connect the business district
and the Metropolitan Park of Santiago,
project for Subway Line 4 of Santiago,
and the Bicentennial Children's Park

2.3 ¿QUÉ ES ELEMENTAL?

Elemental es un Do Tank. Nuestro campo de acción es la ciudad. La ciudad es un atajo hacia la equidad. Trabajamos en proyectos concretos de vivienda, espacio público, transporte e infraestructura, capaces de mejorar de manera efectiva y eficiente la calidad de vida y el acceso a las oportunidades de los más pobres.

Si sobre algo hay acuerdo en el mundo hoy, es que uno de nuestros mayores problemas es la desigualdad e inequidad de nuestras sociedades. Y casi lo único que se escucha como estrategia para enfrentar este problema, es que debemos corregir la distribución del ingreso. Para hacer tal corrección, el camino es la educación, pero hay que convenir, que la educación, toma muchísimo tiempo. ¿Por qué no ahorrar un paso y mejorar la calidad de vida aquí, ahora? La ciudad, bien diseñada, puede ser un atajo hacia la equidad; puede mejorar la calidad de vida de los más pobres sin tener que depender enteramente de la redistribución del ingreso.

Elemental busca abordar la vida urbana en contextos de escasez, privilegiando casos que requieran innovación e investigación. Como dice Geetam Tiwari del IIT en Dehli, los problemas de sistemas complejos (como es el caso de la ciudad) tienden a tener respuestas anti-intuitivas, lo cual obliga a contar con un tiempo y una dedicación para los que normalmente los recursos son insuficientes. Si no formulamos adecuadamente la pregunta, no obtendremos respuestas de calidad; más grave aún, podemos llegar a contestar muy bien la pregunta equivocada.

Elemental es una compañía que presta servicios de diseño a diversas entidades: gobiernos, municipios, desarrolladores inmobiliarios, empresas, constructoras, ONG y directamente a familias y comunidades que lo necesiten. Desde el punto de vista legal, somos una sociedad anónima, sin embargo,

2.3 WHAT IS ELEMENTAL?

Elemental is a Do Tank. Our field of action is the city. The city is a shortcut towards equality. We work on concrete projects of housing, public space, transportation, and infrastructure capable of effectively and efficiently improving the quality of life and access to opportunities of the poor.

If there is any agreement about the world today, it is that one of our biggest problems is the disparity and inequality of our societies. Almost the only strategy that we hear for confronting this problem is that we have to correct the distribution of income. The path to this correction is through education, but one must admit that education takes a long time. If the redistribution of wealth is not an end in but a means through which one can improve the quality of life, why not save some time and improve the quality of life here and now? The city, if well designed, can be a shortcut to this equality; it can improve the quality of life of the poorest of the poor without have to depend entirely on income redistribution.

Elemental seeks to approach urban life in contexts of scarcity, privileging cases that require innovation and research. As Geetam Tiwari of Indian Institute of Technology (IIT) Delhi has said: the problems of complex systems (as is the case with the city) tend to have counter-intuitive answers, something that requires a time and dedication for which, in general, there are insufficient resources. If we don't formulate the question correctly, we may end up answering well the wrong question.

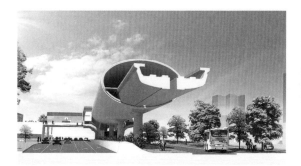 

Do Tank, es el término que mejor describe nuestra manera de operar: al igual que los Think Tanks (centros de estudio, universidades, fundaciones), nos interesa identificar y debatir temas inéditos y complejos que tengan interés social y alcance público, en nuestro caso, en el ámbito de la ciudad.

Y al igual que muchos otros actores de la sociedad (gobiernos, ONG, consultoras, profesionales), nos interesa operar sobre la realidad haciendo obras. El doble énfasis de un Do Tank (operativo en torno al bien común), obliga a aceptar las restricciones de un determinado problema (económicas, legales, políticas, sociales, temporales, etc.), sin por ello perder de vista el interés general. Por decirlo de alguna manera: si el DO acepta las restricciones para hacer viable un proyecto, el TANK cautela las condiciones que éste debe cumplir para contribuir al bien común. No tiene ningún sentido hacer algo sin cualidades, como no tiene sentido imaginar algo de calidad y no implementarlo jamás. Podríamos denominar nuestra aproximación a las obras como un pragmatismo relevante, en que por una parte se filtran aquellos aspectos de las discusiones teóricas que no vienen al caso, pero al mismo tiempo se cuida que en el proceso de implementación de las ideas no se pierda el sentido.

Nuestra contribución, ha de venir por una parte de la capacidad de articular, representar y hacer valer los intereses de los ciudadanos más pobres, los cuales normalmente están atomizados, excluidos o desarticulados. Por otra parte, sabemos que para implementar una acción hay que leer la multiplicidad de intereses de los distintos actores y poner a disposición de todos ellos un lenguaje común, el de las obras, capaz de sintetizar tales intereses.

Elemental is a firm that provides architecture and engineering services to a wide range of entities: governments, municipalities, real estate developers, building contractors, NGOs, and even directly to families and communities in need. From a legal perspective, we are a company. We find, however, that Do Tank best describes the way we operate: like think tanks (centers of study, universities, and foundations), we are interested in identifying and debating complex, unexplored topics of social interest and public scope—in our case, within the context of the city.

Like many other social players (governments, consultants, NGOs), we are interested in contributing to the common good, with real projects, doing real things. The double emphasis of a Do Tank (implementing the common good) obliges us to accept the restrictions of a determined problem (economic, legal, political, social, seasonal, etc.) without losing sight of general interest. To say it in another way, given we are interested in doing things, we do accept all the restrictions in order to make a project viable. But we always make sure that in the process of making ideas become deeds we always contribute to the common good. There is no point in creating something without quality, just as there is no point to having a great idea and never following through with it. We could describe our approach as a relevant pragmatism, where on one side inapplicable aspects of theoretical discussions are filtered out while ensuring that the implementation process does not lose the point.

Our contribution comes from our capacity to articulate, represent, and validate the interests of the poorest citizens, who are normally excluded or improperly organized. On the other hand, we know that to implement an action, one must understand the multiplicity of interests of the various stakeholders and create a common language, that of the project, capable of synthesizing those interests.

MARCO DE OPERACIÓN
Política Habitacional y Reglas del Juego

FRAMEWORK

Constraints and the Rules of the Game

3.1 LA POLÍTICA HABITACIONAL HASTA EL 2001

Durante las últimas décadas del siglo XX, Chile desarrolló una muy eficiente y reconocida política habitacional, la cual permitió reducir sistemáticamente el déficit de casas en el país.[34] En términos generales, esta política se desarrolló en torno a siete componentes:

1. Una política basada en un subsidio estatal a la demanda, que permitía a los beneficiarios acceder a la propiedad de la vivienda.[35]
2. Esa demanda era satisfecha por el mercado privado de la construcción.
3. El Estado no construía, sino se limitaba a generar el financiamiento (MINVU).
4. El Estado, por medio de entidades públicas centralizadas (SERVIU), dictaba las normas de construcción y calidad y controlaba el estándar técnico de las obras (al menos en teoría); otras entidades públicas descentralizadas (municipios, por medio de sus Direcciones de Obras), velaban por el estándar legal y urbanístico de los conjuntos.

3.1 HOUSING POLICY UNTIL 2001

In the last few decades, Chile developed an efficient and widely recognized housing policy, allowing the systematic reduction of the country's housing deficit.[34] In general terms, this policy was developed around seven components:

1. A policy based on a state subsidy to the people (demand) rather than to the building market (offer) allowed beneficiaries to access housing.[35]
2. The private construction market satisfied that demand.
3. The state did not build, but was limited to financing (MINVU).
4. Through centralized public entities (SERVIU) the state dictated the construction and quality regulations and controlled the technical standard of the projects (at least in theory); other decentralized public entities (municipalities through their work directorates) watched over the urban and legal standards of the projects.

34   Chile es un país de 16 millones de habitantes; 4 millones de familias. El PIB per capita (PPA) se duplicó desde los '90 y es hoy de 15,000 dólares (2011) según cuentas nacionales corregidas del Banco Central. Con respecto a la distribución, el 80 por ciento de la población vive con menos de 250 dólares per capita mensuales, mientras que ese promedio salta a 840 dólares en el 20 por ciento más acaudalado. El déficit de vivienda en 2007 era del orden de 500.000 unidades. En la última década el MINVU entregó a través de sus distintos programas y a familias de distinta situación social, del orden de 100.000 subsidios cada año. De esos subsidios alrededor de un 25% van a reducir el déficit; el resto satisface la necesidad de vivienda de nuevas familias que se crean. A este ritmo, se espera que Chile llegue a déficit 0 en 20 años más, o lo que es lo mismo, en 10 billones de dólares más.

35   El 60% de las viviendas que se construyen en Chile cuentan con algún tipo de subsidio estatal.

34   Chile is a country of seventeen million inhabitants, including four million families. The GDP per capita doubled since 2003, was at 8,900 dollars in 2007 according to the national survey of the Banco Central, and is estimated to be US$15,000 in 2012. With respect to the distribution, eighty percent of the population lives on less than 250 dollars per capita a month, while this average jumps to 840 dollars in the upper twenty percent. The housing deficit in 2007 was around 500,000 units. In the last decade the MINVU delivered through various programs and to families of different social extraction around 100,000 subsidies a year. Of these subsidies, around twenty-five percent go to reduce the deficit. The rest satisfy the housing needs of newly created families. At this rate, Chile hopes to reduce the deficit to zero in twenty years, or the equivalent of US$10 billion.

35   Sixty percent of the housing built in Chile receives some kind of subsidy.

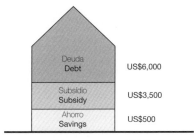

fig. 11

5. El Estado desarrolló un sistema público de califica- ción, que identificaba a los ciudadanos más vulnera- bles y por tanto priorizaba a aquellos elegibles para recibir el subsidio.
6. Otras entidades públicas, privadas y ONG, financiadas con cargo al subsidio de cada vivienda, proveyeron asistencia técnica e intermediación entre el fisco, las constructoras y los postulantes.
7. El monto por cual el mercado debía proveer la vivienda rondaba las 400 UF, es decir unos $10.000 dólares de la época. Esta cantidad incluía un subsidio estatal de 140 UF asignado directamente a cada familia inscrita en los registros del MINVU, al que se sumaba el ahorro de cada beneficiario (20 UF) y un crédito hipotecario de muy bajo interés (240 UF como máximo) administrado por el Estado, que cada beneficiario debía pagar con dividendos mensuales. Estos recursos debían cubrir el costo del suelo, la urbanización del conjunto y la cons- trucción de las viviendas (fig. 11).

En la década de los noventa se construyó un millón de viviendas de un tamaño promedio en torno a los 40 m², a un costo promedio de unas 450 UF (≈$11.500 dólares de la época), es decir, una inversión de más de 10 billones de dólares, tomando en cuenta tanto los subsidios del Estado como la inversión de los privados.

Existen razones muy poderosas que justifican una política orientada a la cantidad: la urgencia por dar una solución a gente que vive en pésimas condiciones, la presión por reducir los tiempos de espera de los postulantes inscritos en el MINVU –evitando así las tomas ilegales de terreno–, o la generación de empleo asociada a la industria de la construcción, entre otras. Aún cuando la

identifying the most vulnerable citizens and priori- tized those eligible for the subsidy.
6. Other entities, public, private, and NGO, financed by the subsidy of each dwelling, provided techni- cal assistance and mediation between the treasury, the contractors, and the applicants.
7. The amount for which the market was required to supply the home was around 400 UF, or about US$10,000 at the time. This amount included the state subsidy of 140 UF (US$3,500) directly as- signed to each family registered in the MINVU, supplemented by a 20 UF savings supplied by each beneficiary (US$500) and a low-interest mortgage of 240 UF (US$6,000) administered by the State that each beneficiary must pay in month- ly installments. These resources had to cover the cost of the land, infrastructure, and housing con- struction (fig. 11).

In the nineties a million homes were built with an aver- age size of forty square meters at an average cost of 450 UF (≈US$11,500)—an investment of 10 billion US dollars taking into account both state subsidies and private investments.

Very powerful reasons existed to justify a policy ori- ented towards quantity: the urgency to provide a solu- tion for people living in dire conditions, the pressure to reduce wait times for registered applicants—avoiding the illegal occupation of land—and the job creation as- sociated with the construction industry, among others. Still, though this was largely considered to be an enor- mous success (to give a roof to four million people in a country of fifteen million), the system was not exempt

En Santiago la desigualdad se manifiesta en la forma de la ciudad donde contrastan estándares de país desarrollado con periferias subdesarrolladas

In Santiago inequalities are expressed in the urban form, where first world standards contrast with underdeveloped peripheries

política habitacional chilena puede considerarse un enorme éxito (dar techo a cuatro millones de personas en un país de quince millones de habitantes), el sistema no estaba exento de críticas. Los principales problemas se pueden sintetizar en tres, bastante relacionados entre sí:

1. Esta política, resultaba eficiente en términos de cobertura, pero era incapaz de focalizar efectivamente los recursos en los más pobres. Una familia pobre, no es que no tenga ingresos, sino que no tiene ingresos regulares, por lo que no es susceptible de crédito hipotecario, por baja que sea la tasa de interés.

2. Las soluciones habitacionales entregadas eran de mala calidad constructiva y los conjuntos se localizaban en terrenos alejados, en una periferia carente de servicios y muy estigmatizada. El rápido proceso de deterioro, tanto de las unidades entregadas como de los barrios, significó que los propietarios dejaran de pagar los dividendos del préstamo, debido al nivel de insatisfacción con el producto que recibieron. El nivel de morosidad en el pago del crédito alcanzó un 70% en el año 2000, lo cual en la práctica funcionaba como un "subsidio oculto" para las familias.

in a country of fifteen million), the system was not exempt from critics. The main problems can be synthesized in three intertwined points:

1. This policy was efficient in terms of coverage, but was incapable of effectively focusing resources for the poorest citizens. It is not that a poor family has no income; they do not have a regular income, rendering a mortgage impossible no matter how low the interest.

2. The housing solutions were of poor construction quality and the complexes' locations on the urban periphery lacked services. Rapid deterioration, not only of the units themselves but also the neighborhoods, led many owners to stop paying their mortgages due to dissatisfaction with the product they received. The percentage of delinquent mortgages reached seventy percent in 2000, rendering a "hidden subsidy" for the families that was not sustainable for the state.

3. La segregación y el alejamiento, sumado a la degradación de casas y barrios tuvieron un impacto negativo sobre cuestiones que iban desde la salud y la educación, hasta problemas de seguridad, criminalidad y resentimiento. De hecho, muchas de estas unidades fueron abandonadas, lo que significó un desastre tanto para las familias como para el Estado.

Bajo esta política, el gasto en vivienda social parecía acercarse más a comprar un auto que a comprar un bien inmueble. Cuando se compra una propiedad, es natural esperar que funcione como inversión, es decir, que se rentabilice en el tiempo. Sin embargo, esto no es lo que ha ocurrido con la vivienda social, donde un porcentaje inaceptablemente alto de unidades cada día vale menos, como un automóvil.

3. The segregation and expulsion to city outskirts as well as the degradation of the houses and neighborhoods had a negative impact on health and education as well as security, criminal activity, and resentment. In fact, many of these units were abandoned, meaning disaster for both the families and the state.

Under this policy, the expense in housing became more like buying a car than buying a piece of real estate. When one buys a property, it is natural to consider it an investment: it appreciates in value. However, this was not what happened in social housing where a high percentage of units lost much of their value, rapidly depreciating like cars.

3.2 LA OFERTA EXISTENTE:
   TRES TIPOLOGÍAS

Esta política habitacional, con todas sus virtudes y de-fectos, se desarrolló basándose en tres tipologías arqui-tectónicas, implementadas en masa por el mercado de la construcción chileno.

TIPO A: LA CASA AISLADA
1 casa = 1 familia = 1 lote.

La vivienda aislada en un lote particular (casa tipo A) ha sido tradicionalmente la tipología más demandada por las familias que reciben un subsidio habitacional, no tanto por la casa misma sino por la posibilidad de tener patio. Se repite con mucha frecuencia, especialmente en ciudades intermedias y pequeñas, donde el mercado de suelos es menos agresivo. Esta tipología es muy ineficiente en el uso del suelo, ya que requiere por ley un sitio de al menos 100 m² para viviendas de un piso. Esta restricción condiciona fuertemente la locali-zación de los conjuntos, obligando al mercado a construir en sitios cada vez más alejados, en la periferia de las ciudades, donde el suelo cuesta poco. Esta tipología, que puede ser adecuada para estratos medios y altos, los cuales buscando más espacio están dispuestos a compensar la mayor distan-cia con velocidad (uso de autos y autopistas tarificadas), para las familias pobres en cambio sólo significa segregación de la red de oportunidades.

Por otro lado, la vivienda individual aislada es incapaz de ha-cerse cargo de los crecimientos que con el tiempo se constru-yen en los patios. A pocos meses de entregado un conjunto, las ampliaciones hechas por los propietarios "fagocitan" las vi-viendas originales, creando una serie de problemas construc-tivos y de habitabilidad, produciendo un entorno urbano dete-riorado, que redunda en la desvalorización de las propiedades.

3.2 THE EXISTING OFFER:
   THREE TYPOLOGIES

This housing policy, with all its virtues and defects, was developed based on three architectural ty-pologies, implemented across the entire Chilean construction market.

TYPE A: THE DETACHED HOUSE
One House = One Family = One Lot

The detached house on a single lot has tradition-ally been the most solicited dwelling by families receiving housing subsidies, not so much for the house itself as for the yard. It is frequently seen in small- and medium-sized cities where the land market is less aggressive. This typology repre-sents an inefficient use of land where a site of at least one hundred square meters is required by law. This restriction strongly dictates the location of these projects, forcing the market to build far away from city centers and services, where land is cheaper. This typology may be acceptable for middle and upper class families who can compen-sate for the distance with speed (with cars and tollways). Yet for poor families, this only means displacement from opportunities.

On the other hand, the detached house is unable to control the expansions, generally built in the courtyards. Only months after homes are hand-ed over, the additions made by the proprietors "swallow" the original homes, creating a series of constructive problems and producing a dete-riorated urban environment that contributes to property depreciation.

TIPO B: LA CASA EN HILERA
Ancho lote = ancho casa = ancho pieza.

La vivienda continua, o entre medianeros (casa tipo B), es una tipología que busca hacer un uso más intensivo del suelo. Normativamente, esta vivienda de dos pisos, sólo requiere 60 m^2 de terreno. Al reducir el ancho del lote hasta hacerlo coincidir con el ancho de la vivienda se logra una ocupación del suelo más eficiente, que permite además reducir los metros lineales de calles y redes de infraestructura, optimizando la urbanización. Pero en la práctica, el ancho del lote y el de la vivienda se reducen hasta igualarlos con el ancho de una habitación, es decir, 3 metros. Como el crecimiento está planteado sobre los patios, profundos y angostos, el problema de esta tipología es que cuando las familias deciden construir una ampliación, cada nueva habitación bloquea la ventilación e iluminación natural de las habitaciones anteriores, comprometiendo además la privacidad, ya que para acceder a los recintos nuevos siempre se debe pasar por los viejos. Más que eficiencia en el uso del suelo, esta tipología produce hacinamiento.

TYPE B: THE ROW HOUSE
Width of Lot = Width of House = Width of Room

The row house is a typology that looks for a more intensive use of land. The building code requires only sixty square meters of terrain for a two-story unit. Reducing the lot to coincide with the width of the unit allows for an efficient use of space as well as a reduction in linear meters of road and infrastructure, optimizing urbanization. But in practice, the width of the lot and the dwelling are reduced to the width of a single room: three meters. With growth planned for the deep yet narrow patios, the problem of this typology is that when the families do decide to build, each new addition blocks the ventilation and natural illumination of the previous rooms. This compromises privacy as one must pass through the old spaces to reach the new ones. Rather than an efficient use of land, this typology creates overcrowding.

TIPO C: EL EDIFICIO EN ALTURA
El block

La tercera tipología, el "block", consiste en edificios de tres o cuatro pisos de altura, donde se superponen departamentos de un nivel, con escaleras y pasillos compartidos. Esta tipología es la más eficiente en el uso del suelo, pero la menos popular de todas.

Volúmenes dispuestos en un espacio que no es de nadie, sumado a circulaciones colectivas compartidas por demasiados vecinos, lo que dificulta la organización, la vigilancia y sobre todo su mantención, hacen que sea la tipología que genera la mayor cantidad de conflictos sociales. El edificio es la tipología menos flexible para acomodar las ampliaciones. Los departamentos en los pisos superiores, en promedio de unos 40 m², no tienen opción de crecimiento. Las viviendas que se encuentran en el primer nivel – que en principio, por tener acceso al suelo, podrían ampliarse – tienen una estructura calculada tan al límite que cualquier intervención podría comprometer la seguridad del edificio.

TYPE C: THE MULTISTORY BUILDING
The Block

The third typology, the "block," consists of three or four stories buildings where one-story units are superimposed with shared stairs and hallways. This typology makes the most efficient use of land, but is the most unpopular.

Volumes placed in fields that belong to nobody, in addition to collective circulation spaces shared by too many neighbors, which presents difficulties for security and maintenance, makes this typology the one that produces more social conflict. The building is inflexible and difficult to adapt or make additions. Apartments on the upper floors are about forty square meters and cannot be expanded. Still, the pressure for space is so great and the structure due to cost constraints is calculated so close to the limit, that any minor change compromises the entire building safety.

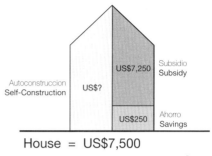

Autoconstruccion
Self-Construction

US$?

US$7,250

Subsidio
Subsidy

US$250

Ahorro
Savings

House = US$7,500

fig. 12

3.3 LA POLÍTICA HABITACIONAL 2001 – 2006

El Contexto de Elemental

Con el objeto de corregir los errores de la política anterior, en marzo del año 2001 el Ministerio de Vivienda y Urbanismo lanzó una nueva política habitacional, centrada en lo que llamó Vivienda Social Dinámica sin Deuda (VSDsD). La innovación más importante de esta política, que operaba a través del Fondo Solidario de Vivienda, consistió en reformular la composición del voucher para liberar a las familias de toda deuda hipotecaria. Se aumentó el subsidio directo de 140 UF a 280 UF (≈ de $3,500 a $7,000 dólares de la época); se redujo el ahorro exigido a cada familia a 10 UF como mínimo (≈ de $500 a $250 dólares); y se eliminó el crédito hipotecario y por lo tanto deuda. A esto se sumó un subsidio adicional de 10 UF por familia (≈ $250 dólares) para financiar una asistencia técnica durante la etapa de diseño y construcción, que velara por la calidad de las edificaciones. Así, el costo final de la vivienda, incluidos los proyectos y la inspección técnica, se fijó en 300 UF (≈ $7,500 dólares de la época) (fig. 12).

Además de focalizar los recursos con mayor efectividad en las familias más pobres -aquellas sin capacidad de endeudamiento - el Estado procuraba terminar con el "subsidio oculto" que se generaba por la altísima morosidad en el pago de los dividendos, evitando el respectivo altísimo costo financiero y administrativo de cobrarlos. Esta transformación radical permitió duplicar el subsidio del Estado sin

3.3 HOUSING POLICY 2001–2006

The Context of Elemental

With the aim of correcting the errors of previous policy, in March 2001, the Ministry of Housing and Urbanism launched a new policy focused on what they called Dynamic Debt-Free Social Housing. Operating through the Housing Solidarity Fund, the most important innovation of this policy consisted of reforming the makeup of the voucher to release families from mortgage obligations. It raised the direct subsidy amount from 140 UF to 280 UF (approx. from US$3,500 to US$7,000). It reduced the required family savings to a 10UF minimum (approx. from US$500 to US$250) and eliminated the mortgage and, thus, the debt. To this, an additional subsidy of 10 UF per family (about US$250) was added to finance technical assistance during the design and construction stages to ensure building quality. In this way, the final cost of the home including projects and technical inspection was fixed at 300 UF (about US$7,500), with which the purchase of land in the private market, the provision of infrastructure, and the construction of the unit had to be paid (fig. 12).

Besides focusing resources more efficiently on the poorest families, those without debt capacity, the State sought to eliminate this "hidden subsidy" generated by the massive mortgage defaults as well as the high financial and administrative costs of collecting them. This radical transformation doubled the State subsidy without sacrificing the amount of units built per year, but presented the new challenge of buying land, creating infrastructure,

sacrificar la cantidad de unidades entregadas al año, pero supuso un nuevo desafío, al reducir el monto final por el cual se debía comprar el terreno, hacer la urbanización y cons truir las viviendas. Tomando como un dato de base que el mercado chileno de la construcción es bastante eficiente, 300 UF (≈ US$7,500) permiten construir del orden de 30 m². Esto significa que los beneficiarios, si bien quedan liberados de pagar un dividendo, deben asumir la responsabilidad de transformar ellos mismos en el tiempo, dinámica y paulatinamente, la solución habitacional básica en una vivienda propiamente tal. En la mayor parte de los casos, este proceso de ampliación se estabiliza en torno a los 70 m² u 80 m².

Si bien la nueva política corrigió varias de las críticas anteriores, abrió otras interrogantes: por un lado, tuvo que volver a lidiar con los problemas de las viviendas incrementales; por otro, dejó en evidencia que las tipologías con las que hasta entonces trabajaba el mercado, eran incapaces de responder a una pregunta sustancialmente distinta.

La Respuesta Natural: Achicar y Alejar

Suponiendo que nadie en el mercado estaba interesado en reducir aún más la calidad material de las viviendas, la nueva política habitacional, al reducir el monto del voucher de 400 UF a 300 UF, sólo dejó como opciones para materializar los subsidios: construir menos metros cuadrados o buscar suelos aún más baratos, es decir, achicar o alejar.

Cuando se reduce la superficie de una vivienda más allá de un cierto límite, no estamos ya simplemente frente a una vivienda más pequeña, sino frente a una pregunta distinta: la vivienda progresiva. Pero esta política no incluía ningún

and building homes with a smaller final amount. The Chilean construction market is quite efficient; 300 UF (about US$7,500) finances the construction of around thirty square meters. This means that although the beneficiaries no longer have to pay a dividend, they must assume the responsibility of dynamically, gradually transforming their basic housing units into a home. In most cases, this process stops when the residences achieve around seventy to eighty square meters.

Although this new policy corrected many of the flaws of the previous policy, it opened up new questions: it had to confront the problems of incremental housing, acknowledging that the current typologies executed by the market were incapable of responding to a different question altogether.

The Natural Response: Reduce and Displace

Assuming that no one in the market was interested in further lowering the material quality of the houses, the new policy, by reducing the voucher from 400 UF to 300 UF, left few options: to either build fewer square meters or to look for cheaper sites. That is, reduce and displace.

The problem of reducing the size beyond a certain limit should have been understood as a different question: that of incremental housing and not just that of a smaller unit. Unfortunately the new policy did not include any kind of incentive to frame properly this new question and make the

A pesar que el subsidio directo era mayor, el monto final de financiamiento para cada unidad fue reducuido por la Política Habitacional del 2001. El mercado reaccionó reduciendo el tamaño de las viviendas y localizandolas donde el suelo fuera más barato.

Although the direct subsidy was higher, the 2001 policy reduced the final amount of funding for each unit. The market reacted by reducing the size of homes and locating them where land was cheap.

tipo de incentivo para que los involucrados en dar las respuestas, pudiesen hacer los desarrollos y ajustes necesarios al nuevo desafío, por lo que el mercado se limitó a contestar una pregunta nueva con respuestas ya agotadas.

En vez de redefinir la ecuación, entendiendo que se trataba de un problema distinto, el mercado siguió operando de la misma manera, pero con menos recursos. Cuando eso pasa ocurren dos cosas: Se construye todavía más lejos, tratando de reducir el costo del suelo, lo que produce periferias segregadas, estigmatizadas y marginadas de las oportunidades. Al no enfrentar el problema como vivienda progresiva, se producen enormes conflictos al poco tiempo de entregadas las viviendas, haciendo el proceso de ampliación, caro, difícil e inseguro.

La otra gran novedad de la nueva política fue que, buscando acabar con las enormes extensiones de viviendas sociales que generaban gigantescos paños de ciudad monótonos y sin identidad, se limitó el número máximo de viviendas a 300 unidades por conjunto. Pero lo que en principio era una buena intención, en la

necessary adjustments to face this new challenge. So the market began to answer this new question with old, exhausted responses. Instead of redefining the equation according to the new problem, the market continued operating in the same way, only with fewer resources.

The first reaction of the market to less money was to reduce the size of the units. Actually the policy accepted a minimum of twenty-five square meters with at least a living room, a dining room, a kitchen, a bathroom, and a bedroom. It was evident that by trying to fit all these rooms in such a small area, each of the components of the program was going to be condemned to a very poor standard. The pressure to deliver all those rooms as if it was a full house was also a clear indication that nobody was thinking in terms of incremental housing. By not acknowledging in the design the fact that people will expand their houses up to at least seventy square meters anyhow, the self-construction process ended up being expensive, difficult, and unsafe.

The other consequence of the funding reduction was that projects began to be built even farther away in underserved peripheries where land was cheaper,

práctica produjo que el volumen de operación dejara de ser atractivo para las grandes constructoras, detonando un éxodo masivo del nicho de la vivienda social de las empresas mejor capacitadas técnicamente y con mayor capacidad económica.

Esto tuvo por consecuencia que para ejecutar las viviendas de más bajo costo sólo quedaran constructoras pequeñas, muy frágiles desde el punto de vista financiero y poco preparadas para responder a las contingencias de las obras. A esto hay que sumar el hecho que el MINVU no adecuó sus exigencias administrativas a esta nueva escala de constructoras, y siguió pidiendo las mismas condiciones que a una empresa grande, con boletas de garantía y estados de pago que suponían un enorme capital de trabajo. Esto produjo una situación muy vulnerable tanto para las obras como para los procesos de licitación, haciendo aún más difícil el escenario para la innovación que esta nueva política requería.

creating a major social problem due to the segregation from and marginalization relative to opportunities.

Finally, the new policy was to trying to avoid the huge, monotonous swaths of city without identity that typically came with social housing projects by limiting the maximum number of units to 300 per complex. A measure that began with good intentions in practice stopped making social housing attractive for large developers, creating a massive exodus of those companies with the best technical and economic capacities from the social housing sector. This left only the small builders, financially fragile and ill-equipped to respond to the contingencies of these low-cost dwellings. Also, one must add that the MINVU did not adjust its requirements to this new scale of builders and continued to demand the same conditions as of a large enterprise, with guarantees and payment systems assuming an enormous amount of capital. This produced a vulnerable situation for the projects and bidding processes, making the required innovation stage all the more difficult.

CASO 1: TIERRAS DE MAIPÚ

Este conjunto de 292 viviendas en extensión se construyó en el año 2005, a las afueras de Santiago, en Buin. Esta zona se ha convertido en una de las principales receptoras de vivienda social de la Región Metropolitana, absorbiendo gran parte de la demanda generada en Santiago, donde el precio del suelo ya no permite edificar vivienda social siguiendo soluciones convencionales.

El esquema urbano funciona con una casa por lote, en terrenos de 6,5 x 14 metros, con pasajes cada 2 fondos de lote, es decir, cada 28 metros. La casa tiene dos niveles, con una planta de 5,4 x 3,3 metros, casi 18 m² por nivel, 36 m² en total. En el primer nivel se distribuyen el living-comedor, el baño y la cocina, mientras que los dormitorios se encuentran en el segundo.

Lo reducido de la casa presupone usar el patio para las ampliaciones y la condición progresiva de la casa se limita a la entrega de un plano o un manual de ampliación. Sin embargo, la mayor parte de los propietarios no sabe leer planos, por lo tanto es probable que las ampliaciones se hagan "instintivamente" o siguiendo la ley del mínimo esfuerzo.

En un escenario como este, sería deseable que la arquitectura evitase el potencial caos que puede generar la auto-construcción y fuese de alguna manera auto-explicativa, para guiar el proceso de ampliación. En este caso particular, hay 5 ejemplos que muestran cómo un mal diseño puede hacer

CASE STUDY 1: TIERRAS DE MAIPÚ

This group of 292 low-density homes was built on the outskirts of Santiago, in Buin, in 2005. This zone has been converted into one of the principle areas for social housing in the Metropolitan Region, absorbing a large part of the overall demand of central Santiago where land prices make conventional social housing solutions impossible.

The project consists of detached houses on lots of 6.5 by 14 meters, with streets every second site-lengths, i.e. every twenty-eight meters. The house has two floors with a footprint of 5.4 by 3.3 meters, almost eighteen square meters per floor, thirty-six square meters total. The ground floor contains the living and dining room, bathroom, and kitchen, with the bedrooms on the second floor.

Such a small house presupposes the use of the yard for additions; the "dynamic" condition of the house that the policy asked to address is limited to a brochure with a drawing of how to "invade" the courtyard. However, the majority of the owners have no idea how to read plans meaning that additions will most likely be "instinctive" and implemented following the minimal effort law.

To address incrementality through design should mean to avoid the potential chaos that can be

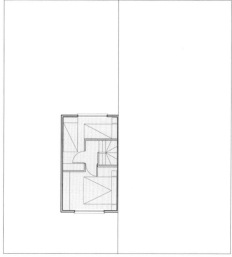

Calle | Street

Primer Piso | Ground Floor

Segundo Piso | Second Floor

extremadamente difícil el proceso de alcanzar un estándar de clase media para una vivienda inicialmente pequeña: Al tener que hacerse la ampliación sobre el patio, obliga a construir y financiar 5 de las 6 caras de un recinto (tres muros, piso y cubierta):

1. Una ampliación lateral implica reubicar el acceso a la casa y probablemente demoler parte del muro estructural; este es un típico "síntoma" de diseño regresivo más que progresivo, porque al hacer todo el perímetro de la casa con un muro sólido, la única manera de integrar los nuevos recintos, es demoliendo muros estructurales.

2. Además, algo que podría parecer un detalle, hace la diferencia entre hacer económica la ampliación o no: el vacío entre la vivienda y el vecino, mide 3,3 metros. En Chile, el largo útil de la madera es de 3 metros, los perfiles de acero se venden en 6 metros, por lo que su subdivisión óptima a la mitad también es de 3 metros y la albañilería de ladrillo reforzada también requiere pilares cada 3 metros. Esos 30 centímetros de diferencia obligan a unir piezas de madera si se quiere salvar una luz o perder largo útil de un perfil de acero. Dimensionar con precisión el vacío es clave en viviendas progresivas; por lo demás su costo es cero.

4. El muro que deberán compartir con el vecino, en teoría, debería ser sólido, estructural, aislante acústico y cortafuego, o sea, una obra cara y compleja. Por ello mismo es poco probable que la autoconstrucción espontánea lo haga bien.

generated by self-construction. Design has to be self-explanatory in guiding the expansion process. In this particular case, there are five examples that reveal how a bad design can make it really hard for a family to go from an initial small house to a middle-class standard:

1. For any desired addition (having no other place but the yard), one must finance and build five out of the six sides of a room: three walls, the floor, and the roof.

2. A lateral extension implies relocating the entrance and partly demolishing a structural wall. This is a typical "symptom" of detrimental more than incremental design; when the whole perimeter of the house is solid wall, the only way to integrate a new room is by demolishing structural walls.

3. Furthermore, something that may seem like a mere detail could make all the difference in achieving or not an economical expansion: the void between the home and its neighbor measures 3.3 meters. In Chile, the typical length of lumber measures three meters and reinforced brick requires pillars every three meters as well. These three centimeters of difference force one to join lumber or waste material to cover the length. Precise measuring of the voids is key in incremental housing.

4. The shared wall between neighbors should, in theory, be solid, structural, acoustically insulating and a fire barrier. This is a complex and expensive element that spontaneous do-it-yourself construction is unlikely to produce.

5. Si la ampliación se destina a dormitorios, para compensar los que se han propuesto en el segundo piso que son indecentes (particularmente el recinto en L que dispone las camas de una manera impresentable), los usuarios deberán pasar siempre por la cocina para ir al baño.

Si se quiere crecer hacia atrás, los nuevos recintos comprometerán la habitabilidad de la cocina y el baño, bloqueando su ventilación e iluminación natural. También en este caso seguirá siendo imprescindible construir el cortafuego, esta vez extendiendo el muro medianero, cuestión también compleja y cara.

En síntesis, el proyecto entrega suficiente suelo para crecer, pero pocas guías para hacerlo de manera económica y estructuralmente segura. El diseño tampoco da garantías para evitar que la ampliación deteriore tanto la vivienda como el conjunto.

5. If one expands to add bedrooms to compensate for the insufficient sleeping space above (particularly the L-shaped room that distributes beds in a ridiculous manner) the users will always have to pass through the kitchen to access the bathroom.

If one wants to build out through the back, the new spaces will compromise the kitchen and bathroom, cutting off ventilation and natural light. In this case, a fire barrier is essential for safety, implying an extension of the structural partition wall, a complex task that is unlikely to be completed safely.

In short, the project delivers land for growth, but does nothing to help achieve economical and structurally safe growth nor to prevent residents' expansion efforts from becoming a source of deterioration for the home or the complex.

CASO 2: PUENTE ALTO

Se trata de un conjunto de 298 viviendas pareadas por un lado, en terrenos de 12 x 6 metros, ubicado en Puente Alto, la comuna más populosa de Chile, ubicada en la periferia sur-oriente de Santiago. Las casas, que a primera vista parecen de dos niveles, tienen en realidad un nivel más mansarda. La planta del segundo nivel, donde están los dormitorios, se puede ocupar sólo parcialmente, pues la pendiente del techo no permite llegar a los bordes.

Para pagar un suelo más caro, se redujo el tamaño del lote. También en este caso falta precisión en el manejo del vacío: sólo existe un espacio de 2.7 metros de ancho para la ampliación lateral. Los 30 centímetros menos respecto del óptimo producen un desperdicio de material y un recinto mezquino condenado para siempre a estándar de vivienda social. Hacia atrás, un espacio libre de 3.6 metros tiene los mismos problemas del caso anterior, obligando a complejidades técnicas para cubrir el ancho del recinto y a perder material por obligar a trabajar con añadidos.

CASE STUDY 2: PUENTE ALTO

Located in Puento Alto, the most populated suburb of Chile, in the south east of Santiago, the complex contains 298 homes attached on one side in sites of twelve by six meters. At first glance, the homes appear to be two stories but are actually one level with a hip-roof attic. The bedrooms on the second floor can only be partially occupied due to the roof slope.

If in the previous case, they missed the right measurement of the void by being thirty centimeters too big, in this case they failed by being thirty centimeters too small: a space of 2.7 meters was left for a future lateral expansion. The missing thirty centimeters cause an unnecessary material waste and also create a stingy room condemned forever to social housing standard. Out back, an open space of 3.6 meters has the same problem as Case Study 1 in requiring more complex techniques for enclosing the space as well as the material loss associated with custom lengths.

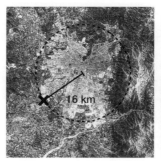

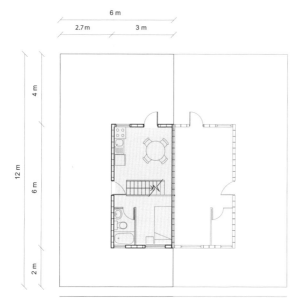

Calle | Street

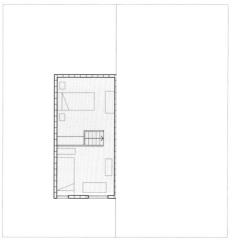

Primer Piso | Ground Floor

Segundo Piso | Second Floor

Este proyecto comete otros dos errores graves y de difícil manejo: en primer lugar, coloca en el primer nivel, dando hacia la calle y a la entrada de la casa, un dormitorio y el baño. Estas viviendas pasarán a engrosar la lista de casos en que los propietarios, como primera intervención, desplazan el baño hacia una parte más privada, lejos de la entrada, con todas las dificultades que implica esta operación. En segundo lugar, para ahorrar se "jibariza" la mansarda, lo cual obliga a las familias a intervenir el techo para crecer, comprometiendo una de las partes más delicadas de una casa. El interior demasiado estrecho del segundo nivel ha sido modificado por las familias cuando han tenido los recursos. Cuando se diseña en un clima donde llueve, este ahorro mal entendido puede resultar demasiado caro, porque la posibilidad de garantizar estanqueidad con pendientes aún menores es muy baja.

This project commits two other major errors that are difficult to mend. First, a bedroom and bathroom are located on the first floor directly facing the entrance and street. There is a lot of evidence that shows that inhabitants move the bathroom to a more private part of the house (where bedrooms are) despite all of the implied difficulties. Second, the poorly executed savings made by "dwarfing" the attic forces people to change the roof, one of the most delicate parts of a house. Families have modified the extremely narrow interior of the second floor as soon as their resources have allowed them to do so. When designing in a rainy climate, these "savings" can become very costly, as the chances of maintaining impermeability with less roof slope are improbable.

El techo es una de las componentes
más complejas por lo que no se
debiera intervenir para ampliar la casa.

Because the roof is one the most
complex components of the house,
it should not be altered in order to
expand the house.

CASO 3: CORDILLERA DE LA REINA

Se trata de un conjunto de 70 viviendas construidas el año 2005 en Peñaflor, una pequeña comuna semi-rural al sur de Santiago, lejos del centro. El proyecto considera sitios cuadrados de 9 x 9 metros y viviendas de 4.5 x 4.5 metros en 2 pisos, pareadas por una cara con la casa vecina, compartiendo un muro medianero. La casa tiene living-comedor, baño y cocina en el primer piso y dormitorios en el segundo.

Este proyecto presenta problemas de diseño que acusan que no se supo responder a la condición incremental de la vivienda. En primer lugar, la planta cuadrada de 20 m² comprime y deforma todos los recintos, especialmente en el segundo piso, donde además del tamaño indigno de los dormitorios, se debe circular por uno de ellos para llegar a otro. El descuidado diseño condena a la vivienda a arrastrar su estándar "social" para siempre.

Un ejemplo más sutil de esto mismo, es la posición de la puerta de entrada. Ella está centrada en el espacio principal de la casa, dejando un estar y un comedor de 2 metros de ancho cada uno. Colocar la puerta desplazada hacia un lado, dividiendo el espacio en 3 metros y 1 metro por ejemplo, cuesta lo mismo, pero deja abierta la posibilidad para que en una futura ampliación lateral, los recintos resultantes sean más grandes, con estándar de vivienda de clase media.

Para alcanzar los 50 m² que exige la norma como posibilidad mínima de ampliación, esta casa necesita crecer sobre el patio, que, como ya mencionamos, es la más cara de todas las alternativas de crecimiento. Al disponer la casa en el lote dejando 2 metros hacia el fondo y hacia el frente, la única posibilidad de ampliación es lateral.

CASE STUDY 3: CORDILLERA DE LA REINA

This complex consists of seventy homes built in 2005 in Peñaflor, a small, semi-rural commune to the south of Santiago, far from downtown. The project is based on square lots of nine by nine meters and two-story row homes with a footprint of 4.5 by 4.5 meters where neighbors share a structural partition wall. The house has a living/dining room, bathroom, and kitchen on the ground floor, and bedrooms on the second floor.

There are design problems that reveal that very little thought was given to the incremental need of the homes. In order to fit every floor plan in less than twenty square meters, rooms are squeezed and deformed to such an extreme, especially on the second floor, that people have to go through rooms to get to the next one. The careless design condemns these homes, like those from the previous case studies, to bear the "social" standard forever.

A subtler example can be found in the entrance: it is centered in the main space of the house, leaving a living/dining room of two-meters' width to each side of the door. If the door was placed to one side, dividing the space into one and three meters, it would have, for the same cost, left the possibility for a future expansion to have two larger, middle-class standard rooms.

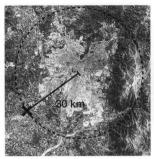

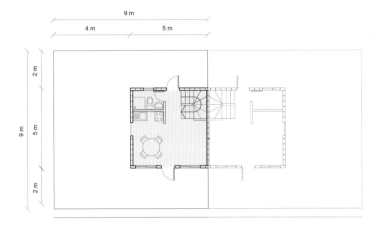

Calle | Street

0   1   3 m

Primer Piso | Ground Floor

Segundo Piso | Second Floor

En una decisión difícil de entender, el pareo de esta casa juntó en torno al muro medianero las escaleras en vez de los núcleos húmedos, dejándolas en una esquina de la casa. Así, si se crece en primer piso con un dormitorio, se deberá pasar por la cocina para llegar al baño.

El vacío lateral - la distancia a la pared del vecino - es demasiado ancho para aprovechar las construcciones existentes en la conformación del nuevo recinto, y ciertamente ineficiente desde el punto de vista estructural y constructivo. Si la ampliación ocurre también en el segundo piso, la posición de la escalera obliga a transformar uno de los dormitorios en pasillo.

Por último, los lotes y la orientación de las viviendas no definen con claridad el frente público ni el fondo más privado de las propiedades. El espacio urbano queda muchas veces definido por la parte trasera o lateral de las casas, lo que dificulta el control y administración. Tal como vimos, dado que será el espacio lateral de la casa el lugar donde ocurrirán las ampliaciones, serán estas autoconstrucciones las que terminen definiendo el frente urbano, deteriorando progresivamente la imagen del barrio y comprometiendo su valorización.

To achieve the fifty square meters demanded by regulation as minimum extension, this house must grow over the courtyard, which, as we already mentioned, is the most expensive of all growth alternatives. Placing the house in the middle of the lot, leaving two meters in front and back, leaves the possibility of growth only to the side. The lateral void—the distance to the neighbor's wall—is too wide to take advantage of the existing structure in making new spaces and certainly ineffective from a structural and construction viewpoint.

In a decision that is impossible to understand, the structural dividing wall joins the stairs instead of the wet-areas located in the corner. Thus, if one decides to add a bedroom on the ground floor one must go through the kitchen to get to the bathroom. If one expands the second floor, the position of the stair obliges one to transform one of the bedrooms into a hallway.

Lastly, the lots and building orientations do not define clearly the public front and the more private rear. The rear or lateral sides of the home, inhibiting administration and control, frequently define the urban space. Given that the expansion of the homes will occur in the lateral spaces, it will be these additions that will ultimately define the urban face, deteriorating the neighborhood identity and compromising value appreciation.

Las viviendas no definen con claridad el frente urbano y el espacio disponible nunca permitirá a las ampliaciones alcanzar un estándar de clase media.

The houses do not clearly define the urban front and the available space will never allow expansions achieve a middle-class standard.

EL PRIMER CASO ELEMENTAL
la Quinta Monroy en Iquique

ELEMENTAL'S FIRST CASE
Quinta Monroy in Iquique

O Centro de la ciudad
Downtown

X Ubicación proyecto
Project location

N° de familias I **No. of families**	93
Ubicación I **Location**	Av. Pedro Prado - IQUIQUE, Región de Tarapacá, CHILE
Superficie terreno I **Site area**	5.722 m² (657 hab./há) I **5,722 m² (657 inhab./ha)**
Superficie construída I **Built area**	3.620 m² I **3,620 m²**
Presupuesto construcción I **Building budget**	25.110 UF, aprox. US$750,000 I **25,110 UF, approx. US$750,000**
Costo del terreno I **Cost of the site**	1,2 UF x m² = 6.510 UF; aprox. US$150.000 I **1.2 UF x m² = 6,510 UF, approx. US$150,000**
Costo por familia I **Cost per family**	340 UF, aprox. US$8,300 I **340 UF, approx. US$8,300**
Subsidio I **Subsidy**	320 UF/familia + ahorro 20 UF/familia I **320 UF/family + savings 20 UF/family**
Comité de vivienda I **Housing committee**	Quinta Monroy
Mandante I **Mandator**	Chile Barrio Program, Silvia Araos
Entidad organizadora I **Project coordinator**	Chile Barrio
Asistencia técnica I **Technical assistance**	Elemental
Habilitación social I **Social habilitation**	Chile Barrio
Contraparte técnica I **Technical counterpart**	Carla Bardi, División de Política Habitacional I **Division of Public Housing MINVU** Dolores Cautivo, Programa Chile Barrio I **Chile Barrio Program Región de Tarapacá** Wilfredo Rojas + Omer Mesa, SERVIU Región de Tarapacá Sergio García, Director de Obras Municipales I **Municipal Works Director of Iquique**

Arquitectura I **Architecture**	Alejandro Aravena, Andrés Iacobelli, Alfonso Montero, Tomás Cortese, Emilio de la Cerda
Políticas Públicas I **Public policy**	Andrés Iacobelli (director de la iniciativa I initiative director), Elena Puga
Ingeniería I **Engineering**	Juan Carlos de la Llera, Carl Lüders, Mario Álvarez, Tomás Fischer, Alejandro Ampuero, José Gajardo
Especialidades I **MEP**	Elemental
Construcción I **Construction**	Constructora LOGA
Aprobación subsidios I **Housing subsidies approval**	Septiembre I September 2002
Permiso de obras I **Building permits approval**	Diciembre I December 2003
Inicio de obras I **Construction start**	Enero I January 2004
Término de obras I **Construction end**	Diciembre I December 2004

CASA I HOUSE

Superficie inicial construida I **Initial built area**	36 m²
Superficie final potencial I **Potential final area**	70 m²

DEPARTAMENTO I APARTMENT

Superficie inical construida I **Initial built area**	25 m²
Superficie final potencial I **Potential final area**	72 m²
Áreas verdes I **Green areas**	2,215 m² I **2.215 m²**
Subsidio Gobierno I **Governmental subsidy**	US$11.500 x familia, US$1.069.500 total I **US$11,500 x family, US$1,069,500 total**
Costo del sitio I **Site cost**	US$50/m²: US$31.000 I **US$50/m²: US$31,000**

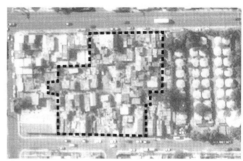
fig. 13

4.1 ENCARGO:
X = 100f x US$7.500 x 30 m² / 0,5 há

4.1 ASSIGNMENT:
X = 100f x US$7,500 x 30 m² / 0.5 ha

El Terreno

The Site

La Quinta Monroy era un campamento informal en el centro de Iquique, una ciudad del desierto chileno, localizada a 1.500 km. al norte de Santiago. Hasta la década de los sesenta, los terrenos de la Quinta Monroy se habían utilizado para actividades agrícolas y para la crianza de animales. Por esos años, el solar fue adquirido por una sociedad privada de la cual fue socio Ernesto Monroy, quien se ocupó de la administración del sitio. A medida que la ciudad crecía, los terrenos fueron ocupados progresivamente por familias pobres, a quienes Ernesto Monroy permitía instalar piezas de emergencia, en ocasiones por solicitud del municipio. Con los años, las familias comenzaron a subdividir sus parcelas para acoger a nuevos allegados o arrendatarios (fig. 13).

Tras la muerte de don Ernesto Monroy en 1995, se inició una disputa judicial entre la sucesión Monroy por regularizar la propiedad del terreno y normar la tenencia de las parcelas vía contratos de arrendamiento. Los pobladores que no formaban parte de la sucesión – que a esas alturas conformaban una amplia mayoría – realizaron gestiones ante el Ministerio de Bienes Nacionales para que les fuera reconocido el derecho a propiedad y poder permanecer en el lugar, que estimaban les pertenecía por el extenso período que lo habían ocupado. Estos juicios duraron cinco años; durante ese tiempo, por gestiones de los pobladores, visitaron el campamento la Comisión de Vivienda de la Cámara de Diputados en pleno, el Ministro de Vivienda de la época, el municipio, parlamentarios y otras autoridades. Aún así, fue imposible encontrar solución

Quinta Monroy was an informal slum in the center of Iquique, a Chilean desert city located 1,500 kilometers north of Santiago. Until the seventies, the Quinta Monroy site had been used for agriculture and animal husbandry. In that time, a private corporation in charge of administration of the site, one of whose associates was Ernesto Monroy, acquired the site. As the city grew, poor families progressively occupied the land. The families, authorized by Ernesto Monroy, installed temporary housing, sometimes at the request of the municipality. Over the years, the families began to subdivide their lots to receive new relatives and tenants (fig. 13).

Upon the death of Ernesto Monroy in 1995, a judicial dispute among the heirs began over regulating the site and holdings with rental contracts. The inhabitants, who were not among the heirs but who by this time represented a large majority, implored the Ministerio de Bienes Nacionales (national assets ministry) to receive property rights corresponding to the time they had occupied the site. These proceedings lasted five years. During this time, the whole housing committee of the Congress, the housing minister, the municipality, members of Parliament, and other authorities visited the site, yet no solution could be found. This long,

alguna al problema. Este largo y frustrante proceso generó desconfianzas y desencuentros entre los vecinos, dividiendo las organizaciones y comités de vivienda. Sin embargo, una parte importante de los ocupantes mantuvieron la decisión férrea de luchar por quedarse en los terrenos que habitaban.

En el año 2000 se inició la intervención del Programa estatal Chile Barrio, propiciando un avenimiento judicial que permitió la inscripción del terreno por la sucesión Monroy y el compromiso de compra por parte de Chile Barrio con el objeto de construir un conjunto habitacional en beneficio de todos los pobladores inscritos en el comité de vivienda. Elemental por su parte, a lo largo del 2003, presentó en seminarios y conferencias los desarrollos y ejercicios proyectuales llevados a cabo en Harvard y en la Universidad Católica. En ese momento, no teníamos demasiado claro el problema de la valorización de la vivienda (que se formuló explícitamente sólo un año más tarde) y por tanto, tampoco teníamos identificadas con precisión nuestras variables de diseño. Lo que teníamos eran más bien hipótesis de trabajo, centradas en el desarrollo de una tipología arquitectónica que permitiera lograr altas densidades – y por lo tanto permitiera pagar suelos más caros – evitando el hacinamiento, incorporando a la vez procesos de ampliación y auto-construcción, todo al interior del edificio mismo.

Nuestro trabajo operaba sobre la base de aceptar 2 restricciones del sistema:

1. Aceptábamos el tamaño inicial de la casa (36 m²) como una manera de ajustarnos al marco presupuestario de las eventuales futuras licitaciones.

frustrating process created distrust and conflict among the families, dividing the organizations and housing committees. However, an important group of occupants stayed firm in their decision to fight for where they lived.

In 2000, state-run Programa Chile Barrio intervened and promoted a judicial settlement allowing the Monroy estate to be registered and purchased by Chile Barrio with the aim of building a housing project for the benefit of all the occupants registered with the housing committee. Elemental, for its part, was working in the typology that was something in between a building and a house; by 2003 we were already presenting these developments, in workshops conducted at Harvard University and Universidad Católica, in different seminars and congresses. At that moment, we did not have a clear picture about the value gain of housing (which was only explicitly formulated a year later) nor had we precisely identified our design variables. What we had was more or less a working hypothesis, focused on an architectural typology permitting high density (to pay for land), avoiding overcrowding while incorporating expansion processes and self-construction, all within the same building.

Our work operated under the assumptions of two restrictions of the system.

1. We accepted the initial size of the house (thirty-six square meters) as a way of staying within the budgetary framework for an eventual bidding process.

Fachada de la Quinta
Monroy hacia la calle;
no es fácil distinguir el
asentamiento informal de
las propiedades formales.

**Façade of Quinta Monroy
towards street; it is not
easy to distinguish the
informal settlement from
the formal properties.**

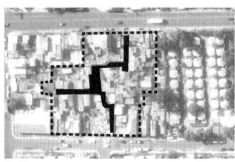

fig. 14

2. Aceptábamos la condición progresiva de la vivienda, usando a nuestro favor la condición incompleta de las edificaciones como un medio para incluir la diversidad programática y de la estructura familiar, además de la personalización del lenguaje, en un diseño que, por asuntos de costos, parecía destinado a la monotonía.

Silvia Araos - entonces Directora Nacional de Infraestructura del Programa Chile Barrio - decidió contratar a Elemental para ver si nuestras ideas eran capaces de ofrecer una solución a la Quinta Monroy, el último campamento informal del centro de Iquique. Específicamente, nos pidieron diseñar una propuesta para radicar a 100 familias en el mismo terreno de 0,5 hectáreas que habían ocupado durante más de treinta años.

Las Familias

Las familias vivían en muy malas condiciones: 60% de los recintos no tenían luz o ventilación directa. No había agua potable ni conexión a la red de alcantarillado. Cada familia ocupaba alrededor de 30 m² en promedio, en viviendas construidas las más de las veces con material de descarte de los embalajes del puerto. Cada grupo familiar estaba compuesto en promedio por 4 personas, es decir, cada persona vivía en alrededor de 8 m². Habían problemas de delincuencia y tráfico de drogas, facilitados por un trazado laberíntico del conjunto (fig. 14). Pero pese a todo esto, la prioridad absoluta era mantener a las familias en el mismo sitio. Desde el punto de vista económico, se trataba de un grupo relativamente heterogéneo. Si bien más

2. We accepted the incremental nature of the dwellings, using the incomplete condition of the constructions in our favor as a means to meet the costs; incompleteness was also as a way to include programmatic diversity and personal expressiveness in a niche that otherwise for reasons of cost was historically destined to monotony.

Silvia Araos—then national director of infrastructure of Programa Chile Barrio—decided to hire Elemental to see if our ideas were capable of offering a solution for Quinta Monroy, the last informal shantytown in the center of Iquique. Specifically, they asked us to design a proposal to settle the one hundred families on the same site of 0.5 hectares that they had occupied for the last thirty years.

The Families

The families lived in horrible conditions: sixty percent of the spaces had no light or direct ventilation. There was no running water or sewer connection. Each family occupied an average of thirty square meters in dwellings built from the refuse of shiping materials from the port. Each family group had an average of family members, so each person lived in around eight square meters. There were problems with crime and drug trafficking facilitated by the labyrinth-like nature of the compound (fig. 14). But despite all this, the first priority was to keep these families in the same place. From an economic perspective, it was a relatively heterogeneous group. Although half of the families could be considered poor, more than forty percent were above

de la mitad de los hogares calificaban como pobres o in-digentes, más del 40% estaba sobre la línea de pobreza.[36] Esto generaba una diversidad social importante entre veci-nos, cuyos ingresos iban desde los 10.000 pesos mensuales (unos US$20) hasta a los 450.000 pesos (unos US$900). El ingreso mensual promedio de la Quinta era de $54.000 (unos US$100). Llamaba la atención que mientras el índice de desempleo de la Quinta era de 8,1%, la tasa de cesantía regional era de 9,1%,[37] lo cual hablaba de alguna manera, de la importancia de radicar a las familias en el mismo lugar, conservando las redes laborales existentes.

También las edades de los jefes de hogar eran muy hetero-géneas, coexistiendo familias jóvenes con hogares encabe-zados por adultos mayores. Más de un tercio de las cabezas de hogar tenía menos de 35 años. En términos de educación en cambio, la situación era muy homogénea: un tercio de la gente sólo había completado la enseñanza básica y más de la mitad de los jefes de hogar completaron la enseñanza media.

the poverty line.[36] This generated an important social diversity among the neighbors, whose sal-aries ranged from 10,000 pesos a month (some US$20) to 450,000 pesos (some US$900). The average monthly salary of Quinta Monroy was 54,000 pesos, or about US$100. Remarkably the unemployment rate of the Quinta Monroy was a full percentage point below that of the region, at 8.1 percent,[37] which proved the need to con-serve the existing labor networks.

The ages of heads of households were also quite diverse, having young families coexisting with homes headed by senior adults. More than a third of these heads were less than thirty-five years old. However, in terms of education, the situation was surprisingly consistent: a third of the people had only completed their primary ed-ucation and around half of heads of households had finished high school.

36   La línea de pobreza e indigencia se define en base a los valores del ingreso mensual fijados por el Ministerio de Planificación (MIDEPLAN) en la encuesta CASEN. Para zonas urbanas, esos valores actualizados al 2006, correspondían a $23.338 mensuales para la indigencia (unos US$ 45) y $46.675 mensuales para pobreza (unos US$90).

37   Para calcular la tasa de desocupación de la Quinta, se sumaron los jefes de hogar declarados cesantes con los jefes de hogar declarados "dueñas de casa"; para la tasa de la I Región, se usó la Encuesta Nacional de Empleo del Instituto Nacional de Estadísticas para el trimestre móvil Abril-Junio de 2003.

36   The poverty and destitution lines are defined by a base of monthly income values set by the ministry of planning (MIDE-PLAN) in the CASEN survey. For urban zones, updated in 2006, the line was drawn at $23,338 Chilean pesos a month for destitution (around US$45) and $46,675 Chilean pesos a month for poverty (some US$90).

37   To calculate the unemployment rate in Quinta Monroy un-employed household heads were added to the household heads declared "housewives"; for the rate in I Región, the national employ-ment survey of the national statistics institute was used during the mobile quarter of April-June 2003.

Vistas del interior del campamento

Views from inside the slum

Dos de cada cinco familias tenían mujeres a la cabeza; de ellas, la mayor parte eran jefas de hogares monoparentales, o sea, no tenían pareja estable. En esas condiciones, la localización en la ciudad resultaba aún más relevante para asegurar la posibilidad de trabajar y ser dueña de casa. La distancia al trabajo (por el tiempo que demanda) o la posibilidad de contar con sala cuna o escuela a la mano, podían hacer la diferencia para que esas familias superaran (o no) su condición de vulnerabilidad. Por eso, cuando se entrega una vivienda es muy importante poder conservar tanto la red social de apoyo que las familias hayan logrado crear, así como poder localizarlas cerca de la red de oportunidades que toda ciudad ofrece: cercanía al trabajo, transporte, educación, salud. Esas redes son claves en entornos sociales frágiles y en el caso de la Quinta Monroy ellas se habían construido a los largo de los últimos 30 años.

De hecho, esta cercanía a las oportunidades se reflejaba en el valor del suelo del terreno, que alcanzaba 1.2 UF/m², tres veces más caro de lo que la vivienda social podía normalmente pagar. Sólo una vivienda bien localizada en la ciudad, capaz de aumentar de calidad en el tiempo y de preservar las redes sociales, puede ser una herramienta eficaz para superar la pobreza. Eso debíamos lograrlo operando dentro del marco de la política habitacional vigente, es decir, con el subsidio de 300 UF por familia del Ministerio de Vivienda de Chile con el que se debía comprar el terreno, hacer la urbanización y construir las casas. Chile-Barrio, además, puso como condición que el proyecto fuese hecho de manera participativa con las familias. Esta fue la ecuación que se nos pidió resolver y las restricciones con las cuales aceptamos trabajar.

4.2 LO DISPONIBLE EN EL MERCADO

Nuestro primer ejercicio consistió en probar qué pasaba si tratábamos de resolver la ecuación ocupando las tipologías disponibles en el mercado de la construcción y conocidas por las familias. Este ejercicio lo presentamos a la comunidad, considerando que la primera condición de un proceso participativo era comunicar las dificultades y las restricciones.

Women headed two out of every five families, the majority being single mothers without a stable partner. In these conditions, the location within the city was all the more important in ensuring their ability to both work and care for their children. The distance from work and associated commuting time as well as the possibility of having day-care or schools close to home can make all the difference in allowing these families to overcome their vulnerable condition or not. This is why it is essential that the provision of a housing solution conserves the social support system these families have created as well as locates them near the network of opportunities the city offers: close proximity to work, transportation, education, and health services. These networks are key to fragile social environments and in the case of Quinta Monroy the network had developed over thirty years.

Only a home that can grow in quality over time, that preserves social connections, and is well located in the city can become an effective tool for overcoming poverty. All this had to be achieved within the existing framework of housing policy, that is, with a subsidy of 300 UF (US$7,500) per family from the Chilean housing ministry. With this subsidy, we had to pay for the land, infrastructure, and homes. Proximity to these opportunities was reflected in the cost of the land: 1.2 UF/m² (US$30/m²), three times more than what social housing project budgets allow. On top of these costs, Chile Barrio placed the condition that the project development must include the participation of the families. This was the equation we were asked to solve and the restrictive framework in which we accepted to work.

4.2 WHAT WAS AVAILABLE IN THE MARKET?

Our first exercise consisted of showing what would happen if we tried to solve the equation with the available typologies in the construction market that were known to the families. We presented this exercise to the community knowing that in participatory design it is crucial to inform and communicate restrictions.

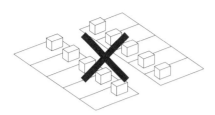

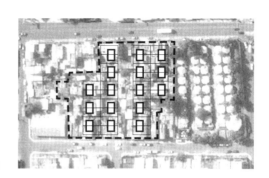

1 casa | **house** = 1 lote | lot   32 unid | units

X = A

Si Aplicábamos la Tipología de Casa Aislada...

Todos los expertos en vivienda nos advertían que la única solución que las familias beneficiarias están en principio dispuestas a aceptar, es la de casas aisladas en un terreno. Cualquier otra alternativa, nos decían, no va a ser siquiera considerada por las familias. Pero si asumíamos 1 casa = 1 lote, sólo lográbamos colocar 32 unidades en el terreno; 70 de las 100 familias por tanto tenían que reubicarse en otro lugar.

Dado que la casa aislada es una tipología muy ineficiente en términos de uso del suelo, si tomábamos los subsidios de las 32 familias, ni siquiera podíamos cubrir el costo del terreno. Dado que con el subsidio se debía pagar el suelo, la urbanización y la casa propiamente tal, trabajar con una tipología poco densa obligaba a buscar suelos que costaran lo menos posible. Terrenos tan baratos sólo se encontraban fuera de Iquique, en Alto Hospicio, una ciudad satélite en la periferia donde se estaban construyendo todos los conjuntos de vivienda social. Justamente esta manera de enfrentar el problema había generado una expansión urbana en base a cinturones de pobreza, con pocas expectativas, estigmatizados, llenos de conflictos sociales, resentimiento y lo peor de todo, irreversibles.

Pero además, la tipología de casa aislada (o de 1 familia = 1 lote) no es capaz de hacerse cargo de los crecimientos futuros ni de garantizar por tanto el desarrollo armónico del espacio urbano (fig. 15). Incluso aunque hubiéramos conseguido que alguien aportara el suelo como una donación o filantropía (gestión que

X = A

If We Applied the Detached House Typology . . .

All the experts warned us that the only possible alternative that families would be willing to accept was the detached house. Any other typology would not even be considered for discussion. But if we assumed that one house was equivalent to one lot, we were able to place only thirty units on the site; thirty of the one hundred families would have to move elsewhere.

Given that the detached house is very inefficient in terms of land use, if we took the full subsidies of all the thirty-two families, we were not even able to pay for the cost of the land. Given that the US$7,500 subsidy must pay for the land, infrastructure, and house itself, working with such a low-density typology would have compelled us to look for the cheapest land possible. Such cheap sites could only be found outside of Iquique, in Alto Hospicio, a suburb where other social housing projects were already under construction. It was precisely this approach that yielded widespread urban expansion, a process fraught with belts of poverty, resentment, low expectations, and social conflicts. Worst of all, such a process was completely irreversible.

We very consciously avoided starting any search for a philanthropic donation of the land, because it would have threatened the future replication of the model. In addition to that, the detached house typology (or one family equals one lot) was incapable of facilitating future growth and was unable to guarantee the harmonious development of urban space (fig. 15). There was sufficient evidence proving that developments based on detached houses had

fig.15

explícitamente no queríamos hacer para no arriesgar la replicabilidad futura de la iniciativa), toda la evidencia indicaba que las tipologías aisladas son desbordadas por las ampliaciones informales, deteriorando gravemente el conjunto y el contexto. Por tanto, esta estrategia de "alejar" y "achicar" propia de la fórmula una casa = un lote no era una alternativa.

Así se lo hicimos saber a las familias. Y a pesar de que efectivamente la expectativa era acceder al sueño de la casa propia por medio de una casa aislada, luego de escuchar nuestras razones estuvieron de acuerdo en que ésta no era una alternativa viable ni adecuada.

no capacity to take care of the urban environment in the future and end up with informal additions swallowing the architecture, gravely deteriorating the whole.

We informed the families that the "reduce and displace" strategy typical of the one house equals one lot formula was an ill-conceived solution. And although the detached house was what they were expecting as a solution, after hearing the arguments they agreed that it was not an appropriate alternative.

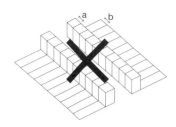

a = b   60 unid I units

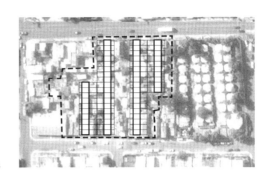

X = B

Si Aplicábamos la Tipología de Casa Pareada en 2 pisos...

Para tratar de hacer un uso más eficiente del suelo, probamos otra de las tipologías existentes en el mercado y en los manuales del Servicio de Vivienda y Urbanismo. Se trataba de una tipología más "comprimida," en la que el frente del lote se reduce hasta hacerlo coincidir con el ancho de la casa – o incluso más, con el ancho de un recinto – imitando la típica vivienda de dos niveles en batería (lo que en el mercado se conocía como la casa tipo B). Con esta tipología nos iba un poco mejor: lográbamos colocar a 60 familias en el terreno, pero todavía 40 familias tenían que irse a Alto Hospicio.

El problema principal de esta tipología era que su ancho de 3 metros implicaba que, cada vez que una familia decidía ampliar, la nueva pieza bloqueaba las habitaciones anteriores, obstruyendo la ventilación y la iluminación, comprometiendo su privacidad al forzar la circulación por los antiguos recintos para llegar a los nuevos. Más que eficiencia, esta tipología producía hacinamiento; por lo tanto, tampoco la considerabamos una alternativa viable.

X = B

If We Applied the Two-Story Row House . . .

In order to make a more efficient use of the site, we tested another typology available in the market and in the housing ministry manuals: a more dense typology that reduces the width of the lot to the point where it coincides with the width of the house (or even further, with the width of a room), resulting in the typical two-story row house (known in the market as the type B house). This typology yielded a slightly better result: we could place sixty families on the site, but still forty families would have been forced to move to Alto Hospicio.

The main problem with this type was that each time a family wanted to expand, new rooms left the existing ones blocked in the middle, adversely affecting ventilation, lighting, and privacy (one had to pass through old rooms to get to new ones). Instead of increasing efficiency, we were creating overcrowding. So we eliminated this type as a viable alternative as well.

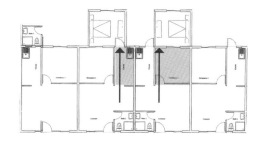

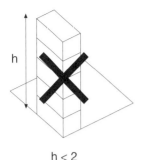

h < 2   100 unid | units

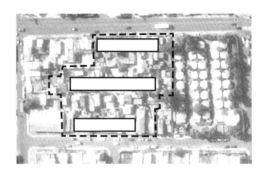

X = C
Si Aplicábamos la Tipología del Block en Altura…

La última alternativa era construir en altura, un edificio de departamentos comúnmente conocido como "block" – o bloque. Esta tipología, si bien es eficiente en términos de uso del suelo, era la que peor fama tenía entre los beneficiarios. De hecho, las familias nos amenazaron con una huelga de hambre si nos atrevíamos siquiera a proponer esta tipología como alternativa de solución al problema. En realidad, tenían toda la razón: el block debe su mala fama a los conflictos que se sabe genera entre vecinos, principalmente por la indefinición sobre a quien le corresponde mantener y cuidar los espacios comunes, y el consiguiente deterioro que ello produce.

Además, esta tipología no permite crecimientos. En el escenario específico en el cual estábamos trabajando, sabíamos que los departamentos tendrían una superficie de apenas treinta y tantos metros cuadrados, por lo que la presión de extenderse sería aún mayor que en el esquema de la política de vivienda anterior.[38] En definitiva, el bloque tampoco era una opción.

X = C
If We Applied the Multistory Block Typology . . .

The last alternative was to build in height, using an apartment building type commonly known as "block." This typology was very efficient in terms of land use, but the families threatened us with a hunger strike if we even dare to consider this type. Honestly, they were completely right. The block came with an infamous history due to conflicts among neighbors given its incapacity to define who had to maintain and take care of common spaces and the subsequent deterioration that it produced.

Besides that, this typology did not allow for future growth. And within the specific policy niche we were working, the apartments would only be thirty square meters, creating an even greater need for expansion than in the previous policy.[38] So, the block was definitely not an option.

38   La presión por crecer en departamentos de 40 m² era tan grande que las ampliaciones se hacían por medio de "palafitos": estructuras con delgados pilares de 2 ó 3 pisos de alto, a los que se accedía desde el interior de cada departamento por vaciamiento de las albañilerías lo cual debilitaba la totalidad de la estructura. Muchos de los colapsos de edificios de vivienda social que presenciamos durante el terremoto de febrero del 2010, se debieron a este debilitamiento de los muros perimetrales para acceder a las ampliaciones. Si los diseños iniciales se desentienden de la necesidad de crecer, la ceguera de la política pública se transforma de alguna manera en cómplice de las pérdidas humanas y materiales que se producen.

38   The pressure for space in apartments of forty square meters was so high that expansions were made by doing "palafitos": structures with thin two- or three-story high columns, accessed from inside of each apartment by removing the bricks of the structural walls, an operation that dangerously debilitated the whole building. Many of the collapses of social housing blocks we witnessed in the February 2010 earthquake were due to this weakening of the structure to access expansions. If initial design does not consider these expansion needs, public policy blindness becomes sort of an accomplice in the human and material losses.

¿Conclusión?

Teníamos un problema; había que innovar. Usando cualquiera de las soluciones conocidas, en el mejor de los casos, sólo lográbamos radicar 60 familias. Independientemente de los conflictos que generaría esta situación, si no lográbamos radicar a las 100 familias en el sitio no podríamos prorratear razonablemente el costo del suelo y quedar con dinero suficiente para construir las viviendas. Por tanto, la pregunta seguía intacta:

¿Qué hacer?

Conclusion?

We had a problem; we had to innovate. Using any of the known solutions, in the best case we could only accommodate sixty families. Not only to avoid the conflicts that choosing who would stay may have created, but also for financial reasons, we were forced to accommodate all one hundred families. Otherwise we would not be able to prorate the cost of the land and still have enough money to build the homes.

What to do?

Los suelos que la vivienda social podía pagar estaban en Alto Hospicio en la meseta del desierto a 16km. del centro de Iquique.

The land that social housing could afford was in Alto Hospicio plateau, sixteen kilometers from the center of Iquique.

4.3 PROPOSICIÓN ELEMENTAL

Dado que ninguna de las tipologías conocidas lograba despejar la incógnita de la ecuación, quedaba claro – tanto para nosotros como para las familias – que había que explorar algo inédito. En un documento de trabajo que hicimos a modo de carta de navegación del proyecto, planteamos el siguiente desafío:

A. Radicación de las familias en áreas urbanas consolidadas.
B. Construcción progresiva sin deterioro del barrio.
C. Seguridad y economía de las ampliaciones.
D. Diseño con participación de la comunidad.

Todo en el marco de la VSDsD, con un subsidio de 300 UF por vivienda, en un terreno que valía 1.2 UF/m².

A. Radicación de las Familias
   enn áreas Urbanas Consolidadas:

Alta Densidad en Baja Altura con Posibilidad de Crecimiento Sin Hacinamiento

Lo primero que debíamos resolver era la radicación de las familias. Sabíamos casi intuitivamente que localizar a familias pobres con acceso directo a las oportunidades que la ciudad ofrece, era clave para ayudarlas

4.3 ELEMENTAL'S PROPOSAL

Given that not one of the known typologies was able to solve the equation, it was clear that we would have to explore something new. In a document we made as a kind of navigational chart, a statement of objectives that we presented to both Chile Barrio and the families, we posed the following challenge:

A. Establishment of the families in a consolidated urban area
B. Incremental construction without neighborhood deterioration
C. Safety and economy of expansions
D. Design with community participation

All within the VSDsD framework, with 300 UF (US$7,500) per home, on a site that costs 1.2 UF/m², three times more than what social housing can normally afford.

A. Establishment of the Families
   in a Consolidated Urban Area:

Low-Rise Density with the Possibility to Grow without Overcrowding

The first thing we had to resolve was the settlement of every family in the same place. We knew, almost intuitively, that locating poor families close to the city with easy access to urban opportunities was key to helping them

a superar su situación de pobreza. Una mala localización rompe las redes sociales y laborales y con ello la economía familiar. Además de los beneficios sociales de radicar a las familias en el lugar donde habían vivido los últimos treinta años, sabíamos que podíamos beneficiarnos de los ahorros en términos de urbanización que significa situarse en los solares consolidados de la ciudad. Para obtener esa buena localización, necesitábamos alcanzar una densidad lo suficientemente alta para que permitiera pagar un suelo caro con el modesto monto del subsidio.

Al mismo tiempo, al aceptar trabajar en el marco presupuestario de la VSDsD, sabíamos que íbamos a necesitar espacio para el crecimiento progresivo de las viviendas, el cual debía al menos duplicar el tamaño de la vivienda inicial.

Optamos entonces por probar la tipología del "edificio paralelo" que habíamos desarrollado en Harvard y la Universidad Católica de Chile. La idea consistía en cambiar la manera de formular el problema. Reemplazamos la estrategia de hacer el mejor objeto posible de 300 UF a ser multiplicado 100 veces, por la de hacer el mejor edificio posible de 30.000 UF, al cual le pedimos que cumpliera ciertas condiciones: que fuera capaz de acomodar a las 100 familias y sus crecimientos.

El razonamiento era que sólo un edificio nos permitía tener una densidad suficientemente alta para resolver la ecuación, pero sabíamos que la edificación en altura bloqueaba los crecimientos. Esto era verdad, salvo en el primer y en el último nivel. En el primer nivel se podía

overcome poverty. A bad location breaks work and social ties and with them, household socioeconomic structures. The social benefits of settling the families where they had lived for the last thirty years were obvious. But there were also clear economic advantages to building near the center of the city; if we situated the project on the outskirts of the city, we would have to devote much of our budget to necessary infrastructure. To ensure this ideal location, we had to find a way to stretch the meager state subsidy, achieving sufficient density to afford such expensive land.

At the same time, by accepting to work within the budgetary frame of the policy, we knew we would need space for the progressive growth of the homes to at least double the size of the initial unit.

We then opted to try the Parallel Building typology. The idea demanded that we reformulate the problem and rework our strategy. Instead of making the best possible unit for US$7,500 and multiplying it one hundred, we decided to design the best possible building for US$750,000 that was capable of housing one hundred families and their future expansions.

Our reasoning was that only a collective building achieved sufficient density for solving the equation, but we knew a multistory building prohibited future expansion. This was true except for the ground and top floor. The ground floor could grow horizontally and the upper floor could grow vertically. What we did then was to remove the intermediate floors, calling for a building that had only ground and upper floors; in other words, a house on the ground floor with an apartment on top. Derived from the superimposition of structures, we called it the Parallel Building. With

fig. 16

crecer horizontalmente sobre el terreno adyacente, mientras que en el último nivel, se podía crecer verticalmente hacia el aire. Lo que hicimos entonces fue hacer un edificio que tuviera sólo el primer y el último nivel; en otras palabras, una casa en un solar, con un departamento encima. Debido a esta estructura de propiedad superpuesta, lo llamamos el edificio paralelo. Con 2 familias por lote, duplicamos la eficiencia en el uso del suelo, antes de siquiera empezar a proyectar. Nuestro desafío era garantizar que, dentro de esta estructura, pudiéramos acomodar 72 m² finales, tanto para la casa como para el departamento (fig. 16).

La regla más obvia de eficiencia cuando se hace una urbanización es buscar hacer lotes lo más angostos y profundos posibles, porque así, para un número determinado de familias, se deben hacer menos metros lineales de calles, de matrices y de infraestructura en general. Sin embargo, en este caso optamos por una solución anti-intuitiva: un sitio cuadrado, en principio menos eficiente. La razón fue que al encontrarnos en un terreno de mitad de manzana con una geometría muy irregular y un perímetro que multiplicaba las aristas muchas veces, sólo el cuadrado nos permitía girar con facilidad cada vez que las baterías de vivienda llegaban a una esquina, fuese ésta cóncava o convexa. Un lote rectangular, supuestamente más eficiente, no hubiera sido lo suficientemente flexible para llenar un terreno irregular usando figuras regulares (fig. 17).

Definida la forma cuadrada del lote, restaba aún definir su tamaño. Lo que hicimos fue generar una franja de 9 metros de ancho por 6 metros de fondo en todo el frente de cada solar de casa, la cual estaría cubierta por una losa de hormigón. Esta losa funcionaría como una especie de muro medianero horizontal que sostendría los apartamentos del segundo nivel. El primer crecimiento de la casa ocurriría bajo esa losa.

two families per lot, we doubled land use efficiency before even beginning the design process.

Our challenge, then, was to guarantee a final seventy-two square meters for both the house and the apartment within a structure that we should be able to provide from the beginning (fig. 16).

Traditional developer's strategies tell us to make the lots as narrow and deep as possible to maximize land use efficiency. In this way, fewer streets and fewer infrastructures is necessary to satisfy the basic needs for a given number of families. We opted instead for a counter intuitive solution: a square lot that is, in principle, less efficient. The reason was that only a square could efficiently fill the very irregularly shaped plot outlined by a perimeter of many corners in the middle of the block. The square allowed us to easily rotate each time we reached a corner whether it was convex or concave. A rectangular lot, in theory more efficient, was in this case not flexible enough to fill the irregular site with a regular geometry (fig. 17).

With the lot's squared geometry defined, we still had to define its size. What we did was place a nine by six meters concrete slab atop the ground floor. The slab acted as a horizontal dividing wall that supported the second floor apartments. The first expansion of the ground floor house was expected to occur under this roof. To achieve the final area, the houses will have to use part of the yard. The patio had to be large enough to accommodate future additions, but the lot had to be as small as possible to fit all one hundred families on the site.

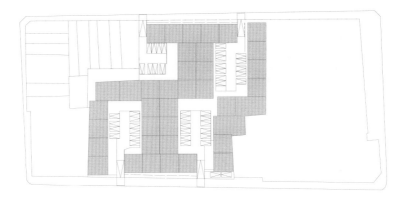

fig. 17   Planta de lotes cuadrados I **Layout of square lots**

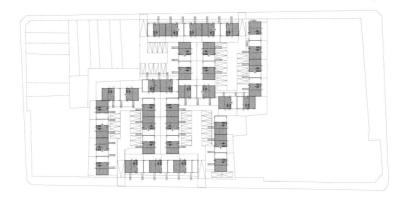

Planta primer nivel I **First-level plan**

0   10   30

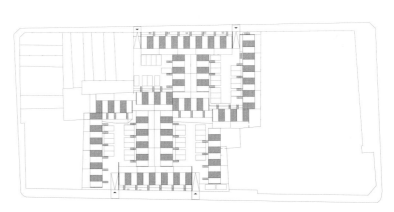

Planta segundo nivel I **Second-level plan**

Para alcanzar el metraje final, las casas deberían usar parte del patio. Si bien se necesitaba un patio grande para acomodar las ampliaciones, el terreno en sí debía ser lo más pequeño posible para poder colocar a todas las familias en el sitio. Esta especie de "negociación de diseño" para determinar el tamaño del terreno de la casa, se estabilizó en torno a los 80 m².

La densidad alcanzada por la superposición de propiedades y el uso estratégico del cuadrado nos permitieron acomodar a las 93 familias y juntar la cantidad suficiente de subsidios para pagar el terreno. Así logramos mantener la red social y económica, la primera condición para poder esperar una mejoría, tanto en la calidad de vida de las familias como en las condiciones del barrio.

Una de las dificultades al superponer dos propiedades consiste en cómo darle acceso a los apartamentos, pues teníamos evidencia de sobra para eliminar cajas de escaleras y circulaciones elevadas, por ser focos de conflicto, afectar la privacidad de las viviendas y ser de difícil mantenimiento. Por eso, como regla de diseño, decidimos que cada apartamento pudiera tener su propio acceso directo al suelo. Las escaleras no podían ser demasiado largas debido a las restricciones de presupuesto, y eso nos obligó a reconocer que la propiedad de arriba debía tener su primer recinto habitable como máximo en el segundo nivel.

Esta idea del edificio paralelo tenía que ser aprobada por las familias. Estábamos muy nerviosos respecto a la posible reacción de los usuarios frente a la tipología propuesta, porque todo el mundo insistía en que la casa aislada era la única referencia que estaba a la altura de las expectativas de la gente. Para nuestra sorpresa, la asamblea aceptó casi de inmediato la tipología que proponíamos. Una de las razones fue que en

Through a process of "design negotiation" we determined an optimized dimension of around eighty square meters for the lot.

The density achieved by the superimposition of units and the strategic use of form allowed us to accommodate all ninety-three families and finance the purchase of the site. That way we were able to maintain existing social and economic ties, the first condition for improving the quality of life for the families and creating a viable neighborhood.

One of the difficulties that arises from overlaying two properties is to provide access to the apartments above. We had enough evidence pointing at eliminating the staircase shafts and elevated corridors because they were points of conflict adversely affecting the privacy of the units and creating maintenance problems. So we set as a design rule that each apartment had to have its own direct access to the ground. To keep expenses down, the stairs had to be short, so the first inhabitable space of the apartment had to be no higher than the second floor.

The families had to approve the Parallel Building concept. We were nervous about the reaction to our proposed typology because we'd been warned that the detached house was the only option people would accept. To our surprise the assembly accepted our proposal almost immediately. The main reason was that this was not new for them. Actually they had spontaneously developed the same approach almost a decade ago. Originally only fifty

fig. 18

verdad no habíamos inventado nada; lo que estábamos pro-
poniendo les parecía natural y casi obvio, porque de hecho
ellos habían espontáneamente aplicado la misma estrategia
en el campamento existente. Originalmente habían sido sólo
cincuenta familias las que habían ocupado los terrenos de la
Quinta Monroy; en los años que siguieron, los ocupantes iniciales habían construido departamentos sobre sus casas, que
a su vez arrendaban ilegalmente a una segunda generación
de "tomeros" (fig. 18). Y si bien nuestra propuesta no era en
estricto rigor original, dado que las familias habían desarrollado la misma estrategia de densificación, ellos nos pedían
que hiciéramos bien lo que ellos espontáneamente no habían
conseguido: cuidar la calidad del conjunto y coordinar las
operaciones que requerían un sentido de total. Muros medianeros, estructuras seguras, habitaciones bien ventiladas e
iluminadas, espacios colectivos de calidad formaban parte de
lo que la intervención individual no podía garantizar.

B. Construcción Incremental
   sin Deterioro del Barrio

Un segundo aspecto del que debimos hacernos cargo con
mucha decisión, fue el desarrollo armónico del conjunto urbano en el tiempo. En el marco dentro del cual habíamos
aceptado trabajar, por lo menos 50% del espacio edificado
sería construido o contratado por las propias familias, lo que
amenazaba con deteriorar el conjunto. No podíamos (ni queríamos) controlar la manera en que se hicieran las ampliaciones, pero sí podíamos dividirlas y enmarcarlas. El edificio paralelo fue diseñado como una estructura "porosa", un soporte
para las ampliaciones improvisadas. Los "poros" – espacios
destinados a las extensiones que por su cuenta hiciera cada
familia – fueron rodeados de estructuras sólidas y separados

families had occupied Quinta Monroy; in the following years the initial occupants built apartments
over their homes that they, in turn, illegally rented
to a second generation of squatters (fig. 18). We
realized that we had invented nothing because the
families themselves had already developed the
same strategy for densification. They only asked
that we do it better with what they had been unable
to do spontaneously: take care of the quality of the
whole and coordinate the operations that required
a collective sense. Providing safe structural systems and dividing walls, with well-lit and properly
ventilated rooms and high-quality common spaces
were among the things that individual intervention
could not guarantee.

B. Incremental Construction
   without Neighborhood Deterioration

Another aspect that we had to carefully consider
was the harmonious development of the urban
complex over time. Within the proposed framework, families themselves would construct at least
fifty percent of the built space and that threatened
to deteriorate the neighborhood. We couldn't (nor
did we want to) control how they made their additions, but we could divide and frame them. The
Parallel Building was designed as a "porous" structure, a support for improvised expansions. The
"pores" (spaces destined for future expansions by
the families) were surrounded by solid structures
to contain and rationalize individual interventions,
limiting the possibility for chaos. In that sense, it

por porciones de edificio, de modo que se pudiera contener y racionar lo potencialmente caótico de las ampliaciones. En este sentido, era muy importante que los componentes de este "edificio inicial" estuvieran estratégicamente colocados en las aristas de los lotes, para poder controlar así la calidad del frente urbano futuro.

La crítica histórica que se le hace a la vivienda social, es que debido a la tendencia natural a la repetición y serialización de la construcción para reducir costos, ella es incapaz de acoger la diversidad de las familias, tanto de su composición, como de sus gustos, sensibilidades, etc. En nuestro caso, donde la escasez de recursos hacía evidente que un proceso de ampliación individual iba a ser inevitable, la repetición, la regularidad e incluso la monotonía, parecían la única manera de garantizar la calidad del conjunto, considerando el escenario incierto de las ampliaciones futuras. Dejamos de ver la autoconstrucción como una amenaza de deterioro, para empezar a reconocerla como una manera de personalizar el espacio urbano. Al mismo tiempo, los procesos de industrialización de la construcción se podían llevar adelante sin cargo de conciencia; al contrario, se convertían en una estrategia para cuidar la calidad del entorno urbano.

C. Seguridad y Economía de las Ampliaciones

Considerando que las construcciones iniciales iban ampliarse al menos al doble del tamaño inicial, era importante hacer las estructuras teniendo en cuenta el estado final de ampliación y no sólo el inicial. El objetivo era que cada familia pudiese hacer esa segunda mitad de la casa de forma segura, económica y simple.

was very important that this "initial building" be strategically arranged in the corners of each lot in order to control the quality of its future urban front.

The historical criticism of social housing was that due to the obvious trend to serialize construction and repeat components in order to reduce costs, units were unable to accommodate the diversity of the residents, be it the family constitution, their tastes, or the sensitivities of residents. In this case, where scarcity of resources made it evident that an individual process of expansion would be inevitable, repetition, regularity, and even monotony was the only way to guarantee quality and introduce certainty into the inherently uncertain outcomes of the future expansions. We were able to rethink self-construction not as a threat (deterioration) but as a way to customize urban space. At the same time, industrial construction processes could be employed without guilt. Systematic serialization was used as a strategy for protecting the future quality of the urban environment.

C. Safety and Economy in Expansion

Considering that the buildings would eventually grow to almost double their initial size, a framework had to be provided for said growth. We wanted the second half of the house to be structurally safe, economical, and technically simple.

In conventional construction the cost is divided as such: thirty percent for the structure and seventy

La vivienda social era históricamente criticada por la monotonía. Sólo construcción informal generaba deterioro urbano. La idea era usar la monotonía como algo positivo que enmarcara las construcciones espontáneas y la informalidad como un mecanismo de personalización del barrio.

Social housing has historically been criticized for its monotony and informal construction has generated urban blight. The idea was to use the monotony as something positive to frame the spontaneous construction and the informality as a mechanism for personalizing the urban space.

En una construcción convencional, el costo se reparte en un 30% para la obra gruesa y un 70% para las terminaciones. En vivienda social, esta proporción se invierte: el 70% del costo es la obra gruesa y el 30% las terminaciones.Como la estructura es, además de difícil, una partida cara, ésta estaba muy arriba en la lista de prioridades de lo que debía quedar hecho inicialmente. Esto coincidía además con algo que detectamos en los talleres participativos: que el tamaño sí importa. Pero más que el tamaño inicial – es decir, los metros cuadrados que se pueden entregar al principio, como creía el MINVU – lo que a las familias les interesaba era el tamaño final que podía alcanzar la vivienda, una vez que ellos hicieran las ampliaciones. La política habitacional nos exigía que ese tamaño fuera de al menos 55 m²; nosotros elevamos ese mínimo a 72 m².

Los vacíos o "poros" que dejamos en el edificio fueron medidos de tal forma que fueran lo suficientemente grandes para tener estándar de clase media, pero lo suficientemente pequeños para permitir ampliaciones constructivamente sencillas y de baja tecnología. Así, si los primeros 36 m² de la casa costaron 300 UF (US$7.500), los segundos 36 m² costaron en promedio 30 UF (US$1.000) a cada familia.

percent for finishes. In social housing, this proportion is inverted to seventy percent on structure and thirty percent for finishes. Because the structure is both expensive and difficult, it was on the top of the list of our priorities for what had to be delivered initially. This was coincident with something we detected in the participatory workshops: that size matters. But more than the initial size, that is, the square meters to be provided at the beginning (as the Ministry and the market likes to think), families were more interested in the final size they could achieve once they made their additions. The housing policy stated that the final size should be at least fifty-five square meters; we raised it to seventy-two square meters.

The voids or "pores" we left in the building were measured to be large enough to accommodate future middle class standard rooms, yet small enough to allow for simple, low-tech construction. As a consequence of such an approach, the first thirty-six square meters cost US$7,500 (300 UF), and the second thirty-six square meters cost an average of only US$1,000 (30 UF) to each family.

D. Diseño con Participación de la Comunidad

El Programa Chile Barrio nos puso como condición que el proyecto debía desarrollarse con la participación de la comunidad. Decidimos abordar la participación de tres maneras:

1. Comunicación de restricciones: en lugar de preguntarles a las familias cómo les gustaría que fuera su casa, nos pareció que lo profesionalmente responsable era comunicar el marco de restricciones que limitaba las opciones. A riesgo de sacrificar el entusiasmo y la esperanza de las familias, fuimos muy transparentes e intentamos desde el comienzo transformar a la comunidad en parte activa del proyecto, sustituyendo su rol clásico de simples receptores de beneficios. Nos pareció que esa era la mejor manera de evitar las falsas expectativas y de dar solidez a las decisiones de proyecto.
2. Toma de decisiones conjunta: como complemento de lo anterior, nos interesaba que una vez transmitida la información correcta respecto de las alternativas, las propias familias pudieran tomar decisiones claves. Proyectar es preferir; en el contexto de la vivienda social, preferir algo significa obligadamente sacrificar alguna otra cosa. La participación la entendímos como un proceso mediante el que nos hicimos socios con las familias en la toma de decisiones, con todos los derechos y deberes que eso implicó.
3. Participación bidireccional: no se trataba sólo de informar y comunicar desde arriba hacia abajo. En el contexto de escasez que estábamos trabajando, nos interesaba identificar recursos locales que pudiéramos incorporar en el proyecto. Como en el judo, queríamos tomar la fuerza de nuestro oponente – en este caso la escasez – y usarla a nuestro favor, redireccionándola hacia los objetivos del proyecto.

D. Design with Community Participation

Programa Chile Barrio stipulated that the project had to be developed with the participation of the community. Therefore, from the beginning, we devised three ways to ensure participation:

1. Communication of restrictions: instead of simply asking the families how they would like their homes to be, we thought what was professionally responsible to do was to communicate the framework of restrictions that limited their options. At the risk of sacrificing the hope and enthusiasm of the community, we were very transparent and tried from the beginning to make them an active part of the project instead of the mere receivers of benefits. That seemed to be the best way to avoid false expectations and give consistency to project decisions.
2. Joint decisions: once families had the proper information and were aware of the constraints, we were interested in the families making the key decisions. To design is to prefer; in the context of social housing, to prefer one thing means that one must necessarily sacrifice something else. We understood residents' participation as a process in which the families took on the role of associates, establishing priorities of what was crucial and what could be done later, with all the rights and duties that collaboration implies.
3. Bi-directional participation: this means that information and communication didn't have to flow only from top down.

De izquierda a derecha:
Tomás Cortese, Alejandro Aravena y Andrés Iacobelli
en talleres participativos

From left to right:
Tomás Cortese, Alejandro Aravena, and Andrés Iacobelli
in participatory workshops

Pensábamos específicamente en la capacidad de organización de la comunidad (siempre muy presente cuando hay carencias) y en la capacidad de construcción de las familias.

Algunos ejemplos de cómo se llevó a cabo este diseño participativo:

LA DEFINICIÓN DEL TAMAÑO Y LA FORMA DEL PATIO COMÚN

Sabíamos que una cuestión clave en el despegue económico de una familia de escasos recursos es la existencia de espacios donde se pueda desarrollar un nivel de asociación comunitario mayor al de la familia nuclear. La razón es que es muy caro ser pobre; la ocupación multifamiliar de un lote y las redes sociales extendidas propias de los campamentos, aún cuando hacinados, no son sólo la expresión de la incapacidad de tener una casa propia, sino también una estrategia de supervivencia propia de los entornos sociales frágiles, que ve en la escala de asociación colectiva la clave para enfrentar las dificultades.

Se podría afirmar que el tejido urbano con que se ha construido la vivienda social tiene una estructura binaria: o hay espacio público o hay espacio privado; o hay calles o hay lotes privados. Nosotros queríamos introducir entre uno y otro, el espacio colectivo: una propiedad común pero de acceso restringido, donde pudiese tener lugar esa unidad económica peculiar conocida como familia extensiva.

La participación de la comunidad fue clave para definir con precisión este espacio colectivo. Inicialmente, creíamos que disponer la masa construida sobre el perímetro del terreno,

Taking into consideration the scarcity of available resources, we wanted to identify the local resources that could be incorporated into the project. As in Judo, we wanted to take the force from our opponent—in this case, scarcity—and use it to our advantage, redirecting it toward the objectives of our project. We specifically concentrated on the families' existing organizational constructional capacities.

Some examples of how participative design was exercised:

SIZE DEFINITION AND COURTYARD FORM

We knew that a key factor for the economic take-off of a low-income family was the existence of spaces in which they could develop a communitarian association beyond the nuclear family unit. Being poor is very expensive. The occupation of a lot by several families and the extended social networks typical of slums, as crowded as conditions may be, is not only an expression of families' inability to have their own home, but also a survival strategy common to fragile social environments. Difficulties are addressed on the scale of the collective association.

One could say that the typical social housing urban fabric has a binary structure: there is either a public space or a private space. There are streets or lots. We wanted to introduce a collective space in between them, a common property but

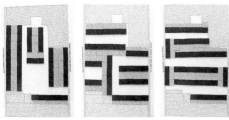

fig. 19

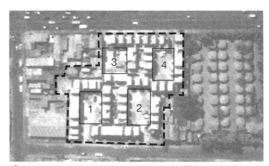

fig. 20

dejando un gran espacio central, era la mejor estrategia. Sin embargo, en los talleres con las familias, lo que apareció tímidamente primero y con mucha claridad luego, fueron dos grandes principios que informaron el diseño urbano del conjunto.

En primer lugar las familias nos transmitieron que más que un gran comité de 100 familias, lo que había aquí eran varios grupos menores, con lazos de relación bien específicos: estaba el grupo de familias aymará, una etnia del altiplano chileno-peruano-boliviano, estaba el grupo de los "tomeros originales", estaba una familia extensiva típica, con padres, abuelos, primos, cuñados, etc. Fueron las propias familias las que optaron y nos dirigieron para generar 4 espacios separados de escala mayor que el lote familiar pero menor que el paño de terreno total, con un tamaño de alrededor de 20 familias cada uno, tamaño que coincidía con el número de familias que se podía poner de acuerdo (fig. 19).

Debido a la prioridad que tenía entre las familias el tema de la seguridad, cada uno de estos espacios urbanos tendría un único acceso desde la calle, para evitar así convertirse en lugares de paso y por tanto de difícil control. Esto produjo espacios que en vez de tener una proporción lineal o alargada, resultan más bien cercanos al cuadrado. La ventaja de ello, y que le hicimos ver rápidamente a las familias, era que si colocaban los autos adentro, la proporción cuadrada permitiría que ese lugar común no fuera sólo un espacio de circulación o estacionamiento, sino que todavía quedara espacio para que jugaran los niños, por ejemplo (fig. 20).

with restricted access where the economic unity of the extended family was retained.

The participation of the community was crucial to the precise definition of this collective space. Initially, we thought the best strategy was to place the building along the perimeter of the site leaving a large central space. However, over the course of the workshops, people asserted two important principles that informed the urban scale of the project.

First, the families transmitted to us that instead of a large committee of one hundred families, they were actually several smaller groups with very specific relationships: they were the aymará families, an ethnicity of the Chilean-Peruvian-Bolivian high plains. They were the "original squatters," those who arrived here from the beginning. They were the typical extended family pattern with parents, grandparents, cousins, in-laws, etc. Families opted for and oriented us to generate four separate spaces, larger scale than the family lot, but smaller than the whole site. They ended up being twenty families each, a size that was coincident with the number of people that can maintain a social agreement (fig. 19).

Given the priority that security had among the community, each of these spaces had its own access to avoid people cutting through and therefore being hard to control. This produced spaces with square shapes rather than long and rectangular. We were quick to show them that this shape had the advantage that autos could be parked within while still allowing space for children to play (fig. 20).

VOTACIÓN:
¿CUÁNTOS ESTÁN DISPUESTOS
A NO RECIBIR UN DORMITORIO?

La política habitacional exigía que en un mínimo de 25 m², entregáramos un baño, una cocina, living-comedor y al menos un dormitorio conformado. Cuando la escasez de dinero presupone una reducción del tamaño, pero el problema está mal formulado, es predecible que una política habitacional intente entregar un listado de recintos que permita seguir llamando "casa" a la solución (al menos en el papel). Si la estrechez conceptual no considera el crecimiento como un atributo estructural del diseño, es esperable que el resultado sea una colección de recintos, todos ellos malos.

Sin embargo, si el problema de la escasez se reformulaba como vivienda progresiva y ello tenía consecuencias sobre el diseño, disponiendo todos los elementos que hicieran fácil la operación de ampliación, nos parecía razonable flexibilizar las exigencias por dos razones:

En primer lugar, porque poner esa cantidad de recintos en una superficie de 30 m² termina haciendo que todos sean chicos y el horizonte de esa vivienda gire siempre en torno a lo mínimo. Si agregar nuevos recintos era una operación sencilla, a nosotros nos parecía preferible entregar menos recintos, pero bien dimensionados para el horizonte final de crecimiento de la casa de 72 m².

En segundo lugar, porque no todos los recintos del listado tienen el mismo nivel de complejidad. Un dormitorio es algo relativamente sencillo de hacer. Nosotros en cambio, preferíamos ocupar nuestra experiencia y nuestros recursos en algo que fuera más difícil para una familia hacer por su cuenta: el

VOTE:
DO YOU AGREE TO NOT
GETTING A BEDROOM?

The housing policy demanded that we deliver a bathroom, kitchen, living-dining space, and one bedroom all within at least twenty-five square meters. When scarcity of resources forces reduction of the built area but the problem is not framed correctly, it is evident that a policy will try to deliver a collection of rooms that allows that solution (at least in theory) to be called a "house."

But if the problem of scarcity has been framed as incremental housing and translated into the design, introducing every element that makes the process of growth easy, we thought it was reasonable to be more flexible with the rooms required by the policy for two reasons:

First, because putting this quantity of rooms within an area of twenty-five square meters means all spaces will be small and the standard of the house will always be the minimum. But if the addition of new rooms could be performed with relative ease, we thought it was preferable to provide fewer but larger rooms looking ahead to the final built-out area of seventy-two square meters.

Second, because not all rooms have the same level of complexity. A bedroom is relatively simple to make within the constructional capacity of the residents. We preferred instead to put our experience and resources towards building more difficult

muro medianero hasta el tercer piso o las instalaciones de la cocina y el baño, por ejemplo.

"Ahorrarnos" el dormitorio requería flexibilizar una regla de la política habitacional a la que el MINVU en un primer momento no estuvo dispuesto. Sólo gracias a la votación unánime de la comunidad, que prefirió renunciar a un dormitorio conformado inicialmente a cambio de ejecutar una partida más difícil, expresada en un documento escrito firmado por la totalidad del comité, pudimos obtener esta excepción del Ministerio.

VOTACIÓN:
¿CALEFÓN O SUELO?
(Porque el Dinero No alcanza para Ambos)

Esta misma lógica de priorización la aplicamos al debate entre calefón o localización: este proyecto estaba tratando de pagar por cosas que los proyectos de vivienda social no incluían, como un terreno muy caro o estructuras para el estado final de ampliación

parts: the structural wall up to the third floor or the kitchen and bathroom installations, for example.

"Saving" on the bedroom meant bending a policy rule the MINVU was at first unprepared to bend. We obtained an exception from the ministry only after the community unanimously voted for well-built structural systems, kitchens, and bathrooms—the most difficult construction challenges—in lieu of an initial bedroom partition.

VOTE:
WATER HEATER OR LAND?
(Because There is No Money for Both)

This same logic was applied to the water heater. This project was trying to pay for everything which social housing had previously not included: good location, structure for expansion, and a higher construction standard for those rooms that are difficult to modify (kitchen, bathroom, etc.). We suggested to the families that it was better to use the money designated for the water heater to pay

o mayor estándar para recintos que luego son difíciles de modificar, como el baño o la cocina. Por eso, les transmitimos a las familias que era preferible usar el dinero del calefón para poder pagar por el terreno, porque si las familias se quedaban en Iquique en vez de irse a Alto Hospicio, iban a mantener sus trabajos y eventualmente iban a poder comprar ese calefón. Si por entregar una casa más terminada, el precio que había que pagar era irse a Alto Hospicio, las familias iban a terminar perdiendo sus trabajos o gastando demasiado en transporte y eventualmente vendiendo el calefón, o no pudiendo pagar la cuenta de gas para hacerlo funcionar. También aquí hubo unanimidad: suelo y no calefón.

for the land so that the families could stay in Iquique and keep their jobs. In exchange for not being forced to relocate to distant Alto Hospicio, we asked that residents accept not having individual water heaters from the outset, because if their economic base was kept, it was very likely that they would be able to save money over time to eventually buy their own. We explained to the families that the cost of receiving a more finished house could mean being displaced to distant Alto Hospicio, with the inherent risk of losing their jobs or spending exorbitant amounts on transportation. That could mean eventually selling the water heater or having the gas cut for late payments, rendering it useless. The decision was unanimous: land over water heater.

4.4 EL PROYECTO DE ARQUITECTURA

En síntesis, nuestra propuesta para la Quinta Monroy consistió en lo siguiente: Para la casa, un lote de 9 x 9 metros, con un volumen inicial de 6 x 6 metros en planta y 2,5 metros de altura, el cual contenía un baño, una cocina y un espacio para living y comedor bajo una losa de hormigón armado.

Sobre esta losa, que llamamos medianero horizontal, proyectamos un dúplex de 6 x 6 x 5 metros, de los cuales entregábamos sólo la mitad, es decir, una especie de torre de 3 x 6 x 5 metros con un espacio vacío de doble altura y con el mismo programa que la casa. Estructuralmente, el dúplex se pensó como una C de materiales sólidos, separada de la siguiente C por "poros" de 3 metros de ancho, donde se esperaba que ocurrieran las ampliaciones. La solidez de la C buscaba proveer el aislamiento acústico y contra fuego adecuado entre propiedades, así como ritmar la conformación del frente urbano. El lado faltante de la C se hizo con madera aglomerada y bastidor de pino de 2 x 2", fácilmente removible, a fin de que las ampliaciones siguieran esa dirección.

Tanto las casas como los dúplex se diseñaron para que el primer crecimiento ocurriese dentro de los volúmenes inicialmente entregados – bajo la losa, en el caso de la casa, y dentro del vacío de doble altura, en el caso del departamento –. En un segundo momento, la casa se extendería sobre los lados del patio, dejando siempre al centro un vacío para circular, ventilar e iluminar los recintos. En el caso del dúplex, la segunda fase de expansión ocuparía el vacío entre cada "torre". Ambas propiedades contaban con acceso directo al espacio colectivo y su horizonte de crecimiento se diseñó para 72 m², en condiciones seguras y de buena habitabilidad.

4.4 THE ARCHITECTURAL PROJECT

In summary, our proposal for Quinta Monroy consisted of the following: For the house on the ground floor, a lot of nine by nine meters, with an initial volume of six by six meters in plan and 2.5 meters high, that contained the bathroom, kitchen, and a living and dining space.

On the upper level, on top of a reinforced concrete slab that worked as a horizontal dividing wall, we designed a duplex apartment within a virtual volume of six by six by five meters. Available money allowed us to deliver only half of it, so it resulted in a double height loft space of three by six by five meters with the same program as the house. Structurally, the apartment was conceived as a C-shape constructed of solid material and separated from the next duplex by a void three meters in width for additions. The solidity of the C provided acoustic insulation and fire protection between units while also giving a rhythm to the urban façade. The remaining side of the C was made of two-by-two-inch pine lumber and ten-millimeter particleboard, easily removable, so that extensions could take place in that direction.

In any case, both homes were designed so that expansion occurred within the initial volumes (under the slab, in the case of the house, and within the void in the case of the apartment). The houses could also use the backyards for expansions, and if a three-by-three-meter central void was left, every room had access to ventilation, illumination, and circulation. For the duplex apartments, the first phase of expansions was expected to happen within the double heights and the second phase was expected to occupy the voids between each "tower." Both units have direct access to the collective space and safe conditions to expand the space to seventy-two square meters.

Casa I House

Piso 1 I Ground Floor

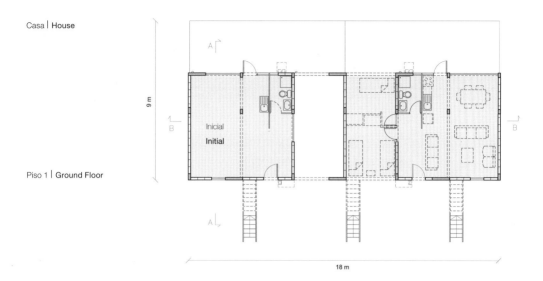

Inicial
Initial

9 m

18 m

Departamento Duplex I **Duplex Apartment**

Autoconstrucción I **Self-Construction**

Piso 2 I Second Floor

Piso 3 I Third Floor

Inicial
Initial

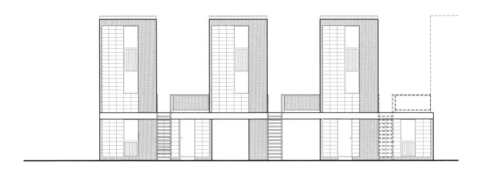

Fachada Fronatal | Front Façade

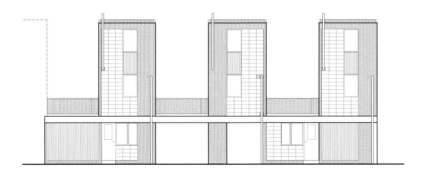

Fachada Posterior | Back Façade

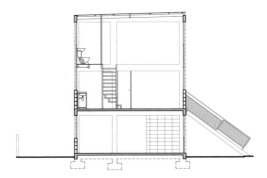

Corte AA I **Section AA**

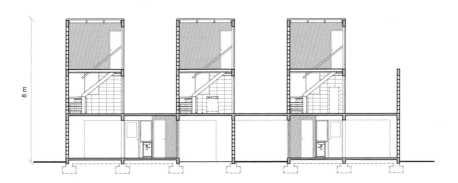

Corte BB I **Section BB**

4.5 LA SOCIALIZACIÓN DEL PROYECTO

Pasar del papel – o la pantalla de un computador – a una obra real implicó hacernos cargo de la habilitación social de las familias. Sabíamos que tendríamos que complementar el proyecto de arquitectura con un intenso trabajo de socialización de la propuesta, anticipando algunas etapas delicadas del proceso, como el desmantelamiento de la Quinta Monroy y la instalación de un campamento provisorio, o la preparación de las familias para el nuevo escenario que iban a enfrentar en las etapas de la mudanza o la ampliación.

Para que el encargo de arquitectura se pudiera siquiera perfilar, se necesitaron cerca de dos años de trabajo en terreno, llevado adelante por Chile Barrio,[39] junto a intensas gestiones para conseguir un acuerdo entre los vecinos que permitiera al SERVIU acceder a la propiedad del terreno.

Además del subsidio estatal que financió la construcción de este proyecto, existían otros fondos concursables destinados a dar asesoría técnica y social a los habitantes de las nuevas viviendas, específicamente para las ampliaciones y mejoras que las familias enfrentarían por su cuenta. Estos programas estaban, eso sí, pensados para operar sólo con posterioridad a la entrega de las viviendas. Chile Barrio, nuestro mandante en el proyecto de arquitectura, entendió que en este caso las asesorías técnica y social debían hacerse antes y durante el proceso de construcción, dados los niveles de incertidumbre, desmembramiento y desconfianza que permeaban a la comunidad, pero también considerando las características

4.5 THE PROJECT'S SOCIALIZATION

To pass from paper (or the computer screen) to a real project implied that we take charge of the social implementation of the project among the families. We knew we had to complement the realization of the architecture with a careful socialization of the project: we had to anticipate delicate strategies and processes such as the demolition of Quinta Monroy, the installation of a temporary camp, and the families' preparations for moving in and expanding afterwards.

Almost two years of work on site headed by Chile Barrio were needed before arriving at the point of commissioning an architectural project;[39] in parallel, intense negotiations were done so that neighbors agreed that SERVIU would initially own the property.

Besides the state subsidy financing the construction, other funds existed for giving technical and social assistance to the occupants of these new homes, specifically for additions and improvements that families could undertake on their own. These programs were thought to operate only after the delivery of the homes. Chile Barrio, our client for the architectural project, understood that such technical and social assistance should occur before and during the construction process, not

39   Luis Astudillo y Dolores Cautivo fueron los profesionales de Chile Barrio que participaron durante todo el proceso de radicación de la Quinta Monroy.

39   Luis Astudillo and Dolores Cautivo were the professionals from Chile-Barrio who participated in the whole process of the Quinta Monroy establishment.

Las familias desmatelaron sus casas y llevaron los materiales al campamento provisorio.

The families began to dismantle the slum and took materials to the temporary camp.

"progresivas" del proyecto y la complejidad de la transformación urbana que éste implicaría. Se nos encargó entonces la adaptación de un programa de habilitación técnico-social, denominado "Un Barrio para mi Familia", para implementarlo desde el desarme del campamento original y hasta que se registraran las primeras ampliaciones después de entregadas las viviendas. Durante más de un año, fuimos a Iquique una semana al mes, para realizar los talleres con los residentes de la Quinta Monroy.

DESALOJO, LEVANTAMIENTO Y DESMANTELAMIENTO

Si bien el arreglo judicial entre Chile Barrio y la sucesión Monroy sentó las bases para la realización del proyecto, los años de incertidumbre y promesas sin cumplir cristalizaron en la comunidad una profunda desconfianza hacia la autoridad. Ni los procesos participativos llevados a cabo durante el diseño del proyecto, ni las campañas de información desplegadas, impidieron que un grupo de aproximadamente 10 pobladores organizaran una intensa campaña de desinformación entre los vecinos, en la que se les decía a las familias que una vez que salieran de la Quinta, nunca iban a volver. Esta campaña de desinformación era convenientemente alimentada, además, por "dealers" que habían encontrado en la conformación laberíntica de la Quinta Monroy, un lugar propicio para el tráfico de drogas. Nos vimos enfrentados a algunos pobladores que amenazaron con quemarse a lo bonzo o colgarse, si seguíamos adelante con el proyecto. Después de más de un mes de negociaciones y presiones por

only given the amount of uncertainty and lack of confidence permeating the community, but also considering the "incremental" characteristics of the project and the complexity of the urban transformation it implied. So we took the technical-social habilitation program called "A Neighborhood for My Family" and adapted it to assist the community from the dismantling of the original slum until the first additions began to take place. For more than a year, we went to Iquique for one week each month to give workshops to the Quinta Monroy residents.

EVICTION, SURVEY, AND DISMANTLING

Even though the legal agreement between Chile Barrio and the Monroy Estate had set the grounds for the project's execution, the years of uncertainty and unkept promises had crystallized a profound distrust towards authority within the community. The participative workshops during the design process and the informative campaigns couldn't keep a group of approximately ten residents from organizing an intense slander campaign claiming that once the families had left the Quinta they would never be allowed to return. Dealers that had found the labyrinth of Quinta Monroy to be a propitious environment for trafficking drugs conveniently fueled this propaganda. We found ourselves facing threats from residents to set themselves on fire or hang themselves if we continued with the project. After more than a month of negotiations and pressure from the committee board, we arrived at the most delicate moment of the project where, with the help of the police, we had to forcibly evict the last families remaining on site to

parte de la directiva del comité, se llegó al que fue quizás el momento más complejo del proyecto, en que paradójicamente, con apoyo de la policía, se tuvo que desalojar por la fuerza a las últimas familias que quedaban en el terreno, para poder iniciar la construcción de sus propias casas (fig. 21).

La socialización del proyecto partió por dimensionar con precisión las características de la operación de desarme, traslado y alojamiento transitorio, para lo cual se efectuó un catastro casa a casa. Como resultado del catastro que realizamos, supimos que de un total de ciento seis familias, seis se irían definitivamente fuera de la Quinta Monroy, seis recibirían viviendas de otro proyecto SERVIU, cuatro recibirían alojamiento temporal en viviendas del SERVIU, cuarenta familias se reubicarían por su propia cuenta, arrendando o como allegados y cincuenta familias se reubicarían en el campamento temporal ejecutado por el SERVIU, habilitado con viviendas de emergencia proporcionadas por Chile Barrio y coordinado por Elemental.

Para determinar con precisión los requerimientos y los costos del campamento provisorio, catastramos cuestiones como el número de recintos desarmables o transportables, los materiales reciclables, el número de artefactos de baño o cuestiones relacionadas con el traslado o el proceso de armado y desarmado de sus viviendas. Para todos quienes optaron por vivir en el campamento provisorio, se consideró la provisión de un "módulo sanitario", una mudanza en camiones para quienes así lo solicitaran y la desratización general.

El estudio determinó que se necesitaban 46 recintos de 3 x 3 metros, para los que se propuso usar las viviendas de emergencia conocidas como "mediaguas". Se determinó que adicionalmente a los materiales y artefactos que traían las propias familias, se requerirían 58 planchas de zinc, 12

be able to begin the construction of their own homes (fig. 21).

The project's socialization began with a house-by-house inventory, taking stock of everything that would need to be dismantled and moved, and everyone who would need temporary accommodations in the meantime. This inventory revealed that from the total of 106 families, six would be permanently relocating from Quinta Monroy, six would receive houses in another SERVIU project, four would receive temporary housing in a SERVIU project, forty families would relocate on their own accord, and fifty families would be temporarily located in a provisory camp consisting of emergency housing supplied by Chile-Barrio and coordinated by Elemental.

To precisely determine the requirements and costs of the temporary camp, we made lists of the number of transportable rooms, the recyclable materials, the number of bathroom fixtures, and other things related to the moving, dismantling, and refitting process of the dwellings. For all those opting to live in the provisory camp, a "sanitary module," rodent elimination, and transportation on trucks were provided.

The study determined that forty-six rooms of three by three meters were needed for which the emergency shelters known as "mediaguas" were proposed. It was also determined that in terms of materials, and apart from those brought by the families themselves, we needed fifty-eight zinc

fig. 21

lavaplatos, 14 lavamanos, 9 WC y 11 medidores eléctricos. Determinamos además que se requería coordinar espacio en 35 camiones (2 casas por camión) y apoyo con cuadrillas de desarme. Se nos ocurrió entonces contactar al Ejército de Chile, para que en camiones militares, y con ayuda de los conscriptos que se encontraban haciendo el Servicio Militar, se llevara a cabo el traslado. Todo este minucioso detalle habla del nivel de precisión necesario que se requiere para pasar de las ideas a la realidad.

Treinta años después de la toma inicial del sitio, las mismas personas que la construyeron empezaron a desmantelar, tabla por tabla, la Quinta Monroy. El desmantelamiento no siguió un orden lineal. Mientras algunos pobladores decidieron mudarse a distintas localizaciones al principio del proceso, otros permanecieron en el terreno hasta que el desalojo policial fue inminente. El desarme gradual de la toma generó tensiones y dificultades imprevistas: no se podía desmantelar una casa y dejar sin electricidad, agua o acceso a los pozos negros a otras. Esto nos obligó a reaccionar e impulsar acuerdos entre los vecinos para que durante el proceso de desarme no se destruyeran ductos que aún estuvieran en uso.

La Quinta Monroy se transformó en una suerte de cantera: se rescataron pedazos de paneles, tramos de escalera, partes de ventanas, etc. Una pregunta clave en el momento de organizar el desarme fue qué llevarse y qué no. Queríamos recuperar materiales y partes de las viviendas originales para montar el campamento de transición y luego la casa definitiva. Algunos elementos específicos – una reja o una ventana especial – transitaron con las familias desde la antigua toma al campamento provisorio, y finalmente se incluyeron como parte de las ampliaciones de las casas.

sheets, twelve sinks, fourteen washstands, nine toilets, and eleven electric meters. We also needed to coordinate the space in thirty-five trucks (two houses per truck) and support from demolition teams. It then occurred to us to contact the Chilean Army to help us move with military trucks and the help of civilian recruits doing military service. These seemingly minute details speak of the level of precision necessary to effectively make these ideas become a reality.

Thirty years after the initial occupation of the site, the same people that built Quinta Monroy began to dismantle it, piece by piece. The dismantling did not follow a linear process. While some residents decided to move to different locations at the beginning of the process, others stayed on the site until the police eviction grew imminent. The gradual dismemberment of the slum generated unforeseen tension and difficulties: one could not simply dismantle a house and leave others without electricity, water, or access to septic tanks. This forced us to react and promote agreements among neighbors so that ducts still in use would not be destroyed during the demolition process.

Quinta Monroy was transformed into a kind of quarry, with the growing junkyard mined for salvageable parts: pieces of panels were rescued, flights of stairs, window parts, etc. We wanted to save materials and parts of the original dwellings to create the transition camp and later the definitive house. Some specific elements (a fence or a special window) traveled with the families from the initial squat to the provisional camp and ultimately were included as part of house additions.

EL CAMPAMENTO PROVISORIO

Para albergar a las familias durante la construcción del proyecto, se debía habilitar un campamento temporal, cuyo terreno debía luego poder asignarse de manera definitiva a otras familias del programa de vivienda del Ministerio. Para estos efectos, el SERVIU gestionó terrenos disponibles en un sector periférico de la comuna de Alto Hospicio.

Los lotes del campamento se modularon en base a dos cuadrados de 8,75 metros de lado, los cuales conformaban un sitio "compartido" de 8,75 x 17,5 metros, con una propiedad al frente y otra al fondo, con un caseta sanitaria común (baño y cocina) y con viviendas tipo mediagua, que al ocupar una de ellas un frente de sólo 6 metros, dejaba 2,5 libres para el paso al terreno del fondo de la otra vivienda. Estos solares, que albergaron temporalmente a dos familias, fueron luego asignados a una sola familia por el SERVIU cuando se concretó la desocupación del campamento, lo que rentabilizó socialmente al máximo los US$45.000 de costo aproximado que tuvo el campamento provisorio.

La habilitación técnico-social que llevamos a cabo durante la construcción del proyecto definitivo tuvo aquí su centro de operaciones, y a pesar de no haber sido diseñado para este fin, se convirtió en un elemento estratégico para la evolución del proyecto. En el campamento transitorio se lograron concentrar la mayoría de las actividades de "habilitación para la vida en comunidad". Cada instancia de organización y resolución de problemas buscaba hacer conciencia de aquello que marca la diferencia entre un "poblador" y un "ciudadano" en términos de responsabilidades, derechos y obligaciones.

THE TEMPORARY CAMP

A condition for the temporary camp was to develop the infrastructure in such a way that it could serve the inhabitants of Quinta Monroy but later be assigned to other families in the Ministry's housing program. Because of this, SERVIU gave land in the peripheral sector of the Alto Hospicio commune.

The lots were a "shared" site of 8.75 by 17.5 meters with a property in the front and another one to the back. The dwellings occupying the front were six meters wide leaving a passage of 2.5 meters free along the length of the site with a common sanitary booth (bathroom and kitchen). These spaces that temporarily housed two families would later be assigned to just one family by SERVIU so its approximate US$45,000 cost will not be a waste of public resources.

The technical-social habilitation was carried out in the temporary camp, and despite the fact that that was not the camp's original goal and was not designed as such, it turned out to be very strategic. It was here that we carried out the "habilitation for the life as a community" activities. Each organization and solution sought to give awareness to the differences between being a "squatter" and being a "citizen," defining responsibilities, rights, and obligations for each set.

The temporary relocation of families is an expensive operation entailing social and logistical complexity and was only considered as an alternative

La re-localización transitoria de familias es una operación costosa y que acarrea una complejidad social y logística importante. Pero tomamos esta opción porque no había otra alternativa. Sin embargo, desde la perspectiva del proceso completo de radicación, el campamento transitorio creó oportunidades para cultivar algo que no es automático o inmediato: el tránsito de una comunidad informal hacia una organización de vecinos empoderada, responsable por sus espacios comunes, capaz de interactuar sana y eficazmente en el contexto de una nueva vida de barrio.

LOS TALLERES DE TRABAJO PARTICIPATIVO

Para temas como la mudanza de vuelta a Iquique, la vida en las nuevas casas o la reinserción en el barrio, se llevaron a cabo una serie de talleres, varios de ellos exigidos y financiados por el Programa Chile Barrio y otros propuestos por nosotros mismos para responder a necesidades nuevas identificadas.

Una primera dificultad consistía en que un programa de asistencia técnico-arquitectónica, que debía aplicarse en sucesivas visitas a terreno desde Santiago, corría el riesgo de diluirse y tener poco impacto. Para reducir ese riesgo, los trabajos y talleres prácticos se diseñaron forma que requirieran planificación y participación previa por parte de los pobladores, para luego hacer nosotros sólo de "detonadores de los eventos".

Tampoco sabíamos si lograríamos convocatorias que garantizaran que la asistencia realmente llegara a los beneficiarios. Para ello, definimos 6 subcomités independientes, de acuerdo a los 6 subgrupos en los que se podía dividir el con-

because there was no other choice. However, from within the whole resettlement process, the temporary camp created opportunities for cultivating that which is neither automatic nor immediate: the transition from an informal community to an organization of empowered neighbors responsible for their common spaces and capable of learning to interact positively and effectively in the context of their new neighborhood life.

THE PARTICIPATIVE WORK MEETINGS

For the move back to Iquique, the settlement in the new houses, and the return to the neighborhood, we conducted a series of workshops, many requested and financed by Programa Chile Barrio and others we proposed in order to respond to newly identified needs.

One of the first difficulties was that a program of architectural-technical assistance to be implemented in successive site visits from Santiago was in danger of being diluted and having little impact. To minimize this risk, the work and workshops were designed to require prior participation and planning by residents so that our visits functioned as "event triggers" that helped to arrive at some conclusion.

In order to guarantee that assistance would actually reach the beneficiaries, we defined independent sub-committees according to the six subgroups of the condominiums (four patios and two

dominio proyectado - 4 patios y 2 frentes de manzana - lo que permitió asegurar la representatividad buscada, además de una mayor gobernabilidad y capacidad organizacional del grupo. Esta medida nos permitió organizar reuniones por separado con grupos acotados de participantes y tratar temas específicos con mayor profundidad. Se consideró quórum suficiente un 55% de asistentes por subcomité, tal que la información debatida quedase con el carácter de "aprobada" por la mayoría.

Con el fin de plantear problemas y nociones de habitabilidad y espacio público, se diseñó una serie de ejercicios que buscaban evitar que la discusión se diera en un plano subjetivo, donde primase el gusto, sino que se inscribiera en un análisis concreto de los problemas. Por ejemplo, realizamos colectivamente el trazado de una casa; aquí, junto con aprender a interpretar planos para trazar y sacar niveles, los vecinos podían conocer el tamaño y distribución a escala natural de su vivienda.

Uno de nuestros objetivos era instalar una capacidad técnica y organizacional, acumulando al mismo tiempo conocimiento que nos permitiera hacer esta experiencia replicable. Resolvimos que los materiales, conceptos y terminologías utilizados con los pobladores en los talleres y seminarios fuesen los mismos utilizados en otros ámbitos más académicos o especializados. Estábamos convencidos (y aún lo estamos) que las materias a tratar no requieren ser simplificadas para hacérselas comprensibles a los pobladores, ni tampoco hacerse artificialmente más complejas para darles un nivel profesional o "académico"; simplemente tenían que ser debidamente abordadas, sin reduccionismos ni sofisticaciones innecesarias.

street faces) so we could generate the needed representation as well as greater governing and organizational capacity. This way we could organize separate meetings for smaller groups and discuss issues more in depth. The minimum of fifty-five percent attendance for each subcommittee was enforced so that the majority could approve issues.

It was also important to introduce a certain degree of abstraction so that the discussion would not be trapped in the subjective, where personal taste prevails, but be conducted around the concrete analysis of the problems. For example, we collectively drew the outline of a house; here, while learning to interpret plans and calculate levels, they could learn about the real size and distribution of their homes.

One of our objectives was to install a certain technical and organizational capacity, while simultaneously accumulating knowledge for making this a replicable experience. We resolved to use the same materials, concepts and terms with the residents as in academic forums. We were convinced, (and still are) that there was no need to oversimplify things so that the families could understand them, nor, make them more complex to appear more professional or "academic." They simply needed to be discussed, without unnecessary simplification or sophistication.

EL TALLER DE INICIO

El primer taller se realizó en una asamblea al aire libre - a las 19:30 horas de un día sábado, con el fin de asegurar buena asistencia y suficiente oscuridad natural para las proyecciones, en un terreno desocupado del campamento temporal. El objetivo principal era recomponer organizaciones y liderazgos, particularmente con los grupos disidentes que se habían opuesto al desalojo de la toma por desconfiar del proyecto. Debíamos además dar a conocer los alcances del programa de asistencia técnico-arquitectónica y volver a explicar en detalle las características del proyecto. Fue en este primer taller que se dio la partida al proceso de agrupación en sub-comités, con lo que se esperaba generar instancias más reducidas para implementar el programa, potenciar nuevos liderazgos y democratizar el consejo directivo.

Gracias al taller, logramos moderar las posturas de los más radicales durante el desalojo. Al encargar un asunto concreto, como la generación de nuevas organizaciones, se descomprimieron las pugnas por tomar el poder del comité de vivienda. Tras dos meses de ajustes, las propias familias definieron exitosamente las asignaciones de sus propias viviendas, escogieron quiénes iban a ser sus vecinos, debiendo razonar y establecer criterios democráticos válidos.

THE INITIAL WORKSHOP

The first workshop took place in an open-air assembly (at 7:30 in the evening on a Saturday to ensure attendance and sufficient natural darkness for projections) in an unoccupied spot of the temporary camp. The principal objective was to designate organizations and leaders particularly with the dissident groups that had resisted moving out of distrust in the project. We also had to show them the scope of the architectural-technical assistance and go over the details of the project. It was in this first workshop that we started the process of grouping the sub-committees, which sought to generate smaller organizations to implement the program, promote new leadership and have a more democratic board.

Thanks to the workshop, we were able to moderate the more radical opinions by entrusting them with a concrete task such as the creation of new organizations. The fight for power in the housing committee lightened the pressure. After two months of adjustment, the families had successfully defined their own housing assignments and future neighbors established valid democratic criteria.

LAS VISITAS A OBRA

La "visita a obra" siempre ha sido una actividad clave en la construcción para todos los actores comprometidos. Siempre nos resultó extraño que en el caso de la vivienda social este proceso excluyese a los futuros dueños de las casas.

Con el objeto de bajar la ansiedad, suprimir rumores, desinformación o malos entendidos relativos a la materialización del proyecto, organizamos visitas guiadas a la obra durante su construcción. Ello nos permitió además ir explicando en detalle y a escala real las características del proyecto, con énfasis en aspectos constructivos. Así nos aseguramos de que los beneficiarios se estaban familiarizando progresivamente con sus casas y el conjunto, minimizando la posibilidad de disconformidades al momento de la entrega.

THE SITE VISITS

The site visit has always been a key activity in construction for all the players involved. It seemed strange to us that this process excluded the future owners in the case of social housing.

With the objective of relieving anxiety, suppressing rumors, misinformation or misunderstandings about the project's execution, we organized guided site visits to the project during construction. This allowed us to explain the characteristics of the project in detail and at real scale, with emphasis on the means and methods of construction. We were able to ensure that the beneficiaries became familiar with the project before moving in, minimizing the possibility of surprises at the time of handing over the keys.

EL TALLER DE AMPLIACIONES

A medida que la obra avanzaba, más aparecía en el horizonte el tema de las ampliaciones. Para abordar esto, desarrollamos talleres sobre los fundamentos de lo que denominamos "crecimiento con restricciones". Una de las claves
de este proyecto es que proporcionó un marco de restricciones y facilidades para el crecimiento armónico y estructuralmente seguro. Creamos conciencia en los propietarios
sobre su responsabilidad en la plusvalía del conjunto; para
lo que debimos transmitirles cuáles eran los aspectos que
influían en la generación de plusvalía, y cómo podían apro-
vecharse en el proyecto. Por otra parte, en la medida que
los beneficiarios iniciaron tempranamente la planificación de
sus ampliaciones, pudieron acceder a asesoría directa y recibir planos para ensayar alternativas.

Apenas dos meses después del traslado, se registró casi un
60% de ampliaciones satisfactoriamente realizadas desde el
punto de vista técnico, la gran mayoría de ellas efectuadas
siguiendo las recomendaciones entregadas en los talleres.
Se registraron tres casos de propietarios que ampliaron con
materiales inapropiados, de los cuales dos fueron demoli-
dos y uno enfrenta hoy una demanda ante el juzgado de
letras por incumplimiento de reglamento de copropiedad.
Las tres situaciones anteriores corresponden a beneficiarios
que no participaron de los talleres. Estos casos dieron la
oportunidad perfecta para poner a prueba las herramientas
legales con que cuenta la comunidad, por lo que se monito-
rearon y publicitaron especialmente.

THE EXPANSION WORKSHOP

As the project progressed, the question of how to
grow became more and more crucial. For this, we
developed workshops that dealt specifically with
what we call "growth with restrictions." One of the
keys to this project was to provide an Elemental
framework of constraints and facilities to ensure
harmonious growth and structural safety. We
sought to create awareness in the future owners,
regarding their responsibility in the value appreciation of the complex. We needed to explain exactly
what aspects influence a rise in value and how to
take advantage of them in the project. We wanted
beneficiaries to plan their expansions in advance,
so they could have access to direct assistance and
could receive plans to try out alternatives.

Barely two months after the return, almost sixty
percent of the expansions had been executed successfully from a technical standpoint, the majority
of them following the recommendations discussed
in the workshops. There were three registered
cases of owners that expanded with inappropriate
materials, of which two were demolished and the
other is facing a lawsuit for non-compliance with
joint-ownership regulations. These three cases
came from families that did not attend the workshops. These cases provided an excellent opportunity for the community to test the legal tools
available to them, and the case was specially pub-
licized for educational purposes.

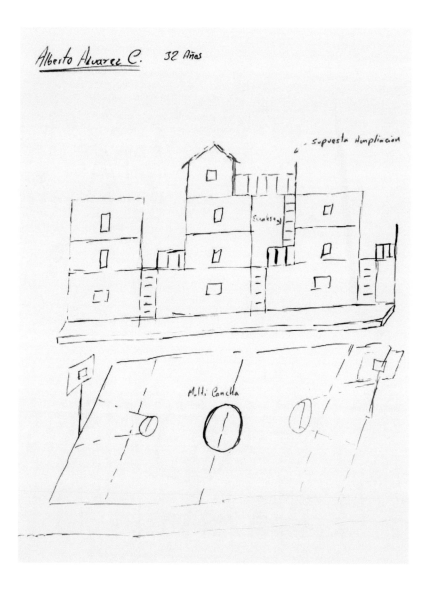

EL TALLER DE FACHADAS

Una buena ciudad debe ser siempre más que la suma de intervenciones particulares. Para ello, es fundamental que exista algún tipo de orden y estructura. En nuestro caso, el orden lo daba el edificio. Un edificio progresivo o "participativo" como este, donde casi el 50% de la fachada resultante era una incógnita, demandaba especial atención. Nuestra estrategia fue transmitir la idea de que el edificio era un ordenador de la diversidad, por lo que no le correspondía asumir las características de las ampliaciones, sino mantener un carácter neutral. La regularidad del edificio, además de responder al factor de los costos, era deseable porque permitía acentuar por contraste la individualidad de cada vivienda. Para ello, fue particularmente útil trabajar con fotomontajes, visualizando anticipadamente los resultados estéticos y prácticos de distintos tipos de intervención. Un 90% de las ampliaciones realizadas dejaron balcones de acceso, tal como se propuso en los talleres, sin embargo, la aplicación de color ha seguido un camino más aleatorio.

THE FAÇADE WORKSHOP

A good city must always be more than the sum of its particular interventions. Thus, it is essential that a kind of order and structure exist. In our case, the building provided this order. An incremental or "participative" building such as this, where almost fifty percent of the façade remains uncertain, demanded special attention. Our strategy was to transmit the idea that the building was a diversity organizer and therefore should not incorporate the characteristics of the individual additions but maintain some homogeneity. The regularity of the building, besides responding efficiently to cost factors, was preferable as it allowed accentuating the individuality of each home. Photomontages were particularly useful for visualizing the practical and aesthetic results of different kinds of interventions in advance. Among those expansions built in the two months after the residents moved in, ninety percent left access balconies, just like we presented in the workshops. The application of color followed a more random path.

EL TALLER DE LA MINGA

La "minga" es una actividad colectiva desarrollada por una comunidad. A través de esta actividad intentamos recuperar un espacio desocupado dentro del campamento para el uso de los vecinos. Más que construir una verdadera plaza, queríamos demostrar que la acción concertada de los vecinos era capaz de transformar un espacio "de nadie" en un espacio "colectivo". Para comenzar la minga, se convocó a la gente en los dos sitios desocupados del campamento y les pedimos que llevaran palas, carretilla, chuzo y lienza. Mientras unos trazaron con piedras los módulos de 3 x 6 metros de las viviendas, otros recolectaron piedras para marcar las líneas. Se tensó una modesta malla plástica a lo largo del espacio disponible (donada por la constructora del proyecto) y se excavaron zanjas dentro de las cuales se dispusieron las piedras recolectadas. Este trabajo fue la base sobre la que se desarrolló el taller del espacio colectivo.

THE "MINGA" WORKSHOP

"Minga" is an indigenous word that refers to a collective activity developed by a community in favor of an individual. Through a minga, we tried to recover an unoccupied space within the temporary camp for neighborhood use. We wanted to demonstrate that the organized action of the neighbors could transform a "nobody's space" into a "collective space." To start the minga, one Saturday morning, we invited the residents to the two vacant sites of the camp. We asked them to bring shovels, wheelbarrows, spikes and a measuring tape. While some gathered stones, others lined the three-by-six modules of the houses with stones. A modest, plastic net was stretched along the available space (donated by the project contractor). Ditches were dug and filled with the gathered stones. This work was the base over which we developed the public space workshop.

EL TALLER DEL ESPACIO COLECTIVO

En junio del 2004, a ocho meses de iniciada la aplicación del programa y en lo que se consideró el punto de partida de los talleres específicos de "habilitación para la vida en comunidad", se realizó este taller de espacio colectivo en la Universidad Arturo Prat de Iquique. La idea de este taller, a diferencia de los otros más concretos, fue abrir nuevas perspectivas y trascender el ámbito de lo urgente o lo cotidiano. Nos interesaba sentar las bases para la inserción de las familias en circuitos y beneficios que están disponibles en la ciudad formal; de hecho, para muchos de los asistentes, esta era la primera vez que eran invitados a una universidad. En concreto, queríamos sustituir la lógica de operación del poblador por la del ciudadano. Si como pobladores los habitantes de la Quinta habían procurado resolver sus necesidades básicas, sin ser conscientes ni responsables por las consecuencias de su acción sobre el espacio público, eso ya no debía ser una alternativa como ciudadanos.

Para que este cambio cultural se impregnara en la gente, recurrimos a la idea de la plusvalía y la importancia del entorno en la generación de valor. Tomó muy poco tiempo para que cada propietario entendiera que la mejor manera de aumentar el valor de su vivienda no

THE COLLECTIVE SPACE WORKSHOP

In June of 2004, eight months after the program's initiation and in what could be considered the starting point of the specific workshops on "Habilitation for community life," we held a workshop on collective space at the Universidad Arturo Prat de Iquique. The idea of this workshop, unlike the others, was to open new perspectives and transcend the realms of the urgent and the everyday. We were interested in laying the groundwork for the population's transition from squatter to citizen, emphasizing the insertion of the families into the beneficial networks intrinsic to a formal city; for many of the attendants, this was the first time they had been invited to a university. Basically, we wanted to alter the collective mindset of the residents, replacing the operational logic of a squatter with that of a citizen. The options available to Quinta Monroy residents when they were squatters—resolving basic needs without public conscientiousness or a firm handle on the consequences of their actions on shared public spaces—would no longer be an option in their new role as participant citizens.

To induce this cultural change, we harped on the idea of value appreciation and the importance of the surrounding environment to value generation. The people quickly understood that the best way to increase their home's

significaba necesariamente hacer mejoras directas, sino también preocuparse por el barrio en el que se ubicaba. Para que el barrio mejorara, la comunidad debía estar organizada. El primer paso para pavimentar un patio, por ejemplo, debía ser la conformación de un grupo con una visión común respecto a sus objetivos, motivaciones y valores.

Un momento clave durante el seminario fue cuando se invitó a los participantes a dibujar sus ideas y propuestas en un papel, primero en grupos y luego individualmente. Se les pidió que plasmaran lo que representaba la Quinta Monroy para cada uno, para luego hacer un primer acercamiento al diseño de los espacios colectivos (los patios). En estos talleres quedó en evidencia la diversidad de nuestros "clientes", que expresaron distintas expectativas: mientras para algunos esta parecía una oportunidad de empezar una vida de familia en mejor pie, para otros el nuevo proyecto venía a otorgar una dignidad largamente anhelada. Mientras para algunos este proyecto era el resultado de una dura lucha, para otros representaba una intromisión en sus vidas ya amoldadas a lo conocido.

value did not necessarily mean making improvements directly to the home itself but rather taking care of the neighborhood in which it is located. For this to happen, the community must be organized. The first step in paving the courtyard, for example, should be the formation of a group with a common vision with respect to objectives, motivations and values.

An important moment of the seminar was when the participants were invited to draw their ideas on paper, first in groups and later individually. They were asked to express on paper what they thought represented Quinta Monroy and then make a proposal for the collective spaces (the courtyards). In these workshops one could recognize the diversity of our "clients," individual visions as they expressed vastly different expectations. Some saw this project as an opportunity to start off on a better foot. In some cases, this project was the result of a long struggle and for others it represented an intrusion into the life with which they had long been familiar.

Presente y Futuro de Quinta Monroy.
No ha sido nada fácil llegar a esta tipica pero cada vez que veo a
mis vecinos es motivo para recordar más cosas de mi querida Quinta
Monroy, y recuerdo quel el 18 de septiembre de 2003. Por primera
vez en los 10 años que vivo ahí nos juntaremos como comunidad y
celebraremos el 18 a todo trapo. También celebramos el diá del niño
agosto del 2003 y la noche de brujas el 30 de octubre 2003.

Praxedes Campos, 49 años

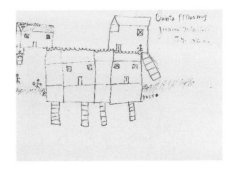

Present and Future of Quinta Monroy.
It has not been easy to arrive to this point, but whenever I see my
neighbors I remember more good things that bad things from my
beloved Quinta Monroy, and I remember that on September 18,
2003, for the first time in the ten years I have lived here, we gathered
as a community and celebrated the eighteenth like crazy. We also
celebrated Children's Day and Halloween on October 30, 2003.

Praxedes Campos, age 49

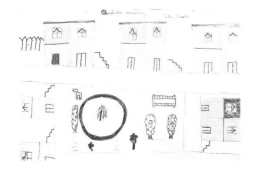

En este lugar que fue mi hogar pasé mucho dolor, nunca debí vivir con mis hijos así. Yo y mis hijos levantamos esa casa y cuando tuve que dejarla me costó abandonarla, fueron muchos años. Peró también sabía y soñaba con un hogar digno que como familia merecía.

Gracias a Chile Barrio y al Presidente de la República por el hermoso hogar que siempre soñó para mis hijos y que pronto será una realidad.

In this place that has been my home I had a lot of pain; I should have never lived like this with my children. My children and I built that house, and when I had to leave, it was very hard to abandon it. There were too many years. But I also knew and dreamt with the dignified home that my family deserved.

Thanks to Chile Barrio and the President of the Republic for the beautiful home that I always dreamt for my kids and that soon will become a reality.

Verenice Gallardo Lizana

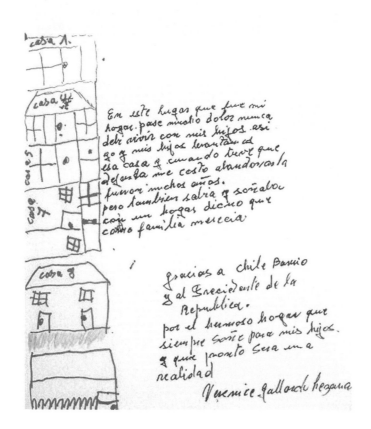

4.6 CONSTRUCCIÓN DE LA PROPUESTA

Para pasar del proyecto a la obra, era condición fundamental conseguir los recursos estatales para construcción. Para obtener los subsidios, era requisito contar con un permiso de edificación municipal aprobado. Dado que este proyecto tenía las edificaciones sobre el perímetro del terreno, el cual a su vez estaba al interior de una manzana, se requirieron varias reuniones en la Dirección de Obras Municipales de Iquique para verificar que se cumplieran los distanciamientos a los vecinos. Una vez obtenidos los permisos correspondientes, comenzamos con el proceso de licitación pública de la obra. Para ello contamos con la invaluable ayuda del SERVIU de Iquique, tanto en la preparación del expediente técnico como en la identificación de constructoras que pudieran estar interesadas.

El escenario era complicado. Las constructoras que normalmente se dedicaban a hacer vivienda social, no estaban interesadas en trabajar en este nuevo nicho de la política habitacional; otras, habían quebrado. En la práctica, sólo había una constructora operando en la ciudad y, sin competencia, era muy difícil que el proyecto entrara en costo. Finalmente, la Constructora LOGA se adjudicó la obra por un monto de 25.110 UF, es decir, 270 UF por casa (unos US$7.200 de la época). La constructora de hecho consideró el proyecto casi como una inversión en aprendizaje para la propia empresa, porque sólo cubrió los costos de construcción y operación, renunciando a tener utilidades. Al costo directo de construcción, había que sumar los 120 millones de pesos del costo del terreno, es decir, 70 UF por familia, con lo cual el valor final de cada casa fue de 340 UF (unos US$8.300). Mucha gente dijo que esto invalidaba la tesis de Elemental, pues en rigor no fuimos capaces de operar dentro del marco de las 300 UF de costos del sistema. Pero no es menos cierto, que

4.6 THE PROPOSAL'S CONSTRUCTION

To pass from paper to a real project meant not only a process of social validation but also the physical materialization of it, which required obtaining the subsidies to finance the construction. To obtain those subsidies, we were required to have an approved municipal building permit. Given that this project required building on the site perimeter—within the city block—several meetings with the Municipal Building Department (D.O.M.) were necessary to verify the required distances from the neighbors' properties. Once the corresponding permits were obtained, we began the bidding process for construction. We relied on the invaluable help of the SERVIU of Iquique for both the preparation of the construction documents file and identifying possible contractors.

The situation was complicated. The contractors who were typically dedicated to social housing weren't interested in working within the niche of the 2001 new housing policy. Others were bankrupt. There was only one contractor in operation in the city, and without others competing, it was very difficult to match the available amount of money. Finally, Loga Building Company won the bid for 25,110 UF (around US$670,000), that is, 270 UF per house (around US$7,200 at the time). The builder agreed to take on the project as a kind of apprenticeship for the company: they accepted to not have a profit, but only for the operational and construction costs to be recouped. But with the families' subsidies we had to also pay the 6,500 UF (US$175,000) cost

ese año más del 85% de las licitaciones en el país fueron declaradas desiertas, como resultado del proceso natural de ajuste entre el mercado y la nueva política.[40] En el caso particular de Iquique, la única otra obra en ejecución en el nicho de la Vivienda Social Dinámica sin Deuda, contó con un aporte adicional del SERVIU para la construcción de muros de contención, por lo que su costo real superó las 550 UF por vivienda.

En enero de 2003, se inició la construcción de la obra: una estructura de albañilería reforzada de bloque de cemento, confinada en machones y vigas de hormigón armado. La casa de primer piso y el dúplex del segundo, estaban separadas por una losa de hormigón armado. Pusimos especial cuidado y esfuerzo en la canalización del alumbrado público y del tendido eléctrico; queríamos evitar que el espacio público quedara cubierto por una maraña de cables, por lo que canalizamos esas redes por los frentes de las losas que separaban casas de dúplex, despejando así los patios. Durante un año hicimos visitas mensuales al terreno. Contamos además con un profesional de planta en la obra,[41] para realizar la inspección técnica de los trabajos y validar los estados de pago a la constructora. Luego de once meses de construcción y de un intenso trabajo de socialización del proyecto, la obra estuvo lista para recibir a sus habitantes. El 14 de diciembre de 2004 se realizó la ceremonia de entrega de las casas.

of the site, i.e., 70 UF per family. That meant that the final cost was 340 UF (around US$8,300) per house. Many people said that this invalidated Elemental because, strictly speaking, we were unable to operate within the framework of the 300 UF (US$7,500). But in being fair, that year more than eighty-five percent of the country's bids were declared void, mainly due to the natural adjustment process between the market and a new policy.[40] In the particular case of Iquique, the only other project that was executed within the niche of VSDsD received a cross-subsidy from SERVIU for the construction of the retention walls, raising the cost to some 555 UF per home.

In January of 2003, a CMU and reinforced-concrete construction began. A reinforced-concrete slab separated the house on the ground floor from the two-story apartment above. We took special care in the installation of public lighting and electrical lines. We wanted to avoid covering the courtyard with a mess of cables and so we ran the lines along the horizontal slabs, leaving a clear view to the sky above the courtyards. During a year we visited the site monthly. We also had a professional supervisor on site[41] to both check on the technical inspections and validate the contractors' payments. After eleven months of construction coupled with the intense work of socializing the project, it was time to populate the project with its new residents. The delivery ceremony took place on December 14, 2004.

40   El tiempo probaría que en realidad el monto de 300 UF propuesto por subsidio era insuficiente para construir una vivienda. Al poco tiempo de lanzada la política, el subsidio se aumentó a 340 UF en zonas metropolitanas. Un ajuste más estructural se produjo en 2006, cuando el MINVU creó un subsidio específico para el suelo y aumentó los montos de los subsidios en general.

41   El trabajo en terreno lo supervisó la constructora civil Guisela Lobos.

40   Time would prove that the 300 UF subsidy budget was insufficient to build a house. Not very long after the 2001 policy was launched, the subsidy was increased up to 340 UF. A more radical adjustment came in 2006 when the general increase in the amount of the subsidy was complemented by a specific subsidy to purchase the land.

41   The civil contractor Guisela Lobos supervised the on-site work.

4.7 LA ENTREGA DE LAS CASAS

Una inauguración, por definición, da término a una construcción y supone su entrega oficial a los futuros usuarios. En Iquique, en cambio, el acto de entrega de las casas tuvo más bien un carácter de fundación, porque el momento de la entrega de las casas fue en realidad el inicio del proceso de ampliación por parte de las familias. La Quinta Monroy cambió de nombre: de ese momento en adelante se pasó a llamar conjunto habitacional Violeta Parra.

La ceremonia de entrega de las viviendas se realizó en el patio "Machak Inti", el patio de los aymarás, quienes organizaron un acto simbólico de ofrenda y agradecimiento a la Pachamama. Una vez finalizados los discursos oficiales, ingresó al patio un grupo de indígenas vestidos con trajes típicos, que conformaron una ronda y, siguiendo un paso acompasado con tambores, comenzaron a incorporar al público. Finalmente, el acto se cerró con la entrega de llaves de cada casa por parte de la entonces Ministra de Vivienda, Sonia Tschorne.

Nuevamente con la ayuda de camiones del Ejército de Chile y los conscriptos que hacían el Servicio Militar, se llevó a cabo el proceso de mudanza, esta vez de vuelta desde el campamento provisorio en Alto Hospicio al nuevo conjunto Violeta Parra. Se puso especial atención a aquellos casos "socialmente" complejos, que pudiesen obligar a modificar el plan propuesto. La mayor parte de las familias se trasladaron a sus viviendas dentro de los primeros 30 días de entregadas las casas. Sólo unos cuantos prefirieron hacer las ampliaciones y cambiarse sólo una vez que estuviesen terminadas.

4.7 THE OCCUPANCY OF THE HOUSES

An inauguration, by definition, puts an end to construction and presupposes an official hand-over to the future users. In Iquique, the act of delivery instead had a more "foundational" character because for the families, the moment of handing over the homes was more of a beginning than an ending. Quinta Monroy's name was changed: from then on it was known as the Violeta Parra Housing Complex.

The ceremony was held in the "Machak Inti" courtyard, the courtyard of the Aymara, who organized a symbolic offering of gratitude to the Pachamama. Once the official speeches ended, a group of Aymara in typical dress entered the patio, formed a ring, and danced accompanied by drums. The public began to join in. Finally, at the ceremony's conclusion, the housing minister at the time, Sonia Tschorne, handed over the keys to each home.

With the help of the Chilean Army, their trucks and recruits, the final move took place, this time from the provisory camp in Alto Hospicio back to the new Violeta Parra Complex. Special attention was paid to those complex cases that would require the modification of the proposed dates. The majority of the families moved in within the first month. Only a few preferred to move in only after expansions were completed.

Junio I June 2006

Los paneles de madera del
campamento provisorio fueron usados
para el proceso de ampliación; por eso
la transformación ocurrió tan rápido.

The wood panels of the temporary
camp were used for the expansions;
that is why the transformation
happened so quickly.

Junio I **June 2006**

Si se observa bien, el diseño de la Quinta Monroy no es tan distinto de la casa que el mercado entregaba en otros lados. Mejor diseño no significa más decoración o más estética, sino un uso estratégico de la forma que permitiera alcanzar una densidad suficientemente alta para poder pagar por una buena localización, sin hacinamiento y capaz de hacerse cargo del crecimiento.

If one pays careful attention, the design of Quinta Monroy is not that different from the concrete block box that the market was delivering elsewhere. Better design does not mean more decoration or more aesthetics, but the strategic use of form capable of achieving enough density to pay for well-located land, without overcrowding and with the capacity to take care of growth.

Diciembre | **December 2004**

Junio I **June 2006**

Dado que el dinero no alcanzaba para todo, priorizamos todo aquello que era más difícil que una familia hiciera por su cuenta. En vez de entregar terminaciones (pintura, pavimentos, cielos) usamos ese dinero para pagar por la estructura del tamaño final o para pagar el suelo. Si al mantener la localización las familias conservaban sus empleos, era evidente que los procesos de ampliación iban a ocurrir bastante rápido.

Given that money was insufficient to do everything, we prioritized was more difficult for a family to achieve on its own. Instead of providing finishes (paint, pavements, ceilings) we used that money to pay structure for the final size or to buy the land. If in keeping the location the families did not lose their jobs, we knew the completion would occur rather quickly.

Diciembre | December 2004

Junio I **June 2006**

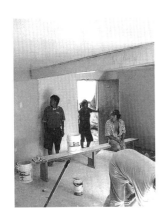

Junio I **June 2006**

4.8 DIECIOCHO MESES DESPUÉS...

La socialización y acompañamiento técnico no terminó con la entrega de las casas; al contrario, ese resultó ser más bien el comienzo. Apenas entregadas las viviendas, se realizó lo que llamamos una "semana piloto": cinco días de asesoría de diseño para apoyar técnicamente a quienes lo requirieron. Nos interesaba estar cerca de aquellos que iban a hacer sus ampliaciones inmediatamente, para que las primeras operaciones funcionaran como "ampliaciones piloto" y sirvieran de ejemplo para el resto.

Menos de un 30% de las ampliaciones fueron realizadas por los propietarios; la mayor parte de ellas, la realizaron profesionales contratados o terceros ajenos al grupo familiar del propietario, lo que indica una incorporación creciente de mano de obra calificada. En estos casos, nuestro rol como arquitectos fue fiscalizar la calidad de las obras. Los propietarios beneficiados por esta asistencia especial se comprometieron a mostrar su casa a otras familias, que estaban planificando su ampliación. Si bien hicimos sugerencias de diseño – como dejar una pequeña terraza o espacio exterior para sacar ventaja del clima privilegiado de Iquique – lo que más nos interesaba mostrar por vía del ejemplo, era el repertorio de materiales con los que se podía y con los que no se podía trabajar, y asegurarnos que las ampliaciones siguieran los lineamientos del reglamento de copropiedad.

La superficie inicial de las casas era de 36 m² y la de los dúplex de 25 m², ambos con un baño, una cocina y una zona habitable de living y comedor. Cada una de las propiedades podía llegar a 72 m² – o expresado en términos de recintos: un living, un comedor, una cocina, un baño y tres o cuatro dormitorios – sin tener que agregar o modificar estructuras y con

4.8 EIGHTEEN MONTHS LATER . . .

The "socialization" and technical counseling did not end with the delivery of the homes. As soon as the homes were handed over, what we called the "pilot week" began: five days of design counseling and technical support for those who needed it. We wanted to be around for those who were going to expand right away so that these first operations would act as "model expansions" and be examples for the rest.

Fewer than thirty percent of the expansions were self-built by the owners; most were contracted and built by third parties. In these cases, our role as architects was to supervise quality. The owners from our assistance agreed to show their homes to other families planning their additions. Although we made design suggestions (such as leaving a small balcony or exterior space to take advantage of the Iquique weather), what we were most interested in was showing the materials they could use and ensuring that expansions followed the regulations of joint-ownership.

The initial area of the houses was around thirty-six square meters and the apartment around twenty-five square meters, both with a bathroom, a kitchen, and a useable area for living and dining. Each of these properties could eventually arrive at seventy-two square meters (or expressed in terms of rooms: a living room, a dining room, kitchen, bathroom, and three to four bedrooms) without having to add structure and with all rooms naturally lit and

todos los recintos ventilados e iluminados naturalmente. Aún cuando recientemente los propietarios habían tenido que pagar 10 UF de ahorro (requisito del Fondo Solidario de Vivienda), lo cual para estas familias había significado un esfuerzo enorme, en el mes sucesivo a la entrega de las viviendas tuvo lugar un fuerte y dinámico proceso de ampliación.

A dieciocho meses de entregadas las viviendas, cada persona contaba con 18,4 m² en promedio (frente a los 8 m² por persona que tenían en el campamento) y el 64% de las viviendas tenía más de 50 m². El proceso de ampliación demostró ser muy sensible a las dinámicas económicas del país: tendió a incrementarse en el verano y bajar en meses asociados a mayor gasto, que en Chile son tradicionalmente marzo debido al inicio del año escolar y septiembre por las Fiestas Patrias. Para que el proceso de crecimiento fuera en efecto dinámico, económico y seguro, el diseño buscó promover y sintonizar con alternativas que siguiesen la ley del mínimo esfuerzo; si las familias seguían el camino más fácil y barato para crecer, lo más probable es que estuvieran haciendo lo que para nosotros también era "deseable" y que coincidía con la idea de casa "final".

Es muy importante aclarar que nunca intentamos tener un control estético sobre las ampliaciones que hiciera cada familia; en ningún momento nos pareció que sólo cierto tipo de opciones formales "irían bien" con la arquitectura del edificio. Nuestra asesoría se concentró en el plano técnico, enfatizando la eficiencia en el uso de los recursos familiares. Vetamos las operaciones que comprometían la calidad espacial y ambiental del proyecto: hacer un voladizo o invadir el espacio colectivo era más caro y difícil de hacer que una ampliación enmarcada dentro de la estructura provista por el edificio inicial. Eso explica en parte que, de todas las obras ejecutadas

ventilated. Although the owners have had to pay US$250 of their savings in advance, a requirement from the Housing Solidarity Fund that for these families meant saving money for a couple of years, residents began to invest in their new homes right away. The month after the houses were delivered, a strong and dynamic expansion process took place.

Eighteen months later, each person had about 18.4 square meters on average (compared to the eight square meters per person in the previous slum) and sixty-four percent of the homes had more than fifty square meters. The expansion process proved to reflect the economic dynamics of the country: it increased in the summer months and decreased when budgets were tightened by the holidays and higher utilities costs, which traditionally occurs in Chile around the beginning of the school year in March and in September for national holidays. For the expansion process to be truly dynamic, economical, and safe, the architectural design considered the growth scenario following a "law of minimum effort." If the families used a "shortcut" to add on, i.e., took the easiest and cheapest option to expand, it would still be something that we considered acceptable for the complex.

It's important to clarify that it was never our intention to control the aesthetic of the expansions; we never thought that only a certain kind of formal option or architectural language would "go well" with the building's architecture. Our counseling sessions were concentrated on the technical level and efficient use of family resources. The operations

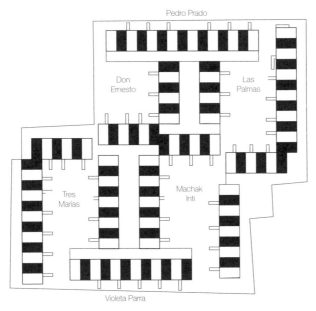

Pedro Prado

Don
Ernesto

Las
Palmas

Tres
Marías

Machak
Inti

Violeta Parra

Av. Galvarino | Galvarino Street

por los propietarios, menos de un 10% corresponde a obras no previstas, es decir que no se consideraron como parte de la lógica "natural" de crecimiento.

Otra cosa que pudimos constatar fue que el contar con una vivienda propia y definitiva genera un cambio radical en el estándar de las ampliaciones y mejoras realizadas por los propietarios, sobre todo si se compara con la situación del campamento original. De hecho, contrario a lo que esperamos, menos del 25% de las ampliaciones se hizo con materiales usados o reciclados; la gran mayoría de las obras fueron hechas con materiales nuevos, lo que refleja un auténtico cambio cultural, por nombrarlo de alguna manera, y de expectativas.

La primera mitad de la vivienda fue medida y modulada de manera tal que la segunda mitad coincidiera con materiales estándares y medidas estructurales conocidas y utilizadas previamente por las familias. En el espacio vacío cabe un panel de mediagua, pero tiene también el máximo ancho que permite usar una pieza

that would compromise the spatial quality of the project were in a way "self-excluded": outcropping elements that invade the collective space were more expensive and difficult to do than an addition framed in the structure provided by the initial building. This partly explains why of all the projects executed by the owners, fewer than ten percent correspond to unplanned projects, that is, were not considered part of the "natural" logic of growth.

Another thing that was evident was that having their own definitive home generated a radical change in the standard of the add-ons and improvements realized by the owners, especially in comparison with the previous situation from the informal settlements. Actually, fewer than twenty-five percent of the expansions were made with used or recycled materials; the large majority of the projects used new materials, showing a deep cultural shift.

The first half of the home was measured and modulated so that the second half would coincide with standard materials and known structural measurements. Prefabricated emergency shelter panels (which they kept from

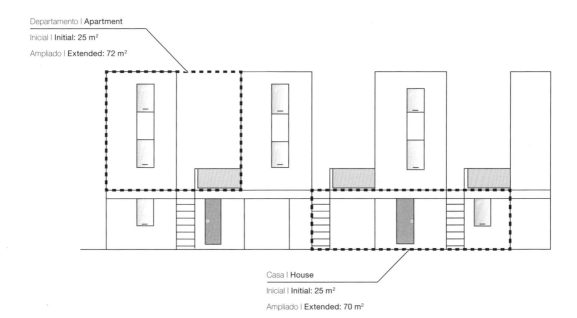

Departamento I **Apartment**

Inicial I **Initial: 25 m²**

Ampliado I **Extended: 72 m²**

Casa I **House**

Inicial I **Initial: 25 m²**

Ampliado I **Extended: 70 m²**

de madera sin tener que hacer uniones técnicamente complejas o desperdiciar material. La precisión en el dimensionamiento del vacío abarató y facilitó el esfuerzo que posteriormente realizaron los habitantes.

Esto explica que tres de cada cuatro ampliaciones hayan sido realizadas con menos de 2 UF/m² (el costo de la vivienda entregada fue de 9,3 UF/m²), sin que ello significara una reducción de la calidad. Cada familia gastó en promedio 47 UF, unos $1.000 dólares, en sus ampliaciones; más del 50% de las familias financiaron esas obras sólo con ahorro.

Esto coincide con el espíritu de la VSDsD, que al liberar a las familias del pago de dividendos, buscaba que fueran ellas quienes invirtieran en sus viviendas en el tiempo, de acuerdo a sus necesidades y posibilidades.

the temporary camp) fit in the void space; they were of the maximum possible width to allow for the use of a board, eliminating the need for technically complex joints and reducing wasted material. Precision in the design of the void reduced costs and aided the future efforts of the residents.

This explains why three of every four additions were achieved with less than 2 UF/m² (US$85/m²) without lowering the quality, whereas the cost of the original building was 9.3 UF/m² (US$400/m²).

Each family spent an average of 47 UF (around US$1,000) on their additions; more than fifty percent of the families financed these expansions with their own savings. This was coincident with the spirit of the housing policy, that by liberating these families from a mortgage expected that they would invest in their dwellings over time and address their needs self-sufficiently.

CUATRO CASOS

LA CASA CRUZ

Galvarino Gallardo 2132,
Condominio Tres Marías

Iquique es puerto de entrada de gran cantidad de automóviles, los cuales, con la condición de permanecer en la región, pueden ser ingresados al país libres de impuestos. Esto explica la alta tasa de motorización de la ciudad y la calidad del parque automotor. Muchos de estos autos provienen de Japón; en ellos el piloto se ubica al lado derecho del vehículo. Casi al mismo tiempo que recibía su casa, el mecánico Saddy Cruz comenzaba un próspero negocio cambiando el volante de los autos al lado izquierdo.

La familia Cruz estaba compuesta por 5 personas: Saddy, de 37 años; Carmen, de 32 años; Giselle de 12; Jocelyn, de 10, y Junior, de 6 años. Ambos padres tenían enseñanza media completa. El ingreso familiar mensual era de unos $700.000 (US$1.400 de la época) y habían invertido casi 5 millones de pesos en mejorar su vivienda (US$10.000). La localización resultó ser un factor determinante en el éxito de su negocio. Además, ningún integrante de la familia demoraba más de cinco

FOUR CASES

THE CRUZ HOUSE

Galvarino Gallardo 2132,
Tres Marías Condominiums

Iquique is an entrance point for large quantities of cars that are imported to the country duty-free in accordance with the policy of the region, which explains the high number and quality of cars in the city. Most of the cars are Japanese, with right-side driver's seats. When Saddy Cruz, a mechanic by profession, received his home, he started a new business venture: changing car steering wheels from the right side to the left.

The Cruz family was composed of five people: Saddy, 37, Carmen, 32, Giselle, 12, Jocelyn, 10, and Junior, 6. The monthly income of the Cruz family was around 700,000 pesos (US$1,400 at the time) and they had invested almost 5 million pesos in improving their home (US$10,000). Both parents had a high school education. No member of the family took more than five minutes to get to

minutos al trabajo o al lugar de estudio. La casa Cruz es una propiedad de primer piso.

Su opción de ampliación consistió en dividir la planta en dos: una zona más pública con un living-comedor que va desde el frente al fondo de la vivienda (3 x 6 metros), una pequeña zona de estudio y "cocina americana" integrada; y otra más privada, con los dormitorios y el baño. El avance de la cocina de hecho contribuye a dar más privacidad a esta zona. Optaron además por hacer sólo dos dormitorios, pero ocupando todo el fondo del lote (9 metros) por lo que cada dormitorio tiene 3 x 4.5 metros. En el baño sustituyeron el receptáculo de la ducha por una tina. Se colocaron además pavimentos cerámicos, enyesaron y pintaron muros y colocaron cornisas. Los cierres de los recintos se hicieron con ventanales de aluminio. Puede que este sea el mejor ejemplo de la capitalización del ADN de clase media de la vivienda inicial.

work or school. Location was a huge factor in the success of their business.

The Cruz house was a ground-floor property. They opted for dividing the floor plan in two: a more public zone with a living/dining room that ran the length of the home (three by six meters), a small study zone, an open, integrated kitchen, and a more private zone with bedrooms and a bathroom. The reorganization of the kitchen contributed to the privacy of this zone. They opted to make only two bedrooms but occupied the whole length of the lot (nine meters) so that each bedroom had 3 x 4.5 meters. In the bathroom, they substituted the stand-alone shower for a bathtub. They also laid ceramic tile, plastered and painted the walls, and hung cornices. The enclosures of the spaces were made with aluminum windows. This is probably the best example of capitalizing on the middle-class DNA of the initial home.

LA CASA GALLARDO

Pedro Prado 2187,
Condominio Las Palmas.

Al momento de la entrega del proyecto, Berenice Gallardo Lezana era una mujer de 71 años, jubilada y cuyos hijos también eran habitantes de la Quinta Monroy. Su ingreso mensual era de aproximadamente $70.000 (unos US$140 de la época). Considerando que vivía sola, su opción de ampliación fue conformar un solo dormitorio dentro de la superficie inicial y construir un "departamento" en el espacio exterior bajo losa, con acceso independiente desde el espacio colectivo, para subarrendarlo. El costo de la ampliación fue de $60.000 (unos US$120). Por este subarriendo obtenía unos 100 dólares al mes, dineros que iban a pagar las mejoras al interior de su propia vivienda: cerámica en el piso, empaste y pintura para los muros y una separación permanente entre el dormitorio y la cocina. Berenice colocó además una pequeña reja de madera en lo que correspondía a su antejardín.

THE GALLARDO HOUSE

Pedro Prado 2187,
Las Palmas Condominium

Berenice Gallardo Lezana was a retired, 71-year-old woman whose children were also residents of Quinta Monroy. Her monthly income was approximately 70,000 pesos (ca. US$140). Because she lived alone, her expansion option was to make a single bedroom in the first half and build an "apartment" in the open space under the slab with separate exterior access for a future sublet unit. The cost of the expansion was 60,000 pesos (ca. US$120). From this sublet she received around one hundred dollars a month in rent, almost doubling her monthly income, money that paid for the improvements to her own home: floor tile, plaster and paint for the walls as well as a permanent separation between the bedroom and kitchen. Berenice also placed a picket fence around her garden.

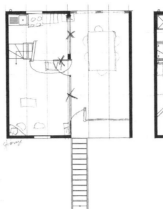
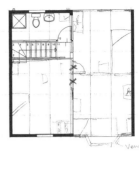

LA CASA CÁCERES

Pedro Prado 2129,
Condominio Don Ernesto.

La familia de Patricinia Cáceres Mamani estaba compuesta por 4 personas: Patricinia, de 61 años, y sus hijos José Luis, de 30 años, Marcos de 29 años y Silvia de 19 años. Patricinia sólo tuvo educación básica, pero todos sus hijos tenían educación media completa. El ingreso familiar era de $190.000 al mes (unos US$370 de la época). Ellos eligieron un dúplex de segundo piso. La ampliación en este caso, se apoyó mucho en las sugerencias y asesoría desarrolladas en los talleres. A grandes rasgos, el dúplex dejó en la planta baja la parte más pública de la vivienda, con un gran living de 3 x 5 metros frente al acceso, además de un comedor de 3 x 4 metros y la cocina separados. Aceptaron además la sugerencia de retranquear en un metro el límite del departamento para dejar una pequeña terraza exterior, la cual protegía el ventanal del living del sol y creaba un pequeño antejardín elevado. En el segundo nivel se concentró la parte más privada de la casa, con 3 dormitorios y el baño. Al dormitorio principal añadieron una bay-window que dio amplitud a la pieza, otorgándole además un carácter distintivo a la fachada de la casa. El costo de estos 42 m² auto-construidos fue de $300.000 (unos $600 dólares).

THE CÁCERES HOUSE

Pedro Prado 2129,
Don Ernesto Condominium

The Patricinia Cáceres Mamani family had four members: Patricinia, 61, and her children José Luis, 30, Marcos, 29, and Silvia, 19. Patricinia only received an elementary education, but her children all finished high school. They lived in one of the upper, two-story apartments. Their joint family income was 190,000 pesos a month (ca. US$370 at the time). In this case, the expansion depended heavily on the suggestions from the workshops. In general terms, the duplex left the more public living quarters on the lower floor, with a large living room of three by five meters accessible from the front as well as a dining room of three by four meters and a separate kitchen. They followed the suggestion to pull back the wall of the apartment to leave a small exterior terrace protecting the living room window from the sun and creating a small raised "front yard." On the second floor they organized a more private area with three bedrooms and a bathroom. A bay window was added to the master bedroom, giving the interior a spacious feeling and the exterior of the house a distinctive façade. The cost of these forty-two self-built square meters was 300,000 pesos (ca. US$600).

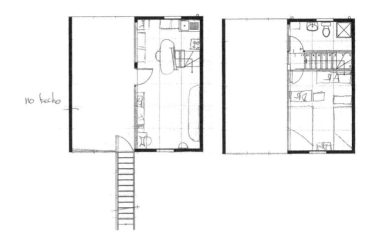

no techo

LA CASA QUISPE

Pedro Prado 2143

La familia de Basilio Quispe estaba compuesta por 3 personas: Basilio, de 56 años, su mujer, Juana Flores, de 50 años,
y su hija Cristina, de 21 años. Basilio terminó su educación
media y Juana, sólo la básica; sin embargo, Cristina se encontraba estudiando en la universidad. El ingreso familiar era
de $150.000 (unos US$300 de la época). La opción de la
familia Quispe, más que ampliar su vivienda, puede considerarse una operación de "intensificación" del dúplex inicial.
El único espacio nuevo fue un dormitorio dentro del volumen
dado, construido a partir de un envigado de piso, y la única
otra operación fue la instalación de una reja y un cierre bajo
hecho con material reciclado en el vacío lateral del dúplex, que
conquistó un patio exterior elevado (para celebrar los cum-
pleaños, según explicó el dueño). Aún así, esta casa presentó
una fuerte modificación de la fachada. Además de la pintura,
hubo un cuidadoso trabajo artesanal de decoración, que de
acuerdo al Señor Quispe responde a la condición más urbana
y pública que tiene su casa, a diferencia de aquellas que se
encuentran en los patios interiores.

THE QUISPE HOUSE

Pedro Prado 2143

The Basilio Quispe family was composed of three
people: Basilio (56), his wife, Juana Flores (50)
and his daughter Cristina (21). Basilio finished
high school and Juana only elementary. Cristina,
however, was currently in college. The family income per month was 150,000 pesos (around US$
300). The Quispe family decided to do more than
expand their home, opting instead to "intensify"
the initial apartment. The only new space was a
new bedroom within the given volume, created
by installing beams in the floor. The only other
additions were a fence and enclosure made with
recycled materials in the lateral void of the apartment, creating an elevated exterior patio (for
birthday parties, as the owner explained). Well-
planned modifications were made to the façade.
In addition to painting, there was a careful, hand-
made decoration that, according to Mr. Quispe,
responded to the more public urban condition
that his apartment had compared to those facing
the interior courtyards.

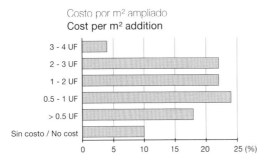

Costo por m² ampliado
Cost per m² addition

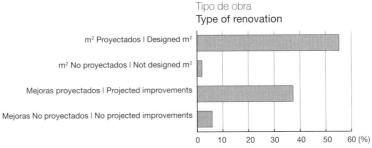

Tipo de obra
Type of renovation

¿SATISFECHOS?

Luego de dieciocho meses, no sólo nos interesaba verificar cómo se había desarrollado la segunda mitad de la casa, sino que también queríamos evaluar el nivel de satisfacción de las familias.[42] Hicimos una encuesta dividida en tres niveles: barrio, patio y vivienda. Para cada uno de estos niveles preguntamos a cada familia lo que más les gustaba y lo que menos. No se establecieron categorías a priori, sino que las respuestas (abiertas) se agruparon por temas. Se les pidió a los residentes que pusieran una nota en escala de 1 a 7 a los distintos atributos de cada nivel. Para el caso de la vivienda se preguntó por el uso del patio privado y del patio común, como una manera de comprobar las necesidades reales de uso y su relación con lo proyectado. Junto con esto se evaluaron también asuntos como el tiempo requerido para desplazarse al trabajo, a la escuela o al supermercado.

SATISFIED?

After eighteen months, we not only wanted to verify how the second halves were progressing but also evaluate the level of satisfaction among the families.[42] We conducted a survey that addressed three primary categories: neighborhood, courtyard, and home. For each category, we asked the families what they did and didn't like. The residents were asked to rate attributes of each category on a scale of one to seven, the same one used in Chilean schools. In the case of the home, we asked about the use of the private patio and the common courtyard as a way to confirm the real usage patterns. We also evaluated themes such as transit times to work, school, and supermarket.

---

42   La información de este capítulo fue recogida en Agosto de 2006 en el marco de la Tesis de Magíster en Planificación Urbana presentada por Janina Franco en Mayo de 2007 a la Universidad de Columbia, NY.

42   In August 2006 as part of Janina Franco's thesis, which was presented for a master's degree in urban planning at Columbia University in New York in 2007.

Financiamiento de las obras
Financing for the renovations

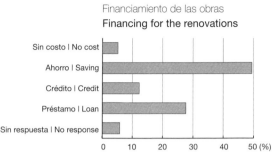

Tipo de material utilizado
Type of material used

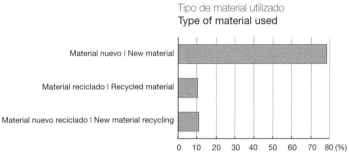

EL BARRIO

El esfuerzo por lograr "densidad sin hacinamiento" tenía como objetivo conseguir una localización ventajosa en la ciudad, dada la relevancia que tiene el acceso a las oportunidades y servicios urbanos en la superación de la pobreza. El poco tiempo de traslado al trabajo, a la escuela o al comercio era, por un lado, indicador inmediato de calidad de vida y por otra parte, un potente generador de plusvalía. En los gráficos se muestra que más del 50% de la gente se demora menos de 20 minutos a su trabajo, menos de la mitad de lo que les toma a quienes viven en Alto Hospicio, el lugar donde se concentra la vivienda social de la ciudad. De hecho, los propietarios evaluaron con un 6,5 (en la escala de 1 a 7) el nivel de satisfacción asociado a la buena localización en la ciudad.

THE NEIGHBORHOOD

Our effort in achieving "density without overcrowding" was based on the evidence that being able to pay for an advantageous location increased access to the opportunities and services, a key factor in helping residents overcome poverty. The little commuting time to work, school and nearby commercial zones were immediate indicators of quality of life as well as a potent factor for value appreciation. The graphics show that fifty percent of the people needed fewer than twenty minutes to get to work, less than half the time than of those living in Alto Hospicio, the usual location for newly-constructed social housing. The owners gave a 6.5 out of seven) to their level of satisfaction with their location in the city.

Tiempo al lugar de trabajo
Time to workplace

Evaluación estética vivienda
House aesthetic evaluation

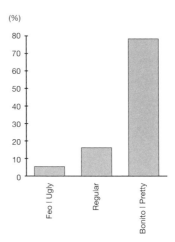

(%)

(minutos I minutes)

0-20 / 21-30 / 31-40 / 40+

(%)

Feo I Ugly / Regular / Bonito I Pretty

EL PATIO

Entre los acuerdos que debieron lograr las familias, uno de los más importantes fue la asignación de las viviendas. A diferencia de los programas más tradicionales de vivienda, el FSV permite que sean los mismos propietarios quienes definan los criterios de repartición de las casas. Una vez organizados en los seis subcomités, de acuerdo a sus lazos familiares o sociales, los propietarios dispusieron, de acuerdo a criterios consensuados, la manera en que se distribuirían las viviendas y departamentos. En ese contexto, resulta bastante llamativo que el segundo factor negativo más recurrente fuera la convivencia con los vecinos. Aún así, las familias evaluaron con un 5,8 el nivel de satisfacción asociado a los patios colectivos. Algunos de los patios has postulado a fondos concursables para la pavimentación de las áreas comunes, la pintura de las ampliaciones y para la remoción de escombros.

THE COURTYARD

One of the most important agreements the owners needed to reach was how to choose the specific housing unit. Differing from more traditional housing programs, the housing policy allowed the owners themselves to define the criteria for their home distribution. Once organized in six committees, organized by familial and social ties, the owners laid out a system by which the apartments would be distributed. When we look back at the final tallies from our straw poll, we can see that the second most negative factor was co-occupancy with neighbors. Still, when asked about their level of satisfaction with the collective courtyards, the families gave this category a 5.8. Currently, they are applying for regional funds to subsidize the cost of paving the courtyards, painting the additions and hauling trash and construction materials from the courtyards. Some of these initiatives have already been executed.

Costo ampliaciones
Additions cost

Calificación de la vivienda
House evaluation

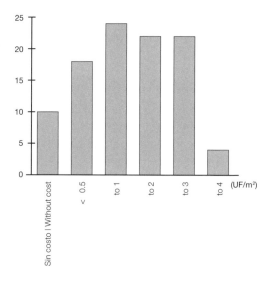

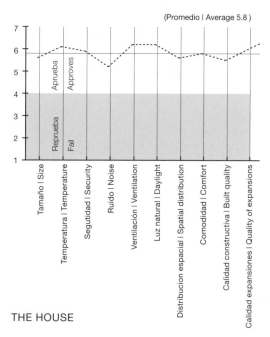

LA VIVIENDA

Uno de los puntos más sensibles durante el proceso de diseño participativo fue la decisión de superponer departamentos y viviendas, para lograr una densidad que permitiera prorratear el costo del suelo. El principal argumento en contra, por parte de las familias, fue que dos tercios tendrían que vivir en dúplex, renunciando a la posibilidad de tener un patio. Sin embargo, en la práctica, los patios traseros de las viviendas han sido utilizados fundamentalmente para el lavado y secado de ropa, actividad que en los departamentos se ha resuelto en el baño, que por su amplitud permite la instalación de una máquina de lavar en el interior. A su vez, los patios comunes se han convertido en el principal lugar de recreo para los niños.

A pesar del bajo costo de las ampliaciones (menos de 2 UF/m² para el 74% de los casos, unos $75 dólares de la época), los propietarios evalúan la calidad constructiva de sus intervenciones con mejor nota que la entrega inicial. En términos de consideraciones estéticas, más del 80% considera su vivienda "bonita" o "muy bonita". En promedio, las familias evaluaron con un 5,8 (de 1 a 7) el nivel de satisfacción general asociado a la vivienda.

THE HOUSE

In order to be able to purchase a centrally located site, we were forced to achieve a relatively high density but in low-rise. And the only way to achieve it was by stacking apartments on top of houses, which was one of the more sensitive points during the participative process. The principal argument against it was that two-thirds of residents would be living on the upper floors and wouldn't have access to a yard. Yet, in practice, back patios are normally used for washing and drying clothes, an activity that in the upper floor duplex was satisfied in the oversized bathrooms, where washing machines were installed. The common outdoor spaces were then free to serve as the main play areas for children.

Despite the low cost of the additions (less than US$85/m² in seventy-four percent of the cases), the owners rated the construction quality of their interventions higher than the initial half. In terms of aesthetics, more than eighty percent considered their home to be pretty or very pretty. On average, the families rated their general satisfaction with the homes at 5.8 on a scale of one to seven.

4.9 VALORIZACIÓN

Con el tiempo, lo que probaría ser la matemática más sorprendente de la ecuación, fue que si a las 300 UF (US$7.500) iniciales de inversión pública se suman las 30 UF de inversión familiar, el resultado que se obtuvo fue una vivienda de 1.000 UF (US$20.000), que es el valor por el que las familias podrían transar sus viviendas en el mercado si así lo quisieran.[43] La razón principal por la cual 300 + 30 = 1.000, radica en el valor que tiene la localización en la ciudad.[44]

4.9 VALUE INCREASE

Over time, what proved to be the most surprising mathematics of the equation was that if to the initial 300 UF (US$7,500) of public investment and 30 UF (US$750) of family investment were added, the result was a 1,000 UF (US$20,000) home—this being the value families could justifiably ask for on the open market if they wished.[43] The equation 300 + 30 = 1,000 was strongly based on the location within the city, as shown in the previous chapter.[44]

43 La política de vivienda tiene como condición, que las familias se les permite vender sus viviendas sólo cinco años después de su recepción.

44 Esta estimación se hizo de acuerdo a un ejercicio de apreciación real de bienes realizado por Elemental y corroborado por un análisis de mercado en que se hizo la comparación de sus casas con los proyectos conjuntos de vivienda que se construían alrededor de Quinta Monroy.

43 Housing policy had as a condition that families were allowed to sell their homes only after five years of their receipt.

44 This estimate was made according to a real estate appreciation exercise done by Elemental and corroborated by a market analysis the families made comparing their houses with joint housing projects being built around Quinta Monroy.

Sin un diseño estratégico de la primera mitad que haga fácil económica y segura la segunda mitad, probablemente tal valorización hubiese ocurrido de cualquier manera, pero habría sido algo así como 300 + 300 = 1.000.

Si el diseño inicial no hubiese introducido una cierta neutralidad que modula las intervenciones individuales, la calidad del conjunto se habría visto afectada, por lo que la valorización probablemente habría sido algo así como 300 + 30 = 600.

Lo que a nosotros nos interesaba era maximizar el uso de los recursos públicos para que el total fuese muchísimo mayor que la suma de las partes. Lo verdaderamente nuevo por tanto fue, por una parte, la idea de valorización como redefinición de qué entender por "calidad", y por otra, el diseño de la incrementalidad.

Without a strategic design for the first half of construction that enabled easy, cheap, and safe expansion, such appreciation might have occurred, but the more complex process of growth would have reduced the appreciation to something closer to 300 + 300 = 1,000.

If initial design had not introduced certain neutrality able to modulate individual interventions, the quality of the complex would have been compromised, so the appreciation would probably have been something like 300 + 30 = 600.

We were most interested in maximizing the use of public resources to create a value much greater than the sum of its parts. So what was really new was the idea of value gain as a way to redefine quality.

36 m²

si la primera mitad de la casa costó
if the first half of the house cost was

US$7,500

<table>
<tr><td align="center">36 m²</td><td align="center">72 m²</td></tr>
<tr><td align="center">y la segunda mitad
and the second half</td><td align="center">el valor final supera los
the final value is more than</td></tr>
<tr><td align="center">**US$1,000**</td><td align="center">**US$20,000**</td></tr>
</table>

CONCURSO MUNDIAL
DE ARQUITECTURA ELEMENTAL

**ELEMENTAL'S WORLDWIDE
ARCHITECTURAL COMPETITION**

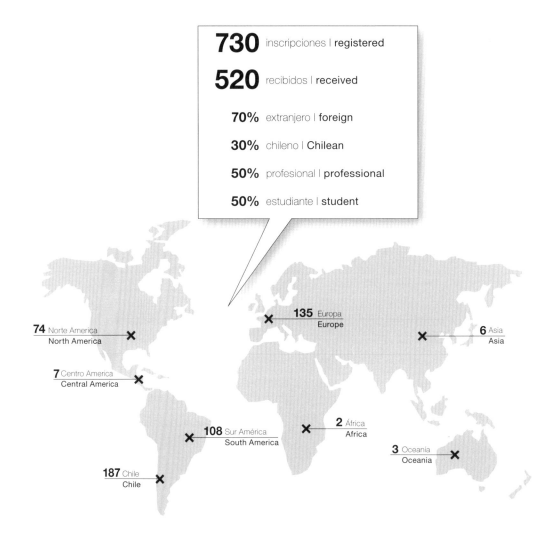

730 inscripciones | registered

520 recibidos | received

70% extranjero | foreign

30% chileno | Chilean

50% profesional | professional

50% estudiante | student

135 Europa
Europe

74 Norte America
North America

6 Asia
Asia

7 Centro America
Central America

108 Sur América
South America

2 África
Africa

3 Oceania
Oceania

187 Chile
Chile

Mapa de la convocatoria del concurso internacional Elemental
Map of Elemental's Worldwide Architectural Competition

5.1 CUANDO PROBAR EL PUNTO NO ES SUFICIENTE

Cuando partimos con el proyecto Elemental, había un enorme escepticismo de que se pudiera mejorar la calidad de la vivienda con los mismos recursos. Más aún, con que fuera una iniciativa académica la que pretendiera hacer ese cambio: la academia carece de la contextura suficiente para operar dentro de la realidad, nos decían. Para terminar de sentenciar nuestro intento, se nos decía que si las cosas fueran mejorables, tal mejoría ya se habría llevado a cabo. Por eso era tan importante, si creíamos tener un punto, poder construir un caso real y no sólo publicar unos diseños o hacer ponencias en seminarios.

Luego de haber construido el proyecto de Iquique dentro del marco de restricciones de política habitacional y de condiciones de mercado existentes, la crítica empezó a ser que Iquique era apenas un caso, pero que eso no probaba que toda la realidad de la vivienda social podía ser mejorada.

Este escepticismo no sólo es una actitud natural frente a preguntas complejas; es también un mecanismo de defensa frente a la amenaza de la innovación. Nos encontramos con dos estamentos que se sentían amenazados por el cambio de paradigma. En primer lugar el Estado, que cargaba con el peso de su propio pasado, en el sentido que cualquier mejora que hiciera y que no requiriera más recursos - es decir, que se hiciera por los mismos montos con que dio soluciones habitacionales en el pasado- lo colocaba en una situación social y políticamente conflictiva con todas aquellas familias a las que se les entregó una vivienda de menor calidad. Por ejemplo cuando se introdujo la nueva política habitacional de la Vivienda Social Dinámica sin Deuda el año 2001, el Estado

5.1 WHEN PROVING THE POINT IS NOT ENOUGH

At the beginning of Elemental, there was huge skepticism about being able to do better housing with the same amount of resources. Even more if the improvement was going to come from an academic initiative: academia does not have the right "muscles" to deal with reality, we were told. As the ultimate sign of distrust, people said that if things could be better, they would have been changed already. That is why it was so important to prove our point by building a real case and not just publish a paper or discuss our findings in seminars.

When we finally built the Iquique project, within the existing policy framework and accepting all the market conditions and constraints, then the criticism was the Quinta Monroy was only a specific case, but that building it did not prove that the whole social housing market could be improved.

Such skepticism is not only a natural attitude when facing complex questions; it is also a kind of self-defense mechanism in front of the threat of innovation. On the one side is the state, threatened by its own recent past: every improvement done for the same amount of money, makes it socially and politically difficult to explain to previous beneficiaries, who received worse housing solutions. We witnessed an example of that, which was not even connected to an improvement in the design but in the policy itself, when the 2001 VSDsD began to deliver houses that required only 300 dollars of

empezó a entregar casas que requerían de las familias sólo 10 UF de ahorro (unos 300 dólares). Hubo muchos problemas (y todavía los hay) para explicar a las familias beneficiarias de la política anterior, que por casas que no eran sustancialmente mejores, debían pagar una deuda de hipotecaria de 240 UF (unos 7.200 dólares).

También a nosotros nos alcanzó este conflicto. Muchos funcionarios de los SERVIU regionales, nos dijeron que les gustaba mucho nuestra aproximación al problema, pero que ojala no nos resultara. Si nuestro proyecto funcionaba, ¿cómo le explicaba el Estado a beneficiarios de proyectos anteriores, que por un aporte familiar muchísimo menor, les podrían haber construir casas bien ubicadas y capaces de aumentar de valor en el tiempo?

También las constructoras estaban reacias a la innovación. Quienes en el rubro de la construcción intentan introducir un cambio en las prácticas habituales, deben hacer una inversión que en caso de ser exitosa, es prácticamente imposible de proteger por medio de patentes; en caso de fracasar, el costo debe ser absorbido individualmente. No hay por tanto ningún incentivo a innovar (moverse primero), o dicho de otro modo, es el típico caso que privilegia al "second mover", al que se mueve segundo, al imitador que aprovecha las incursiones iniciales de otros.

Por lo tanto nos pareció evidente que debíamos replicar el proceso vivido en Iquique, para otras condiciones geográficas, topográficas, climáticas, urbanas y sociales, tal de poder cubrir una mayor diversidad de casos. Nos planteamos entonces la necesidad de construir otros 7 proyectos que pudiesen abordar los desafíos de esas distintas condiciones: grandes ciudades, nuevas periferias de clase media, terrenos

savings from families. The state was having trouble explaining to the beneficiaries of the previous policy that they had to pay back a loan of US\$7,200 for houses that were not substantially different. We got the same kind of arguments: many SERVIU officials told us they really liked our approach but they hoped it would not succeed. How could they explain to previous beneficiaries that for considerably lower personal expense, they could have received much better located units with the capacity to gain value over time?

Then there were the building companies. In the building sector, whoever wants to introduce a change to business as usual has to make an investment that if successful is almost impossible to protect with patents; if it fails, losses have to be absorbed individually. All the incentives typically privilege the "second mover"—the imitator who takes advantage of the initial innovations of others.

So it became obvious that we had to replicate the case of Iquique for other geographical, topographical, climatic, urban, and social conditions, and prove the point for diverse scenarios. We thought of building seven other projects that could face different challenges: bigger cities, middle-class suburbs, sloped sites, rainy places, well-located lots with the need to be recovered, etc. All these new projects had to be done within existing policy, current market conditions, and with the participation of the communities. We thought of organizing a worldwide architectural competition to select quality designers and students able to

Dado el escepticismo hacia la innovación y hacia el mejoramiento de la calidad dentro del marco de restricciones existente, era importante contar con un sólido apoyo político. En la imagen el Ministro de Vivienda en el lanzamiento del concurso internacional.

Given the skepticism towards innovation and improvement of quality without changing the set of constraints, it was important to have political support. In the image the Minister of Housing is launching the international competition.

■ LA INICIATIVA BUSCA DISEÑAR CASAS FAMILIARES POR 300 UF

Un concurso mundial de arquitectura busca a los mejores para construir viviendas sociales en Chile

Los ganadores contarán con el apoyo del Taller de Chile, conformado por un equipo de profesionales chilenos, creado ad hoc para esta iniciativa. El Ministerio de la Vivienda y Urbanismo financiará los proyectos ganadores.

en pendiente, climas lluviosos, sitios bien localizados pero con suelos con necesidad de ser recuperados, etc. Para ello, se debía volver a verificar que los proyectos se hicieran dentro del marco de la política habitacional vigente, dentro de las condiciones de mercado con que operaba el sistema y con la participación de la comunidad.

Se nos ocurrió organizar un Concurso Mundial de Arquitectura para seleccionar tanto a profesionales como a estudiantes de excelencia y hacer converger así, conocimiento relevante a los distintos casos que buscábamos abordar. El problema era cómo financiar este concurso.

Presentamos un proyecto al fondo de innovación y transferencia tecnológica de FONDEF/CONICYT,[45] asociados con las Escuelas de Arquitectura y de Ingeniería de la Universidad Católica, diversas empresas privadas ligadas al ámbito de la construcción y ONGs con experiencia en trabajo en terreno con familias y comités de vivienda. La propia naturaleza de estos fondos nos obligó a que el cambio de escala no fuera sólo cuantitativo buscando hacer más proyectos en más ciudades; nos vimos en la necesidad de formular un proyecto en que el cambio de escala fuera también cualitativo, ampliando las variables tecnológicas y sociales, aumentando así la complejidad del problema. El proyecto Fondef nos dio un capital semilla para hacer 3 cosas:

bring relevant knowledge to the diversity of cases we were dealing with. The problem was how to finance such a competition.

Collaborating with the architecture and engineering schools of Universidad Católica, several private building companies, and NGOs with experience working in the field with families and housing committees, we asked for a grant for technological transfer from FONDEF/CONICYT.[45] The very nature of these funds required that the change of scale should not only be quantitative, seeking to make more projects in more cities, thus multiplying the experience of Iquique; we were asked that the change of scale should also be qualitative, expanding the technological and social variables inherent to a social housing project, thereby increasing the complexity of the problem and the flexibility of the solutions. The Fondef grant gave us seed capital to do three things:

45   Fondo de Fomento al Desarrollo Científico y Tecnológico / Comisión Nacional de Investigación Científica y Tecnológica. Los proyectos Fondef suponen una alianza público-privada y académico-productiva en que una o varias empresas privadas, con alguna necesidad productiva real, se asocian con una universidad para investigar y desarrollar productos que satisfagan la necesidad. Las universidades valorizan su trabajo y reciben capital de trabajo tanto de las empresas socias como del Estado. Elemental recibió un aporte de Fondef de $500.000 dólares para un proyecto de $7,5 millones de dólares en total si se consideran los subsidios de todas las viviendas.

45   Fondo de Fomento al Desarrollo Científico y Tecnológico (Fund for the Promotion of Scientific and Technological Development; acronym FONDEF) / Comisión Nacional de Investigación Científica y Tecnológica (Chilean national commission of scientific and technological research; acronym: CONICYT). Fondef grants favor public-private partnerships where one or more companies with a real productive need associates with a university to develop product to satisfy the demand. The university assigns a value to its work and gets working capital from the partner companies and the state. Elemental received a grant of US$500,000 for a project of 7.5 million dollars if subsidies of all the houses are taken into consideration.

1. Identificar comités de vivienda y trabajar con las familias.[46]

   Durante un año trabajamos tanto en identificar terrenos bien ubicados en la ciudad como comités de viviendas bien organizados que necesitaran de un proyecto de vivienda. Verificábamos que los terrenos estuvieran saneados desde el punto de vista legal y que fueran convenientes para las familias. Con las familias desarrollamos talleres para elaborar un protocolo que nos permitiese sistematizar el trabajo participativo.

2. Desarrollar tecnología antisísmica de bajo costo.[47]

   Dado que en vivienda social cerca del 70% del costo de la obra es la estructura, resultaba evidente tratar de introducir en ellas sistemas prefabricados. El problema es que en Chile, por su condición sísmica, los nudos y las uniones de los componentes son caros y difíciles de ejecutar. De ahí la necesidad de desarrollar sistemas de aislación sísmica de bajo costo que hiciesen viables sistemas estructurales prefabricados.

3. Organizar un concurso mundial de arquitectura para 7 proyectos a lo largo de Chile.

   El Concurso, más que proyectos definitivos, buscaba respuestas suficientemente claras para

1. Identify housing committees and work together with the families[46]

   We worked for a year to identify well-situated sites in the city and organize housing committees that needed a housing project. We checked that the sites complied with all the legal regulations and were convenient for the families. With the families we developed workshops to elaborate a protocol that would allow us to systematize the participative work.

2. Develop low-cost anti-seismic technology[47]

   Given that in social housing seventy percent of the cost of the project is the structure, it was evident that we should try to introduce prefabricated systems. The problem is that in Chile, due to its seismic condition, the joints of prefab components are expensive and difficult to install. So we needed to develop low-cost seismic isolation systems that would make prefabricated structural systems viable.

3. Organize a worldwide architectural competition for seven projects throughout Chile

   The competition, more than definitive projects, sought clear solutions to the challenge of creating "density without overcrowding" as well as strate-

---

46   Para llevar a cabo el trabajo con las familias, nos asociamos con ONG que tuviesen experiencia y presencia efectiva en terreno como por ejemplo Un Techo para Chile y Hábitat para la Humanidad.

47   El equipo de ingeniería liderado por Juan Carlos de la Llera contó además con la participación de Mario Álvarez, Tomás Fischer y Carl Lüders, desarrollaron un aislador sísmico para unidades habitacionales de baja escala.

46   To carry out the work with the families we associated with NGOs with experience and real on-site presence, such as Un Techo para Chile and Habitat for Humanity.

47   The engineering team led by Juan Carlos de la Llera, which also relied upon the participation of Mario Álvarez, Tomás Fischer, and Carl Lüders, developed a seismic isolator for small-scale housing units.

generar "densidad sin hacinamiento", capaces de ser trasladadas a diversas situaciones climáticas, geográficas y sociales sin perder su fuerza y atingencia. Buscábamos socios profesionales y estudiantes que tuvieran la capacidad de adaptarse a dichas condiciones.

Por eso el concurso tuvo 2 características distintivas, atípicas en este tipo de certámenes:

A. En vez de un proyecto acabado, pedimos lo que llamamos un "ensayo proyectual", es decir, una declaración sintética en forma de proyecto de arquitectura que planteara una formulación y una estrategia frente a un problema concreto.

B. El concurso no fue anónimo, sino que solicitamos que en la presentación se incluyeran otras obras o experiencias en que el participante hubiese tenido que resolver un problema difícil; no se requería que fuera necesariamente de vivienda social, sino que el concursante demostrara que era capaz de trabajar dentro condiciones complejas y restrictivas.

Imaginamos 2 categorías, profesionales y estudiantes, con 7 ganadores en cada una, los cuales asociados en un equipo local construirían sus propuestas en 7 distintos lugares de Chile, desde el desierto a la Patagonia, aportando así no sólo con ideas e innovación en diseño, sino también probando la efectividad de estas ideas en circunstancias reales. Debido a la complejidad del problema sabíamos que los proyectos responderían eficazmente y contribuirían al debate, si y sólo si, las respuestas se materializaban en obras construidas. Fue así como el MINVU se comprometió a focalizar subsidios en las propuestas ganadoras.

gies for implementing those solutions in diverse climatic, geographic, and social situations without watering down their relevance. We looked for professionals and students who had a capacity to adapt to these conditions.

And for this, the competition had two unusual characteristics for these kinds of events:

A. Instead of a finished project, we asked for what we called a "design essay"—that is, a synthetic declaration in the form of an architectural project that presented a formula and strategy to face a concrete problem.

B. Unlike most competitions, this one was not going to be anonymous. We asked that in their presentation the participants include other projects or experiences during which they solved a difficult problem. Participants didn't necessarily have to demonstrate previous work in the realm of social housing, but more a proven record of working successfully within complex and restrictive conditions.

We imagined selecting seven winners, who as a final result of the process would set their proposals in seven different places of Chile, from the Atacama desert to Patagonia, thus contributing design ideas and innovation and proving the effectiveness of these ideas in real circumstances. Due to the complexity of the problem, we knew that the projects would respond in an efficient manner and make a contribution to the debate if, and only if, the answers were realized in built works. That is how MINVU (the housing ministry) committed itself to focusing subsidies on the winning proposals.

5.2 LA ECUACIÓN A RESOLVER

Cuando en el 2001 nos reunimos con el Ministro de Vivienda y Urbanismo de Chile, Jaime Ravinet para identificar con precisión una necesidad concreta a la cual contribuir, nos focalizamos en la Vivienda Social Dinámica sin Deuda, una política que el MINVU estaba a punto de lanzar y que el mercado no había probado.

Realizamos entonces un conjunto de talleres en la Universidad de Harvard entre el 2001 y el 2003. Al cabo de un tiempo, creímos tener un punto: lo llamamos el Edificio Paralelo dada su estructura de propiedad, la cual lograba altas densidades, sin hacinamiento y con posibilidad de crecimiento para cada unidad. Esta tipología fue la que nos permitió desarrollar el proyecto de la Quinta Monroy en Iquique.

En la práctica esos talleres funcionaron también como una especie de ensayo para las bases del Concurso Mundial de Arquitectura. Investigábamos específicamente cuánto influía en la calidad y precisión de la respuesta la cantidad de información que poníamos a disposición de los proyectistas. Observamos que demasiada información "congelaba" la capacidad de respuesta, haciendo que una pregunta sustancialmente nueva se contestara con estrategias obsoletas. Por otra parte, poca información hacía que la respuesta fuese poco atingente y por tanto inofensiva, un simulacro que "hacía como que" se ocupaba de un tema duro pero que en la práctica no era capaz de sintonizar con la realidad. En sucesivos talleres, lo que hicimos fue calibrar el foco y la formulación de la pregunta para obtener respuestas que combinaran innovación y pertinencia.

5.2 THE EQUATION TO BE SOLVED

In 2001 we met with the Chilean minister of housing and urbanism, Jaime Ravinet, to precisely identify a concrete need to which we could make a contribution. We focused on VSDsD, the dynamic, debt-free social housing policy the housing ministry was about to launch and which the building market had not yet tested.

So, between 2001 and 2003, we carried out a series of workshops at Harvard University. Halfway through the first semester we believed we had a point: we called it the Parallel Building due to its property layout, which allowed for high densities to be achieved without overcrowding while still allowing for the possibility of growth for each unit. This typology was the one we used to develop the Quinta Monroy project in Iquique.

All those workshops, besides being a way to gather information and understand the subject, were also a test for the competition's brief. We specifically investigated how the amount of information we made available for the participants influenced the quality and precision of the answer. We knew that too much information "froze" the capacity of response, causing students to answer a substantially new question with old strategies. On the other hand, too little information resulted in irrelevant answers and thusly futile simulacra that "acted as if" they confronted a hard theme but in practice were incapable of synchronizing with reality. In successive studios, we calibrated the focus and the formulation of the question to obtain answers that combined innovation and pertinence.

La pregunta que sintetizamos fue:

The question we synthesized was:

$$X = \frac{150 \text{ familias} \times 30 \, m^2 \times US\$7.500}{1 \, ha}$$

Resuelva esta ecuación en 1 m² de papel; Elemental construirá su respuesta en 10.000 m² de terreno.

Resolve this equation on 1 m² of paper; Elemental will build your answer on 10,000 m² of land.

En los documentos que se adjuntaban en las bases quedaba claro que lo que proponíamos, más que unos principios de diseño, era un conjunto de restricciones dentro del cual trabajar. Preguntábamos:

In the documents containing the brief and on the web page, it was clear that more than design principles, what we were proposing were a group of restrictions to work within. We asked:

¿Cómo diseñaría un conjunto de vivienda Elemental?

How would you design an Elemental housing project?

+ Para al menos 150 familias
  Considerando grupos familiares de conformación diversa, con un promedio de cuatro integrantes por familia.
+ En 1 hectárea de terreno urbano
  Entendido como una superficie de proyecto de 100 x 100 m, inserta en una manzana ortogonal de 110 x 110 m, rodeada por veredas y calles ya construidas. El terreno es plano y único en la manzana, libre de estructuras o edificios. Se asume que el terreno está próximo a equipamiento educacional, comercial y de servicios, por lo que no es necesario incluir estos dentro del conjunto

+ For at least 150 families
  Considering diverse family groups with an average of four members to each family
+ On a one hectare of urban terrain
  Consider an area of 100 x 100 meters inserted in an orthogonal block of 110 x 110 meters surrounded by existing sidewalks and streets. The site is flat and alone in the block, free of structures or preexisting buildings. It is assumed that the site is near educational institutions, commerce and services, making it unnecessary to include them in the proposed complex. The terrain is found in a geographic context with seismic characteristics, a rainy, cold climate in winter

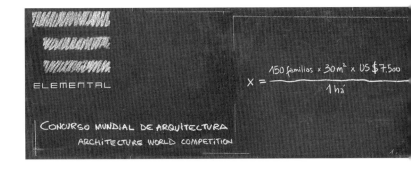

$$X = \frac{150 \; \text{familias} \times 30 \, m^2 \times US\$7.500}{1 \, ha}$$

ELEMENTAL

CONCURSO MUNDIAL DE ARQUITECTURA
ARCHITECTURE WORLD COMPETITION

propuesto. El terreno se encuentra en un contexto geográfico con características sísmicas, clima lluvioso-frío en invierno (0°/+15°, 300 mm. de precipitaciones) y cálido-seco en verano (+15°/+33°).

+ Ampliables hasta 75 m²

Cuidando que la propuesta sea una vivienda permanente y segura, incluyendo como mínimo un recinto habitable principal, más un baño completo y una pequeña cocina. Que los recintos estén bien ventilados e iluminados, asegurando su calidad ambiental. Que la unidad de vivienda sea flexible no sólo para el crecimiento, sino también para el desarrollo de pequeños negocios o talleres en algunas de ellas.

+ Capaz de garantizar la calidad del entorno urbano en el futuro.

Más que controlando un crecimiento aleatorio, tomando una postura explícita respecto de él.

+ Conformando comunidades reconocibles en torno a espacios colectivos

La incorporación de áreas comunes como plazas y jardines comunitarios es recomendable. Se asume que estos espacios funcionan bien hasta un tamaño no mayor de treinta familias cada uno, tal que se puedan dar condiciones de seguridad, control y mantenimiento de áreas comunes.

+ Considerando la eventual presencia del automóvil

Pese a las actuales condiciones de escasez de recursos, las proyecciones de desarrollo económico hacen prever que, en diez años, más del 50 % de las familias contará con automóvil propio.

= Todo esto por $7.500 dólares x familia,

es decir, aprox. 30 m² iniciales

(0°/+15°, 300 mm. or precipitation) and a hot-dry climate in summer (+15°/+33°).

+ Expandable up to 75 m²

The proposal had to be a permanent and safe dwelling, with units including as at least a main habitable room, a full bathroom and a small kitchen. The rooms must be well lit and ventilated, ensuring environmental quality. The dwelling unit must be flexible, not only for the growth of residential spaces, but in some cases also for the development of small businesses.

+ Capable of guaranteeing the urban environment quality in the future

Rather than controlling random growth, the design was to define a clear position.

+ It should constitute a recognizable community around collective spaces.

The incorporation of common areas like squares and gardens is advisable. It is assumed that these spaces can effectively accommodate the activities of no more than 30 families each to maintain safe conditions and upkeep.

+ Considering the possible presence of cars

Despite the present poverty levels, the economic development projections forecast that in 10 years more than 50 % of the families will have a car of their own.

= All this for US$7,500 x family,

that is, approx. 30 m² initially

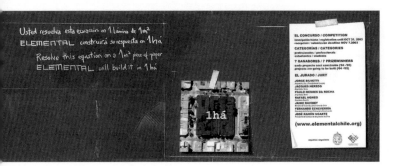

Explicábamos además que el subsidio que el Estado entregaba, debía pagar el suelo, las obras de urbanización y la edificación de las viviendas iniciales. La situación actual típica para obras de uno o dos niveles, con una propiedad por lote, era que aproximadamente 1/3 de ese monto, es decir, unos $2.500 dólares se destinaba a cada una de estas partidas. El tercio correspondiente a la edificación, traducido a superficie edificada en las condiciones típicas del mercado de la vivienda en Chile, significaban del orden de 25 m² a 30 m². Por tanto un uso muy eficiente del suelo, permitiría ahorros en urbanización o en costo directo de terreno, lo que a su vez entregaría (permitiría) mayor holgura para invertir en arquitectura o para pagar una mejor ubicación.

Para facilitar el trabajo de los participantes adjuntamos como "ejemplo" nuestro proyecto en Iquique. Dado que habíamos tenido que contestar exactamente la misma pregunta que hicimos en el concurso, podía ser considerado como un antecedente o referente del "ensayo proyectual" que buscábamos. Con él, pretendíamos acotar la escala y limitantes del encargo en términos de economía de medios y contexto social.

We also explained that the subsidy provided by the state must pay for the land, the infrastructure (water, sewage, and electricity), and the building itself. The typical situation for conventional buildings of one or two floors, with one house per plot, was that approximately one third of that amount, i.e., around US$2,500 was destined for each one of the items. The third of the available funds allotted for the built structure meant about twenty-five to thirty square meters in the Chilean housing market. So any efficiency in the use of land allowed for savings in infrastructure and in direct cost of land, which as a consequence allowed for more money to be allocated for the unit or to pay for a better location.

To facilitate the work of the participants, we attached our project in Iquique as an "example." Given that this project had to answer exactly the same question outlined in the competition brief, it could be considered as a background or reference for the "design essay" we were seeking. We expected to limit the scale and restrictions of the commission in terms of economy of means and social context.

fig. 22   fig. 23

5.3 LOS RESULTADOS

El lanzamiento oficial del concurso fue el 21 de julio de 2003, cerrándose el proceso de inscripción el 31 de octubre, con un total de 730 inscripciones. La fecha de la entrega final fue el 7 de noviembre de 2003. Recibimos un total de 520 trabajos –más del 70% de ellos provenientes de fuera de Chile – distribuidos más o menos en partes iguales entre profesionales y estudiantes. Pablo Allard actuó como Director del Concurso.

El jurado estuvo presidido por Jorge Silvetti (fig. 22, izquierda), Chairman de la Escuela de Arquitectura de la Universidad de Harvard y presidente del jurado del Premio Pritzker en ese entonces. Incluyó además a destacados arquitectos como Rafael Moneo (fig. 23) (Premio Pritzker en el año 2000) y Paulo Mendes da Rocha (fig. 24, derecha), (Premio Pritzker en 2006); Luis Fernández-Galiano (fig. 22, derecha), editor de la prestigiosa revista *Arquitectura Viva* y crítico de arquitectura del diario *El País*; al presidente de la Cámara Chilena de la Construcción, el ingeniero Fernando Echeverría; al presidente del Colegio de Arquitectos de Chile, José Ramón Ugarte, y al Ministro de Vivienda y Urbanismo de Chile de la época, Jaime Ravinet, y su representante, el ingeniero Mario Navarro, Director de Política Habitacional del Ministerio.

Los premios que consideró el concurso eran casi simbólicos: a cada profesional ganador se le ofrecieron US$3.000 además de pasajes, viáticos y estadía para cuatro viajes a Chile durante el desarrollo de los proyectos. Para cada estudiante ganador se consideró

5.3 THE RESULTS

The official launch of the competition was on July 21, 2003, and the registration process ended on October 31 with a total of 730 participants from all over the world. The date of the final delivery was November 7, 2003, with a total of 520 works received, more than seventy percent of them from abroad. Half of the entries came from professionals and the other half from students. Pablo Allard acted as the competition's director.

The jury's president was Jorge Silvetti (fig. 22, left), chairman of the Harvard Architecture Department and juror for the Pritzker Prize. The jury also included the Spanish architect Rafael Moneo (fig. 23), Pritzker Prize winner in 2000; the Brazilian architect Paulo Mendes da Rocha (fig. 24, right), Pritzker Prize winner in 2006; the Spanish architect Luis Fernández-Galiano (fig. 22, right), editor of the prestigious magazine *Arquitectura Viva* and architecture critic of the newspaper *El País;* the engineer Fernando Echeverría, president of the Chilean chamber of construction; José Ramón Ugarte, president of Chilean architects' association; and Jaime Ravinet, the Chilean housing and urbanism minister at the time, and his representative Mario Navarro.

The prizes of the contest were almost symbolic: each professional winner received US$3,000, along with tickets and travel expenses for four trips to Chile during the development of the projects. Each student winner received a prize of US$1,000 as along with tickets and travel expenses that allowed them to stay for three months in Chile to participate in the Taller de Chile (Chile workshop) during the development of the projects.

fig. 24

La inesperada convocatoria nos obligó a buscar un lugar fuera de la Universidad donde desplegar las más de 500 propuestas recibidas con comodidad y tener a la vez privacidad para debatir.

The unexpected participation forced us to look for a space outside the university to display the more than 500 proposals with the right comfort and privacy that the task demanded.

un premio de US$1.000, además de pasajes y viáticos para hacer una residencia de tres meses en Chile integrando el taller que apoyaría el desarrollo de los proyectos.

El fallo final del concurso se efectuó el 26 de noviembre de 2003. Durante tres días el jurado examinó y seleccionó los trabajos recibidos. En una primera ronda de deliberación, se definieron 50 finalistas. Al cabo de la tercera jornada, por acuerdo unánime, el jurado nombró a los siguientes equipos ganadores:

The final decision of the contest was made on November 26, 2003. The jury examined and selected the works that had been submitted during three days; Rafael Moneo participated via teleconference. The jury decided unanimously that the following teams were the winners:

Categoría profesionales I **Professional category:**

Pasel.Künzel Architects	Holanda I The Netherlands
ONA Arquitectos	España I Spain
Fernández, Hernández y Labbé	Chile
Office dA	EEUU I USA
Baptista & Equipo	Uruguay
BOG Arquitectos	España I Spain
Makowski, Dojc & Rosas	Venezuela

Categoría estudiantes I **Student category:**

Jeannette Kuo	EEUU I USA
Elisenda Rifé	España I Spain
Jose Rodrigo Martinez	México I Mexico
Franziska Sack	Alemania I Germany
Ignacio Mastrangelo	Argentina
Diego Torres	Chile
Álvaro Bustos	Chile

GANADORES PROFESIONALES I PROFESSIONAL WINNERS

PASEL.KÜNZEL ARCHITECTS
Rotterdam, Holanda I The Netherlands

Ralf Pasel
Frederik Künzel

GANADORES PROFESIONALES | **PROFESSIONAL WINNERS**

ONA ARQUITECTOS
Barcelona, España + Chile | Spain + Chile

Pedro Ondoño Solis
Tomás Prado Lamas

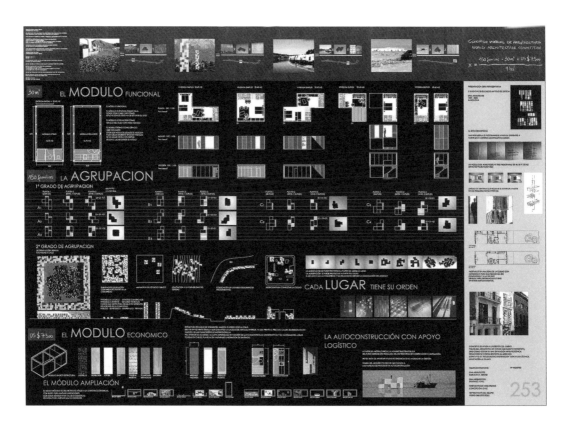

GANADORES PROFESIONALES I **PROFESSIONAL WINNERS**

FERNÁNDEZ, HERNÁNDEZ Y LABBÉ
Santiago, Chile

Teodoro Fernández Larrañaga
Sebastián Hernández Silva
Martín Labbé Pinto

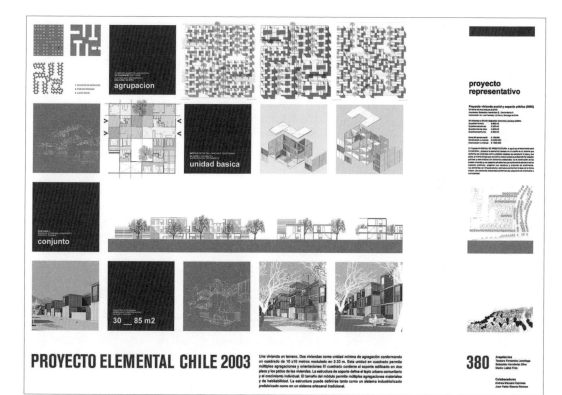

GANADORES PROFESIONALES | **PROFESSIONAL WINNERS**

OFFICE dA
Boston, EEUU | USA

Mónica Ponce de León, Nader Tehrani
Colaboradores | Collaborators: Julián Palacio, Krists Karklins, Ethan Kushner,
Lisa Huang, Penn Ruderman, David Jefferis, Sean Baccei

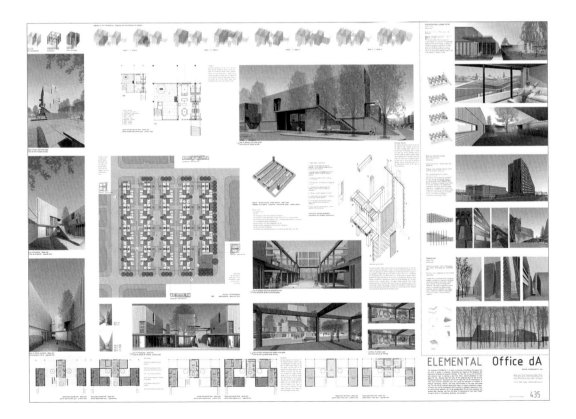

GANADORES PROFESIONALES I **PROFESSIONAL WINNERS**

BAPTISTA & EQUIPO
Montevideo, Uruguay

Alejandro Baptista Vedia,
arquitecto Universidad de la República

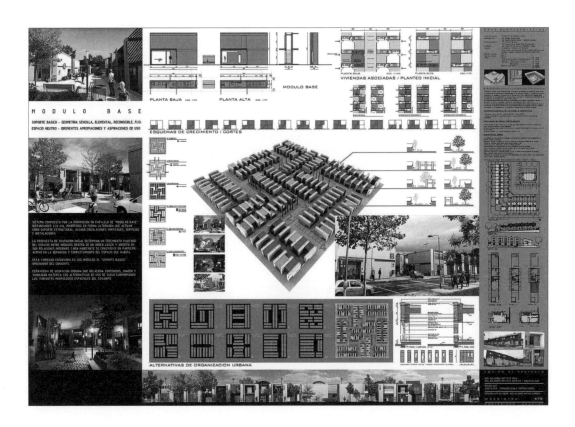

GANADORES PROFESIONALES I **PROFESSIONAL WINNERS**

BOG ARQUITECTOS
Barcelona, España I Spain

Ana Bonet Miró
Luca Brunelli

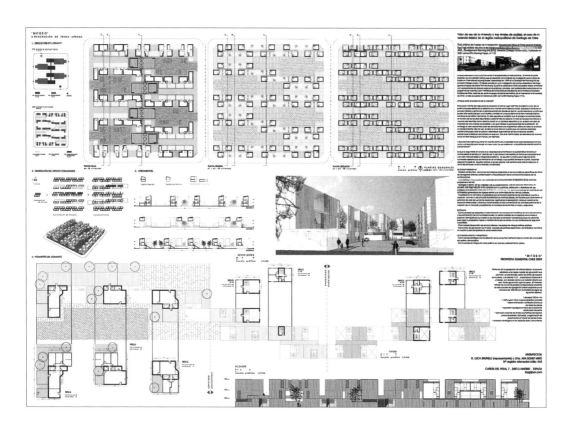

GANADORES PROFESIONALES I **PROFESSIONAL WINNERS**

MAKOWSKI, DOJC & ROSAS
Caracas, Venezuela

Andrés Makowski
Lea Dojc
José Rosas

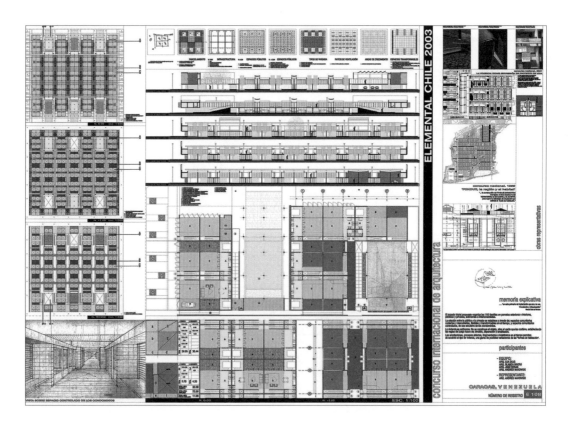

GANADORES ESTUDIANTES | **STUDENT WINNERS**

JEANNETTE KUO
EEUU | USA

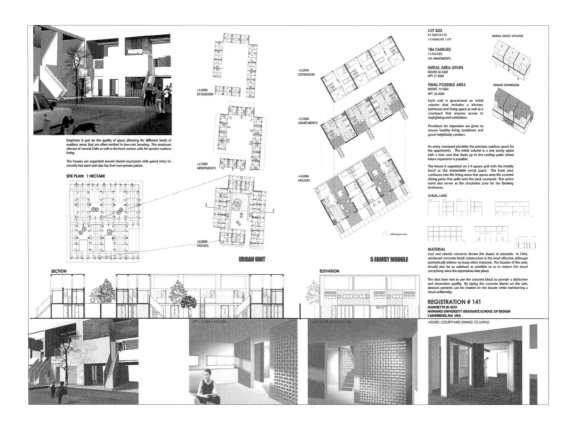

GANADORES ESTUDIANTES I **STUDENT WINNERS**

ELISENDA RIFÉ
España I Spain

Silvia Compta
Gema Montalvo
Leticia Soriano

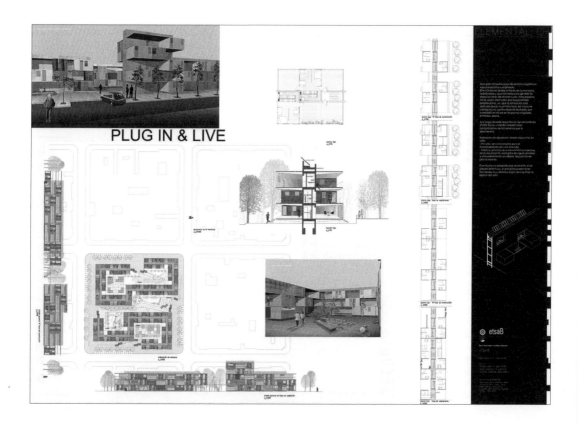

JOSE RODRIGO MARTINEZ
México I Mexico

Carlos Raul Flores
Cesar Augusto Guerrero
Caleb Treviño
Carlos Martinez

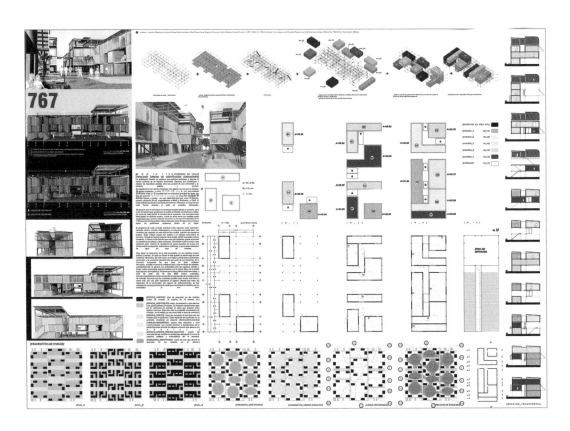

GANADORES ESTUDIANTES I **STUDENT WINNERS**

FRANZISKA SACK
Alemania I Germany

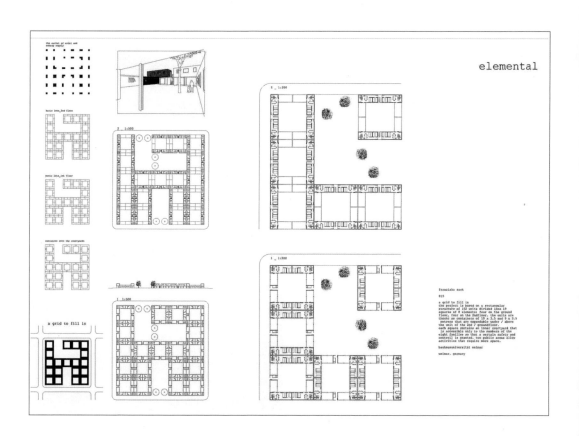

GANADORES ESTUDIANTES | **STUDENT WINNERS**

IGNACIO MASTRANGELO
Argentina

Santiago Castorina
Ignacio Caron
Federico Castagnari
Martin Ordoqui

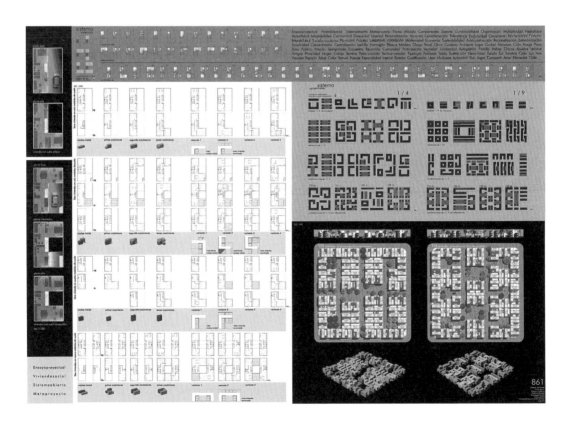

GANADORES ESTUDIANTES I **STUDENT WINNERS**

DIEGO TORRES
Chile

Fernando García-Huidobro
Nicolas Tugas

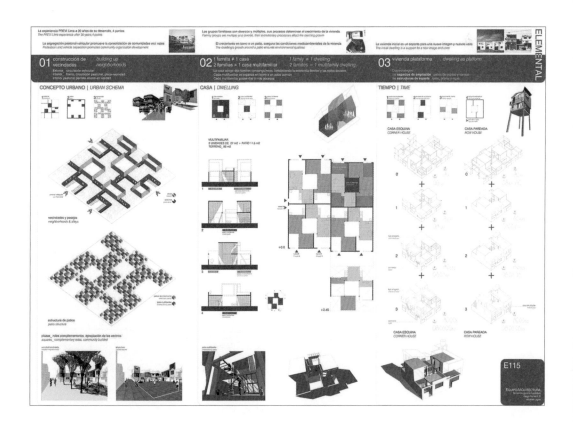

ÁLVARO BUSTOS
Chile

Claudio Andersen
Carolina Zuñiga
Jimena Rabello
Patricio Massardo

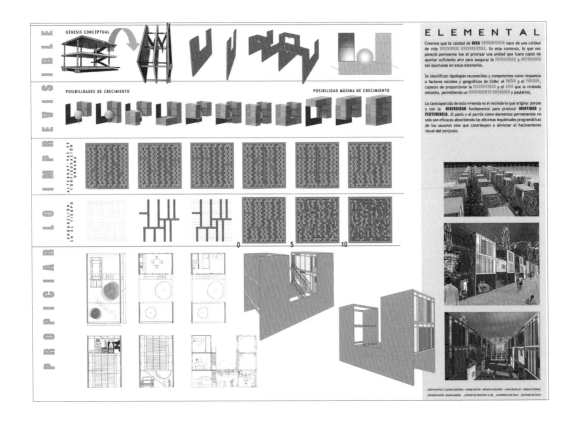

MENCIONES I **MENTIONS**

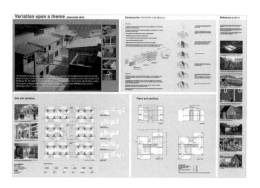

561
Christine Neergaard-Petersen

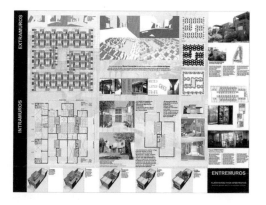

E-116
Flaño I Núñez I Tuca

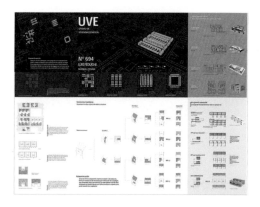

694
Luis Fecuchi

MENCIONES | **MENTIONS**

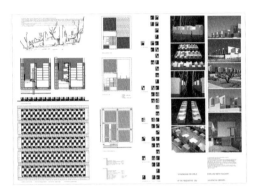

292
Carlos Meri

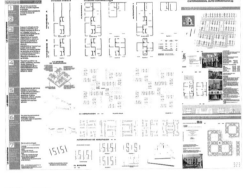

116
Luis Fique

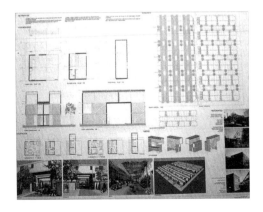

E-111
Baixas I Del Río

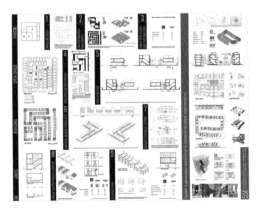

551
Hashim Sarkis

FINALISTAS PROFESIONALES I **PROFESSIONAL FINALISTS**

648
Jose Maria Riesco
Kas Oosterhuis

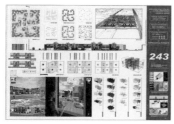

243
Felipe Correa
Riki Nishimura

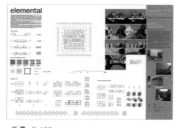

E-129
Francesco Fantoni
Paula Nolff Herrera
Giuseppe Caruso

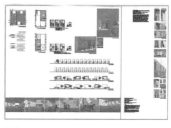

527
Juan Ignacio Munuce
Soledad Loyola

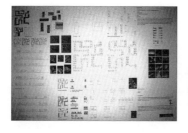

372
Gian Carlo Floridi

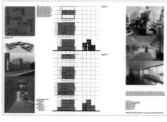

E-107
Rafael Iglesia

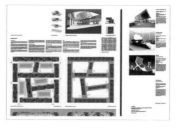

201
Jürgen Mayer

FINALISTAS PROFESIONALES | **PROFESSIONAL FINALISTS**

687
Javier Olascoaga
Marcelo Roux
Patricia Roland

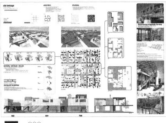

826
Christophe Lueder
Stefan Rufner
Holger Schurk
Stephanie Stratmann

E 158
Ricardo Caroca

202
Josep Parcerisa
Uxia Carballeira
Marta Bayona

1019
Wesley Jones

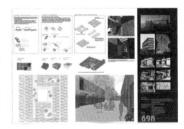

698
Duzan Doepel
Bart Goedbloed
Harmen van Wal

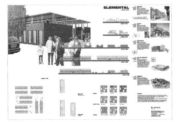

688
Nico Van Bockhooven

330
Luciano Basauri
Milijenko Kulkiæ
Dafne Berc

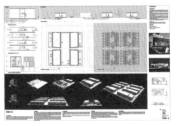

218
Angelo Bucci

FINALISTAS PROFESIONALES I **PROFESSIONAL FINALISTS**

704
Uli Machold

410
Alfons Soldevila

745
Oscar Fuentes

452
Julio Salcedo
David Gwinn
Jared Serwer

331
Elisa Silva
Mauricio Ulloa

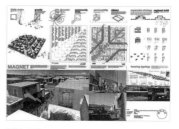

900
Eva Pfannes
Sylvain Hartenberg
Ashish Kambli
Verena Balz

792
Carlo Prati

FINALISTAS ESTUDIANTES I **STUDENT FINALISTS**

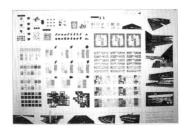

458
Alexandra Pastorin

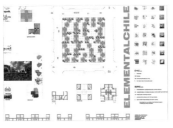

529
Lorenz Jaisli

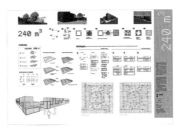

547
Anna Puigjaner

754
Ivonne Poh

E 149
Umberto Bonomo

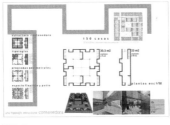

E 159
Soledad Poehler

E 178
Daniela Garcia

FINALISTAS ESTUDIANTES I **STUDENT FINALISTS**

E 207
Tommy Lindgren

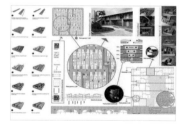

E 291
Luca De Moliner

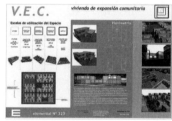

E 323
Fernando Astorga

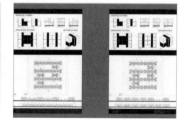

E 266
Pamela La Ferla

E 203
Bruno Cimmino

PARTICIPANTES | **PARTICIPANTS**

124 Sergio Miranda

136 Kas Oosterhuis

155 Raúl Araya

158 Rodrigo Bustos

178 Marc Chalamanch

183 Luis Arriagada

192 José Nuno

193 Pablo Boisier

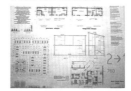

217 Alberto Collados

234 Vilma Obadía

240 Juan Pablo Vicuña

241 Ricardo Beneyto

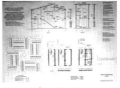

244 Al-Sibai Mounib

246 Pedro Rivaben

252 Michal Kolmas

265 Pablo Garcia

268 Fernando Díaz

272 Juan Carlos Cancino

PARTICIPANTES I **PARTICIPANTS**

284 Joel Campolina

285 Mark Vann Der Heide

288 Takeshi Mukai

305 Jorge Cristina

311 Luciano Basuri

312 Rahel Belatchew

316 Solange de Solminihac

318 Marcus La Motta

319 Edson Mahfuz

320 Marta Mendonca

325 Alberto Collados

326 Alberto Collados

333 Northon Flores

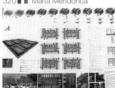

335 Peter Nelson

340 Farid Chacón

348 Juan Fernández

350 Andrea Oliveira

354 Mario Rojas

358 Miguel Ángel Cornejo

368 Joan Villá

PARTICIPANTES | **PARTICIPANTS**

 369 Julio Cezar Bernardes

 374 Gert Biebauw

 382 Bora Barut

 405 Juan Uribe

 406 Pablo Rozenwasser

 407 Carlos Comas

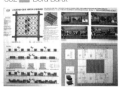 414 Eduardo Polledo

 416 Cristiano Ams

 420 Ana Rascovsky

 424 Catherine Visser

 427 Leopoldo Laguinge

 432 Chris Whitman

 436 James Gates

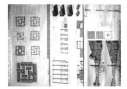 437 Anita Maria Sardellini

 448 Pablo López

 459 Jennifer Lee

 471 Guillermo Radovich

 481 Marijn Schenk

 484 Sasa Oroz

 487 Dimphena Slooters

PARTICIPANTES I **PARTICIPANTS**

496 Keith Moskow

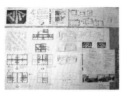

517 Néstor Ruíz

520 Judith Laszlo

524 Marco Cortés

526 Gido Inerti

532 Marshall Brown

539 Félix Villa

544 Arjan Wierckx

554 Mario Báez

555 Gerardo Caballero

557 Alberto Collados

562 Cesare Pergola

563 Rodrigo Cruz

574 Pedro Resende

579 Luis Villarreal

582 Stefan Szekely

583 Edgardo Martínez

587 Jesús Baños

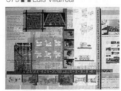

588 Ana Mendoza

590 Miriam Nosti

PARTICIPANTES | **PARTICIPANTS**

601 Juan Carlos Rodriguez

602 Rodrigo Duque

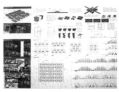

611 Gianfranco Bagoni

621 Clara Vicari

623 Corina Mansuy

643 Rómulo Rodriguez

651 Marisol Solé

671 Ramón Fermín

682 Nishant Lall

686 Alexis Rochas

689 Jason Austin

691 Camila Mejía

692 Pabla Hakas

693 Zachary Emmingham

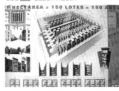

725 Alberto Cavallero

731 Mauricio Otero

734 Tomasz Glowacki

735 Eduardo Zenteno

736 Daniel Ventura

737 Ignacio Aja

PARTICIPANTES I PARTICIPANTS

739 Taeg Nishimoto

740 Andrea Iapella

744 Joao Martins

757 Andrés Berríos

758 Jaewon Cho

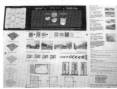

759 José Roganti

762 Viviana Melgarejo

772 Marisol Caballero

782 Sergio Corona

789 José Manuel Cortínez

814 Victoria Herrera

827 Pablo Strello

830 José Cubilla

831 Raymond Gutiérrez

832 Christian Bocci

833 Luis Diego Barahona

841 Jirapong Chaijumroonpun

843 Carolina Raggi

845 Simeon Seigel

856 Daniel Dendra

PARTICIPANTES | **PARTICIPANTS**

857 ▮▮ Fabio Vanin

884 ▮▮ Ysmael Jiménez

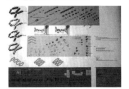

925 ▮▮ Florian Busch

959 ▮▮ Sadashiv Mallya

988 ▮▮ German Würschmidt

867 ▮▮ Eduardo Carranza

895 ▮▮ Felipe Ariza

935 ▮▮ Marla Eugenia Santis

966 ▮▮ Fernando Lario

996 ▮▮ Fernando Ortíz

868 ▮▮ Ana Maria Durán

911 ▮▮ Jesper Reiter

937 ▮▮ Edward Lynch

968 ▮▮ Alberto Iacovoni

1029 ▮▮ Juan Luis Moraga

876 ▮▮ Edward Mitchell

916 ▮▮ Wilson Mogro

950 ▮▮ Ilaria Bellia

976 ▮▮ Jorge Feldman

E102 ▮▮ Rodolfo Jiménez

PARTICIPANTES I **PARTICIPANTS**

E112 Juan Miguel

E118 Víctor Mardones

E122 Andrés Molina

E126 Valentina Cofré

E 130 Horacio Bustos

E131 Carmen Soto

E136 Jorge Olazábal

E139 Diego Olguín

E 142 Muggianu Ing

E143 Tomás Carvajal

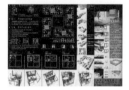

E144 Eduardo Rodway

E148 Atilio Caorsi

E150 Andrea Modelli

E151 Edmundo Rencoret

E153 Alfonso Pizarro

E154 Herrera Ariztia

E156 Jean Pierre Lutz

E157 Ricardo Carvajal

E160 José Videla

E164 Pablo Calvo

PARTICIPANTES | **PARTICIPANTS**

E165 ▬ Menno Van der Wonde

E173 ▬ John Blanchard

L'100 ▬ Undurraga y Deves

E195 ▬ Luis Pizarro

E210 ▬ Aleksandra Kubos

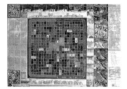

E166 ▮ Alfonso Giancotti

E183 ▬ Jorge Pomeyko

E191 ▬ Amador Sanhueza

E197 ▮ Stefano Ragazzi

E216 ▮ Claudio Zanchin

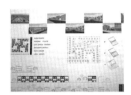

E167 ▬ Arquitectos Dom

E186 ▬ José Miguel Miniño

E192 ▬ Ricardo Pino

E199 ▬ Nikos Gergradis

E222 ▬ Claudio López

E169 ▬ Oscar Barahona

E187 ▬ Marco Antonio Padua

E194 ▬ Mauro González

E201 ▬ Manuel Moreno

E241 ▬ Álvaro Salas

PARTICIPANTES I **PARTICIPANTS**

E242 Fernando Leiva

E244 Al Sibai Mounib

E271 José Ignacio Volante

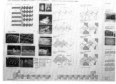

E273 Soledad de la Cuadra

E275 Alberto Goméz

E279 Christian Leiva

E286 Matías Carretón

E290 Sergio Ventura

E292 Pablo Oliva

E306 Camilo Carrillo

E307 Susan Álvarez

E313 Andrés Echeverría

E324 Zsolt Korda

E333 Julio Blanc

E338 Pierogiorgio Rossi

E350 Aaron Bentley

E354 Camilo Magni

Lamentablemente no registramos todas la propuestas.
Unfortunately, we did not record all proposals.

VI

LOS 7 PROYECTOS GANADORES

THE 7 WINNING PROJECTS

fig. 25

En marzo del año 2004 se reunieron en Chile los equipos ganadores del concurso para iniciar el desarrollo de los proyectos dentro de lo que se denominó el "Taller de Chile", una oficina profesional de arquitectura, ingeniería y construcción creada ad hoc para apoyar el tránsito desde el ensayo proyectual a la obra real (fig. 25). Visitamos con cada uno de los equipos, los 7 terrenos en los que se iba a trabajar y tuvimos reuniones de trabajo con las familias beneficiadas, con empresas constructoras potencialmente interesadas en participar de las licitaciones, con organizadores de la demanda locales y diversas instituciones y reparticiones del Estado chileno involucradas. Cada ganador profesional asumió el rol de director de proyecto y los estudiantes ganadores conformaron el equipo de trabajo de cada propuesta.

Esperábamos que las contribuciones de cada proyecto fueran muy concretas:

+ Antofagasta quedó cargo de Alejandro Baptista de Uruguay y el proyecto debía responder, al igual que Iquique, a un clima desértico, pero esta vez con viviendas pareadas no superpuestas, en un terreno en pendiente, lo que significaba no poder contar con el patio para resolver el lugar de las ampliaciones.

+ Copiapó quedó a cargo de Andrés Makowski de Venezuela y el proyecto, en un clima también desértico, debía responder a una altísima densidad en un terreno también en pendiente, lo que casi a priori significaba explorar alguna alternativa más radical de propiedades superpuestas.

+ Valparaíso quedó a cargo de Nader Tehrani y Mónica Ponce de León de Estados Unidos y el proyecto, en un clima que ya implicaba precipitaciones y vientos húmedos des-

In March of 2004 the winning teams of the competition met in Chile to start the development of the projects in the Taller de Chile (Chile workshop), a professional office of architecture, engineering, and construction created ad hoc to support the transition from the design essay to the real project (fig. 25). With each of the teams we visited the seven sites where they were going to work and had meetings with the beneficiaries, with construction enterprises interested in participating in bidding, with the organizers of local entities, and various institutions of the Chilean state. Each professional winner assumed the role of project director and the student winners formed the work team of each proposal.

We expected very concrete contributions from each project:

+ Alejandro Baptista from Uruguay was in charge of Antofagasta and the project had to respond to a desert climate, just like in Iquique, but this time with row houses on a slope, meaning that there was no patio for growth. The expansions had to be incorporated into the space of the dwelling itself.

+ Andrés Makowski from Venezuela led Copiapó; the project was also in a desert climate with a very high density and also with a sloping site requiring them to explore an alternative to the superimposed properties.

+ Nader Tehrani and Mónica Ponce de León from

fig. 26

de el mar, debía responder no sólo a una fuerte pendiente sino a dos grupos sociales distintos, uno chileno y el otro de la etnia mapuche, éste último con necesidades de acceso directo al suelo para cada familia.

+ Renca (Santiago) quedó a cargo de Teodoro Fernández de Chile y el proyecto debía responder a un clima con precipitaciones y a un suelo de muy mala calidad, que por una parte obligaba a una muy alta densidad pero no permitía superponer propiedades.

+ Chiguayante (Concepción) quedó a cargo ONA / Tomás Prado de Barcelona y el proyecto debía responder a un clima lluvioso en un terreno plano, pero pequeño, lo que obligaba a superponer propiedades.

+ Temuco quedó a cargo de Ralf Pasel y Frederik Künzel de Holanda y el proyecto debía responder a un clima lluvioso en un terreno en pendiente pero que aceptaba casas pareadas (fig. 26).

+ Valdivia quedó a cargo de Ana Bonet y Luca Brunelli de España e Italia respectivamente y el proyecto debía responder al más lluvioso de todos los climas, en un terreno que obligaba a superponer propiedades pero que al ser de muy mala calidad, requería pensar en estructuras livianas.

Cada equipo fue asistido en la realización de sus ideas por el Taller de Chile, un equipo conformado Alejandro Aravena, Andrés Iacobelli, Alfonso Montero, Pilar Giménez, Víctor Oddó y Gonzalo Arteaga, además de los ganadores en la categoría estudiantes y cuyo fin era viabilizar un proceso dinámico de respuesta a las complejas condiciones específicas de cada proyecto. El Taller de Chile, con sede en la Facultad de Ar-

the United States were in charge of Valparaíso in a rainy climate with humid air blown in from the sea. The project had to respond not only to the strong slope but also with the concerns of two distinct social groups, one being the ethnic group, Mapuche, which demanded direct ground access for each family.

+ Renca (Santiago) was led by Teodoro Fernández from Chile and the project had to respond to a rainy climate and a site of very poor quality, where high density was necessary but multistory construction was impossible.

+ Chiguayante (Concepción) was led by ONA / Tomás Prado of Barcelona and the project responded to a rainy climate on a small, flat site that required units to be stacked.

+ Ralf Pasel and Frederik Künzel from The Netherlands led Temuco and the project had to respond to a rainy climate on a sloping site where row houses were acceptable (fig. 26).

+ Valdivia was led by Ana Bonet and Luca Brunelli from Spain, and the project had to respond to the rainiest of all the climates, on a site that required stacking the properties but, due to the bad quality of the soil, only light structures could be considered.

The Taller de Chile, a team formed by Alejandro Aravena, Andrés Iacobelli, Alfonso Montero, Pilar Giménez, Víctor Oddó, and Gonzalo Arteaga as

fig. 27

quitectura de la Universidad Católica, ponía a disposición de cada caso, un arquitecto local que funcionaba como "jefe de proyecto" y contraparte directa del profesional ganador. Este "jefe de proyecto" se encargó de coordinar un equipo de arquitectos de planta, ingenieros, trabajadores sociales, estudiantes en práctica, estudiantes ganadores del concurso y consultores de especialidades, permitiéndoles a los ganadores abordar efectivamente el desarrollo del proyecto. Se buscaba así salvar las potenciales brechas culturales, técnicas o económicas que pudiesen haber aparecido por el hecho de haber trabajado con arquitectos y profesionales extranjeros.

Entre marzo y junio de 2004 se desarrollaron los proyectos de Antofagasta, Copiapó, Renca y Chiguayante, donde participaron los estudiantes Claudio Andersen, Daniel Barra, Álvaro Bustos, Ignacio Carón, Santiago Castorina, Fernando García-Huidobro, Patricio Massardo, Álvaro Pineda, Ximena Rabello, Franziska Sack, Diego Torres, Nicolás Tugas y Carolina Zúñiga. Desde junio hasta finales de agosto del mismo año, fue el turno de Valparaíso, Temuco y Valdivia, junto a Ignacio Carón, Santiago Castorina, Pablo Despouy, Fernando García-Huidobro, Jeannette Kuo, Elisenda Rife, Franziska Sack, Diego Torres y Nicolás Tugas (fig. 27).

El objetivo del trabajo realizado por los ganadores y el Taller de Chile (marzo a agosto de 2004) fue ajustar (o replantear) las ideas ganadoras a cada uno de los terrenos asignados, trabajo que se realizó en permanente consulta con las comunidades beneficiarias. Durante este proceso, se realizaron tres viajes a cada una de las ciudades, donde arquitectos y estudiantes ganadores pudieron confrontar sus propuestas con las demandas específicas de las familias que habitarían los conjuntos de vivienda. El principal producto de esta etapa fue lograr la presentación de siete proyectos de vivienda para

well as the winners in the student category, assisted each team in the realization of their ideas. The aim was to catalyze a dynamic response process to the complex conditions of each project. The Taller de Chile, with its headquarters in the school of architecture of the Universidad Católica, made a local architect available who acted as "project manager" and direct counterpart to the professional winner. This project manager was in charge of coordinating a team of architects, engineers, social workers, student interns, the student competition winners, and specialists, allowing the winners to effectively approach the development of the project. In this way we sought to bridge the cultural, technical, or economical divides that could have appeared from working with foreign architects.

Between March and June of 2004, the Antofagasta, Copiapó, Renca, and Chiguayante projects were developed with the help of the following participating students: Claudio Andersen, Daniel Barra, Álvaro Bustos, Ignacio Carón, Santiago Castorina, Fernando García-Huidobro, Patricio Massardo, Álvaro Pineda, Ximena Rabello, Franziska Sack, Diego Torres, Nicolás Tugas and Carolina Zúñiga. From June to the end of August, it was time for Valparaíso, Temuco, and Valdivia, together with students Ignacio Carón, Santiago Castorina, Pablo Despouy, Fernando García-Huidobro, Jeannette Kuo, Elisenda Rife, Franziska Sack, Diego Torres, and Nicolás Tugas (fig. 27).

The objective of the work done by the winners and the Taller de Chile (March–August 2004) was

siete ciudades chilenas al Fondo Solidario de Vivienda (FSV) del Ministerio de Vivienda y Urbanismo de Chile. Este Fondo opera como un banco de proyectos, al cual puede postular cualquier comunidad organizada que tenga un proyecto habitacional financiable con el subsidio disponible. Todos los proyectos entran en un concurso público, que asigna los fondos de construcción a aquellas iniciativas que el Estado considera mejores en términos sociales y técnicos. Con esto, el primer hito en el proceso de desarrollo de los proyectos era la aprobación de éstos por parte de la mesa técnica (jurado) del Fondo Solidario y la obtención de los subsidios estatales para construir.

El 30 de agosto de 2004 se ingresaron los siete proyectos en los respectivos Fondos Solidarios Regionales. Con esto, el trabajo de los ganadores y el Taller de Chile llegó a su fin con el objetivo cumplido: la aprobación de los subsidios para los siete proyectos.

A partir de septiembre de 2004, después de aprobados los subsidios, los proyectos entraron en una nueva etapa de desarrollo. Una vez cubiertas las demandas de nuestros clientes, las familias, y los requisitos técnicos de cada municipio (Direcciones de Obras) y de cada SERVIU, el trabajo se concentró en la preparación de los antecedentes necesarios para licitar las obras (o contratarlas directamente, en algunos casos) y poder iniciar cuanto antes la construcción. Para esto, la estructura interna de trabajo se ajustó; el equipo de ganadores fue relevado por Elemental.

to adjust (or refocus) each winning idea to the assigned sites in constant communication with the communities of beneficiaries. During this process, there were three trips to each city, where architects and student winners could put their proposals up to the specific demands of the families. The principal outcome of this stage was a presentation of the seven housing projects for seven Chilean cities to Fondo Solidario de Vivienda (solidarity housing fund; acronym: FSV) of MINVU. This fund operated like a project bank to which an organized community could apply for a subsidy to fund a viable housing project. All the projects entered a public contest that assigns the construction funds to those initiatives that the state considered to be the best in social and technical terms. With this, the first milestone in the development process was the approval of the projects by the FSV jury in order to obtain state funds for construction.

On August 30, 2004, the seven projects were submitted to their respective regional solidarity funds for review. The work of the winners and Taller de Chile were accepted and received state funding.

Starting in September of 2004, after the subsidy approval, the projects entered a new stage of development. Once the demands of our clients—the families—and the technical requirements of each municipality (building department directors) and SERVIU were covered, the focus was placed on the preparation of the necessary documents for bidding (or to directly contract, in some cases) and starting the construction process as soon as possible. For this, the internal structure of the work changed; the team of winners was replaced by Elemental.

Cada proyecto tuvo procesos y actores específicos, pero en todos los casos jugaron un rol fundamental las siguientes instituciones y entidades:

1. La EGIS o entidad organizadora de demanda: organismo público o privado responsable de la organización y postulación de los proyectos al FSV y representante de las familias frente al MINVU.

2. El prestador de asistencia técnica: entidad técnica normalmente responsable del diseño – no en este caso – y la inspección de la construcción.

3. SERVIU: Servicio Regional de Vivienda y Urbanización, dependiente del MINVU y responsable de la asignación de los recursos y la fiscalización a la gestión de entidades organizadoras y prestadores de asistencia técnica.

A continuación presentamos una crónica de cada uno de los proyectos asociados al concurso, desde su inicio hasta el estado actual.

Each project had specific processes and actors, but in every case the following entities and institutions played a fundamental role:

1. Demand organizer: public or private organism responsible for the organization and application of the projects to the FSV and representative of the families to MINVU.

2. The lender of technical assistance: technical entity normally responsible for the design (not in this case since Elemental was doing the design) and construction supervision.

3. SERVIU: Servicio Regional de Vivienda y Urbanización (regional service of housing and urbanism), a dependent of MINVU responsible for the assignment of resources, the supervision of negotiations between the organizing entities, and providing technical assistance.

The following is a chronicle of each of the projects associated with the competition, from its inception to its current state.

Los ganadores y los integrantes del Taller de Chile se reunieron por primera vez en marzo del 2004 para dar inicio al desarrollo de los proyectos.

The winners and Taller de Chile team met for the first time in March 2004 to begin the development of the projects.

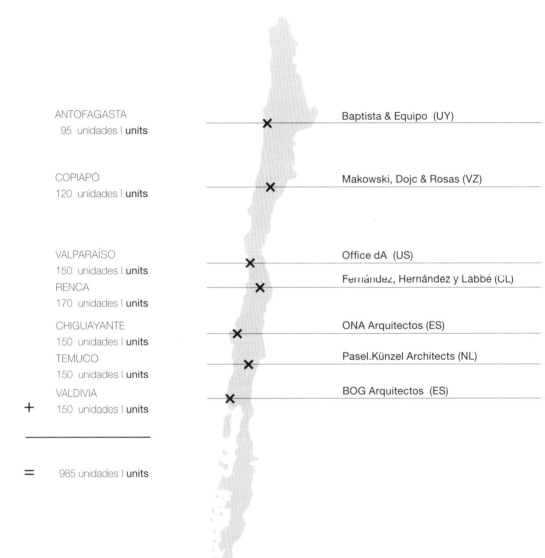

ANTOFAGASTA
95 unidades | units

Baptista & Equipo (UY)

COPIAPÓ
120 unidades | units

Makowski, Dojc & Rosas (VZ)

VALPARAÍSO
150 unidades | units

Office dA (US)

RENCA
170 unidades | units

Fernández, Hernández y Labbé (CL)

CHIGUAYANTE
150 unidades | units

ONA Arquitectos (ES)

TEMUCO
150 unidades | units

Pasel.Künzel Architects (NL)

VALDIVIA
+ 150 unidades | units

BOG Arquitectos (ES)

= 985 unidades | units

6.1 ELEMENTAL ANTOFAGASTA

Antofagasta es la cuarta ciudad más grande de Chile, con una población de 290.000 habitantes,[48] y la más importante del norte del país, cuyo principal recurso económico es la explotación del cobre. Está ubicada a 1.200 km al norte de Santiago, en la zona costera del desierto de Atacama, donde prácticamente no llueve.

Parte de las familias que componían el Comité de Vivienda "Esperanza para el Mañana" vivía en un campamento en La Chimba, una de las principales áreas de crecimiento hacia el norte de la ciudad, donde se construye la mayoría de las viviendas sociales, lejos del centro y de sus servicios. Otro grupo de las familias vivía en dos campamentos sobre los cerros que limitan la ciudad hacia el este, mejor localizadas pero en condiciones muy precarias, sin servicios formales de agua potable ni electricidad. El resto eran allegados. En total sumaban 95 familias.

48   Instituto Nacional de Estadísticas de Chile: Censo Nacional de Población y Vivienda, 2002.

6.1 ELEMENTAL ANTOFAGASTA

Antofagasta is the fourth largest city in Chile with a population of approximately 290,000 inhabitants[48] and the most important city in the north, with an economy based on copper mining. It is located 1,200 kilometers north of Santiago in the coastal zone of the Atacama Desert, where it practically never rains.

Some of the families on the housing committee "Esperanza para el Mañana" lived in a slum in "La Chimba," one of the main areas of Antofagasta's urban expansion to the north. Most of the social houses were built there, far from the center and its services. The rest of the families lived in two slums on the hills that bound the city to the east, which were better located but had very precarious conditions, with little access to clean drinking water

48   Instituto Nacional de Estadísticas, Ciudades, Pueblos, Aldeas y Caseríos, 2005, accessed May 16, 2012, http://www.ine.cl/canales/chile_estadistico/demografia_y_vitales/demografia/pdf/cdpubaldcasjunio2005.zip, Table: "REGIÓN 02 DE ANTOFAGASTA: Ciudades y Pueblos. Censo 2002," p. 37.

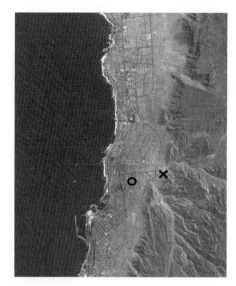

O Centro de la ciudad I **Downtown**
X Ubicación del proyecto I **Project location**

N° de familias I **No. of families**	95
Terreno I **Site**	1,72 ha (185 hab./ha.) I **1.72 ha (185 inhabitants/ha)**
Ubicación I **Location**	Avenida Circunvalación s/n Antofagasta, II Región
Presupuesto I **Budget**	45.315 UF, aprox. US$1,5 millones I **45,315 UF, approx. US$1.5 million**
Subsidios I **Subsidies**	292 UF/familia + ahorro 20 UF/familia + 165 UF/familia (Fondo Nacional de Desarrollo Regional para Urbanización) I **292 UF/family + savings 20 UF/familia + 165 UF/family (National Fund for Regional Development)**
Superficie inicial I **Initial area**	37,5 m² I **37.5 m²**
Superficie final I **Final area**	73,18 m², ampliación: 35,68 m² I **73.18 m², expansion: 35.68 m²**
Homologación a política habitacional 2007 I **Adjustment to the 2007 housing policy**	58.615 UF, aprox. US$2 millones I **58,615 UF, approx. US$2 million**
Subsidios I **Subsidies**	597 UF/familia + 20 UF/familia I **597 UF/family + 20 UF/family**
Superficie inicial casa homologada I **Adjusted initial house area**	73,18 m², ampliación: 35,68 m² I **73.18 m², expansion: 35.68 m²**
Superficie final casa homologada I **Adjusted final house area**	73,18 m², ampliación: 35,68 m² I **73.18 m², expansion: 35.68 m²**
Comité de Vivienda I **Housing committee**	"Esperanza para el Mañana"
Entidad Organizadora I **Project coordinator**	SERVIU II Región
Asistencia Técnica I **Technical assistance**	Elemental + Un Techo para Chile
Habilitación Social I **Social habilitation**	Un Techo para Chile
Arquitectura I **Architecture**	Elemental + Baptista Arquitectos (Montevideo, Uruguay)
Ingeniería I **Engineering**	José Gajardo
Urbanización y especialidades I **Civil, electrical, plumbing engineering**	Elemental
Construcción I **Building**	Constructora Silvio Cuevas
Aprobación subsidios I **Housing subsidies approval**	Septiembre I **September 2004**
Aprobación permiso edificación I **Building permit approval**	Abril I **April 2005, Mayo I May 2009**
Aprobación FNDR I **FNDR approval**	Julio I **July 2006**
Inicio obras I **Construction start**	Enero I **January 2007**
Término de obras I **Construction end**	Julio I **July 2009**
Entrega de viviendas I **Occupancy of houses**	Julio I **July 2009**

El terreno que elegimos para desarrollar el proyecto Elemental se encontraba muy cercano al centro de Antofagasta, justo sobre la Avenida Circunvalación, que define la cota superior de la ciudad y una de sus vías estructurantes. No sólo evitamos la erradicación de estas familias a la periferia, sino que incluso las acercamos al centro, insertándolas en la red de oportunidades que la ciudad consolidada ofrecía.

El proyecto ganador del concurso que fue asignado a Antofagasta, proponía un módulo vertical que contenía todas las instalaciones de baño, cocina y servicios en general, así como las circulaciones verticales. Este muro "medianero con espesor" con forma de "C" (visto en planta), tenía dos niveles y actuaba como cortafuego y aislador acústico. Funcionaba además como soporte estructural para las futuras ampliaciones. Cada "C" se ubicaba a una distancia estratégica de la siguiente, tal que en el espacio vacío entre ellas se desarrollara la ampliación de cada casa. Esta ampliación era ejecutable sin complejidades técnicas y permitía espacios habitables de buenas dimensiones (fig. 28).

Mucha gente dijo – a manera de crítica –que la tipología de este proyecto, en el fondo no era otra cosa que la vieja caseta sanitaria,[49] sólo que en 2 pisos y colocada en el frente del lote. Quienes decían esto tenían toda la razón. De hecho exactamente en eso consistía su valor y su innovación radical: un núcleo de servicios en 2 pisos sobre la línea de propiedad, prefigura el espacio urbano, da un marco regular a la

or electricity. Altogether there were ninety-five families on the housing committee. The land we chose for developing the project was near the center, on the Avenida Circunvalación. This street defined the upper limit of the city and was one of its key thoroughfares. Due to this good location, there was no need to uproot these families to the periphery; we actually placed them even closer to the city center and incorporated them into the network of opportunities the consolidated city had to offer.

The winning project of the contest assigned to Antofagasta proposed a structural partition wall that contained the entire infrastructure for kitchen, bathroom and sanitary services in general. This two-story wall in the form of a C when seen in plan form acted as a firewall, acoustic insulator, and worked as structural support for the future expansion of the unit. Each C shape was placed at a strategic distance from the next C, generating an empty space between them in which the "contained" expansion of the house could be developed over time. This expansion could be carried out without technical complexities and permitted well-proportioned habitable spaces (fig. 28).

Many people (in criticism) said that at its heart, this project was no more than the old sanitary booth solution,[49] only in two stories and placed at the front of the lot. Yes, that is exactly what it was, and those were exactly the two conditions that made the entire difference. Its value and innovation stemmed from a service nucleus that predetermines the urban space, giving a regular frame for the self-construction and augmenting the structure available

49   Política habitacional del año 1982, que entregaba a cada familia una superficie mínima de 6 metros cuadrados de baño y cocina por un costo máximo de 110 UF.

49   In 1982 the housing policy had a program to deliver a sanitary booth of six square meters that included a bathroom and a kitchen at a maximum cost of 110UF, around US$2,500.

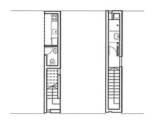 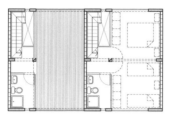 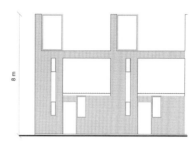

fig. 28   fig. 29

autoconstrucción y aumenta la cantidad de estructura disponible para las ampliaciones individuales. De pas,o hacía un uso más eficiente del lote, lo que permitía mayores densidades sin hacinamiento.

Hubo dos ajustes iniciales que se le hicieron al proyecto ganador:

1. Aumentar a tres pisos la altura de la "C", para poder garantizar más de dos dormitorios como horizonte final de crecimiento de la casa (fig. 29).
2. Adaptar la tipología al terreno.

El sitio presentaba una pendiente que obligaba a hacer una fuerte inversión en movimientos de tierra para construir terrazas horizontales. Normalmente el mayor costo de un movimiento de tierras no es la maquinaria, sino el transporte del material excavado fuera de la obra y el correspondiente pago en un vertedero autorizado. El otro costo importante asociado a terrenos en pendiente es la construcción de muros de contención. Para minimizar tales costos, ajustamos al máximo tanto las terrazas como los taludes. La primera regla de diseño auto-impuesta fue que todo el material excavado pudiera reutilizarse como relleno dentro del propio terreno. La segunda regla fue que los niveles y distanciamientos de las terrazas permitieran hacer sólo taludes, eliminando así la necesidad de construir muros de contención. Cada plano horizontal tendría, por tanto, dos mitades equivalentes: una excavada y una en terraplén.

En el terreno existía además una matriz de agua potable antigua y en mal estado, que definía una servidumbre legal a lo largo del terreno, sobre la cual estaba prohibido construir. A

for individual expansions. It made a more efficient use of the lot, permitting higher densities without overcrowding.

There were two initial adjustments made to the winning project:

1. The C shape was raised to three stories in order to guarantee more than two bedrooms in the final growth stage of the house (fig. 29).
2. The typology was adapted to the terrain.

The site had a steep slope compelling us to make a large investment in earthwork to build horizontal terraces. Normally, the majority of the cost in earthwork is not the excavation itself, but the transportation of excavated material away from the site and the consequent payment to an authorized dumping site. The other important cost associated with sloping terrains is the construction of retaining walls. To minimize these costs, we adjusted the terraces and slopes as much as necessary to avoid from excessively reducing the amount designated for building construction. The first self-imposed demand of the design was that all excavated material be re-utilized as infill on the same site, eliminating the need for retaining walls. Each horizontal plane would have two equivalent halves: one excavated and the other in filled.

An old public drinking water system also lay in bad condition on-site, but a property restriction made it illegal to excavate the piping and there

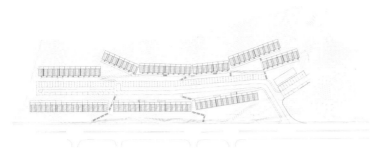

fig. 30

esto se sumaba el riesgo de que al hacer el movimiento de tierras la matriz se rompiera. Una rotura anterior de esta misma matriz en otro sector de Antofagasta había generado un alud que arrastró algunas viviendas y cobró la vida de varias personas. Trasladar la tubería no era una alternativa pues hacía económicamente inviable el proyecto. Con este antecedente, el proyecto buscó desde el principio aprovechar la franja de servidumbre para desarrollar una calle que diera acceso a las dos mitades longitudinales que se generaban en el terreno, dejando de paso protegida la matriz. Esto agregaba una nueva variable al movimiento de tierras, la terraza de la calle quedaba automáticamente definida por el nivel de la matriz que debía cubrir, lo que por extensión nos quitaba libertad para definir el nivel de las terrazas para las viviendas. Dado que la normativa local exigía una plaza de aparcamiento para cada familia –además de un 15% para visitas –, el plano de terraza de la calle/matriz debía tener el ancho suficiente para la calzada, las veredas y para estacionar los 110 vehículos que exigía el municipio. Esto nos obligó a definir los perfiles del terreno con precisión de centímetros. La forma más eficiente de ocupar la pendiente fue por tanto construir sólo tres terrazas paralelas: dos para levantar las viviendas y una tercera para la calle, para la matriz y para las líneas de urbanización (fig. 30).

El 7 de julio de 2005, una vez obtenidos los permisos de edificación, SERVIU publicó las bases de licitación para la urbanización y construcción del proyecto Elemental Antofagasta. Las constructoras que retiraron las bases –SICOMAQ, Jorge Morales, Javier Moraga, Alberto Barile y Juan Opazo – todas de Antofagasta,

was the additional risk of puncturing a pipe during the earthwork stage of site preparation. A burst pipe in this same water system in another part of Antofagasta started a landslide that destroyed houses and killed several people. Moving the piping would render the project economically unfeasible. The project sought right from the start to work with the easement strip, placing the development's street access over the underground water system. The street, unlike the buildings, required no foundation work and thus protected the pipe below. This added a new variable to the earthwork, however: the street level was defined by the level of the water pipe it had to cover, therefore limiting the level of the terraces for the houses. With local regulations requiring one parking spot for each family, with an additional fifteen percent for visitors, the terrace plan of the street had to be wide enough to provide space for the road, sidewalks, and enough parking for 110 vehicles, as the municipality demanded. To comply with code, we had to define the land profiles to a precision of centimeters. The most efficient way of occupying the slope was therefore to build only three parallel terraces: two to raise the houses and a third one for the street and infrastructural rights of way (fig. 30).

On July 7, 2005, once the building permits were obtained, SERVIU published the bidding terms for the urban development and building of the Elemental Antofagasta project, which were picked up by five firms. The building companies SICOMAQ, Jorge Morales, Javier Moraga, Alberto Barile, and Juan Opazo, all from Antofagasta visited the site together with SERVIU and Elemental during the bidding process. However, none of them submitted any question during the predetermined

visitaron el terreno junto a SERVIU y Elemental durante el proceso de licitación. Sin embargo, ninguna de ellas realizó consultas técnicas en el período establecido, muestra del poco interés en adjudicarse la obra. El 1 de septiembre, fecha de cierre de la licitación, no se presentaron ofertas, por lo que se tuvo que declarar desierta.

Contactamos a las cinco empresas para conocer las razones de su exclusión: todas coincidieron en el elevado costo de la urbanización y la complejidad del movimiento de tierras, el cual consideraban inviable sin la construcción de muros de contención. A pesar de contar con los estudios de mecánica de suelos y proyectos que avalaban la solución propuesta sólo en base a taludes, ésta resultó demasiado extraña para las constructoras, acostumbradas a construir sobre terrenos planos. Por otro lado, el mercado de la construcción en Antofagasta estaba muy ligado a obras encargadas por la industria minera, lo que generaba rentabilidades bastante superiores a los proyectos de vivienda social. El costo alternativo para las empresas se volvía una restricción central, lo que explicaba que Antofagasta fuera una de las ciudades con mayor número de proyectos de vivienda que no llegaban a buen término.

Tuvimos entonces que trabajar en dos frentes para viabilizar los proyectos. Solicitamos al DICTUC[50] la

technical consultation period, revealing how little interest they had in being awarded the contract. On September 1, the closing date of the bid, no offers were submitted and the bid process declared void.

We then contacted the five firms to find out why they had not submitted: they all agreed it was due to the high cost of the infrastructure and the complexity of the earthwork, which they considered impossible without building retaining walls. Although there were studies and projects that showed that the proposed solution could be made only with slopes, it sounded too bizarre to firms that were used to building on a flat grade. On the other hand, the building market of Antofagasta had close links with the works commissioned by the mining companies in the area, which produced much higher profits than social housing projects. Cost deterred many of the firms, explaining why Antofagasta was one of the cities with the greatest percentage of unrealized housing projects.

We worked on two fronts to make the projects feasible. We first asked the DICTUC[50] to check on their soil engineer's study to confirm the incline of the slopes and the possibility of working without retaining walls. Additionally, we asked Aguas Antofagasta, the sanitary company and owner of the underground water system, to jointly finance the replacement of the most complex section of the piping to reduce the necessary amount of earthwork. Inexplicably, the final report of the DICTUC substantially changed

---

50   La Dirección de Investigaciones Científicas y Tecnológicas de la Universidad Católica, es un laboratorio de certificación de calidad, probablemente el más reconocido de Chile.

50   La Dirección de Investigaciones Científicas y Tecnológicas de la Universidad Católica (directorate of scientific and technological investigations of the Universidad Católica; acronym: DICTUC) is a laboratory of quality certification, probably the most recognized in Chile.

revisión de su estudio de mecánica de suelos, para confir-
mar las pendientes de taludes y la viabilidad de trabajar sin
muros de contención. Por otro lado, se gestionó con Aguas
Antofagasta, empresa sanitaria y propietaria de la matriz, el
financiamiento conjunto del reemplazo del tramo más complejo de la tubería para reducir el movimiento de tierra. Inexplicablemente, el informe definitivo de DICTUC cambió sustancialmente las condiciones con que habíamos trabajado hasta
el momento: por una parte aumentó la pendiente máxima de
los taludes a 70° (lo que nos daba un margen de flexibilidad
mayor en la definición de las terrazas) y confirmó la posibilidad
de trabajar sin muros de contención, pero prohibió la construcción de terraplenes con material extraído en el terreno.
La razón era que el agua necesaria para compactar los terraplenes podía disolver el suelo debido a su altísima salinidad.
Esto nos obligó a definir las terrazas sólo excavando y a retirar
un importante volumen de tierra del terreno.

Estas nuevas condiciones obligaron a modificar todos los
cortes del terreno y redefinir los niveles de las terrazas para
calle y viviendas. El cambio más relevante fue que la prohibi-
ción de rellenar, impidió mantener la terraza de la calle sobre
la matriz. Con la obligación de sólo excavar, la matriz tuvo
que desplazarse a la calle que daba acceso al lote, la Avenida Circunvalación. La eliminación de la franja de servidumbre

the conditions they initially delivered. It increased
the maximum incline of the slopes to seventy degrees, giving us greater flexibility to define the
terraces but forbidding us from building embankments with extracted soil from the site due to its
high salinity (the risk was that it might dissolve in
the water needed to compact the embankments).
This forced us to define terraces through excavation only. While we would have to truck much of
the excavated soil from the site—a previously unforeseen expense—it confirmed the possibility of
working the cut without retaining walls.

These new conditions forced us to redefine all the
levels of the terraces for streets and houses. The
most important change was that we couldn't refill
the site with excavated soil and therefore could
not keep the street terrace over the water system.
The whole piping system had to be moved to the
Avenida Circunvalación. The elimination of the
easement strip allowed us to "reunite" the land
(previously divided by the water system) and turn
the housing complex into a condominium. These
changes increased the cost of the infrastructure
even more, regardless of the contribution of Aguas

permitió volver a "unificar" el terreno (antes dividido por la matriz) y convertir el conjunto en un solo condominio. Estos cambios aumentaron el costo de la urbanización, a pesar de contar con el aporte de Aguas Antofagasta. Por esto se decidió ajustar la vivienda al mínimo necesario, restándole un nivel a la estructura y llevando los muros medianeros y los servicios asociados sólo a dos niveles.

Mientras Elemental realizaba los ajustes técnicos y económicos mencionados, SERVIU preparaba una nueva licitación para diciembre de 2005 y el equipo regional de Un Techo para Chile invitaba a nuevas empresas locales a participar. Una semana antes de la fecha acordada para la publicación de la segunda licitación, SERVIU informó que la transferencia del terreno, que debía hacerse del Ministerio de Bienes Nacionales al municipio y cuyo trámite se había iniciado con más de un año de anticipación, aún no estaba lista. Sin el traspaso del terreno, no se podía construir, por lo que fue imposible adjudicar las obras. La segunda licitación se suspendió.

A estas alturas, las tensiones entre SERVIU y Elemental se agravaron. El SERVIU consideraba inviable el proyecto y decidió congelar el contrato de asistencia técnica con Elemental. Por nuestra parte, considerábamos impresentable el retraso que había habido en la gestión del traspaso del terreno. Decidimos entregarle al Director de SERVIU la totalidad de los antecedentes técnicos, incluido un presupuesto revisado que fijaba el valor de la vivienda en 320 UF, esperando que – como responsable de la adjudicación – SERVIU cerrara el proceso con el terreno y volviera a llamar a licitación.

Pero el director dobló la apuesta: confirmando la relevancia que para SERVIU revestía el proyecto, el 6 de enero de 2006 decidió postular todas las obras de urbanización al Fondo

Antofagasta. This is why we decided to adjust the house to the necessary minimum to ensure its future development. A floor was eliminated from the structure, keeping the structural partition walls (and the associated services) on two floors without sacrificing the possibility of expanding to three levels.

While Elemental was making the aforementioned technical and economical adjustments, SERVIU was preparing a new call for bids in December 2005. At the same time, the regional team of Un Techo para Chile, the NGO working with the families, was inviting additional local firms to take part. One week before the date for the publication of a second bid was due, SERVIU informed us that the land transfer needed from the ministry of national assets to the municipality, which had begun procedures more than a year before, was still not ready. Without the land assignment, it was impossible to build and therefore impossible to bid out the project. The second bid was suspended.

By this time, there was quite a bit of tension between SERVIU and Elemental. SERVIU considered the project unfeasible and suspended the technical assistance agreement with Elemental. We, on our side, considered that the delay in the land transfer was outrageous. We then decided to submit all the technical background to the director of SERVIU, including a reviewed budget that set the cost of the house at US$8,000, and wait for SERVIU, in charge of awarding the bids, to close the process with the site and call for bids again.

Nacional de Desarrollo Regional (FNDR)[51] por un valor cercano a los 240 millones de pesos (unos 500.000 dólares) con lo cual despejaba cualquier duda en torno a la viabilidad económica de la próxima licitación. Esto implicaba, sin embargo, iniciar un largo proceso de aprobación, que podía retrasar varios meses el inicio de las obras.

El 10 de marzo de 2006, SERVIU y Elemental presentaron el proyecto a la comisión de infraestructura del Consejo Regional (organismo elegido por los concejales de los municipios de la región, responsable de la asignación de los recursos del FNDR), obteniendo una muy buena acogida. En julio de 2006 fue aprobado el FNDR para la urbanización, tras una serie de ajustes y aprobaciones realizadas por SERVIU y Elemental en los organismos correspondientes, y el disciplinado trabajo de persuasión de los dirigentes con cada uno de los 17 consejeros regionales. Con esto, SERVIU hizo un llamado a licitación, incluyendo los fondos del FNDR y los subsidios de vivienda; la licitación fue adjudicada a la Constructora Silvio Cuevas.

Pero, dados los sucesivos retrasos en el proceso, al momento de contratar las obras los subsidios estaban por vencer; según la normativa MINVU, éstos tienen una duración de 24 meses, plazo en el cual el proyecto debe iniciar la construcción, de los contrario ellos caducan. Esto obligó a SERVIU a contratar por separado la construcción de las viviendas y la urbanización,

The director doubled the bet, confirming the importance the project had for SERVIU. On January 6, 2006, the director applied for funding for all the infrastructural works to the Fondo Nacional de Desarrollo Regional (national fund for regional development; acronym: FNDR)[51] for an amount of about 240 million pesos (around US$500,000) which, without a doubt, ensured the feasibility of the next bid. However, the long approvals process was worrisome, as it would delay the start of construction for several months.

On March 10, 2006, SERVIU and Elemental submitted the project to the infrastructure commission of the regional council (an organization elected by the mayors of the region, in charge of assigning the resources of the FNDR), and it was very well received. In July, after a series of adjustments made y SERVIU and Elemental and the persuasion of the leaders of each of the seventeen regional counselors, the regional development fund for urban development was approved. With this, SERVIU was finally able to bid the project. The call for bids included FNDR and housing subsidies and was awarded to the building firm Silvio Cuevas.

However, given the successive delays of the process, at the time of contracting, the subsidies were about to expire (ministry regulations have a duration of twenty-four months during which period construction must start). This compelled SERVIU to separately contract the home construction and the infrastructure; these last works started in January 2007. A new application had to be filed to the FSV for the building project. In April 2007, the subsidies

51   El FNDR es el instrumento más descentralizado del Gobierno Central para transferir recursos fiscales a cada una de las Regiones. Su administración corresponde principalmente a la SUBDERE y a los Gobiernos Regionales

51   FNDR is a decentralized mechanism of the central government to transfer funds to the regions so that local governments can independently decide on investments.

Alfonso Montero en uno de
los talleres participativos

**Alfonso Montero in a
community workshop**

obras éstas últimas que se iniciaron en enero de 2007. El proyecto de construcción debió volver a postularse al Fondo Solidario de Vivienda. En abril de 2007 se volvieron a adjudicar los subsidios al Comité de Vivienda "Esperanza para el Mañana", último requisito para que la empresa constructora pudiera firmar el contrato definitivo de construcción de las viviendas.

Las obras de construcción de las viviendas empezaron oficialmente en junio de 2007. Sin embargo, durante el proceso de contratación, SERVIU decidió modificar el proyecto sin la asesoría de Elemental para responder a los nuevos recursos y estándares de la nueva política habitacional de ese año. Estos cambios produjeron varios desajustes entre el proyecto original y el proyecto que se iba a ejecutar. Estos vacíos significaron la gestión de nuevos recursos durante la obra y en definitiva un retraso en el plazo de entrega de las viviendas.

Aún así, las casas se entregaron finalmente a las familias en julio del 2009.

were once more assigned to the "Esperanza para el Mañana" housing committee, the last requirement necessary for the contractor to sign the final agreement for construction.

Construction of the dwellings officially began in June 2007. However, during the contract process, SERVIU decided to modify the project without the assistance of Elemental to respond to the new resources and standards of that year's housing policy. These changes produced various maladjustments between the original project and the project being executed, creating more steps during the construction process and a definite delay in handing over the homes.

The project was finished and the houses were finally delivered in July 2009.

VERSIÓN FINAL DE LA PROPUESTA | **FINAL VERSION OF THE PROPOSAL**

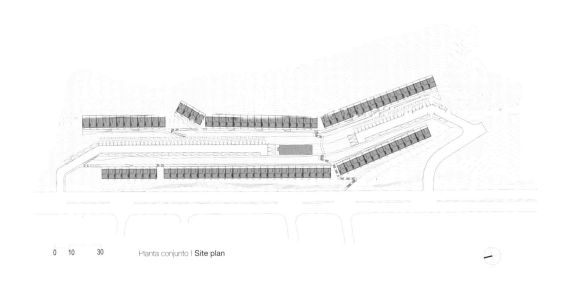

0   10   30   Planta conjunto | **Site plan**

Estructura	Structure	Albañilería confinada de bloques de hormigón	**Confined masonry of concrete blocks**
Cerramiento	Enclosure	Panelería de madera acero liviano galvanizado (Metalcon)	**Wood panels and light galvanized steel (Metalcon)**
Estructura de techumbre	Roof structure	Envigado de madera de 2" x 4"	**2" x 4" wooden beams**
Cubierta	Roofing	Plancha de acero zincado, perfil 5V	**Zinc-coated steel plate, 5V profile**
Estructura de entrepiso	Mezzanine structure	Envigado de madera 2" x 6"	**2" x 6" wooden beams**
Revestimiento interior	Interior cladding	Placa de yeso cartón 8 mm / Placa de fibrocemento 4 mm en baño	**8 mm gypsum board / 4 mm fiber cement board in bathroom**
Revestimiento exterior	Exterior cladding	Placa de fibrocemento 6 mm	**6mm fiber cement board**

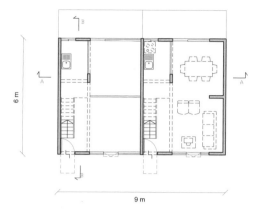

Piso 1 I Ground Floor

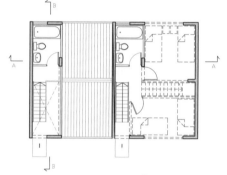

Piso 2 I Second Floor

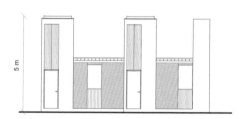

Fachada Frontal I Front Façade

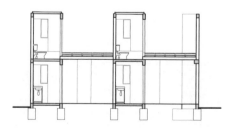

Corte AA I Section AA

Corte BB I Section BB

6.2 ELEMENTAL COPIAPÓ

Copiapó es la capital de la III Región y se encuentra en el desierto de Atacama, el más seco del mundo, en el oasis que genera el río Copiapó. La ciudad tiene una población de 130.000 habitantes[52] y se ubica a 800 km. al norte de Santiago. Su actividad económica se centra especialmente en la minería y la exportación de fruta producida con alta tecnología. La vivienda social se ha ubicado históricamente en las afueras de la ciudad, en zonas contaminadas por desechos mineros.

La orografía de la ciudad presenta un sinnúmero de pequeñas quebradas, afluentes muy ocasionales del río, en su mayoría sin construir debido a la dificultad de ocuparlas con las tipologías tradicionales de vivienda. El terreno elegido correspondía a una de estas quebradas. Estaba muy cerca al centro de la ciudad, en un barrio de clase media, con

6.2 ELEMENTAL COPIAPÓ

Copiapó is the capital of the III Region situated in an oasis formed by the Copiapó river in the middle of the Atacama Desert, the driest in the world. The city has a population of 130,000[52] and is situated 800 kilometers north of Santiago. Its principal economic activity is mining and fruit exportation, both performed with high-end technology. Social housing has historically been located in the outskirts of the town in areas polluted by mining waste and toxic run-off.

Small ravines and a few river tributaries define the city's geography. Generally, little had been built here due to the difficulties of building traditional house typologies on this terrain. The land chosen

---

52   Instituto Nacional de Estadísticas de Chile: Censo Nacional de Población y Vivienda, 2002.

52   Instituto Nacional de Estadísticas, Ciudades, Pueblos, Aldeas y Caseríos, 2005, accessed May 16, 2012, http://www.ine.cl/canales/chile_estadistico/demografia_y_vitales/demografia/pdf/cdpub-aldcasjunio2005.zip, Table: "REGIÓN 03 DE ATACAMA: Ciudades y Pueblos. Censo 2002," p. 49.

O Centro de la ciudad I **Downtown**

X Ubicación del proyecto I **Project location**

N° de familias I **No. of families**	120
Terreno I **Site**	1,46 há (309 hab/há) I **1.46 ha (309 inhabitants/ha)**
Ubicación I **Location**	Isabel Riquelme s/n, Copiapó, III Región
Presupuesto I **Budget**	36.240 UF, aprox. US$1,2 millones I **36,240 UF, approx. US$1.2 million**
Subsidio I **Sudsidy**	292 UF/familia + ahorro 10 UF/familia I **292 UF/family + savings 10 UF/family**
Superficie inicial dúplex I **Initial two-story unit area**	35 m²
Superficie final dúplex I **Final two-story unit area**	73,8 m², ampliación: 38,8 m² I **73.8 m², expansion: 38.8 m²**
Comité de Vivienda I **Housing committee**	"Elemental Copiapó"
Entidad organizadora I **Project coordinator**	Municipalidad de Copiapó I **Municipality of Copiapó**
Asistencia técnica I **Technical assistance**	Elemental
Habilitación social I **Social habilitation**	Municipalidad de Copiapó I **Municipality of Copiapó** + Un Techo para Chile
Arquitectura e ingeniería I **Architecture and engineering**	Elemental
Urbanización y especialidades I **Civil, electrical, plumbing engineering**	Elemental
Aprobación subsidio I **Housing subsidies approval**	Septiembre I **September 2004**
Aprobación permiso edificación I **Building permit approval**	Abril I **April 2005**

buena vista hacia el valle, lo que representaba una alternativa antes inexistente para las familias más pobres, normalmente obligadas a salir de la ciudad para resolver su demanda habitacional.

Las 120 familias que componían el Comité de Vivienda "Elemental Copiapó" provenían de varios campamentos localizados en el límite de la ciudad con el desierto. A pesar de estar en la periferia, el tamaño reducido de la ciudad les permitía tener acceso rápido al centro; por eso habían preferido quedarse en Copiapó, a pesar de las precarias condiciones en que vivían, antes que postular a alguna de las soluciones habitacionales en las localidades "satélite".

El proyecto ganador del concurso consistía en un edificio placa, que construía la totalidad de un terreno (plano) y utilizaba la cubierta para la circulación pública, desde la que se bajaba a las viviendas. Este partido debió ser descartado desde el inicio al conocer el terreno definitivo. Menos del 40% del terreno era plano, con una superficie dividida en dos terrazas con 5 metros de altura de diferencia. La terraza inferior había sido utilizada como vertedero, lo que impedía construir a menos que se hiciera un costoso mejoramiento de suelo. El resto de la superficie plana (terraza superior) permitía una ocupación muy baja en relación con el valor total del lote, por lo que resultaba muy poco atractivo para inmobiliarias locales, a pesar de su localización privilegiada. El 60% del terreno era la ladera de la quebrada, con una fuerte pendiente (fig. 31).

Para realizar un proyecto en este terreno era preciso lograr una densidad muy alta; la única opción

was at the base of one of these ravines. It was very near the center of the city, in a middle-class neighborhood, with a good view of the valley. The site offers an alternative to poorer families who are normally forced to leave the city to meet their housing needs.

The 120 families that composed the "Elemental Copiapó" housing committee came from various slums located on the edges where the town meets the desert. In spite of being on the city's periphery, the small size of the town permitted access to the center. For this reason the families preferred to stay in Copiapó, despite the precarious living conditions rather than applying to one of the housing solutions in "satellite" locations, the only alternative for social housing.

The winner of the contest was Andrés Makowski, whose project consisted of a type of matt-building, which built out the whole site and used the canopy of the houses for public circulation. This idea had to be discarded right from the start once the definitive land was chosen. Less than forty percent of the land was flat and the site was divided into two distinct elevations with five meters between them. The lower terrace had been used as a dump with the cost of necessary soil improvements preventing previous construction efforts. The remaining flat surface (the upper terrace) allowed for low occupation when compared with the cost of the total plot, which made it very unattractive for local real estate agencies despite its privileged location. Sixty percent of the land was on the slope of the ravine with a steep incline (fig. 31).

To even consider carrying out the project here, we had to achieve a very high density, and the only way to do this

era aprovechar la pendiente. Tuvimos que concentramos en idear una tipología que permitiera usar la ladera, la cual, contra toda predicción, presentaba buenas condiciones mecánicas. Vista en planta, la pendiente formaba una Z que vinculaba las dos terrazas. Las edificaciones por tanto, tendrían que seguir la forma de la pendiente, confinando las terrazas superior e inferior, las cuales quedarían libres para espacios comunes y aparcamientos desde donde se accedería a los 120 apartamentos.

Construir en la pendiente obligaba a eliminar el crecimiento sobre los espacios exteriores adyacentes como alternativa, por lo que las ampliaciones deberían hacerse dentro del volumen del edificio. También era necesario reducir al máximo la crujía del edificio para minimizar el movimiento de tierra; esto promovía naturalmente la construcción en altura como mecanismo para acomodar el programa. El problema – como bien sabemos – es que construir en altura significa tener circulaciones comunes elevadas, que son caras, difíciles de mantener y un foco de conflicto.

¿Cómo podíamos hacer un edificio angosto y alto manteniendo los accesos individuales y directos a las propiedades de los pisos superiores? La solución vino del problema mismo del terreno: la pendiente. La pendiente del suelo nos obligó a crecer en altura, pero sabíamos que tener circulaciones colectivas elevadas y escaleras comunes no era una alternativa. Pero la propia inclinación del suelo, trabajada como escalera, nos permitió tener escaleras individuales de 1 sólo tramo, con lo cual el acceso a las propiedades de los pisos superiores era viable desde el punto de vista del costo.

was to fully utilize the incline. We focused on creating a typology that permitted us to utilize the slope, which, despite our doubts, had a very good mechanical resistance for building foundations. Seen from above, the slope formed a "Z" linking both terraces. The buildings could follow the form of the slope, leaving both the upper and lower terraces free for common spaces and parking lots.

Building on slope would require two things: First, slopes invalidate expansions in the adjacent exteriors or towards the courtyards, so expansions had to happen within the building. Second, one is compelled to reduce the width of the bay in order to minimize the size of the terraces, which tends to cause the building to grow in height. But high-rise buildings require elevated common circulations that are expensive, difficult to maintain, and, typically, a source of conflict.

How could we have a narrow, tall building that could accommodate expansions within while also resolving the problem of direct individual access to properties above? The solution was provided by the problem of the land itself: the slope. The incline of the land forced us to go up in height, but the same incline working like a ladder, allowing us to have direct individual stairs to the houses on the upper floors. In other words, the slope that forced us to grow upwards and created the potential problem of elevated circulations allowed us to use its sloping surface to get nearer to the houses on the upper floors, making it possible to build individual stairs without bankrupting the project.

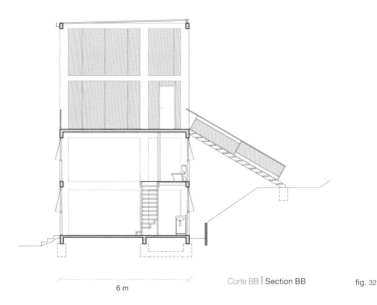

6 m

Para lograr la mayor densidad posible en altura, pero minimizar la cantidad de circulaciones verticales individuales, superpusimos dos dúplex similares a los del proyecto de Iquique. La estrategia de usar la ladera como escalera para acceder a los niveles superiores, permitió maximizar la ocupación de toda la pendiente, con 8 edificios sucesivos y sus respectivos accesos en ambas fachadas: desde la quebrada al dúplex del primer piso y desde la pendiente en la fachada opuesta, al dúplex del tercer piso. La entrega inicial de cada apartamento ocupaba justo la mitad de la fachada final (3 m), de modo que la ampliación se realizaba en el espacio adyacente, dando a cada apartamento la posibilidad de "personalizar" los bloques (fig. 32).

Mientras se tramitaban los permisos de edificación, el Ministerio de Bienes Nacionales, dueño del terreno, traspasó el sitio al Municipio, con la condición de que fuera utilizado exclusivamente para construir el proyecto Elemental Copiapó. Tras la obtención del permiso de edificación en abril de 2005, el municipio realizó el primer llamado a licitación pública, en la que participaron

To achieve the highest possible density in a high-rise building while simultaneously minimizing the amount of individual vertical circulation, we overlaid two duplex units similar to the ones from the Iquique project. The strategy of using the slope as a stair allowed us to maximize the occupation of the site with eight successive buildings with access on their two façades: from the ravine to the duplex on the ground floor and from the slope, on the opposite façade, to the duplex on the third floor. The initial delivery of each apartment occupied exactly half of its whole width (three meters) so that the expansions may be built in the adjoining space giving each apartment the possibility to "customize" blocks that are generally monotonous (fig. 32).

While we were processing building permits, the national assets ministry, owner of the land, transferred it to the municipality on the condition that it was used exclusively for building the Elemental Copiapó project. After obtaining the building permit in April 2005, the municipality made the first call for a public bid with the construction companies SICO, Quilodrán, and Pacífico (the latter from Iquique)

las empresas SICO, Quilodrán y Pacífico (esta última de la ciudad de Iquique). Las gestiones las realizó exclusivamente la Municipalidad, que en junio informó a Elemental que la licitación había resultado desierta.

A mediados de ese mes, contactamos a las tres empresas para conocer las razones de su abandono. Quilodrán y SICO argumentaron haberse adjudicado otras obras que coparon su capacidad económica. Pacífico, en cambio, había estudiado el proyecto, pero su oferta no había alcanzado a ser entregada a tiempo. Además su oferta sobrepasaba en casi 40% el presupuesto disponible, sin embargo tenían la disposición a trabajar en conjunto y ajustar técnica y económicamente el proyecto. Reunidos en Santiago, Elemental y Pacífico revisaron en detalle los proyectos, especificaciones técnicas y las cubicaciones de la empresa. Tras una semana de correcciones y ajustes, incluyendo el reemplazo de pilares y vigas de acero al interior de los apartamentos por elementos de hormigón armado, el déficit se redujo a cero.

El 27 de julio de 2005 se entregaron los antecedentes definitivos al municipio y se le sugirió contratar directamente a la empresa Pacífico, amparados en que la ley permitía a los organismos públicos adjudicar directamente las obras si existía una licitación previa desierta. Pero el alcalde prefirió licitar nuevamente, para transparentar públicamente el proceso. A la visita a terreno de la segunda licitación asistió, además de Pacífico, la constructora Jorge Canto. El 19 de agosto de 2005, fecha programada para el cierre de la licitación, sólo Pacífico presentó oferta, la cual hizo llegar por escrito al municipio. Sin embargo, las bases exigían la presentación también en formato digital y la empresa no cumplió con este requisito. La oferta se declaró fuera de bases y la segunda licitación quedó desierta.

participating. The municipality took charge of all the legal procedures and in June informed Elemental that the bid had been declared void.

We contacted the three construction companies to find out why they had abandoned the project. Quilodrán and SICO argued that they had been awarded other projects and they were tapped out financially. Pacífico had studied the project but was not able to submit an offer before the due date. They had not reached a convenient price (their offer exceeded the available budget by almost forty percent) but were willing to work with Elemental to adjust the technical and financial terms of the project. In a meeting held in Santiago, Elemental and Pacífico made a thorough review of the project, the technical specifications, and the way the firm calculated the construction volume. After a week of corrections and adjustments, particularly the replacement of steel pillars and framework inside the apartments with reinforced concrete, the deficit was reduced to zero.

On July 27, 2005, all the construction documents were submitted to the municipality. We suggested that they directly contact Pacífico, as the law permitted public organizations to award projects directly if there had been a previously void bid. But the Mayor preferred to hold a new bid. The site visit for the second bid was attended by the building firm Jorge Canto as well as Pacífico. On August 19, 2005, the closing date of the bid, only Pacífico submitted a written offer to the municipality. However, the bidding terms required that it had to

El 9 de septiembre de 2005 se cerró la tercera licitación, que esta vez fue privada y sólo contó con la participación de la constructora Pacífico. Después de algunos ajustes solicitados por el municipio, la obra se adjudicó a Pacífico y el 12 de octubre se firmó el contrato de construcción entre la empresa constructora y la municipalidad.

Desde la fecha de firma del contrato, Pacífico contaba con 15 días para entregar una boleta de garantía de cumplimiento por el 5% del monto del contrato, contra la cual el municipio haría entrega del terreno. Sin embargo, después de un mes de retraso, la constructora sólo fue capaz de garantizar el 3% debido a problemas financieros producidos por los contratiempos en la entrega de una obra en Iquique, por lo que solicitó un mes más para resolver su problema de caja. El 24 de noviembre el municipio, con apoyo de SERVIU III y de acuerdo a las bases de la licitación, rechazó esta solicitud y puso término al contrato firmado, cobrando además una multa a Pacífico.

Dado el fracaso en la contratación definitiva de las obras, SERVIU III, Elemental, la Municipalidad y Un Techo para Chile se reunieron en Copiapó a principios de diciembre del 2005, donde el municipio decidió solicitar fondos adicionales al Gobierno Regional, con la intención de hacer más atractiva una cuarta licitación y poder agilizar la adjudicación a una nueva empresa. En esa reunión se definió una lista de nueve constructoras invitadas por Elemental a participar en el concurso privado. Sin embargo, una semana después, el municipio decidió licitar sin restricción de presupuesto, invitando sólo a tres empresas, algunas de las

be submitted in a digital format as well, something that the firm had not done on time. The offer was declared non-compliant and the bid was once again deemed void. On September 9, 2005, the third bid, this time private and closed, counted only Pacífico as participant. After some adjustments requested by the municipality were made, Pacífico was awarded the contract. Pacífico and the municipality signed a binding agreement on October 12.

From the signing date, Pacífico had fifteen days to submit a performance bond for five percent of the agreement's amount, upon which the municipality would hand over the land. But after a month of delay, the building firm was only capable of guaranteeing three percent due internal financial problems. Pacífico requested one more month during which it would solve the issue. On November 24, the municipality, supported by SERVIU and in accordance with the bidding terms, rejected this application, terminated the signed agreement, and fined Pacífico.

With the failure to obtain a final contract for the project, SERVIU, Elemental, the municipality, and Un Techo para Chile held a meeting in Copiapó at the beginning of December 2005. The municipality decided to request additional funds from the regional government to create a more attractive fourth bid and speed up the process of awarding a contract to a new firm. A list of nine firms, all endorsed by different attendees, was defined, with each of the firms invited by Elemental to participate in the new bid. However, one week later, the municipality decided to bid without a fixed amount (without budget restrictions) and invited only three firms, some of which had not even been on the list of firms agreed upon with SERVIU. Furthermore, the technical team at the municipality informed

cuales ni siquiera figuraban en el listado de empresas acordado con SERVIU III. El equipo profesional de la municipalidad comentó a las empresas que se postularían nuevos fondos públicos, complementarios a los subsidios, lo que evidentemente derivó en un alza en las ofertas de las empresas constructoras. Al nuevo llamado, que se cerró el 12 de enero de 2006, sólo se presentó la constructora Guido Estefan, con una oferta 8.068 UF (22%) más cara que el monto disponible.

Con ese presupuesto, según el acuerdo logrado en diciembre, correspondía al municipio postular a un FNDR, aprovechando la oferta de Guido Estefan como referencia. Pero una vez más, el alcalde tomó otra decisión y decidió solicitar fondos adicionales al MINVU (el responsable de entregar los fondos correspondientes a los subsidios). La predecible respuesta negativa del Ministerio llegó el 13 de marzo de 2006. Frente al desconocimiento de los acuerdos – conciente de la gravedad de la situación – Elemental solicitó audiencia con el alcalde para retomar la adjudicación de las obras y la postulación al FNDR. El 27 de marzo de 2006, el edil no se presentó a la reunión agendada. En su lugar, la jefa de gabinete comprometió la postulación de los proyectos de urbanización a dos PMU (Programa de Mejoramiento Urbano), argumentando que su gestión es más ágil que los FNDR y que la aprobación del Gobierno Regional estaba "asegurada". Sin embargo, el Gobierno Central rechazó dos veces la postulación.

Después de haber dilatado por más de 8 meses la contratación de la única empresa interesada, de haber liquidado el contrato en vez de buscar una solución

these firms that an application would be filed for new public funds in addition to the subsidies, which obviously produced an increase in the offers of the building firms. Only the building firm Guido Estefan submitted an offer to this new call, closing on January 12, 2006, with an offer exceeding the available amount by twenty percent.

With the budget agreed upon in December, the municipality had to apply for FNDR funding, using Guido Estefan's bid as a reference. But, once more, the Mayor changed his decision and decided to request additional funds from MINVU (in charge of providing the funds for the subsidies). Predictably, a negative answer from the ministry arrived on March 13, 2006. Due to the lack of compliance with the agreements and with the situation growing more complicated every day, Elemental requested an audience with the mayor to take over both the bidding process and the application to the FNDR. On March 27, 2006, the mayor did not show up at the scheduled meeting. On behalf of the mayor, the chief of staff offered to apply to two Programa de Mejoramiento Urbano (urban improvement program) funds for the infrastructural work, arguing that it was easier to apply to these programs than for FNDR funds and that the approval of the regional government was "guaranteed." However, the central government rejected the application twice.

After delaying for more than eight months to hire the only firm interested in the project, terminating the agreement instead of searching for a solution with Pacífico, rejecting many of the agreements that made a project possible, standing up the Elemental professionals and committee leaders on every occasion when an audience had been requested, and having promised public funds that were not

con Pacífico, de haber desconocido gran parte de los acuerdos para viabilizar el proyecto, de haber dejado plantados a
los profesionales de Elemental en todas las oportunidades
que se le pidió audiencia y en varias otras a los dirigentes del
comité y de haber comprometido fondos públicos con los
que no contaba, el alcalde citó al Comité de Vivienda "Elemental Copiapó" para negociar una "alternativa" sin Elemental. El jefe del municipio solicitó a las familias renunciar a los
subsidios para luego volver a postular el proyecto al Fondo
Solidario de Vivienda en nuevas condiciones. La alternativa
propuesta copiaba la tipología desarrollada por Elemental en
conjunto con las familias; de hecho hacía uso de todos los
proyectos de urbanización ya elaborados, por lo que des-
pertó la sospecha de gran parte de los asistentes, que no
firmaron la renuncia. Lamentablemente esta propuesta no
sólo desconocía una vez más los acuerdos con las familias y
Elemental, sino también el contrato de cesión del terreno con
el Ministerio de Bienes Nacionales, quien exigió al municipio
cumplir con la condición de que fuera utilizado sólo para la
construcción del proyecto Elemental.

Después de varias semanas de mucha tensión entre las familias, la municipalidad y el Ministerio de Bienes Nacionales,
el encargado de Vivienda del Municipio comunicó telefónica-
mente a Elemental que no participaría en una nueva postulación del proyecto, y que renunciaría a su condición de entidad
organizadora. Con esto, el proyecto quedó a la deriva, sin una
entidad capaz de llevar adelante las gestiones requeridas. El
comité de vivienda se desarticuló cuando un número importante de las familias originales renunció al mismo para buscar
por su cuenta una postulación individual.

¿El nombre del alcalde? Marcos López.

available, the mayor decided to make an appoint-
ment with the families to negotiate an "alternative,"
without Elemental on the equation. After weeks of
ignoring the calls from the community leaders,
the mayor invited the families to an assembly with
cakes and soft drinks where they were requested
to waive the subsidies and apply instead to FSV
under new conditions. But the proposed alternative was a facsimile of the processes developed
jointly by Elemental and the families; it made use,
in fact, of all the urban infrastructural projects
that had already been designed; many of the attendants became suspicious and did not sign the
waiver. In addition, the ministry of national assets
rejected the proposal to transfer the land and demanded that the municipality comply with the ex-
pressly written condition that the land be used for
building the Elemental project.

After several weeks of tension among the families, the municipality, and the ministry of national
assets, the official in charge of the municipal
housing department informed Elemental over the
phone that he would not participate in a new application for the project and waived his status as
project coordinator. With this, the project was left
adrift, without any entity able to pursue the necessary procedures. Understandably, with the housing committee dismembered, many of the original
families resigned and were left on their own to file
individual applications.

The name of the mayor? Marcos López.

VERSIÓN FINAL DE LA PROPUESTA I **FINAL VERSION OF THE PROPOSAL**

Planta conjunto I **Site plan**

0   10   30

Estructura I **Structure**	Albañilería confinada con losa intermedia de hormigón armado I **Confined masonry with intermediate reinforced concrete slab**
Cerramiento I **Closure**	Panelería de madera 2" x 3" I **2" x 3" wood paneling**
Estructura de techumbre I **Roof structure**	Envigado de madera de 2" x 5" I **2" x 5" wooden beams**
Cubierta I **Roofing**	Plancha de acero zincado, onda estándar I **Galvanized steel plate, standard wave**
Estructura de entrepiso I **Mezzanine structure**	Envigado de madera 2" x 6" I **2" x 6" wooden beams**
Revestimiento interior I **Interior cladding**	Placa de yeso cartón 8 mm / Placa de fibrocemento 4 mm en baño I **8 mm gypsum board / 4 mm fiber cement board in bathroom**
Revestimiento exterior I **Exterior cladding**	Placa de fibrocemento 6 mm I **6 mm fiber cement board**

Piso 1 | Ground Floor

6 m

12 m

0   3 m

Piso 3 | Third Floor

Piso 2 | Second Floor

Piso 4 | Fourth Floor

10 m

Corte AA | Section AA

Fachada Frontal | Front Façade

6.3 ELEMENTAL VALPARAÍSO

Valparaíso es la segunda ciudad más grande de Chile, con 800.000 habitantes[53] en el área metropolitana. Está ubicada a 100 km al oeste de Santiago, sobre la costa del Pacífico. La ciudad, declarada recientemente Patrimonio de la Humanidad por la UNESCO, se ha construido principalmente en las laderas que rodean la bahía. Esa condición topográfica es su principal característica, pero es también la principal dificultad para la construcción.

El Comité de Vivienda con que trabajamos en Valparaíso estaba constituido por varios grupos de familias de campamentos a los cuales Un Techo para Chile había asistido durante algunos años, y por el comité "We Folilche". Este último grupo, de origen mapuche lo incorporó el SERVIU V cuando se dio a conocer el proyecto. Este factor de diversidad étnica y cultural fue una de las dificultades iniciales a resolver: el grupo mapuche – mapu significa tierra, y che, gente – demandaba

53   Instituto Nacional de Estadísticas de Chile: Censo Nacional de Población y Vivienda, 2002.

6.3 ELEMENTAL VALPARAÍSO

Valparaíso is Chile's second largest city, with a population of 800,000[53] in the metropolitan area. It is situated one hundred kilometers west of Santiago on the Pacific Ocean. The city, recently declared a World Heritage site by UNESCO, has been built up along the hillsides surrounding the bay. The striking hillsides are the city's main topographic condition and the chief obstacle to new construction.

The housing committee consisted of a group of families living in the slums where Un Techo para Chile (UTPCH) and the committee "We Folilche" had provided assistance for a couple of years. The latter, of Mapuche origins, was included by SERVIU when it heard about the project. This ethnic and cultural diversity was another initial

53   Instituto Nacional de Estadísticas, Ciudades, Pueblos, Aldeas y Caseríos, 2005, accessed May 16, 2012, http://www.ine.cl/canales/chile_estadistico/demografia_y_vitales/demografia/pdf/cdpubaldcasjunio2005.zip, Table: "REGIÓN 05 DE VALPARAÍSO: Ciudades y Pueblos. Censo 2002," p. 89.

O Centro de la ciudad I **Downtown**

X Ubicación del proyecto I **Project location**

N° de familias I **No. of families**	150
Terreno I **Site**	1,76 há (341 hab/há) I **1.76 ha (341 inhabitants/ha)**
Ubicación I **Location**	Pasajes 22 al 26, Quebrada Los Lúcumos, 1er sector Playa Ancha, Valparaíso, V Región
Presupuesto licitación política habitacional 2001 I **Budget**	52.800 UF, aprox. US$1,8 millones I **52,800 UF, approx. US$1.8 million**
Subsidio I **Subsidy**	332 UF/familia + ahorro 20 UF/familia I **332 UF/family + savings 20 UF/family**
Superficie inicial casa I **Initial house area**	55,34 m² I **55.34 m²**
Superficie final casa I **Final house area**	66,59 m², ampliación: 11.25 m² I **66.59 m², expansion: 11.25 m²**
Superficie inicial dúplex I **Initial two-story unit area**	48,25 m² I **48.25 m²**
Superficie final dúplex I **Final two-story unit area**	65,16 m², ampliación: 16,91 m² I **65.16 m², expansion: 16.91 m²**
Comité de Vivienda I **Housing committee**	"Construyendo Sonrisas Frente al Mar"
Entidad organizadora I **Project coordinator**	Corporación JUNDEP + Un Techo para Chile
Asistencia técnica I **Technical assistance**	Corporación JUNDEP + Un Techo para Chile
Habilitación social I **Social habilitation**	Corporación JUNDEP + Un Techo para Chile
Arquitectura I **Architecture**	Elemental + Office dA (Boston)
Ingeniería I **Engineering**	Hans Becks
Urbanización y especialidades I **Civil, electrical, plumbing engineering**	Elemental + Constructora Vallemar
Construcción I **Building**	Constructora Vallemar
Aprobación subsidios I **Housing subsidies approval**	Noviembre I **November** 2004
Aprobación permiso edificación I **Building permit approval**	Febrero I **February** 2005
Inicio de obras I **Construction start**	Abril I **April** 2008
Término de obras I **Construction end**	Agosto I **August** 2009
Entrega de viviendas I **Occupancy of houses**	Septiembre I **September** 2009

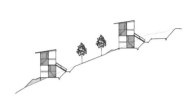

fig. 33

acceso individual al suelo para sus casas, cuestión que teníamos que cotejar con la presión por generar densidad.

El sitio elegido correspondía a un terreno de propiedad de
SERVIU V en el sector de Playa Ancha, un barrio de vivienda
social de los años '60, hoy habitado por familias de clase media, a 15 minutos del centro de la ciudad. Los otros proyectos de vivienda social en Valparaíso se estaban construyendo
a una hora de distancia de este punto.

El proyecto de Valparaíso fue asignado a la oficina Office dA,
quienes al conocer el terreno decidieron replantear la idea
ganadora del concurso. El valor de venta del terreno era bastante bajo considerando su localización, lo cual se explicaba
tanto por la pendiente del suelo como por las restricciones
legales y normativas del paño (fig. 33). La pendiente en la
ladera sur de la quebrada Los Lúcumos resultaba extremadamente elevada, aún para los estándares de Valparaíso.
Desde el punto de vista del diseño, esto era abordable aún
cuando significaba un aumento de costos. El verdadero problema tenía que ver con el conjunto de restricciones legales
que afectaban al predio. El terreno original de aproximadamente 8 há. que SERVIU V puso a disposición de Elemental
para desarrollar el proyecto se convirtió en varios retazos al
descontarle las áreas de protección de quebradas, el área de
restricción que generaba la boca del túnel La Pólvora (un nuevo acceso al puerto que estaba en ese momento en construcción), la extensa servidumbre de alcantarillado existente,
los anchos perfiles de pasajes jamás construidos, y dos co-
modatos para equipamiento deportivo cedidos por SERVIU
V a la comunidad vecina. Este "desmembramiento" del lote
dejó tres predios menores, separados por varias decenas de
metros y con accesos distintos, lo que en rigor multiplicó el
proyecto por tres (fig. 34). Cada uno de estos retazos estaba

challenge to be solved: the Mapuche group
(mapu = land, che = people) demanded individual access to the land, something that had to be
compatible with the need for density.

The site chosen belonged to SERVIU in the Playa
Ancha area, a social-housing neighborhood built
during the sixties, now inhabited by middle-class
families and only fifteen minutes from the center
of the city. Current social housing projects in Valparaíso were being built more than an hour away
from this point.

The Valparaiso project was assigned to Office dA,
who decided to rethink their winning entry upon
seeing the site. The land price was quite reasonable despite its prime location. Initially, we thought
this good price was because it was state-owned,
but the real reasons were the topography and number of legal restrictions. The incline of the land on
the southern slope of the Los Lúcumos ravine was
extremely steep, even by Valparaíso standards (fig.
33). We could deal with that from a design point of
view, even though it meant higher costs. The real
problem was the set of related restrictions. The
original eight-hectare strip of land that SERVIU
made available to Elemental dematerialized into a
series of bits and pieces when one subtracted the
protected areas of the ravines, the restricted tunnel
La Pólvora (a new access to the port that was being built at the time), the large existing sewer easement, the broad profiles of alleys never built, and
two gratuitous loans for sports facilities assigned
by SERVIU to the neighboring community.

fig. 34

en el borde construido de la ciudad, inmediatamente debajo de las viviendas vecinas, por lo que se podía acceder sólo desde arriba, a través de barrios consolidados de clase media muy poco receptivos a estos nuevos vecinos.

Para minimizar los costosos movimientos de tierra había que generar una tipología en altura, que definiera una "huella" estrecha para el edificio. Se presentó una tipología (tipo A) que superponía dos dúplex, de los cuales el superior –el apartamento– accedía por escaleras independientes de un solo tramo conectadas directamente a la ladera, siguiendo algunos criterios de implantación en la pendiente que ya habían sido probados en el proyecto de Copiapó. Además, en el contexto de un clima costero y con un terreno "en primera línea", era necesario definir una estrategia que resolviera el problema de la lluvia asociada al viento desde norte, sin multiplicar innecesariamente los metros cuadrados de envolvente. Para esto se dispuso estratégicamente el dúplex superior cubriendo las zonas "permeables" del dúplex inferior.

El proyecto, en general, fue bien recibido, incluido el hecho de que varias viviendas y apartamentos tuvieran sólo acceso peatonal, una condición que en Valparaíso es común, dada la inaccesibilidad de algunas viviendas debido a la topografía.

Con nuestros clientes mapuches, el trabajo fue más difícil. Ellos exigían suelo y una porción de patio individual para cada vivienda, aún cuando tuviera una pendiente de 55°. Para esto desarrollamos una vivienda continua, con un ancho de 4,5 m que permitía ubicar un mayor número de viviendas en una línea paralela a la cota, con un cerramiento ajustado a las condiciones climáticas de Valparaíso. Aprovechando la fuerte pendiente, diseñamos una vivienda de tres niveles a la que se accedía por el piso superior (tipo B). En

In the end, this "dismemberment" reduced the site to three separate minor sites (fig. 34). Each of these pieces lay on the built edge of the city, immediately below neighboring houses; therefore one could only access them from above through consolidated middle-class neighborhoods with residents who, for the most part, were very unwelcoming towards their new neighbors.

To avoid costly earthwork, we had to generate a high-rise typology that defined a narrow footprint for the building. A typology that stacked two duplex units was presented where the top unit (the apartment) was accessed by an independent flight of stairs directly connected to the side of the building. This strategy followed the example of the Copiapó project, where the stairways ran parallel to the grade of the slope. The coastal climate and exposure to the north wind made it necessary to resolve the water run-off issue without having to enclose the whole built volume. The stacking logic solved this problem: the upper unit was strategically placed to cover the "permeable" zones of the lower unit.

The project was generally well received, although several houses and apartments would only have pedestrian access, a very common condition in Valparaíso, given the inaccessibility due to topography.

We had a harder time with our Mapuche customers. They demanded to be on the ground with their own courtyard area, even though the site

esta tercera planta se encontraba la entrega inicial, de manera que la casa crecía hacia abajo, protegiéndose así desde el comienzo de la lluvia y el viento.

En paralelo a la obtención de los permisos de edificación correspondientes, optamos por trabajar directamente con la empresa constructora VPK, la cual aseguraba poder construir con el presupuesto disponible gracias a un innovador sistema constructivo: un bloque de poliestireno expandido que dejaba hueco el interior de los muros para rellenarlos luego con hormigón. Durante varios meses ajustamos las tipologías a sus detalles constructivos y medidas. Pero tras varios intentos de obtener un presupuesto definitivo y oficial, en abril de 2005 la empresa entregó una oferta que excedía enormemente el presupuesto disponible.

Luego de este primer contratiempo, Elemental y Jundep – el organizador de la demanda – decidieron realizar una licitación privada con empresas conocidas por la corporación para fomentar la competencia y establecer plazos y reglas claras para todos. Sin embargo, la Contraloría General de la República cuestionó el contrato mediante el cual SERVIU V encargaba a JUNDEP la organización de las familias y la gestión de los subsidios (todo esto nueve meses después de haber tenido todos los antecedentes e incluso después de varios meses de la firma del contrato). Frente a la incertidumbre económica que generó esta noticia, Jundep decidió congelar todas las gestiones hasta resolver este punto, lo que demoró otro mes más.

had an incline of fifty-five degrees. To address their demands, we developed a row house of 4.5 meters' width, which allowed us to have a greater number of units arranged parallel to the slope with an enclosure adjusted to Valparaiso's climate conditions. Taking advantage of the steep incline, we developed a three-level house with access from the upper level. The initial part of the house was on this third floor with the future house extending downwards, sheltering it from wind and rain.

We worked on obtaining the building permits and simultaneously started to work directly with the building firm VPK. They assured they would be able to build the project within the available budget due to an innovative construction system: an expanded polystyrene building block that left a cavity inside the walls that could later be filled with concrete. Over several months we adjusted the typology to fit the building details and measurements. But after several attempts to obtain a final, official budget in April 2005, the firm submitted an offer that far exceeded the available budget.

After this first setback, JUNDEP (the project coordinator) and Elemental decided to hold a private bid with known builders to encourage competition and establish clear terms and rules for everyone. But in September, the office of the comptroller general of the Republic brought into question the contract through which SERVIU V commissioned JUNDEP to organize the families and manage the subsidies. All of this happened nine months after all the necessary background data had been obtained and several months the agreement had been signed. Faced with the financial

Después de que 12 empresas conocieron el sitio, el 29 de diciembre de 2004 la licitación se cerró sólo con ofertas de las constructoras Valle Mar y CONINCO. Ambas presentaron presupuestos con déficit importantes. El más bajo, correspondiente a la oferta de Valle Mar, sólo contemplaba 110 viviendas, excluyendo a la comunidad mapuche, por emplazarse en la zona de mayor pendiente. Para poder comparar alternativas equivalentes, se solicitó a Valle Mar que incorporara las 40 viviendas restantes, y a CONINCO que detallara su presupuesto.

Las principales dificultades señaladas por estas empresas fueron la inaccesibilidad para maquinaria pesada en el condominio mapuche y especialmente las estrictas condiciones financieras del Fondo Solidario de Vivienda, que imponía a los administradores privados (JUNDEP) mayor rigidez que a los municipios.

Elemental entonces ajustó la tipología de edificio de 4 pisos (tipo A) y desarrolló una nueva casa de dos pisos y mansarda para las familias mapuches, adelantándose a la exigencia de las constructoras por revisar a fondo la tipología de vivienda. Con estas nuevas

uncertainty this news had caused, JUNDEP decided to cease all procedures until this matter was resolved, which took another month.

After twelve firms came to visit the site, the bid closed on December 29, 2004, with only two offers from Valle Mar and CONINCO. Both of them submitted budgets with significant deficits. The lower of the two offers, from Valle Mar, only budgeted for 110 houses, excluding the Mapuche community because they were in the area with the largest incline. In order to compare equivalent alternatives, it was requested that Valle Mar include forty additional houses in its budget and CONINCO provide its budget details. The firms indicated that inaccessibility for heavy machinery in the Mapuche condominium and the demanding financial conditions of JUNDEP (which imposed stricter conditions on private firms than on municipalities) created problems when they put together their bid packages.

So Elemental adjusted the A typology (four-storied buildings) and developed a new, two-storied house with an attic for the Mapuche families, anticipating the demand of the building firms to thoroughly review the B typology. With this new alternative, and considering the buildable

alternativas, y considerando sólo la zona definida por las constructoras como "construible", el número de viviendas mapuches se redujo de 40 a 22. Esto hizo necesario aprobar los ajustes con los dirigentes mapuches que, en la medida que se asegurara su demanda de suelo, estaban dispuestos a reducir el número de familias y reasignar las 18 familias que se habían integrado al final al comité de vivienda, a viviendas tipo A (en el condominio "chileno"). La solución acordada se entregó a las constructoras para su evaluación final. El 13 de marzo de 2006 Valle Mar y CONINCO entregaron sus presupuestos definitivos. Nuevamente, ambos presupuestos eran excesivos, y la oferta más barata la entregó una vez más Valle Mar. A partir de este resultado, los dirigentes decidieron seguir trabajando con esta empresa y gestionar nuevos recursos para cubrir el déficit de 10.050 UF, unos 350.000 dólares.

El 23 de abril de 2006, los dirigentes y el Director SERVIU V gestionaron una reunión con el Gobierno Regional y profesionales del Municipio, a los que Jundep y Elemental expusieron la situación del proyecto. En dicha instancia, el municipio se comprometió a postular los proyectos de agua potable y alcantarillado a un Fondo de Desarrollo Regional (FNDR) con cargo al financiamiento 2006, y la pavimentación al FNDR 2007. El Gobierno Regional, por su parte, se comprometió a agilizar la aprobación de los proyectos en ESVAL (empresa sanitaria de la V Región) y patrocinar la postulación. Con esto, el déficit quedaba cubierto aunque se extendían los plazos, y sólo quedaba pendiente que Elemental desarrollara los proyectos definitivos de urbanización, incorporando los ajustes realizados con Valle Mar. Este proceso de

area defined by the building firms, the number of Mapuche houses was reduced from forty to twenty-four, meaning it was necessary to obtain the approval of the Mapuche leaders for the adjustments. As long as their demands of having direct access to land were ensured, they were willing to reduce the number of families and reassign the sixteen "newer" families to houses of the A typology (in the "Chilean" condominium). The agreed-upon solution was submitted to the building firms for their final assessment. On March 13, 2006, Valle Mar and CONINCO gave their final budgets, which were then presented to the leaders. Again, both budgets were excessive. Once more Valle Mar made the cheapest offer. So the leaders decided to continue working with this firm and apply for new resources to cover the 10,050 UF deficit, about US$350,000.

On April 23, 2006, the community leaders and the director of SERVIU V organized a meeting with the regional government and municipal staff, to whom JUNDEP and Elemental gave an accounting of the project situation. During this meeting, the municipality committed itself to applying to the FNDR for the drinking water and sewer system to be paid with 2006 financing and the paving from FNDR 2007 funding. The regional government, in its turn, committed to expediting approval of the projects at the local sanitary firm of the Fifth Region and to sponsor the application. In this way, the deficit was covered, although terms were extended. The only thing left was to develop the final urban projects (including the adjustments that had been made with Valle Mar). This process of approval ended successfully in November 2006 after several months of continual revisions and two changes by ESVAL's inspector. Subsequently the municipality prepared everything for the FNDR application.

De izquierda a derecha,
tipología vivienda familias "chilenas",
tipología mapuche

**From left to right,
typology of the "Chilean" families,
typology for the Mapuche families**

aprobación concluyó exitosamente en noviembre de 2006, después de varios meses de continuas revisiones y dos cambios de revisor en ESVAL, lo que dio paso a la preparación de la postulación al FNDR por parte del municipio.

Sin embargo, al presentar los proyectos y antecedentes al Gobierno Regional, éste desconoció el compromiso asumido con los dirigentes y las instituciones asociadas y negó los fondos con el argumento de que ya no se podían postular proyectos "nuevos", sino sólo intervenciones o recuperación de infraestructura existente. Con esta negativa, el proyecto se hizo inviable.

La incertidumbre sobre el futuro del proyecto duró varios meses hasta que a mediados del 2007 el Ministerio de Vivienda modificó el Reglamento del Fondo Solidario de Vivienda aumentando el subsidio disponible de 320 a 370UF por familia, lo que cubría prácticamente el 75% del déficit original. A esto se sumaron los subsidios de localización y habilitación de terrenos, los que permitían pagar por suelos bien ubicados y financiar las obras extraordinarias requeridas en terrenos difíciles como el de Valparaíso.

En octubre del 2007 se obtiene la homologación de los subsidios luego de modificar el proyecto para cumplir con los nuevos estándares incorporados al FSV. En enero del 2008 se cierra el contrato con Vallemar para iniciar obras en marzo de ese año. La obra se ejecutó dentro de los plazos estimados a pesar de algunos contratiempos, como el descubrimiento de una matriz de agua potable que atravesaba unos de los lotes y que fue necesario reubicar. Las viviendas se terminaron en agosto de 2009 y se entregaron a las familias en Septiembre.

However, when the project and background data were submitted to the regional government, it denied the funds, arguing that no applications could be made for "new" projects, but only for interventions or the recovery of existing infrastructure, thus disavowing the assumed commitment with the leaders and associated institutions. Due to this setback, the project became impracticable.

The uncertainty over the project's future lasted until the middle of 2007 when the MINVU modified the regulations of the FSV, increasing the available subsidy from 320 to 370 UF per family (from US$8,000 to US$9,200), which practically covered seventy-five percent of the original budget deficit. To this we added the location and site habilitation subsidies that allowed us to buy well-located sites and finance required work for such difficult sites as in Valparaíso.

In October of 2007 after modifying the project according to the new standards incorporated in the FSV, we obtained the subsidies. In January of 2008, the contract was closed with Valle Mar to begin construction that same year. Execution began to take place within the estimated timeframe despite setbacks such as the discovery of a water pipe crossing one lot. Construction was finished in June 2009, but the city's building permit office added some requirements for the exterior areas of the project. Finally, families moved in October 2009.

El 18 de junio de 2011, un temporal de viento y lluvia con ráfagas superiores a los 100km/h afectó a la costa central de Chile. El proyecto de Valparaíso estuvo entre las construcciones afectadas por el temporal; 15 departamentos sufrieron la voladura de los techos y un total de 28 departamentos fueron afectados por las lluvias. Lo que podría haber sido una cuestión lamentable pero esperable en una tormenta de esas características, tomó un giro distinto. Las familias, el SERVIU y Un Techo para Chile, instalaron la idea que la voladura de techos se había debido a un error de diseño, aduciendo que la cubierta única con pendiente hacia el sentido principal del viento "se había comportado como un ala de avión". En una visita a terreno observamos que las planchas de cubierta estaban clavadas a una de cada 3 costaneras en vez de haber estado fijadas a cada una de ellas como las buenas prácticas de construcción requieren. Además contaban con sólo 3 en vez de 5 fijaciones por cada costanera. Era evidente por tanto que la falla se había debido a un error de instalación por parte de la constructora y de supervisión por parte del SERVIU a quien por ley le corresponde la Inspección Técnica de la obra. La aclaración de este punto no sólo era importante porque estaba en juego nuestro prestigio profesional, sino porque de un diagnóstico adecuado, dependía la correcta solución y anticipación a otro potencial evento futuro.

La constructora empezó bastante rápidamente la reparación y reemplazo de cubiertas dañadas, fijando las planchas esta vez a cada una de las costaneras. Pero para nuestra sorpresa, SERVIU y Un Techo para Chile presentaron a las familias una

In June 2011, a hurricane with winds over one hundred miles per hour hit the coast of Chile. The Valparaiso project was among the constructions damaged by the storm, with fifteen apartments having their roofs blown and a total of twenty-eight units affected. What could have been a sad but expectable situation in case of a storm took a different path: families, SERVIU, and UTPCH settled rather early upon the idea that the problem was due to a design flaw. They argued that a continuous slope performed as an airplane wing, accelerating the wind. Visiting the site, it was absolutely obvious that the problem was due to insufficient fixtures of the steel sheet to the roof structure; three instead of five to each of the secondary beams. So the failure was due to an inadequate installation by the building company and lack of supervision by SERVIU, which by law is required to perform this task. The clarification of this point was important not only because our professional prestige was being undermined, but also because the precision of the diagnosis had consequences on the precision of the solution.

The building company began quite quickly to repair the roofs adding the necessary fixtures. To our surprise though, SERVIU and UTPCH presented a solution to the families that inverted the slope of the roof, in this way solving "once and for all" the

solución que invertía el sentido de la cubierta resolviendo así de "manera definitiva" el supuesto error de diseño. Esto nos obligó a pedir estudios específicos a una de las mejores empresas de ingeniería de Chile, de nuevo, no sólo para defender nuestra honra profesional, sino para evitar cometer un error grave frente a futuros temporales.

Nos encontramos con que el proyecto de cálculo, contratado por la constructora, no había considerado la carga de viento por "no ser mandatario", es decir porque la carga vertical era más restrictiva que las cargas laterales en el dimensionamiento de los elementos estructurales. El estudio encargado por Elemental, concluyó entre otras cosas que:

+ La carga de viento tiene una fuerza de succión más que de empuje por lo que si bien no era mandatoria para definir los elementos trabajando a compresión, si habría definido operaciones específicas para resistir la tracción en caso de haberse aplicado.

+ Que la geometría y orientación hacia el norte, era la más favorable de todos los diseños posibles y que por tanto era la forma más eficiente para resistir viento.

+ Que la falta de elementos de fijación había hecho que cada uno de ellos tomase mayor carga y que en la medida que hubiesen estado todos colocados, el esfuerzo habría estado repartido de manera más homogénea.

design flaw. This "solution" forced us to ask for technical wind studies from one of the best engineering firms in the country, again, not only to defend our professional prestige, but also to avoid committing an even bigger mistake than not fixing the roof properly.

In the process, we found out that the structural engineer hired by the building company said that the firm had not considered the wind loads because it was not mandatory, that is to say, that the loads defined by the wind were less than the ones defined by gravity. The study contracted by Elemental with an independent engineering firm concluded the following:

+ The wind load created a force of suction, not of compression, so even if it was less, it worked in a different direction, requiring specific measures to be taken anyway.

+ The geometry and orientation of the roof designed by Elemental was the most appropriate for resisting the wind; any change in it would create a more difficult situation for the structure.

+ The lack of fixation elements in the installment of the roof made each of them have to bear more load than was acceptable; had all of them been executed, the load would have been distributed more homogeneously and resisted the wind.

Estas conclusiones eran muy relevantes, porque entre otras cosas determinaba que en caso de invertir la pendiente de la cubierta (como el SERVIU V y Un Techo para Chile estaban sugiriendo), se estaría sometiendo a un efecto de succión aún mayor a la cubierta. Este conjunto de informes técnicos fueron entregados al SERVIU, a Un Techo para Chile y al Secretario Regional Ministerial de la V Región. Pero nos llegaban noticias que se seguía empujando la solución de invertir el sentido de la cubierta. Quisimos hacerles llegar estos antecedentes a las familias, a quienes solicitamos en innumerables ocasiones, reuniones abiertas y masivas en que pudiéramos explicar el tema. Pero los dirigentes (distintos a aquellos con quienes habíamos trabajado durante el desarrollo del proyecto), se negaron a recibirnos. Les enviamos entonces una carta certificada a cada uno de los propietarios para que contaran con información cuando se les solicitara su parecer respecto de la alternativa de invertir la pendiente. Al dia de hoy, no tenemos información sobre la evolución de este asunto.

These conclusions were extremely relevant because, among other things, they determined that inverting the roof slope (as suggested by SERVIU and UTPCH) would increase the suction. This set of documents were handed to the MINVU, to SERVIU, and to UTPCH, but they kept on proposing to invert the roof slope. We then tried to make a presentation of these facts to the families, whom we asked several times to hold a meeting. But the leaders (different from those with whom we'd worked during the development of the project) rejected any meeting. We opted to send certified letters to each owner so that they had the right information when asked about this change. At present, we have no information as to how this problem has evolved.

VERSIÓN FINAL DE LA PROPUESTA I **FINAL VERSION OF THE PROPOSAL**

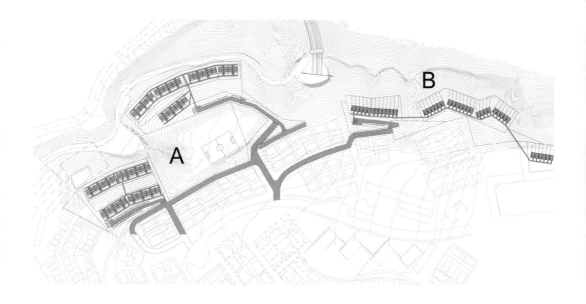

0 10 30   Planta conjunto I **Site plan**   N

Estructura I **Structure**	Albañilería confinada con losa intermedia de hormigón armado I **Confined masonry with reinforced concrete intermediate slab**
Cerramiento I **Enclosure**	Panelería de madera 2" x 3" I **2" x 3" wood paneling**
Estructura de techumbre I **Roof structure**	Cerchas de madera de 1½" x 4" I **1½" x 4" wooden trusses**
Cubierta I **Roofing**	Plancha de acero zincado largo contínuo, onda estándar I **Galvanized steel plate, standard wave**
Estructura de entrepiso I **Mezzanine structure**	Envigado de madera 2" x 6" I **2" x 6" wooden beams**
Revestimiento interior I **Interior enclosure**	Placa de yeso cartón 8 mm / Placa de fibrocemento 4 mm en baño I **8 mm gypsum board / 4 mm fiber cement board in bathroom**
Revestimiento exterior I **Exterior enclosure**	Plancha de fibrocemento de 6mm I **6 mm fiber cement board**

VERSIÓN FINAL TIPO A | **FINAL VERSION TYPE A**

0   10   30

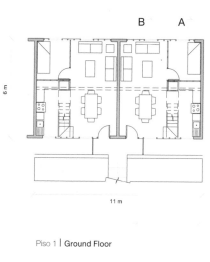

Piso 1 | Ground Floor

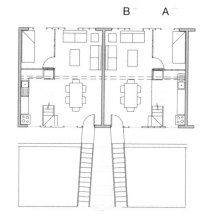

Piso 3 | Third Floor

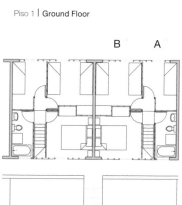

Piso 2 | Second Floor

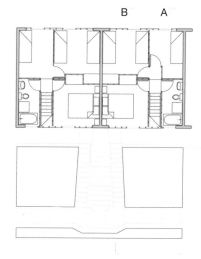

Piso 4 | Fourth Floor

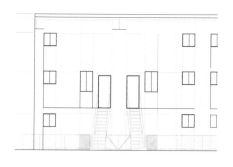

Fachada Frontal | Front Façade

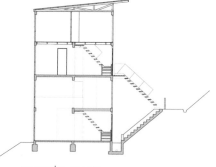

Corte BB | Section BB

VERSIÓN FINAL TIPO A I **FINAL VERSION TYPE A**

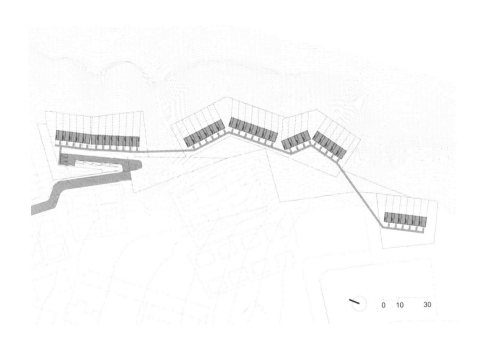

0   10   30

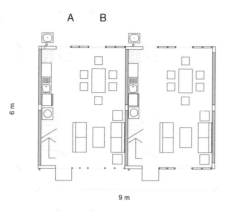

Piso 1 I Ground Floor

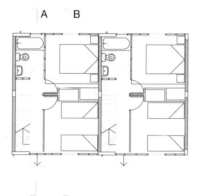

Piso 2 I Second Floor

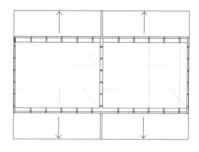

Piso 3 I Third Floor

Fachada Frontal I Front Façade

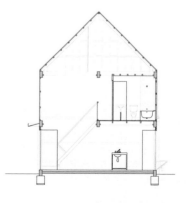

Corte AA I Section AA

6.4 ELEMENTAL RENCA

Santiago es la capital del país y tiene una población de 6 millones de habitantes[54], poco más de un tercio de la población total de Chile. Es una ciudad de 40 km. de diámetro, emplazada en un valle casi plano a los pies de los Andes, con precipitaciones de hasta 300 mm anuales y temperaturas que en invierno rondan los 0° C.

Dado el desarrollo de la ciudad, ya no quedan terrenos cercanos al centro que sean económicamente accesibles para las viviendas sociales. Por esto, prácticamente todos los proyectos de este tipo se ejecutan en pequeñas comunas a más de una hora del centro. La comuna de Renca se encuentra hacia el nor-poniente de la ciudad. En los últimos años, la comuna se ha visto muy favorecida por la construcción de autopistas urbanas que han ha mejorado sustancialmente la accesibilidad desde ahí al centro de la ciudad.

6.4 ELEMENTAL RENCA

Santiago is the country's capital. With a population of six million[54] it is home to more than one third of Chile's entire population. It is a city with a diameter of forty kilometers situated on an almost flat valley at the foot of the Andes, with rainfall up to 300 mm a year and temperatures around 0°C during the winter.

Given the development of the city, there is no affordable land left for social housing near the center. Practically all projects of this kind are sited outside the urban area, in small communes, several hours away from the center. The commune of Renca is situated northwest of the city in a rather central area. During the last few years, the commune has benefited from the construction of urban highways, three of which pass through it and substantially improve accessibility.

54   Instituto Nacional de Estadísticas de Chile: Censo Nacional de Población y Vivienda, 2002.

54   Instituto Nacional de Estadísticas, Ciudades, Pueblos, Aldeas y Caseríos, 2005, accessed May 16, 2012, http://www.ine.cl/canales/chile_estadistico/demografia_y_vitales/demografia/pdf/cdpubaldcasjunio2005.zip, Table: "REGIÓN 13 METROPOLITANA DE SANTIAGO: Ciudades y Pueblos. Censo 2002," p. 277.

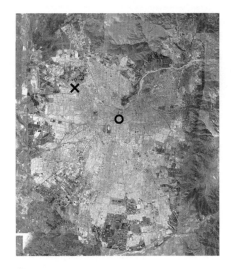

O Centro de la ciudad I **Downtown**
X Ubicación del proyecto I **Project location**

Nº de familias I **No. of families**	170
Terreno I **Site**	1,39 há (490 hab/há) I **1.39 ha (490 inhabitants/ha)**
Ubicación I **Location**	Avenida Brasil 6300, Renca, Santiago, Región Metropolitana
Presupuesto I **Budget**	62.560 UF, aprox. US$2,25 millones I **62,560 UF, approx. US$2.25 million**
Subsidio I **Subsidy**	332 UF/familia + ahorro 20 UF/familia + aportes privados 16 UF/familia I **332 UF/ family + savings 20 UF/family + private support 16 UF/family**
Superficie inicial casa I **Initial house area**	35 m²
Superficie final casa I **Final house area**	67 m², ampliación: 32 m² I **67 m², expansion: 32 m²**
Costo unidad de vivienda con urbanización I **Cost house-unit with urbanization**	607 UF/vivienda, aprox. US$21.000 I **607 UF/house, approx. US$21,000**
Presupuesto centro comunitario I **Communal center budget**	4.373 UF, aprox. US$160.000, donación por Gobierno de la Rioja I **4,373 UF, approx. US$160,000, donated by the government of Rioja**
Comité de Vivienda I **Housing committee**	"Coordinadora Campamentos» y comité de allegados «Construyendo NuestroFuturo"
Entidad Organizadora I **Project coordinator**	Corporación JUNDEP
Asistencia Técnica I **Technical assistance**	Corporación JUNDEP + Elemental
Habilitación Social I **Social habilitation**	Un Techo para Chile
Arquitectura I **Architecture**	Elemental
Ingeniería I **Structural engineering**	Rodrigo Concha
Urbanización y especialidades I **Civil, electrical, plumbing engineering**	Elemental + Constructora SIESCON
Construcción I **Building**	Constructora SIESCON
Aprobación subsidios I **Housing subsidies approval**	Noviembre I **November** 2004
Aprobación permiso edificación I **Building permit approval**	Noviembre I **November** 2005
Inicio obras I **Construction start**	Junio I **June** 2006
Termino de Obras I **Construction end**	Mayo I **May** 2008
Entrega de viviendas I **Occupancy of houses**	Mayo I **May** 2008

La Coordinadora de Campamentos y Comité de Allegados "Construyendo Nuestro Futuro" agrupó a familias de varios campamentos de la comuna de Renca, la mayor parte de ellos ubicados en la falda del Cerro Colorado, junto con algunas familias jóvenes que vivían como allegados en la comuna. Al momento de vincularse con Elemental, esta organización llevaba algunos años intentando resolver su problema habitacional, sin buenos resultados. No estaban dispuestos a abandonar su comuna, ni las oportunidades asociadas a su ubicación. Conocían las desastrosas consecuencias laborales, económicas y sociales que implicaba ser erradicados a la periferia. Con esta claridad, les resultaba muy difícil encontrar propuestas que resolvieran su problema en la comuna misma.

El primer avance en el proyecto de Renca vino de la mano del Ministro Jaime Ravinet, quien conocía de cerca el interés de estas familias de radicarse en la comuna y que vio en Elemental una alternativa de solución. Surgió la posibilidad de comprar un terreno de buenas dimensiones y una inmejorable ubicación, a los pies del Cerro Colorado, al otro lado de la calle que daba acceso a la mayor parte de los campamentos involucrados.

Sin embargo, el sitio elegido por las familias tenía dos problemas: en primer lugar, el costo superaba los ahorros acumulados por el comité, lo que exigió el aporte de un privado para financiar la diferencia.

La segunda gran restricción era la condición del suelo. Debido a la presencia de arcilla en el lugar, en el predio había funcionado una fábrica de ladrillos. Esto implicó la extracción de material en grandes pozos, en algunos casos de más de 3 metros de profundidad. Cuando se acabó la arcilla, el predio fue abandonado y camiones empezaron a tirar escombros en

The Housing Committee "Construyendo Nuestro Futuro" comprised families from several slums of the Renca commune, the majority located on the slope of the Cerro Colorado, as well as young families living with their parents nearby. Up until joining with Elemental, this organization had spent many years trying to solve their housing problem with no results. They were unwilling to leave their commune and the opportunities associated with its location. They were aware of the disastrous labor, economic, and social consequences that came with being uprooted to the periphery. With such clarity, it was very hard to find proposals that could solve the community's housing issue within the same commune.

Housing minister Jaime Ravinet, who was well-acquainted with the families' interest in staying in the commune, saw Elemental as a possible solution and introduced us to the families. At the same time, there arose the opportunity to purchase a large, well-located site at the foot of the Cerro Colorado, across the street where families had been living in slums.

However, the families' preferred site came with two problems. First, its cost exceeded the savings accumulated by the committee. A long negotiation was required and finally a contribution from a private party covered the difference.

The second great restriction was the soil condition. Due to the presence of clay on the site, the land had been previously used as a brick factory. The

el terreno, donde por mucho tiempo se acumuló material de desecho inorgánico. Para construir ahí había que remplazar los escombros por un suelo de calidad. El costo de esa operación superaba lo que la vivienda social normalmente puede pagar como mejoramiento de suelo. Para tratar de minimizar el costo del mejoramiento, el DICTUC propuso mejorar sólo 1,5 metros superficiales con la restricción de construir máximo tres niveles. Las especificaciones de relleno permitían incluso ocupar parte del mismo material del terreno, el cual tendría que harnearse varias veces para separar los desechos.

Además del suelo, el terreno estaba sujeto a varias restricciones normativas: el sector norte del sitio estaba dentro de una franja de expropiación de 16 metros de ancho para la construcción del futuro Camino Lo Boza; bajo esa franja existía un canal de regadío entubado. El extremo oriente estaba ocupado por una torre de alta tensión, la cual definía una franja de restricción de 30 metros sobre el cableado. Sobre el costado sur, el Plan Regulador Comunal exigía construir, con cargo al subsidio, el ensanche de la Avenida Brasil.

Una vez identificadas todas estas restricciones, y con la alternativa de mejoramiento de suelo propuesta, se inició el desarrollo del proyecto de Teodoro Fernández y Sebastián Hernández, ganadores del concurso. La propuesta original hacía énfasis en el terreno más que en la vivienda misma. Presentaba dos casas en L compartiendo un lote de 10 x 10 metros como unidad mínima de agregación y modulado en 3,33 metros. Al centro del lote cuadrado se ubicaban los núcleos húmedos y escaleras de ambas viviendas. La forma en L de las casas buscaba dotar a las casas de un frente mayor al habitualmente estrecho desarrollo de la vivienda social típica.

factory extracted clay from large pits, in some cases more than three meters deep. When there was no more clay left, the land was abandoned. Trucks dumped debris and other non-organic waste material there for years. To build there, the waste material had to be excavated and the pits filled in with suitable soil. The cost of this operation was not affordable for the modest sum of the subsidies. The solution proposed by DICTUC was to improve a depth of only 1.5 meters of soil with a building restriction of three floors maximum. Specifications allowed for the extracted soil from the site to be sieved several times, separating out the waste material and using the reclaimed soil as infill.

But the land was subject to several additional regulatory restrictions. A expropriation strip sixteen meters wide reserved for the construction of a future road marked the site's northern edge. Under that strip lay an encased irrigation canal. A high voltage tower restricted by a thirty-meter-wide swath above the wiring occupied the extreme eastern edge of the site. On the southern side, the Plan Regulador Comunal (communal regulating plan) required Avenida Brasil to be widened, a site improvement that was to be financed by the subsidies.

With all restrictions and liens identified and a soil improvement alternative in place, the winning design by Teodoro Fernández and Sebastián Hernández began to be developed and adjusted. The proposal called for a lot of ten by ten meters shared by two houses. The wet areas and stairs of both

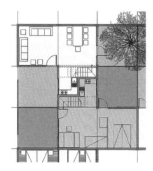

Dadas las particularidades del terreno, se debieron tomar algunas decisiones en la organización del conjunto para viabilizar el proyecto. Lo primero fue descartar la conexión entre los caminos que bordeaban el terreno, ya que había un desnivel de 4 metros entre ambos. Además de simplificar la urbanización y reducir costos, esta decisión resguardaba al conjunto de una vía de alto tráfico, que hubiera restado calidad residencial al conjunto. Diseñamos pasajes con acceso único desde el sur, en torno a los cuales se ubicarían no más de veinticinco familias, facilitando el control y la mantención del espacio comunitario. El pasaje, sin embargo, seguiría siendo propiedad pública, por lo que el municipio se haría cargo de la iluminación, el retiro de basura y el mantenimiento en general.

Una vez definidas la estrategia urbana y la tipología de vivienda del concurso – con algunas pequeñas adaptaciones –, tuvimos la primera reunión de trabajo con las familias. Una de las preocupaciones principales de las familias era que las viviendas compartían un antejardín común, lo que a la larga podía generar conflictos de propiedad. Se ajustó la tipología incorporando estas y otras observaciones, de manera que cada casa tuviera un pequeño antejardín privado para estacionar un automóvil o tener un local comercial. En paralelo, frente a la Avenida Brasil, se desarrolló una nueva tipología de 3 plantas de altura compuesta por casas de un nivel sobre las cuales se ubicaron apartamentos dúplex, similares a las viviendas de los pasajes, con acceso directo desde la vereda pública. Este cambio logró densificar más el terreno, dando cabida a las 170 familias del comité.

houses were placed in the center of the courtyard. Each L-shaped unit looked for a wider front for each house, typically excessively narrow under social housing standards.

Given the existing site conditions, decisions on the complex's programmatic organization were key to the project's viability. The first decision was to discard the connection between the north and south roads surrounding the land due to a level difference of four meters between them. Besides the obvious simplification and savings that came with eliminating paving and earthwork, this decision sheltered the housing complex from a high-traffic street, a potentially hazardous disturbance to the residents' quality of life. As an alternative, we designed alleys with a single access from the south around which twenty-five families would be located, making the community space easier to maintain and supervise. The alley was to remain public property, meaning that the municipality would pay for lighting, garbage collection and general maintenance.

With this urban strategy and the proposed house typology (which experienced some small adaptations), we held the first work meeting with the families. Their main comment was that the common front yard would generate ownership conflicts over time. The typology was adjusted so that each house would have a small private front yard to park a car or have a small shop. At the same time, for the front towards Avenida Brasil, we developed a three-story typology composed of single-floor units on the ground floor with two-story houses (like the one in the alleys) placed on top, all of them with direct access from the public sidewalk. This change achieved an increased density and space for each of the 170 families in the committee.

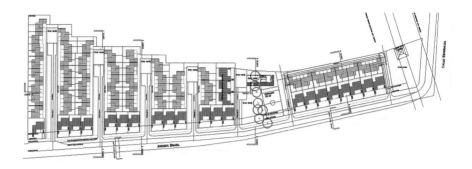

Se inició entonces un proceso de evaluación técnica y económica con la constructora SOGESE, que a partir de su experiencia con prefabricados en campamentos mineros pretendía sistematizar un sistema constructivo modular, que redujera los tiempos de instalación. Pronto se descartó esta idea en favor de la albañilería tradicional, que en Chile sigue siendo la opción menos costosa. Ello requirió volver a ajustar el proyecto de cálculo. Todo este proceso, que apuntaba a contratar las obras directamente con la empresa, llevó varios meses. Sin embargo, en junio de 2005 el presupuesto definitivo presentó un déficit de 11.600 UF (unos 400 mil dólares), casi un 15% del presupuesto disponible , lo que desencadenó un quiebre definitivo con SOGESE. Decidimos abrir el proceso a más empresas, para generar competencia en la entrega de las ofertas.

En agosto de 2005, realizamos un llamado a licitación privado, al que se invitó a cinco constructoras. Sólo dos se presentaron y ninguna pudo hacer una oferta dentro del presupuesto disponible. La licitación se declaró desierta. En el marco de su política de responsabilidad social empresarial, la constructora SALFA aceptó iniciar un proceso de ajuste a los proyectos, para intentar eliminar el déficit de 25.903 UF (casi 1 millón de dólares) de su oferta original. Su primera condición fue incluir en el estudio del proyecto a su propio ingeniero estructural y al mecánico de suelos Issa Kort, ya que para la constructora esas eran las dos partidas donde se podía ahorrar más para entrar en costo. SALFA propuso también alivianar la estructura, eliminar los retranqueos en las hileras de viviendas y ajustar las obras de pavimentación.

We then entered into a process of technical and financial evaluation with the contractor, SOGESE; the contractor was chosen based on their experience with prefabricated systems in mining camps where they employed a modular constructive system that greatly reduced installation time. This idea was soon discarded and replaced with traditional brick masonry. In Chile, masonry continues to be the most economical building material. Furthermore, it was the only way SOGESE could arrive at a competitive bidding price. The project once again needed to be adjusted according to engineering calculations. The process of developing the contract directly with the firm took many months. In June 2005, after months of negotiations, the budget still had a deficit of 11,600 UF (US$450,000), forcing us to break from SOGESE. We decided to open the bid to many contractors in the hope of generating competition among the offers.

In August of 2005, we invited five building companies to submit to a private bid. Only two responded and neither could make an offer within the available budget. The bid was declared void. Within the framework of its corporate social responsibility policy, the firm SALFA, one of the biggest in the country, agreed to initiate an adjustment process to eliminate the 25,903 UF deficit from its own original offer. Their first condition was to include their own structural engineer and the best soil mechanics engineer in Chile, Issa Kort, to address the two points where savings could be found. SALFA also proposed to have a lighter structure, to eliminate the setbacks of the rows of houses, and to adjust the paving.

The new soil mechanics engineer discarded the possibility of only filling in 1.5 meters, as DICTUC had suggested,

 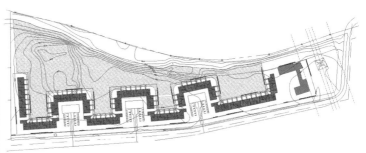

fig. 35

El nuevo mecánico de suelos descartó la posibilidad de rellenar sólo 1,5 metros como había propuesto el DICTUC y exigió el reemplazo del total de los escombros del lugar por material estructural nuevo, lo que significó un nuevo aumento del costo. Para estimar el volumen de relleno, realizamos sesenta calicatas en el terreno, con lo que definimos el perfil del suelo "bueno", oculto en algunos casos bajo más de 3 metros de basura. Esto implicaba extraer 55.000 m³ y rellenar con 60.000 m³, es decir, pagar con cargo a los subsidios 6.000 camiones sacando escombros y 6.000 camiones trayendo relleno. Si a esto le sumábamos el costo del botadero, el de la compactación y del mejoramiento, más que triplicábamos el valor comercial del terreno.

Si mejorar el suelo costaba tanto, lo que tendríamos que hacer era usar menos suelo. Propusimos entonces trabajar con viviendas superpuestas, colocando la mitad de las casas sobre la otra mitad y usar el material de la excavación para que con la meseta que se generase dar acceso a las viviendas altas con escaleras individuales de un solo tramo. Al ocupar la mitad del sitio, no sólo habría la mitad de metros cúbicos de terreno que mejorar, sino que además podíamos mover los escombros dentro del lote mismo, ahorrando así el costo del traslado y retiro de material. Esta operación redujo prácticamente a cero el déficit por movimiento de tierra.

Según el presupuesto de SALFA, con todos estos ajustes se debía llegar a precio. El 3 de noviembre de 2005, Elemental les planteó a las familias la necesidad de superponer viviendas, lo que nos llevaba

and demanded that all the waste material be replaced by new structural material, meaning another cost increase. In order to estimate the fill volume and its associated cost, we dug sixty trial pits in an effort to define the profile of the "good" soil, hidden in some cases under more than three meters of garbage. We found that we would have to extract 55,000 cubic meters and fill 60,000 cubic meters. In other words we would have to pay with the families' subsidies for 6,000 trucks to collect debris and 6,000 trucks to bring infill. If we added the cost of the garbage dump, compacting and other soil improvements, the commercial value of the land more than tripled.

Considering that soil improvement was so expensive, the only left strategy and obvious conclusion was to concentrate the soil improvement on a smaller area. We proposed placing half of the houses atop the other half using the material that would come from eliminating debris to create an artificial hill to provide access to the upper houses with individual flights of stairs on the plateau. By occupying only half of the site, we not only reduced the area that needed soil improvements by half, but we could also move the debris within the plot itself, saving on the transport of material. This change of strategy reduced the deficit of the earthwork to less than a quarter of the original estimate.

According to SALFA's original budget, with these adjustments they could develop a viable project. On November 3, 2005, Elemental discussed with the families the need to intensify and make more efficient use of land in order to reduce the area requiring improvement. That led us to change the building design from two-story houses to four-story buildings (two stacked duplex units, fig. 35).

fig.36

como consecuencia a edificios de cuatro niveles (dos dúplex superpuestos) (fig. 35). Esta solución, aún cuando avalada por cálculo y SALFA, fue rechazada por las familias. Después de todos estos intentos, decidimos dar una vuelco radical al problema, abandonar la tipología generada en el concurso así como la del edificio y buscar otra alternativa.

Elemental propuso entonces a las familias usar una tipología de viviendas individuales de tres pisos con patio y antejardín privado, con una crujía de 4,5 metros de ancho. Usando la lógica estructural del proyecto de Antofagasta desarrollamos una vivienda cuyos muros medianeros de albañilería contenían la estructura, el cortafuego, las instalaciones y circulaciones. Así concentrábamos todos los servicios de la casa en un área de 1,5 metros de ancho, dejando los 3 metros de vacío entre corchetes como espacio de crecimiento simple (fig. 36).

La entrega inicial contemplaba la envolvente exterior completa de la vivienda, por lo que las ampliaciones se desarrollarían en el interior, sin comprometer la estanqueidad de los recintos. Esta tipología concentrada y la revisión en detalle de las proporciones y cantidad de pasajes nos permitieron reducir la superficie de terreno necesaria, "comprimiendo" el conjunto hacia el lado sur, liberando una ancha franja de terreno hacia el norte. Mantuvimos los avances logrados en el ahorro de movimiento de tierra, pero también conseguimos entregarle a todas las familias el patio y el antejardín que demandaban.

En diciembre de 2005, tras un largo proceso de ajuste de acuerdo a las exigencias de SALFA, la empresa entregó un presupuesto con un déficit que no reflejaba los ajustes realizados en conjunto. Si bien el costo de construcción se había reducido, inexplicablemente los gastos generales subieron a montos absurdamente mayores a los de cualquier

This solution, despite being endorsed by the calculations and SALFA, was rejected by the families. So we were compelled to definitively abandon the competition winners' project and seek a new alternative.

Elemental then proposed using an individual typology of three-story houses with a private courtyard and front yard, but with a narrower bay: 4.5 meters. By using the structural logic of the Antofagasta projects, we developed a house where the masonry structural partition walls consolidated the structure, firewall, utilities, and circulation. Thus, we concentrated all the services of the house in an area of 1.5 meters, leaving three meters to develop as a "low-tech" growth space (fig. 36).

The initial design placed two floors and an attic within a single "shell" where residents' additions (or, strictly speaking, subdivisions) would develop in the interior, maintaining the rooms' environmental seal. This new compact typology with its revised detailing and increased direct access to the alleyways allowed us to reduce the necessary land area, "compressing" the housing complex towards the south side of the site, freeing up a wide strip of land towards the north. We maintained our savings on the earthwork while also managing to provide each family with a courtyard and a front yard, a condition they demanded.

In December 2005, after a long process of adjusting to the demands of SALFA, the firm submitted a budget with a deficit that did not reflect the adjustments

fig. 37

obra de construcción. Esto no sólo era injustificable desde un punto de vista administrativo, sino abiertamente difícil de entender porque se suponía que esta empresa estaba participando en este proyecto en el marco de su política de responsabilidad social.

Luego de varias reuniones[55] y debido a la negativa de ajustar sus gastos administrativos nos vimos en la obligación de prescindir de trabajar con dicha empresa constructora lo cual nos hizo, especialmente a las familias, perder muchísimo tiempo, agregándole un invierno más a los plazos del proyecto.

Rápidamente, JUNDEP realizó un nuevo llamado a licitación privada, pero con mejores condiciones. Gracias a gestiones de UTPCH, que consiguió con el Cuerpo Militar del Trabajo ejecutar el movimiento de tierra a muy bajo costo (excluidos traslados y nuevo material de relleno), se pudo restar de la licitación la partida del mejoramiento de suelos, concentrando los recursos sólo en la construcción (fig. 37). Participaron SIESCON, Llaima y SERINCO. En enero de 2006 SIESCON se adjudicó la obra. Ese mismo mes, el CMT inició el movimiento de tierra.

Dado que el mejoramiento tomaría algunos meses, la empresa se centró en la construcción del Centro Comunitario que fue financiado con fondos del Gobierno de La Rioja, España. Elemental desarrolló el diseño del edificio, que reúne sede social, boxes médicos y dentales, biblioteca equipada con computadores e internet y jardín infantil. Cada una de estas partes correspondía a programas que con anterioridad ya

that had been jointly made. Even though the construction cost was reduced, the general expenses grew, being far greater than what is common in the building market. This was not only unjustifiable from an administrative point of view, but also really hard to understand because Salfa was supposedly participating in the project as part of their social responsibility policy.

After a series of meetings[55] and given the company's refusal to adjust its administrative expenses and fees, we declined keep on working with SALFA. This made all of us, particularly the families, waste precious time, adding another winter to the project's timing.

Shortly thereafter JUNDEP, the project manager, made a new call for private bids, but under better conditions. Thanks to arrangements made by UTPCH, we obtained the assistance of the Cuerpo Militar del Trabajo (Chilean military workforce; acronym: CMT) for the earthwork at a very low cost (excluding transport and filling with new material, fig. 37). We could subtract the soil improvement item from the bid and concentrate the limited available resources on the building. SIESCON, Llaima, and SERINCO building companies took part in this bid. In January 2006, SIESCON was awarded the project. During that same month, CMT started the groundwork.

---

55   Estas presentaciones las hicimos a un comité de la empresa presidido por Gastón Escala, entonces gerente de Salfa y que actualmente se desempeña como Presidente de la Cámara Chilena de la Construcción.

55   These presentations were made to a committee headed by Gaston Escala, then CEO of the company and today president of the Chilean building chamber (CChC).

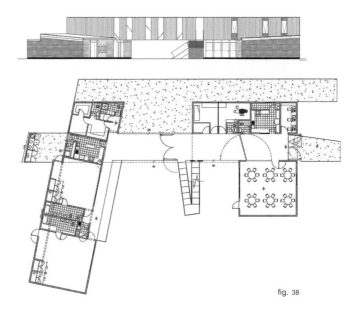

fig. 38

se encontraban presentes en los campamentos de donde provenían las familias, y que fueron gestionados principalmente por los dirigentes. El edificio fue terminado y entregado en octubre de 2006. y pasó ser el lugar donde se reunió la comunidad durante el desarrollo de la obra, y donde operó también la constructora (fig. 38).

Dado que el año 2006 empezó a operar la nueva política habitacional, un proceso de homologación a los nuevos requerimientos afectó el diseño de las viviendas. Los nuevos recursos que la nueva política aportó, permitieron no sólo construir el total de la vivienda, sino que también habilitar las zonas comunes: se construyeron áreas verdes, el artista Federico Assler donó una escultura inspirada en la comunidad del proyecto, se pudo construir un cierro general para el terreno que permitió a las familias tener accesos vehiculares controlados. Pero el proceso de homologación significó también un atraso en la obra. Ese tiempo se ocupó para realizar talleres comunitarios donde se discutió por parte de los

As the soil improvement would take months to execute, the firm focused on building the community center that was financed with funds of the government of La Rioja, Spain. Elemental developed the design of the building. This included a central office, medical and dental rooms, a library, and a kindergarten. Each one of these parts belonged to programs that previously existed in the camps where the people came from and had been procured by the leaders. The building was completed and opened in October 2006. It became the place where the community met during the project's development and also functioned as the contractor's headquarters (fig. 38).

In 2006 a new housing policy was introduced, which forced us to adjust the homes' designs to the new requirements. The new resources contributed by the new policy allowed us to not only build the whole home, but also finish the common zones: green spaces were built and the artist Federico Assler donated a sculpture inspired by the project's community. A general enclosure was built for the site, allowing families to control vehicular access. Despite the construction delays associated with

Una de las líderes más carismáticas surgidas de los talleres de participación fue Cecilia Castro hablándole aquí a las familias.

One of the most charismatic leaders who emerged from the participatory process was Cecilia Castro, talking here to the community.

futuros propietarios (presentó)el reglamento final de copropiedad, entregando a cada familia un cuadernillo con los derechos y obligaciones que acordaron como comunidad y para que registraran los avances e inversiones en la casa. La obra se recepcionó el día 30 Mayo del año 2008; al día siguiente fue la inauguración que reunió más de 2 mil personas.

Un mes después de entregadas las viviendas, ya estaban conformados gran parte de los antejardines. Completar las terminaciones de la casa, le tomó a cada familia en promedio unos tres meses. Los patios privados resultaron ser el lugar de reunión natural de los grupos, además de ser la unidad en que se organizaba el comité. El comité por su cuenta ha continuado gestionado nuevos recursos para habilitar un parque en la zona donde se deposito el material retirado del terreno.

Quizás el resultado más importante de este proyecto, es que el comité de vivienda que se formó para acceder a la vivienda, fue empoderado durante el proceso y se transformó en una corporación que asesora a otros grupos de familias que quieren acceder a una solución habitacional. Ellos se han transformado en un referente nacional e incluso internacional que convirtieron su experiencia en conocimiento por medio del cual hoy generan ingresos.

the landscape work, the finished common areas created a sense of shared ownership among the residents. The final regulations of co-ownership were presented in the community workshops; each family received a bound informational package outlining their rights and obligations to maintain agreement in the community and register capital improvement made to their homes. The project was handed over on May 20, 2008; the next day more than 2,000 people came to the inauguration.

One month after the houses were handed over, front gardens were already taking form. Building the interior partitions took an average of three months for each family. The private patios became communal meeting spaces and centers for community organization. The committee also applied for additional funds to create a park in the zone where refuse material was deposited.

Maybe the most important result of this project was that the community was empowered through their involvement in the construction process, transforming itself into a corporation that helps other family groups seeking housing solutions. They have become a national and even international example of successful community organization and actually converted their experience in valuable knowledge, which is today a source of income.

VERSIÓN FINAL DE LA PROPUESTA I **FINAL VERSION OF THE PROPOSAL**

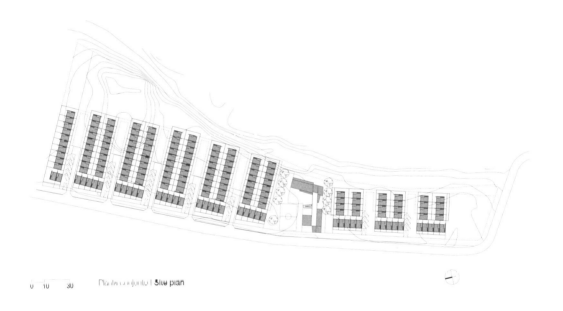

0   10   30   Planta conjunto I **Site plan**

Estructura I **Structure**	Albañilería confinada y machones de hormigón armado I **Confined masonry and reinforced concrete walls**
Cerramiento I **Closure**	Panelería de madera 2" x 2" y 2" x 3" I **2" x 2" and 2" x 3" wooden paneling**
Estructura de techumbre I **Roof structure**	Carpintería metálica 150 mm (Metalcón) I **150 mm light steel profile (Metalcon)**
Cubierta I **Roofing**	Plancha de acero zincado, perfil 5V I **Galvanized corrugated steel plate, 5V profile**
Estructura de entrepiso I **Mezzanine structure**	Envigado de madera 2" x 6" I **2" x 6" wooden beams**
Revestimiento interior I **Interior cladding**	Placa de yeso cartón 8 mm / Placa de fibrocemento 4 mm en baño I **8 mm gypsum board / 4 mm fiber cement board in bathroom**

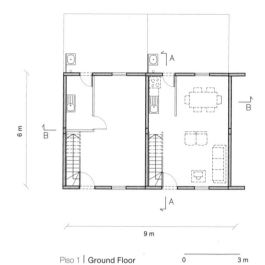

Piso 1 | **Ground Floor**

0   3 m

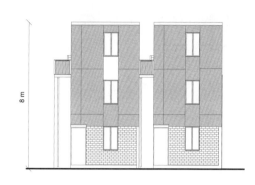

Fachada Frontal | **Front Façade**

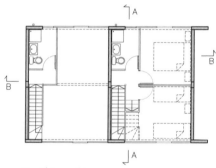

Piso 2 | **Second Floor**

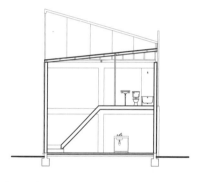

Corte AA | **Section AA**

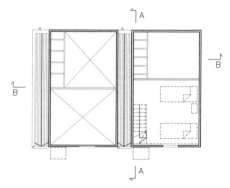

Piso 3 | **Third Floor**

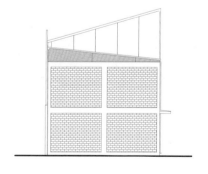

Fachada Lateral | **Side Façade**

El proceso de intervención de las familias no sólo tiene que ver con hacer crecer las casa inicialmente recibida, sino también con iniciar pequeños negocios para generar nuevas fuentes de ingreso.

The interventions of the families not only pertain to growing the houses they initially receive, but also to starting small businesses to generate new sources of income.

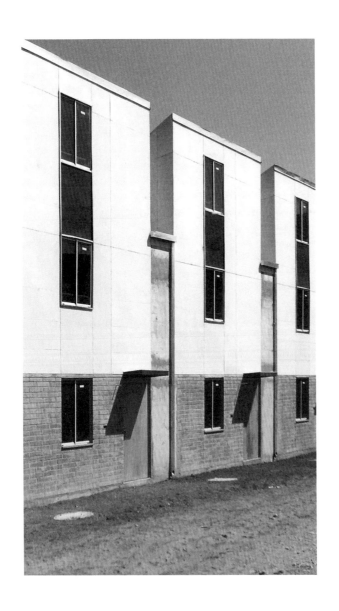

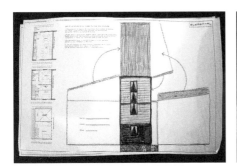

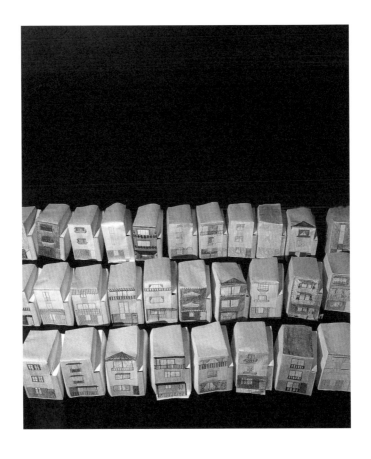

6.5 ELEMENTAL CHIGUAYANTE

Concepción es la tercera ciudad más grande del país con 670.000 habitantes[56] y se ubica 500 km. al sur de Santiago. Chiguayante es una de las comunas que forman parte del área metropolitana de Concepción y se ha consolidado como ciudad dormitorio de sectores de ingresos medios y altos, lo que ha elevado los precios del suelo por encima de lo que normalmente se puede pagar en vivienda social.

Nuestra primera decisión de proyecto fue buscar un terreno lo suficientemente grande, para que un mayor número de familias permitiera prorratear los valores del suelo y su urbanización. Esto fue posible gracias a que el proyecto se desarrolló con una empresa constructora asociada, propietaria de varios predios en la comuna (fig. 39).

6.5 ELEMENTAL CHIGUAYANTE

Concepción is the third largest city in the country, with a population of 670,000,[56] and is situated 500 kilometers south of Santiago. Chiguayante, one of the communes of the metropolitan area of Concepción, has gradually consolidated into a neighborhood with pockets of middle and high-income residents. This has increased the price of the land beyond what can normally be paid for by social housing budget.

Our first project decision was to look for a site large enough so that as many families as possible could prorate the cost of the land and its urban development. This was possible because the project developed from the very start with a building firm that also owned several sites in the area (fig. 39).

56   Instituto Nacional de Estadísticas de Chile: Censo Nacional de Población y Vivienda, 2002.

56   Instituto Nacional de Estadísticas, Ciudades, Pueblos, Aldeas y Caseríos, 2005, accessed May 16, 2012, http://www.ine.cl/canales/chile_estadistico/demografia_y_vitales/demografia/pdf/cdpubaldcasjunio2005.zip, Table: "REGIÓN 08 DEL BIOBÍO: Ciudades y Pueblos. Censo 2002," p. 179.

O Centro de la ciudad I **Downtown**
X Ubicación del proyecto I **Project location**

N° de familias I **No. of families**	150
Terreno I **Site**	1,27 há (471 hab/há) I **1.27 ha (471 inhabitants/ha)**
Ubicación I **Location**	Porvenir s/n, Chiguayante, Concepción, VIII Región
Presupuesto I **Budget**	52.800 UF, aprox. US$1,8 miliones I **52,800 UF, approx US$1.8 million**
Subsidio I **Subsidy**	332 UF/familia + ahorro 20 UF/familia I **332 UF/family + savings 20 UF/family**
Superficie inicial casa I **Initial house area**	41,8 m² I **41.8 m²**
Superficie final casa I **Final house area**	70,1 m², ampliación: 28.3 m² I **70.1 m² expansion: 28.3 m²**
Superficie inicial dúplex I **Initial two-story unit area**	46.7 m² I **46.7 m²**
Superficie final dúplex I **Final two-story unit area**	75 m², ampliación: 28,3 m² I **75 m², expansion: 28.3 m²**
Comité de Vivienda I **Housing committee**	"La Esperanza" y/and "Chiguayante Emprendedor"
Entidad Organizadora I **Project coordinator**	Área Sur
Asistencia Técnica I **Technical assistance**	Área Sur
Habilitación Social I **Social habilitation**	Área Sur
Arquitectura I **Architecture**	Elemental + ONA arquitectos (Barcelona)
Ingeniería I **Engineering**	SIRVE
Urbanización y especialidades I **Civil, electrical, plumbing engineering**	Elemental
Aprobación subsidio I **Housing subsidies approval**	Septiembre I **September 2004**

fig. 39

A diferencia de muchas de las otras comunidades con que Elemental ha trabajado, las cuales provienen de campamentos, los Comités de Vivienda "La Esperanza" y "Chiguayante Emprendedor" estaban compuestos por familias allegadas en barrios consolidados, o sea que cada una vivía en un terreno o vivienda ajena (normalmente de un familiar), compartiendo el espacio con la familia propietaria. El allegamiento es una expresión clara de la forma en que los más pobres dependen de las oportunidades de la ciudad, por lo que prefieren vivir en condiciones de precariedad y hacinamiento, pero bien ubicados, antes que busca una solución periférica.

La oficina catalana ONA – ganadora del concurso y que en ese momento estaba abriendo una oficina en Chile – planteaba, más que una tipología, dos módulos prefabricados que podían combinarse de diversas maneras para conformar varios tipos de vivienda. A partir de las múltiples combinaciones posibles, durante su primera visita a Chile se definió una unidad de 7,5 metros de ancho por 6 metros de fondo y tres niveles donde se "entrelazaban" una vivienda y un apartamento. Se ideó una "torre" estructural de sólo 1,5 metros de ancho que concentraba los servicios y circulaciones de ambas viviendas, dejando el espacio para los recintos modulares en unas crujías de 3 metros de ancho a ambos lados del núcleo central. Entre este núcleo estructural y los medianeros se definía el espacio de crecimiento para cada unidad. Las propiedades tenían forma de L, vistas en elevación. La casa tenía patio y ocupaba el primer nivel y la mitad del segundo; el apartamento – sobre la vivienda – tenía una terraza cubierta y ocupaba la otra mitad del segundo piso y el tercero (fig. 40).

Dadas las condiciones climáticas de Concepción, donde las precipitaciones alcanzan los 1.100 mm. por año, en vez de intentar alcanzar muchos metros cuadrados, el objetivo

Unlike many of the other communities with whom Elemental had worked with, which normally come from nearby slums, the Housing Committees of "La Esperanza" and "Chiguayante Emprendedor" were comprised of families living with relatives in consolidated neighborhoods. In other words, each one of them lived on land or in a house that did not belong to them (usually the property belonged to a relative), sharing the space with the owner. This condition of living with relatives is a very clear expression of the dependence of poor people on location and the opportunities provided by the city, as they prefer living in very precarious, overcrowded conditions in a better location to seeking a solution on the periphery.

The Catalonian office ONA, winner of the contest, was at the time opening an office in Chile. Their proposal, more than a typology, consisted in two prefabricated modules that could be combined in several ways to form many housing typologies. Among all the possible combinations, ONA defined a unit 7.5 meters wide by six meters deep with three levels where a house and an apartment "entwined." The initial invention was a structural "tower" only 1.5 meters wide, concentrating the services and circulations of both houses and leaving bays three meters wide on both sides of the central nucleus. The growth space of each unit was defined between this structural nucleus and the partition walls. Viewed in elevation, the properties were L-shaped. The house had a courtyard and occupied the first level and half of the second; the apartment (on top of the house) had a covered

fig. 40

fue cerrar tantos metros cúbicos como fuera posible, de manera que los crecimientos se realizaran en el interior. En términos urbanos, proponíamos un condominio en que la repetición de la fórmula de casa + apartamento generaba un edificio continuo de tres pisos de altura, que en sus giros y pliegues iba confinando los espacios comunitarios. Era deseable tener espacios exteriores privados lo suficientemente pequeños para ser administrados y vigilados por los vecinos, pero lo suficientemente amplios para permitir más de un uso a la vez (juego de los niños y estacionamiento por ejemplo).

En una de las reuniones de trabajo en terreno con la municipalidad, el Director de Obras de Chiguayante nos sugirió considerar el hecho que en Chile, el mantenimiento del espacio público lo hacen los municipios y el de los condominios privados los propietarios. Por ello resultaba altamente probable que los patios comunitarios – que en sectores de mayores ingresos habrían tenido su mantención asegurada a través del pago de gastos comunes – en este caso terminarían deteriorándose a corto plazo, con todas las consecuencias negativas que esto tendría para el proceso de valorización. Con este principio en mente (que aplicamos luego a todos los proyectos de Elemental) extendimos el espacio público tanto como fue posible hacia el interior del predio, incluso dentro de los mencionados patios, hasta prácticamente hacer coincidir el espacio público con el vacío entre las fachadas de los edificios. De alguna manera lo que hicimos fue construir un edificio privado con la mayor densidad que permitía la norma municipal, y rodear con él el espacio público como si se tratara de un

terrace and occupied the other half of the second floor and the entirety of the third floor (fig. 40).

Given the climate conditions in Concepción, where rainfall reaches 1,100 millimeters a year, instead of looking for more square meters, the aim was to enclose as many cubic meters as possible so that additions could be made in the interior. In urban terms, we proposed a condominium in which the repetition of the "house + apartment" could generate a continuous, three-story building that confined small community spaces inside its twists and folds. It was desirable to have private exterior spaces small enough to be managed by the neighbors but large enough to permit more than one use at the same time (children playing and parking, for example).

In one of the on-site meetings with the municipality, the building department director of Chiguayante suggested we consider the fact that in Chile municipalities maintain public spaces and owners are responsible for private courtyards. While it's likely that homeowners' fees assure maintenance for community courtyards in higher-income areas, in our case, such spaces would rapidly deteriorate and depreciate land values. With this principle in mind (which we later applied to all Elemental projects), we extended the public space as far as possible into the site, even into the aforementioned patios, until the public space practically coincided with the void between the building façades. To a certain extent what we did was build a private building with the highest density permitted by municipal regulations and surround with it the public space as if it was a glove. In little more than a hectare we were able to fit 150 houses. Without sacrificing spatial conditions, we made sure that the administration of the courtyards was a

"guante". En poco más de una hectárea dimos cabida a 150 viviendas. Sin sacrificar las condiciones espaciales, aseguramos que la administración de los patios fuera municipal, comprometiendo así por norma cuestiones como el retiro de la basura o el mantenimiento de veredas e iluminación exterior. El mismo esfuerzo por evitar espacios que obligaran a tener gastos comunes lo aplicamos para eliminar cualquier circulación común elevada, aún cuando la mitad de las viviendas estaban en segundo y tercer piso. En su lugar, se dispuso una escalera individual para cada apartamento conectada directamente con las veredas públicas.

El hecho de trabajar con la Constructora Adriana Méndez desde el comienzo del proyecto tenía un riesgo: eliminaba la posibilidad de competencia entre ofertas, y con esto eventualmente comprometía el costo del proyecto. Pero también nos permitía acceder a su "cartera" de terrenos en la comuna a un precio conveniente, así como ir trabajando en paralelo la definición de los detalles técnicos junto con los ajustes económicos. Este trabajo "en línea" permitió que el proyecto Elemental Chiguayante, no sin dificultades y negociaciones, estuviera prácticamente en costo en marzo de 2005, a pocos meses de la adjudicación de los subsidios, e incluso antes de la obtención de los permisos definitivos de construcción.

Pero a veces no basta con eso. El 4 de abril de 2005, la Constructora Adriana Méndez, dueña del terreno y futura ejecutora de las obras, fue sancionada por SERVIU por el retraso en otra obra desarrollada en la región. A pesar de llevar más de un 80% ejecutado de esa otra obra, se le canceló el contrato (que fue entregado a una segunda constructora) y se le cobró una multa sustancial. Lo más grave de la sanción fue que la constructora fue eliminada del Registro Oficial de Contratistas del MINVU, quedando inhabilitada para ejecutar obras

municipal responsibility, committing the municipality to garbage collection, sidewalk maintenance, and exterior lighting. Along the same principle of placing more maintenance responsibility on municipality, we made an individual staircase for each apartment that directly connected to the public sidewalks.

Working with Adriana Mendez Building Company from the outset of the project came with a risk: that of leaving out the possibility of competition between offers, which may have produced an increase in the project's budget. Yet overall it proved to have more advantages than disadvantages, not only because we had access to their "portfolio" of sites in the neighborhood, but particularly because we were able to work simultaneously in defining the technical details and financial adjustments. This "on-line" work permitted the Elemental Chiguayante project to be almost within budget in March 2005, a few months before assigning subsidies, and even before obtaining the final building permits.

But sometimes that is not enough. On April 4, 2005, the building company Adriana Mendez, owner of the land and the future project executor, was sanctioned by SERVIU for its delay in another project developed in the region. Although it had already done more than eighty percent of the work, its contract was annulled (and given to another building company), and it was fined a huge penalty. The most serious part of the penalty was that the building company was eliminated from

con fondos del Ministerio de Vivienda. El desajuste entre sanción y falta se debió a un enfrentamiento de bandos políticos opuestos entre constructora y gobierno. En una semana, el proyecto más avanzado de los siete del concurso se vino abajo. La empresa, frente a la imposibilidad de construir, ofreció vender el terreno pero a un precio muy superior al acordado en el escenario original. Tampoco fue fácil encontrar nuevas empresas que estuvieran dispuestas a enredarse en un proyecto "muerto". A pesar de los esfuerzos de Área Sur – el organizador de la demanda - que buscó durante varios meses nuevas alternativas, fue imposible encontrar un nuevo terreno a un precio accesible en la comuna.

Finalmente, en septiembre de 2005, las familias firmaron su renuncia oficial a los subsidios (requisito para postular a otras alternativas), con lo que se canceló definitivamente el proyecto Elemental Chiguayante.

MINVU's official registry of contractors, rendering them unable to execute projects with ministry funds. In one week, for what we later learned was political antagonism, the project that had achieved more progress than any of the other seven projects of the contest, turned into a total failure. The firm, not being able to work for the state, offered to sell the land but at a much higher price than the one it had agreed to in the original scenario. It was also quite hard to find new firms willing to involve themselves in a "dead" project. In spite of the efforts made by Área Sur, the project manager, who searched for new alternatives for several months, it was impossible to find new land at an accessible price in the commune.

Finally, in September 2005, the families signed an official waiver for the subsidies (a requirement to apply for other alternatives), with which the Elemental Chiguayante project was definitively cancelled.

VERSIÓN FINAL DE LA PROPUESTA I **FINAL VERSION OF THE PROPOSAL**

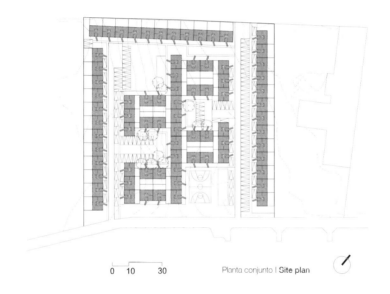

0   10   30   Planta conjunto I Site plan

Estructura I Structure	Albañilería confinada, pilares y losa intermedia de hormigón armado I **Confined masonry, reinforced concrete columns and reinforced intermediate slab**
Cerramiento I Closure	Panelería de madera 2" x 3" I 2" x 3" wooden paneling
Estructura de techumbre I Roof structure	Cerchas de madera I Wooden trusses
Cubierta I Roofing	Plancha de acero zincado, perfil 5V I Galvanized steel plate, 5V profile
Estructura de entrepiso I Mezzanine structure	Envigado de madera 2" x 6" I 2" x 6" wooden beams
Revestimiento interior I Interior cladding	Placa de fibrocemento de 6mm / 4 mm en baño I 6 mm fiber cement board / 4 mm in bathroom
Revestimiento exterior I Exterior cladding	Placa de fibrocemento 8 mm I 8 mm fiber cement board

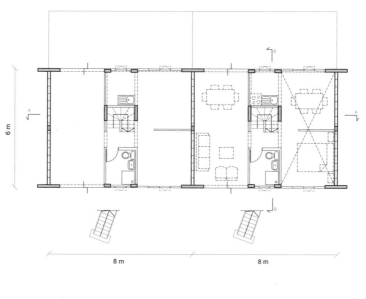

Piso 1 I **Ground Floor**

0   3 m

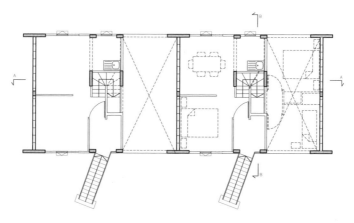

Piso 2 I **Second Floor**

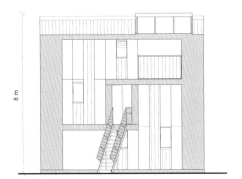

8 m

Fachada Frontal | **Front Façade**

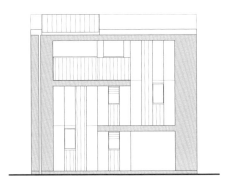

Fachada Posterior | **Back Façade**

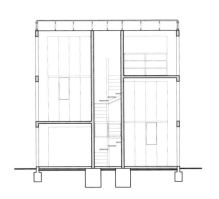

Corte AA | **Section AA**

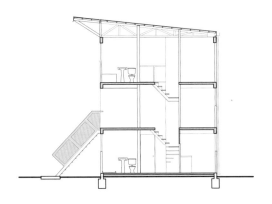

Corte BB | **Section BB**

6.6 ELEMENTAL TEMUCO

La ciudad de Temuco tiene el mayor índice de crecimiento en Chile, alcanzando una población de 260.000 habitantes en el censo de 2002.[57] Está ubicada a 700 km. al sur de Santiago, en el corazón del territorio mapuche, el principal grupo étnico de Chile. Allá, las precipitaciones pueden llegar a los 1.500 mm. por año.

Las familias agrupadas en el Comité de Vivienda "Nuevo Milenio" habían vivido durante mucho tiempo de allegadas en terrenos o viviendas de familiares. La dispersión territorial, sin embargo, no era significativa, concentrándose la mayor parte de ellas en Pedro de Valdivia, un sector residencial de clase media y baja en el norte de Temuco, a pocos minutos en bus del centro de la ciudad. El denominador común de estas familias había sido la relación con World Vision y Hábitat para la Humanidad Chile. La intención de estas

57   Instituto Nacional de Estadísticas de Chile: Censo Nacional de Población y Vivienda, 2002.

6.6 ELEMENTAL TEMUCO

The city of Temuco has the highest growth index in Chile, reaching a population of 260,000[57] in the 2002 census. It is situated 700 kilometers south of Santiago, in the heart of the Mapuche territory, Chile's principal ethnic group. Rainfall there can reach as much as 1,500 millimeters a year.

The families comprising the "Nuevo Milenio" housing committee had been living in houses of their relatives for a long time. However, the territorial dispersion was not significant and the majority of these families were concentrated in "Pedro de Valdivia," a middle- and lower-class residential area north of Temuco, a few minutes' bus ride from the center of the city. The common denominator among these families was their relationship with World Vision and Habitat for Humanity Chile. The effort made by these families to find a definitive solution to their housing problem was not met by existing approaches: mainly

57   Instituto Nacional de Estadísticas, Ciudades, Pueblos, Aldeas y Caseríos, 2005, accessed May 16, 2012, http://www.ine.cl/canales/chile_estadistico/demografia_y_vitales/demografia/pdf/cdpubaldcasjunio2005.zip, Table: "REGIÓN 09 DE LA ARAUCANÍA: Ciudades y Pueblos. Censo 2002," p. 208.

O Centro de la ciudad I **Downtown**
X Ubicación del proyecto I **Project location**

N° de familias I **No. of families**	159
Terreno I **Site**	2,06 há (307 hab/há) I **2.06 ha (307 inhabitants/ha)**
Presupuesto licitación política habitacional 2001 I **Budget**	49.998 UF, aprox. US$1.7 miliones I **49,998 UF, approx. US$1.7 million**
Subsidio I **Subsidy**	229 UF/familia + ahorro 20 UF/familia + suporte Hábitat para la Humanidad 2.45 UF/familia = 314,45 UF/familia I **292 UF/family + savings 20 UF/family + support Habitat for Humanity 2.45 UF/family = 314.45 UF/family**
Superficie inicial I **Initial area**	45 m²
Superficie final I **Final area**	64 m², ampliación: 19 m² I **64 m², expansion: 19 m²**
Homologación a política habitacional 2006 I **Adjustment to the 2006 housing policy**	+ 50 UF/familia I **+ 50 UF/family**
Superficie inicial casa homologada I **Adjusted initial area**	56 m²
Superficie final casa homologada I **Adjusted final area**	64 m², ampliación: 8 m² I **64 m², expansion: 8 m²**
Comité de Vivienda I **Housing committee**	"Nuevo Milenio"
Entidad Organizadora I **Project coordinator**	Hábitat para la Humanidad Chile
Asistencia Técnica I **Technical assistance**	Elemental
Habilitación Social I **Social habilitation**	Hábitat para la Humanidad Chile
Arquitectura I **Architecture**	Elemental + Pasel.Künzel Architects (Rotterdam)
Ingeniería I **Engineering**	Elemental
Urbanización y especialidades I **Civil, electrical, plumbing engineering**	Elemental + Constructora San Agustín
Construcción I **Building**	Constructora San Agustín
Aprobación subsidio I **Housing subsidy approval**	Noviembre I **November 2004**
Aprobación permiso edificación I **Building permit approval**	Deciembre I **December 2005**
Inicio obras I **Construction start**	Noviembre I **November 2006**
Término de obras I **Construction end**	Octubre I **October 2008**
Entrega de viviendas I **Occupancy of houses**	Octubre I **October 2008**

 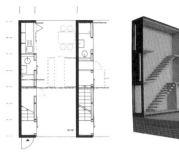 

fig. 41

familias de tener una solución definitiva a su problema habitacional no encontraba respuesta en la oferta disponible en el mercado que en general consistía en extensos loteos en las afueras de Temuco. Su opción por mantenerse donde estaban era definitiva, en gran medida porque sus redes sociales y organizacionales eran muy fuertes, y entendían que la erradicación ponía en serio riesgo esos vínculos.

El proyecto ganador del concurso proponía un muro medianero estructural de tres pisos, con forma de "C" (visto en planta). Este cumplía el rol de cortafuego y aislamiento acústico, y resolvía las obras críticas de una casa: estructura, circulaciones, instalaciones eléctricas e instalaciones sanitarias del baño, lavadero y cocina. Debido a lo esbelto de la unidad de servicio, se podían alcanzar altas densidades y aún así dar a cada residente un acceso directo a la calle. Cada módulo se ubicaba a 3 metros del siguiente, lo que generaba un vacío entre ellos pensado para que se desarrollara la ampliación de la casa. Como estrategia para zonas lluviosas, para quienes tuvieran un automóvil o para instalar un pequeño comercio en el lote, se proponía construir en primer término los pisos superiores, dejando libre el nivel de suelo. Así, la ampliación era ejecutable sin complejidades técnicas y permitía espacios habitables de buenas dimensiones. Las imágenes presentadas al concurso, apostaban por una integración urbana en que convivían de manera adecuada la repetición del módulo básico y la expresión individual de cada vivienda. En general, la solución propuesta respondía eficientemente al problema, por lo que con sólo ajustes menores se inició el diseño del proyecto definitivo (fig. 41).

large housing projects in the outskirts of Temuco. Their choice was to stay where they were because their social and organizational networks were very strong, and they knew that uprooting themselves and moving seriously jeopardized those links. With this in mind, Habitat for Humanity Chile proposed that they work with Elemental on a project to allow them to continue living in the Pedro de Valdivia sector.

The winning project from the competition proposed a structural partition wall on three floors, with the form of a C or bracket when seen in plan form. This wall functioned as a firewall and acoustic barrier, and held the critical works of a house: structure, circulations, electrical installations, and the water hookups for the bathroom, laundry, and kitchen. With such a narrow service unit, we could achieve high densities and still give each resident an individual address and direct access to the street. Each bracket wall was placed three meters apart from the next, creating an empty space in between where the "contained" expansion of the house could take place. As a strategy for rainy climates, we proposed building the upper floors for the initial house, leaving the ground floor open for those who had a car or wanted to install a small shop in the lot. An expansion could be built afterwards without complicated technology, and allowed for good-sized inhabitable spaces. The images presented in the competition expressed the winners' desire to achieve an urban integration that cleverly combined the repetition of a basic module and the individual expression of each home. In general, the proposal effectively responded to the problem and only minor adjustments were required for the definitive project (fig. 41).

Terreno antiguo I **Old site**

Terreno nuevo I **New site**

fig. 42

Como paso inicial, Hábitat y World Vision encontraron un terreno de más de 6 hectáreas, donde construirían una primera etapa para las 159 familias del comité. Aunque el compromiso de Elemental contemplaba sólo el diseño de la primera etapa del conjunto, desarrollamos un plan maestro para 450 familias, un colegio y las oficinas principales de Hábitat para la Humanidad.

El trabajo realizado hasta ese momento se vio interrumpido en diciembre de 2004, una vez firmado el contrato de compraventa del terreno, porque el predio sobre el cual se habían desarrollado todos los proyectos técnicos no era el mismo que señalaban las escrituras. El corredor de propiedades y el abogado del banco al que había pertenecido anteriormente el lote habían presentado y vendido un terreno distinto del que realmente debían ofrecer. Esto no lo descubrió el banco, sino Elemental – a pesar de no ser nuestra responsabilidad – al momento de llenar los formularios para el permiso de loteo. Todo el trabajo realizado para la urbanización y diseño urbano del conjunto tuvo que abandonarse. Al final no sólo habíamos perdido seis meses en el proceso, sino que en el nuevo terreno debíamos partir por gestionar en la municipalidad un cambio de uso de suelo (fig. 42).

La buena noticia fue que si bien el terreno correcto era más caro y estaba mejor localizado que el primero, logramos mantener el precio de venta del inicial, además de encontrarse también en el sector de Pedro Valdivia, como querían las familias. El terreno fue comprado en 100 millones de pesos, unos 200.000 dólares. La incidencia de la localización en la valorización de la vivienda quedó demostrada por el hecho que al día siguiente de la venta e inscripción correcta del terreno, Hábitat para la Humanidad recibió ofertas de inmobiliarias locales por más de 300 millones de pesos.

As an initial measure, Habitat for Humanity and World Vision found a site of more than six hectares where a first stage for the 159 families could be built. Although Elemental's commitment only considered the design of the first stage of the housing complex, we ended up developing a master plan for 450 families, a school, and the main offices of Habitat for Humanity.

But progress was suddenly interrupted in December 2004, once the purchase agreement of the land had been signed: the land on which all the technical projects had been developed was not the same indicated in the deed. The real estate broker and the bank (the previous owner of the land) showed and sold a site that was not the one they were authorized to sell. Elemental discovered this when filling in the forms for the plot division permit. All the work done with respect to the urban development and division of the plots went back to zero and even less than that, because we had lost six months in the process and with the new land we had to change the zoning with the municipality (fig. 42).

The good news was that the new land was better located than the old and therefore, in principle, more expensive; the final sale price ended up being the same as the initial site. The land was bought for a price of one hundred million pesos, about US$200,000. It was a good purchase as evidenced by the fact that the day after the sale and registration of the land, Habitat for Humanity received offers from local real estate agencies for more than 300 million pesos.

 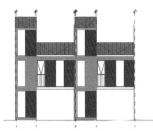 

fig. 43

Pero este terreno, a pesar de todas sus ventajas, imponía una nueva serie de restricciones. En primer lugar, el punto de conexión al colector de alcantarillado se encontraba a más de 600 metros lo que implicaba un alto costo en urbanización. Por otro lado, al encontrarse junto a un loteo informal, ninguna de las calles contiguas al terreno contaban con el estándar mínimo exigido, por lo que el proyecto debía hacerse cargo de ejecutarlas. Por último, la pendiente de la topografía dejaba parte del terreno sin factibilidad de alcantarillado, a menos que se instalara una planta elevadora.

Para cubrir estos costos de urbanización extraordinarios lo primero que hicimos fue identificar en las seis hectáreas una porción (aproximadamente un tercio del terreno) donde pudiera hacerse el alcantarillado sin la necesidad de instalar la planta elevadora, traspasando el costo de esta operación a las etapas posteriores. La urbanización de las calles existentes, en cambio, se ejecutaría en la primera etapa. Luego minimizamos las obras de pavimentación al interior del solar, dando acceso a las viviendas a partir de dos pasajes y un sistema de patios comunitarios asociados. Los patios estaban conformados por dos franjas paralelas de viviendas continuas, cada una agrupando a 14 familias. Esta pequeña unidad territorial aseguraba la administración y control del espacio público, definía espacio para estacionamientos y permitía el posterior cierre por parte de las familias. Además, en términos constructivos, esta medida facilitaba la adaptación a la topografía del terreno, que tenía pendiente en ambos sentidos. Así, la tierra excavada en la mitad "enterrada" de las terrazas, se reutilizaba para conformar la mitad "elevada" de las mismas, evitando el traslado de material fuera del terreno.

Desde los primeros talleres, las familias entendieron las ventajas de tener una vivienda que concentrara inicialmente los

But this better land had new restrictions. The connection point to the existing sewer system was 600 meters away and connecting to public infrastructure would be expensive. The land was adjacent to an informal division of plots, none of the streets next to the land had the required minimum standard, and the project would have to execute some of them. Finally, the steep incline left part of the land without any possibility of a sewer system unless the installation of a sewer lift station was considered.

To cover these extra urban development costs, the common expenses would have to be reduced to the minimum. The first thing we had to do was identify a part of the six hectares (approximately a third) where we could install sewer connections without the need for a lift station. We opted to transfer the cost to future stages because next phase developer would not have to pay for the urban development of the existing streets that had to be executed during stage one. We minimized the paving inside this new plot, giving access to all the houses from just two alleys and a system of associated, community courtyards. The courtyards were formed by two parallel rows of continuous houses comprised of fourteen families each (every house also had a private courtyard). This small territorial unit assured the administration and control of the public space, defined a space for parking, and would permit the families to close it later on. Besides that, in building terms it facilitated adaptation to the topography of the land that had an incline on both sides. Therefore, the volume of excavated earth in the "buried"

Gonzalo Arteaga en uno
de los talleres participativos

Gonzalo Arteaga in a
community workshop

esfuerzos en la estructura y las partes más complejas, dejándoles a ellos la responsabilidad de las ampliaciones simples y sin dificultades estructurales. Con esa estrategia, junto al módulo estructural, podíamos entregar una primera etapa habitable formada por dos recintos, la cual podía ubicarse en el primer, segundo o tercer nivel, ya que el costo era similar. Fueron las familias quienes nos sugirieron entregar el segundo piso, para que después ellas mismas crecieran en el primer y tercer nivel. Esta disposición tenía dos ventajas para ellos: facilitaba la ampliación inicial en la primera planta que desde el primer día se encontraba cubierta y permitía, a los que quisieran, dejar un paso libre a los patios traseros donde guardarían leña, el principal sistema de calefacción de la zona (fig. 43).

Una vez concluido el diseño, los postulantes se organizaron en grupos de catorce familias. Cada una podía decidir con quién quería estar y con quién no, para facilitar así el siempre difícil proceso de armar comunidad. Todas las actividades comunitarias se realizaron en estas unidades menores, que fueron aprovechando el proceso de postulación, diseño, contratación y ejecución para ir fortaleciendo los lazos con sus futuros vecinos.

Finalmente, en noviembre de 2005, se licitaron las obras. Además de hacer una convocatoria pública, se invitó directamente a nueve empresas constructoras de la región para facilitar el proceso de selección. Tras una reunión en Temuco con todas las empresas, la mayoría entendió que el proyecto se alejaba demasiado de los que ellos tradicionalmente construían, lo que las desanimó antes de siquiera hacer cualquier evaluación.

part of the terraces could be reused to form the "elevated" part, avoiding the transport of material outside the plot and the associated costs.

From the first workshops the families were able to see the advantages of having a house that would initially concentrate efforts on the structure and more complex parts, leaving them only the responsibility of the simple, non-structural expansions. With this strategy, together with the bracket wall, we could deliver an initial habitable stage (two rooms) on the first, second, or third level, as costs were similar. It was the families themselves who suggested we deliver the second floor so that they could expand the first and third level later. This layout had two advantages for them: it facilitated the initial enlargement of the first floor, which would be covered from day one and permitted an open space for the backyards where they would store wood, the main heating method in the area (fig. 43).

Once the design was finished, the applicants organized themselves into groups of fourteen families. They could decide who they wanted to be neighbors with, facilitating the complex process of community formation. All community activities were carried out in these smaller units with ties between neighbors strengthened by the cooperative application process, design contracting, and joint participation in the execution of work.

Finally, after a long process extended by the site change, the project was bid out in November 2005. Besides making a public call, nine regional building firms were invited to facilitate the selection process. After a meeting held in Temuco with all the firms, the majority understood that the project was very different from what they were used

fig. 44

Sólo las constructoras COSAL y Cordero & Correa se mostraron interesadas, pero el día del cierre de la licitación ninguna de ellas presentó ofertas.

La primera reacción de Elemental fue ajustar la estructura de la vivienda, llevando los módulos estructurales a sólo dos niveles. Además, en vez de entregar sólo el segundo nivel, decidimos cerrar el total de la vivienda, incluida la tercera planta – cuya estructura se desarrolló en madera – y habilitando sólo el primer nivel en la entrega inicial. De esta manera, la ampliación de las familias sería siempre dentro de la envolvente, en un ambiente seco y controlado (fig. 44).

En paralelo, invitamos a las empresas COSAL y Martabid a evaluar el proyecto, con el compromiso de contratar las obras directamente en caso de llegar a precio. A pocos días de iniciada la evaluación, la constructora Carlos Gutiérrez, de Santiago, contactó a Elemental para sumarse a esta evaluación privada, con lo que pasaron a ser tres las empresas competidoras. COSAL pedía trasladar el punto de conexión de alcantarillado –gestión que se evaluó con Aguas Araucanía– pero nunca entregó una oferta oficial. Martabid por su parte, propuso reemplazar la materialidad de la vivienda, construyendo el módulo estructural en madera. Esto obligaba a bajar un nivel la altura de las viviendas, reduciendo los metros cuadrados finales. Pero además las familias se opusieron tajantemente a la estructura de madera, con lo que las negociaciones con esa empresa también llegaron a su fin. La constructora Carlos Gutiérrez, en cambio, presentó una primera oferta levemente superior al monto disponible, pero proponía pequeños cambios de materiales para llegar a precio.

El problema de esta empresa no era la parte técnica, sino las condiciones financieras que por norma exigía el Fondo

to building, and they were disheartened before any serious assessment had been made. Only COSAL and Cordero & Correa remained interested after our briefing session. At least for a little while. On the closing day of the bid neither firm made an offer.

Elemental's first reaction was to adjust the structure of the house and leave the brackets on just two floors. With these savings, instead of delivering only the second floor we decided to close the entire house, including the third level (whose structure had been developed in wood), just setting up the first floor in the initial delivery. In this way, the families' later additions would always be "upwards" within a dry and controlled environment (fig. 44).

Simultaneously, the firms COSAL and Martabid were invited to make an appraisal of the project, with a commitment to contract the project directly if they offered a reasonable price. A few days after the appraisal had begun, the building firm Carlos Gutiérrez, from Santiago, contacted Elemental to see if it was possible to participate as well. COSAL requested to transfer the sewer connection point, something that was done jointly with Aguas Araucanía. However, the building firm never submitted an official offer. Martabid proposed to change materials for the house, building the structural bracket and firewall with wood. This change would have required one floor to be removed from the houses, greatly reducing the final square meters. But the families were dead set against the wood structure,

Solidario de Vivienda (FSV). Ellos estaban acostumbrados a trabajar con municipios, a quienes el FSV da muchas licencias como no obligarlos a exigir boletas de garantía. Pero al tener una ONG como organizador de la demanda, la constructora debía enfrentar condiciones financieras y administrativas muchos más exigentes como boletas de garantías por un porcentaje mayor del costo de construcción o tener sólo tres estados de pago, es decir, uno cada tres meses aproximadamente. El problema radicaba entonces, no tanto en los ajustes técnicos que pudiéramos hacer, sino en la disposición de SERVIU IX a buscar un acuerdo financiero más razonable. Frente a la consulta, el SERVIU IX se mostró inaccesible a cualquier flexibilización. La salida fue buscar una alianza con la Municipalidad de Temuco, porque en caso de lograr sumarla como entidad organizadora asociada, podríamos pagarle a la constructora a través de la Municipalidad. En otras palabras, sería el Municipio el que firmaría el contrato con la empresa, con lo que SERVIU IX se sentiría más respaldado al hacer un trato entre organismos públicos. Esta medida mejoraba las condiciones contractuales, agilizando el traspaso de fondos, el pago a la constructora en periodos más breves y la eliminación de las boletas de garantía.

El 25 de enero de 2006, los dirigentes del comité, Hábitat para la Humanidad y Elemental se reunieron con el Secretario de Planificación Municipal de Temuco para exponerle la situación. La recepción fue muy buena y los asistentes se comprometieron a firmar en el plazo de dos semanas un convenio que formalizara la incorporación del municipio como entidad asociada, con lo que se despejaban las trabas administrativas para la constructora. Sin embargo, pasó el tiempo y el municipio no formalizó su compromiso. A los dos meses y medio, los dirigentes pidieron una audiencia directamente con el alcalde, para agilizar las gestiones. Al enterarse de esta solicitud, el

ending any possibility for a less expensive alternative. The building firm Carlos Gutiérrez presented an offer that was slightly over budget, but by paring back material choices, we were able to arrive at a feasible construction cost.

The problem with this firm was not the technical, but the financial conditions which the FSV demanded. Used to working with municipalities, which had many licenses in these housing programs (for instance, no performance bonds were required from them), the building firm considered the payment conditions to be inadequate (only three payment statements, i.e., approximately one every three months) and were wary of the high cost of the performance bonds. The problem was therefore not the technical adjustments we could make, but the willingness of SERVIU to seek a more reasonable financial agreement. When we asked that SERVIU reformulate their financial agreement, they were completely inflexible. So we thought of looking for an alliance with the municipality of Temuco. If they became a co-project coordinator, we could pay the building firm through the municipality. In other words, the municipality would be the one in direct contract with the building firm, which for SERVIU meant a greater endorsement (a deal between public organizations), something that in turn made the fund transfer easier, intervals between contract payments shorter, and eliminated performance bonds.

On January 25, 2006, the leaders of the committee, Habitat for Humanity, and Elemental held

Secretario de Planificación empezó a bloquear sistemáticamente cualquier intento de reunión y a solicitar antecedentes que escapaban a lo razonable. Finalmente, después de algunas semanas, a pesar de la presión por parte de las familias y Hábitat, el Municipio desistió de su participación.

Frente a la imposibilidad de contratar obras y al creciente malestar de las familias por resolver su situación – con el riesgo de que decidieran abandonar la postulación para buscar otra alternativa – SERVIU IX decidió intervenir en el proyecto. Al principio esto generó muchas tensiones debido a que la preparación del equipo estaba más orientada a fiscalizar que a viabilizar. Pero en la medida que el proyecto fue superando cada una de las exigencias puestas por SERVIU IX, incluyendo la construcción de la mitad del segundo piso, se logró un grado mayor de confianza. En ese contexto, se negociaron con SERVIU IX mejores condiciones de pago, en atención a las últimas modificaciones normativas al FSV. Además, Hábitat estaba dispuesto a compartir con la empresa el financiamiento de las boletas de garantía. Pero SERVIU IX exigió una nueva licitación pública para contratar las obras, en circunstancias que teníamos una empresa interesada, con una oferta viable. Entonces la postura de Hábitat, responsable en definitiva de la contratación de las obras, fue aceptar dicha condición sólo si, junto a la constructora Carlos Gutiérrez, SERVIU IX aseguraba la participación de al menos dos constructoras locales de su confianza. SERVIU IX cumplió su parte, invitando a SOCEM y San Agustín, las cuales presentaron evaluaciones económicas bastante alentadoras.

a meeting with the secretary of municipal planning of Temuco to inform him of the situation. The meeting was very cordial and attendees committed themselves to signing an agreement within two weeks in which the municipality would be incorporated as co-entity, cutting through the red tape for Carlos Gutierrez building company. Two weeks went by, then two months, and the municipality never made good on their commitment. After two and a half months, the housing committee leaders requested an audience directly with the mayor to speed up negotiations. But when the planning secretary heard about this request, he systematically started to block any meeting attempts and asked for an excessive amount of background material. Finally, after some more weeks of pressure from the families and Habitat, the municipality declined to participate.

Faced with the impossibility of contracting the project, and the increasing pressure of the families to solve their situation (or abandon the application to seek another alternative), SERVIU decided to intervene in the project. At first, this generated a lot of friction as the preparation of SERVIU was more focused on supervising than on making things work. But as the project began to comply with all the demands set by SERVIU (one of which was to build half of the second floor), a higher degree of trust was achieved and we ended up jointly adjusting some small details. Within that context, we negotiated with SERVIU for better payment conditions that complied with recent modifications to Solidarity Fund protocols. On top of that, Habitat for Humanity was willing to share the financing of the performance bonds with the building firm. However, SERVIU demanded a new public bid to contract the project despite the fact that we already had an interested

El 14 de septiembre de 2006, se cerró la segunda licitación pública durante la cual SERVIU IX exigió algunos cambios, lo que tuvo como consecuencia el retiro de SOCEM y Carlos Gutiérrez, y que San Agustín presentara una carta de excusa en vez de su oferta. La segunda licitación resultó desierta. Se le solicitó entonces a la empresa San Agustín que hiciera explícitas las razones que la habían hecho excusarse de participar, en circunstancias que sólo días antes habían presentado una oferta factible. Tras una negociación al día siguiente con su dueño, San Agustín aceptó construir bajo tres condiciones: en primer lugar, querían evitar la exigencia de muros de contención en la conformación de algunas terrazas, los que según el estudio de mecánica de suelos eran innecesarios. El segundo factor que los sacaba de presupuesto era la exigencia de un segundo profesional en la obra, que SERVIU IX exigía para ejecutar el Manual de Inspección Técnica Oficial. La empresa solicitó que el ingeniero residente de la obra asumiera esa responsabilidad, ahorrándose la contratación de un segundo profesional. Por último, la empresa pedía condiciones de pago más flexibles, acogiéndose a la nueva normativa que MINVU había implementado semanas antes.

Esa misma tarde se le expuso al comité de familias el resultado de la licitación y la propuesta de la constructora San Agustín. Las familias consideraron que las condiciones exigidas por la empresa eran razonables y no afectaban la calidad de sus viviendas, por lo que, frente a la posibilidad de contratar las obras, todos los dirigentes se pusieron de acuerdo para visitar al día siguiente al Director de SERVIU IX. En esa audiencia, las familias expusieron el resultado de la licitación y le

firm with a feasible offer. Habitat for Humanity, who was in charge of contracting the works, decided to accept this condition only if, together with the building firm Carlos Gutiérrez, SERVIU ensured the participation of at least two other local building firms. SERVIU did its part, inviting SOCEM and San Agustín. Both firms submitted financial appraisals that were quite encouraging.

On September 14, 2006, the second public bid was closed. The changes demanded by SERVIU during the bidding process resulted in the withdrawal of SOCEM and Carlos Gutiérrez and with San Agustín submitting an excuse letter instead of an offer. The second bid was declared void. We requested a letter of explanation from San Agustin outlining their reasons for declining to participate; after all, they had submitted a reasonable offer only a few days before. After a negotiation the following day with its owner, San Agustín accepted to build on three conditions. First, they wanted to avoid the requirement of building retaining walls in some of the terraces, which according to the soil mechanic's study were unnecessary. The second factor that exceeded their budget was the demand of a second professional on the site, requested by SERVIU to comply with the official supervision manual. The firm requested that the project engineer assume this responsibility so they would not have to hire another professional. Finally, the firm requested more flexible payment conditions according to the new regulations implemented by the MINVU a few weeks earlier.

That afternoon, the families' committees were told about the result of the bid and the proposal of the building firm San Agustín. The families considered that the conditions requested by the firm were reasonable and did not ad-

leyeron la propuesta de San Agustín al Director, pidiéndole que la aceptara. El segundo y tercer punto fueron acogidos inmediatamente. Respecto de la eliminación de los muros de contención, SERVIU IX solicitó nuevamente la mecánica de suelos y el proyecto de movimiento de tierra, que consideraba la solución entre terrazas sólo con taludes, para estudiarlos. Después de unos días de evaluación, SERVIU IX aceptó oficialmente las sugerencias de la constructora.

El 30 de noviembre de 2006, en una ceremonia realizada en el terreno, a la cual asistieron todas las familias y las principales autoridades locales, se hizo entrega del predio a la constructora, que dio inicio a las obras en el acto. La construcción de la obra se extendió por 22 meses, algo absolutamente anómalo en una obra de este tamaño y complejidad constructiva relativamente bajos. Hubo dos razones para ello: por una parte, la política habitacional del 2006 que empezó a regir durante el proceso de construcción implicó una serie de ajustes en la superficie y cantidad de recintos que se debían entregar inicialmente. La razón principal sin embargo, fueron los problemas de caja y flujo financiero de una constructora más bien pequeña. Pese a todo, el comité se mostró disponible a extender plazos dadas las mejoras que se estaban incorporando a las viviendas, como el reemplazo de la plancha de acero zincado de revestimiento exterior por una placa de madera reconstituida (OSB). La obra se entregó a las familias el 23 de octubre de 2008, un día después de obtener la recepción municipal.

versely affect the quality of their houses. Thus, for the first time there was a possibility of contracting the project. All the leaders agreed to visit the director of SERVIU the following day. The families presented the result of the bid to the director and asked him to accept San Agustín's bid. San Agustín's second and third requests were immediately accepted. As for the elimination of the retaining walls, however, SERVIU requested to review for further study the soil mechanics and earthwork proposal that suggested a single slope for the site rather than terracing. After several days of evaluation, SERVIU officially accepted the suggestions of the building firm.

On November 20, 2006, in a ceremony held on site and attended by all the families and the principal local authorities, the land was handed over to the contractor for ground breaking. From ground breaking to completion, the project took twenty-two months, a very long construction period for a project of this size and simplicity. There were two reasons for this: a series of adjustments to the 2006 housing policy changed the regulations for the built area and quantity of the initial rooms, but the main reason was the contractor's lack of financial liquidity. Despite all of this, the committee was willing to extend the timeframe for incorporating improvements into the homes, such as galvanized steel exterior cladding instead of OSB. The project was handed over to the beneficiaries on October 23, 2008, one day after the municipal reception.

VERSIÓN FINAL DE LA PROPUESTA | **FINAL VERSION OF THE PROPOSAL**

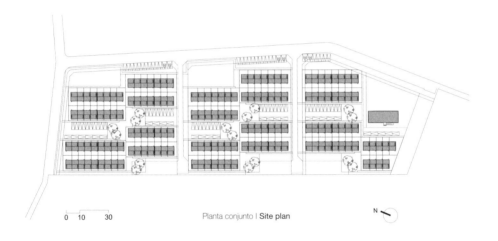

0   10   30   Planta conjunto | **Site plan**   N

Estructura	Structure	Albañilería confinada	Confined masonry
Cerramiento	Closure	Panelería de madera 2" x 3"	2" x 3" wooden paneling
Estructura de techumbre	Roof structure	Carpintería metálica 150 mm (Metalcon)	150 mm light steel profile (Metalcon)
Cubierta	Roofing	Plancha de acero zincado	Galvanized steel plate
Estructura de entrepiso	Mezzanine structure	Envigado de madera 2" x 6"	2" x 6" wooden beams
Revestimiento interior	Interior cladding	Placa de yeso cartón 8 mm / Placa de fibrocemento 4 mm en baño	8 mm gypsum board / 4 mm fiber cement board in bathroom
Revestimiento exterior	Exterior cladding	Placa de Smart Panel (OSB) 11 mm	11 mm Smart Panel (OSB)

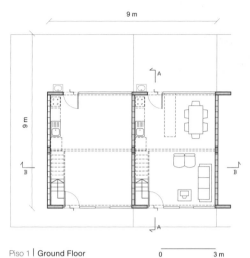

Piso 1 I **Ground Floor**

0 —————— 3 m

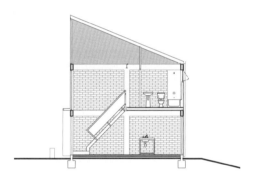

Corte AA I **Section AA**

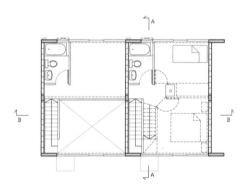

Piso 2 I **Second Floor**

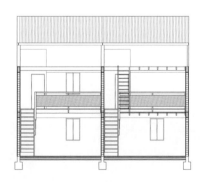

Corte BB I **Section BB**

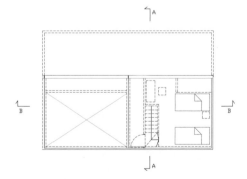

Piso 3 I **Third Floor**

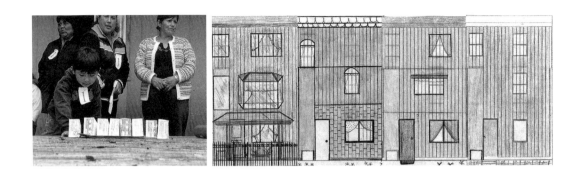

6.7 ELEMENTAL VALDIVIA

Valdivia es la más austral de las ciudades en que se desarrolló en concurso Elemental. Se ubica a 1.000 km. al sur de Santiago y tiene una población de 130.000 habitantes.[58] Su principal característica es la alta pluviosidad de más de 2.500 mm. al año, lo que la convierte en la ciudad más lluviosa de Chile.

El "Comité de Vivienda Elemental" estaba compuesto por 198 familias provenientes del Campamento 2000, ubicado a pocas cuadras de la estación de ferrocarriles de Valdivia y que había sido asistido socialmente por Un Techo para Chile (UTPCH)durante un par de años. La forma y dimensiones del campamento definía tres sectores en torno a los cuales las familias estaban organizadas, lo que generaba tres comunidades más pequeñas, con sus propias directivas y sus propios límites al interior del campamento. El terreno donde vivían estas familias se ubicaba en una pequeña quebrada, por lo que cada vez que llovía – en Valdivia, más o menos 300 días al año – el nivel del agua alcanzaba los interiores de las casas aún cuando ellas estaban construidas sobre pilotes.

58   Instituto Nacional de Estadísticas de Chile: Censo Nacional de Población y Vivienda, 2002.

6.7 ELEMENTAL VALDIVIA

Valdivia is the southernmost city in which Elemental was going to work. Situated 1,000 kilometers south of Santiago with a population of 130,000,[58] its principal feature is its heavy rainfall of more than 2,500 millimeters a year, making it Chile's rainiest city.

The "Comité de Vivienda Elemental" was comprised of 198 families from the "Campamento 2000," a neighborhood few blocks away from the Valdivia train station. They had received the social assistance of Un Techo para Chile (UTPCH) for a couple of years. Due to the form and size of the slum, the families were organized in three sectors, leaving three smaller communities, each with their own leaders and well-defined limits inside the camp. The families lived on land located in a small ravine and every time it rained (which in Valdivia is 300 days a year), the water flooded the houses despite the houses having been built on stilts.

58   Instituto Nacional de Estadísticas, Ciudades, Pueblos, Aldeas y Caseríos, 2005, accessed May 16, 2012, http://www.ine.cl/canales/chile_estadistico/demografia_y_vitales/demografia/pdf/cdpubaldcasjunio2005.zip, Table: "REGIÓN 10 DE LOS LAGOS: Ciudades y Pueblos. Censo 2002," p. 208.

O Centro de la ciudad I **Downtown**

X Ubicación del proyecto I **Project location**

N° de familias I **No. of families**	198
Terreno I **Site**	1,96 há (403 hab/há) I **1.96 (403 inhabitants/ha)**
Ubicación I **Location**	Pasaje Ecuador s/n, Valdivia, X Región.
Presupuesto I **Budget**	61.776 UF, aprox. US$2,1 millones I **61,776 UF, approx. US$2.1 million**
Subsidio I **Subsidy**	292 UF/familia + ahorro 20 UF/familia I **292 UF/family + savings 20 UF/family**
Superficie inicial casa I **Initial house area**	28,5 m² I **28.5 m²**
Superficie final casa I **Final house area**	61,1 m², ampliación: 32,6 m² I **61.1 m², expansion: 32.6 m²**
Superficie inicial dúplex I **Initial area duplex**	31,4 m² I **31.4 m²**
Superficie final dúplex I **Final area duplex**	62,7 m², ampliación: 31,3 m² I **62.7 m², expansion: 31.3 m²**
Comité de Vivienda I **Housing committee**	"Comité de Vivienda Elemental"
Entidad Organizadora I **Project coordinator**	SERVIU X Región, Delegación Valdivia
Asistencia Técnica I **Technical assistance**	Elemental
Habilitación Social I **Social habilitation**	Un Techo para Chile
Arquitectura I **Architecture**	Elemental + BOG Arquitectos (Madrid)
Ingeniería I **Engineering**	SIRVE + Adolfo Castro
Urbanización y especialidades I **Civil, electrical, and plumbing engineering**	Elemental
Aprobación subsidio I **Housing subsidies approval**	Noviembre I **November 2004**
Aprobación permiso edificación I **Building permit approval**	Noviembre I **November 2004**

fig. 45

A pesar de las precarias condiciones en que habitaban, las familias no estaban dispuestas a ser reubicadas, ya que entendían las ventajas económicas y sociales que implicaba vivir cerca del centro de la ciudad. La confluencia de varios ríos, en torno a los cuales se emplazaba la ciudad, había producido suelos de muy baja calidad, con una napa freática superficial que los hacía poco adecuados para fundar. Incluso edificios medianos tenían que recurrir a una gran densidad de pilotes de varios metros para poder soportar la estructura. En este escenario, encontrar terrenos adecuados era prácticamente imposible; la ciudad los había ocupado todos.

Sin embargo SERVIU X era propietario de un terreno con muchas ventajas: tenía el tamaño necesario para albergar a todas las familias, estaba disponible y tenía una ubicación privilegiada, frente a la estación de ferrocarriles, a tres cuadras del Campamento 2000 – incluso más cerca del centro – y con vistas al río Calle-Calle al otro lado de la vía (fig. 45).

Como era de esperar, la capacidad resistente del suelo era muy mala, lo que obligaba a una inversión significativa en fundaciones o mejoramiento de suelo. Además, la avenida Ecuador – que daba acceso al sitio y lo separaba del río – había sido construida levemente por encima del nivel del terreno original, generando una especie de represa que bloqueaba el drenaje natural hacia el río, convirtiendo el terreno en un pantano; en algunas calicatas se encontraron camarones. La primera inversión por tanto, debería ser en obras de drenaje que permitieran recuperar la condición original del terreno.

La propuesta de BOG que ganó el concurso generaba un edificio continuo de tres niveles, donde se superponían cinco tipologías de vivienda: tres tipos de casas en la planta baja y dos tipologías de dúplex en los niveles superiores, organizados en

Despite the precarious conditions, the families were not willing to move, as they were aware of the economic and social advantages of living within the city. The confluence of several rivers around the city produced soils with a very high water table making the ground too soft to support foundations. It was common for middle-sized buildings to sit on tall pilings to support their structure. It was practically impossible to find land; the city was completely built-out across all of the usable sites.

However, SERVIU X owned one remaining land parcel that presented many advantages: it was large enough to house all the families, it was available (if one paid the right price), it was very well-situated, located in front of the train station, three or four blocks from the "Campamento 2000" (even closer to the center) with a view of the river Calle-Calle on the other side of the railroad track (fig. 45).

As expected, the bearing capacity of the soil was very bad and would force us to make a significant investment in foundations or soil improvement. On top of that, Avenida Ecuador (which offered access to the site and separated it from the river) had been built slightly above the level of the original land, generating a sort of dam blocking the natural drainage towards the river and turning the land into a swamp. Prawns were found in trial pits. The first investment, therefore, had to be made in drainage projects to recover the original condition of the land.

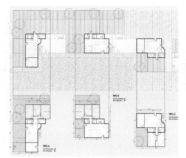

fig. 46

dos crujías a partir de un pasillo central común elevado. Este edificio continuo "envolvía" plazas comunitarias alargadas y generaba patios privados en sus espaldas. A partir de esta configuración, se exploró la noción de "casa grande", donde existían espacios intermedios compartidos por seis familias, que ocupaban un edificio modular repetible. La decisión de desarrollar esta tipología, socialmente más interdependiente, estaba respaldada por la posibilidad que la política de vivienda ofrecía de elegir a los vecinos (fig. 46).

Para viabilizar la propuesta, se redujo la cantidad de tipologías, simplificando así los esfuerzos constructivos. El módulo base quedó entonces conformado por dos viviendas pareadas con patio privado en primer nivel y por cuatro departamentos dúplex en segundo y tercer niveles. Una losa de hormigón cubría la entrega inicial y el espacio de ampliación de las viviendas de primer nivel, generando una plataforma sobre la cual se construían los dúplex. Sobre el eje longitudinal de dicha losa quedaba libre el espacio para un corredor común cubierto, que además de permitir el acceso a los cuatro dúplex superiores permitía colgar ropa, guardar una bicicleta u otro tipo de usos cotidianos. En la espalda del edificio se contempló el espacio para leñeras, lugar fundamental en una ciudad donde la calefacción y la alimentación dependen de la cocina a leña. Entre cada módulo de seis unidades se dispuso un espacio exterior común, que vinculaba los espacios públicos del conjunto con las escaleras que subían al corredor común y servía de acceso y "picadero" a las leñeras.

The competition winners' proposal called for a continuous building on three levels where five house types were superimposed: three house types on the lower floor and two types on the second and third levels organized in two bays around a central, elevated hall. BOG's continuous building wrapped around the elongated community courtyards and provided private courtyards behind the residences. With this configuration, the notion of a "large house" was explored with intermediate spaces shared by six families occupying a replicable modular building. The decision to develop this more socially interdependent typology was supported by the housing policy that offered the possibility for residents to choose their neighbors (fig. 46).

To make the proposal feasible, the number of typologies was reduced to simplify building efforts. Thus, the base module was formed by two semi-detached houses on the first level, with a private courtyard, and four duplex apartments on top. A concrete slab covered the initial unit, creating a platform on the second level for the duplexes. A free space was left over along the longitudinal axis of the slab for a broad, common, covered passage that both provided access to the four apartments and permitted residents to hang clothes, store a bicycle, etc. In the back part of the building, a space was considered for a woodshed, an essential amenity in a city where heating and cooking depends on firewood stoves. Between each module of six units a common outer space connected the public spaces with the stairs going up to the passage and served as a space to split firewood.

 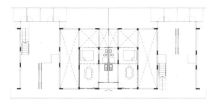

fig. 47

Las dos principales restricciones para este proyecto – el exceso de lluvia y la mala calidad del suelo – condicionaron la definición de la tipología. Para responder a la lluvia, la estrategia consistió en el cierre inicial de una gran cantidad de metros cúbicos, construyendo una "cáscara" impermeable equivalente al tamaño máximo que podía alcanzar cada unidad. Dentro de esta envolvente, se podía ir sumando nuevos recintos en un ambiente controlado, que en realidad correspondían a subdivisiones del gran espacio impermeable.

Para resolver el problema de la mala calidad del suelo, evaluamos todas las alternativas de fundación posibles, desde pilotes a zapatas, considerando incluso reemplazar el suelo. Pero el estudio de mecánica de suelo, no determinaba la profundidad a la cual se encontraba el suelo sobre el que se podía fundar. Las calicatas realizadas habían llegado hasta los tres metros como mucho, por lo que fue necesario realizar un nuevo ensayo específico para medir la distancia a la que deberían bajar los pilotes o la excavación en el caso de reemplazar todo el material. Sin embargo la capa "dura", compuesta por piedra Cancagua, apareció en algunos pozos a 15 metros de profundidad y en otros simplemente no se encontró. Con este pronóstico, no había pilote de madera que diera el largo, y hacerlos en hormigón resultaba demasiado caro. Por otro lado, la opción del reemplazo total del suelo resultaba varias veces más cara que el valor del terreno.

Aceptando que la capacidad de resistencia del suelo era prácticamente nula, la solución propuesta por la empresa de ingeniería SIRVE fue maximizar la superficie

The two main restrictions for the project, excessive rain and poor soil quality, strongly influenced the development of the typology. Due to extreme climate conditions, the strategy for future residential additions provided a large initial waterproofed "shell" that defined a space equivalent to the maximum size each unit could reach at the end. Within the shell, additional rooms could be added in a "controlled environment" that subdivided the space.

To solve the soil problem, we evaluated all foundation alternatives, from pilings to footings, even considering a plan to completely replace the soil. But the initial soil mechanics study, although it clearly defined the quality of the soil and the impossibility of building on its surface, did not determine at what depth there was adequate soil to support foundations. The trial pits reached three meters at the most, and it was necessary to perform a new test to measure the distance the pilings would have to go down to or, if we decided to replace all of the soil, how deep we would have to excavate. But the "hard" layer, composed of Cancagua stone in some pits, was fifteen meters below the surface and in others was not found at all. With this prognosis, there were no wood pilings long enough and to try to make concrete piles was terribly expensive. The option of replacing all the soil would cost several times the value of the land.

Accepting that the resistance capacity of the soil was practically zero, the solution proposed by SIRVE structural consultants was to maximize the supporting surface, replacing traditional foundations with a floating slab foundation. This slab had to be poured several centimeters below the surface due to the humidity of the

fig. 48

de apoyo, reemplazando las fundaciones tradicionales por una losa de fundación. Esta losa debía construirse varios centímetros bajo la superficie porque, al igual que en un bote, el volumen de excavación – o tierra desplazada, en términos del principio de Arquímedes – debía ser más pesado que la estructura propuesta, para asegurar que pudiera "flotar". Esta solución requería alivianar al máximo la estructura, por lo que se resolvió construir sólo el primer piso en hormigón y los superiores en madera, un recurso muy accesible en esta zona. De esta manera, la losa que dividía las casas del primer nivel y los dúplex superiores, también marcó el cambio de materialidad (fig. 47).

El diseño del espacio urbano, junto con minimizar el movimiento de tierra necesario para fundar las viviendas, debía mantener y potenciar la estructura social del comité. Decidimos construir tres condominios que coincidieran con los tres sectores del "Campamento 2000" y dejar al centro de cada condominio una extensión importante de área verde sin mejorar, que absorbía parte importante de las aguas lluvia del conjunto, quitándole presión al sistema de drenaje (fig. 48).

El 29 de abril de 2005, SERVIU X realizó el primer llamado a licitación pública, con los antecedentes desarrollados por Elemental. Pero la ciudad de Valdivia, al no ser capital regional, dependía de las gestiones que realizara el SERVIU X en Puerto Montt, capital de la Región, 200 km. más al sur. A pesar que SERVIU Valdivia contaba con un equipo capacitado, que además conocía en detalle los proyectos, SERVIU Puerto Montt decidió asumir la licitación en vez de dejarla en manos de la Delegación de Valdivia. Los errores de coordinación se hicieron evidentes: se licitó con versiones de planos y especificaciones técnicas antiguas, generando inconsistencias en los antecedentes. Ninguna empresa participó en la licitación.

soil, because, as in a boat, the excavation volume (or displaced earth, according to the Archimedes' principle) should be heavier than the proposed structure, ensuring that it would "float." This solution, however, had to lighten the structure as much as possible, so we decided to build only the first floor with concrete and the upper floors with wood (a very cheap resource in the region). In this way, the slab dividing the first and second level units also marked the material change (fig. 47).

The design of the urban space, in addition to minimizing the earthwork necessary to lay the houses' foundations, maintained and strengthened the social structure of the committee by building three condominiums that corresponded to the three sectors of the "Campamento 2000." We left a large extension of green space at the center of each condominium to absorb a significant part of the rainwater of the housing complex and take pressure off the drainage system (fig. 48).

On April 29, 2005, SERVIU X made the first call for public bids, with the background information developed by Elemental. But as Valdivia is not the capital of the region, it depended on the arrangements made by SERVIU in Puerto Montt, the capital of the X Region, 200 kilometers further south. Although Valdivia had a well-trained team that knew the project in detail, SERVIU Puerto Montt decided to take over the bid instead of leaving it in the hands of the Valdivia delegation. Coordination failures popped up immediately: the bid call was based on old versions of plans and technical specifications

A raíz de esta descoordinación, SERVIU Puerto Montt decidió involucrarse más en el proyecto, apoyando la gestión de la Delegación Valdivia. Después de revisar detenidamente los antecedentes para la licitación, se exigió el desarrollo de un nuevo estudio de mecánica de suelos para descartar que los edificios tuvieran asentamientos diferenciales. Frente a la incapacidad de DICTUC de responder a esta consulta, se decidió contratar un nuevo estudio con la Universidad Austral de Valdivia, que daba mayor confianza en las autoridades locales debido a su larga experiencia con los suelos de la ciudad.

El estudio concluyó que no habría asentamientos diferenciados y que en caso de haber un "hundimiento" del edificio, este sería despreciable.

Despejada esta inquietud, en septiembre de 2005 se realizó un nuevo llamado a licitación. Dados los resultados del primer llamado, Elemental decidió invitar a las empresas constructoras Peña y Peña, Inmobiliaria Los Avellanos y Cordero & Correa, quienes el 22 de ese mes visitaron el terreno junto a Elemental. Al cierre de la licitación se presentó sólo la oferta de Cordero y Correa, con un déficit de 16.000 UF unos $500.000 dólares, casi un 25% del presupuesto, declarándose desierta. Tras el contacto con la constructora, Elemental inició un nuevo trabajo de ajuste que en primera instancia lograba reducir el déficit a 13.000 UF. De acuerdo al segundo presupuesto y a las cubicaciones de la constructora, los costos más importantes estaban en la losa de fundación, techumbre, terreno y movimiento de tierra (a pesar de no haber un mejoramiento estructural, sí era necesario elevar la cota de la mitad del terreno para asegurar la correcta evacuación de las aguas). Entonces, ajustamos la crujía del módulo base, eliminando el pasillo central. Esto implicaba una reducción en el ancho total de un 22%, aminorando de manera directamente proporcional el costo de la techumbre, de losas de fundación y de divisorias. A su vez, SERVIU X Delegación Valdivia ofreció la entrega gratuita de material de

and there was therefore no consistency between the background data. No building firm participated in this bid.

Due to this lack of coordination, SERVIU Puerto Montt decided to become more directly involved in the project, supporting the management of the Valdivia delegation. After a detailed review of the background data that should have been included in the bid application, a new soil mechanics study was requested to show that the buildings would not have different settling rates. As the DICTUC was unable to respond to this, a new study was requested from the Universidad Austral, where local authorities placed more trust due to their experience with the city's soils. The study concluded that there would not be differential settlings and that if a portion of the building did start to sink slightly, the effects would be negligible.

With this issue resolved, in September 2005, a new call for bids was made. Given the results of the first call, Elemental decided to invite the building firms Peña y Peña, Inmobiliaria Los Avellanos, and Cordero & Correa, all of whom visited the site with Elemental on September 22. At the close of the bid only the offer of Cordero & Correa was submitted, with a deficit of 16,000 UF (around US$500,000), twenty-five percent of the cost, so it was declared void. After contacting the building firm, Elemental started an adjustment to reduce the deficit. According to the second budget and the building firm's estimation, the most important costs were those of the foundation slab, the roofing, land, and earthwork (although there was no structural improvement, it was

relleno. Esto generó una fuerte disminución en la partida de movimiento de tierra, porque además de la gratuidad, el material se encontraba a pocos metros del terreno, con lo que el costo de transporte era bajísimo. Con estos cambios técnicos volvimos a evaluar con la constructora Cordero y Correa.

Tras algunas semanas de evaluación, sin embargo, la empresa decidió retirarse del estudio, ya que al lograrse efectivamente eliminar el déficit, sus utilidades se veían mermadas; la apuesta de la constructora, en realidad, había sido que se hubieran logrado agregar nuevos recursos al proyecto, en vez de ajustarlo.

Junto con esta dificultad, el proyecto pronto se enfrentó a una de sus etapas más delicadas. En octubre de 2005, en pleno proceso de campaña para las elecciones presidenciales y parlamentarias, el Director SERVIU X y uno de los candidatos a diputado de la ciudad se reunieron con la mayoría de las familias del "Comité de Vivienda Elemental" en un acto abiertamente político. En dicha reunión, el candidato a diputado – avalado por el Director SERVIU X – ofreció a las familias una solución habitacional "por menos plata y en menos tiempo" (pero en la periferia) si votaban por él. Conociendo las dificultades que habíamos tenido con la constructora, las familias se dividieron en dos bandos irreconciliables: aquellos que querían aceptar la oferta del candidato y aquellos que no estaban dispuestos a transar la localización y calidad que les ofrecía el proyecto Elemental.

El Director SERVIU X, por su parte, aprovechó la renuncia de Cordero & Correa para solicitar a la Ministra de Vivienda el cierre del proyecto, manteniendo los subsidios para que pudieran utilizarlos en "otra

necessary to elevate the benchmark of half of the land to ensure adequate water evacuation). So we adjusted the bay of the base module, eliminating the central passage. This reduced the total width by twenty-two percent and generated a reduction directly proportional to the cost of the roof and slabs. At the same time, the Valdivia delegation of SERVIU X offered to give us the fill material for free. This donation saved a lot of money on earthwork; besides being free, the material was a few meters away from the site, meaning transport costs were extremely low. With these technical changes, we appraised again with the building firm Cordero & Correa. But after several weeks, the firm decided not to continue with the study. With the effective reduction of the deficit, their profits significantly decreased. Cordero & Correa wagered that new funds would be added to the project, instead of price adjustments.

Together with this difficulty, the project faced one of its most delicate moments: in October 2005, in the middle of the presidential and parliamentary campaigns, the director of SERVIU X and one of the deputy candidates of the city met with the majority of the families of the "Elemental Housing Committee" in an openly political act. During this meeting, the deputy candidate, with the endorsement of the director of SERVIU X, offered the families a housing solution "for less money and in less time" (but in the periphery) if they voted for him. The families, knowing the difficulties we had had with the building firm, split into two irreconcilable factions: those who wanted to accept the candidate's offer and those who were not willing to trade the location and quality the Elemental project offered them. The director of SERVIU X, in turn, used the resignation of Cordero & Correa to request that the housing minister close the project and maintain the subsidies so that they could be used for the

Luca Brunelli, Ana Bonet, Gonzalo
Arteaga y Alejandro Aravena en uno de
los talleres de participación

Luca Brunelli, Ana Bonet, Gonzalo
Arteaga, and Alejandro Aravena in
one of the participatory workshops

solución". Frente a la incertidumbre generada por la propuesta alternativa del Director SERVIU X Puerto Montt, los dirigentes lo citaron a Valdivia para precisar su oferta, pero no asistió.

Casi al mismo tiempo, los dirigentes que preferían la propuesta de reubicación inmediata a la periferia enviaron una carta a un diario regional criticando la gestión de Un Techo para Chile, que en la práctica era la institución que hacía el trabajo social y se vinculaba con ellos. Esta carta derivó en la renuncia de UTPCH a las gestiones de apoyo para viabilizar el proyecto, inhibiendo el proceso de habilitación social.

Este escenario generó un ambiente de desconfianza y confrontación en que los tres socios originales de Elemental vieron afectada seriamente su participación; SERVIU X por razones políticas, UTPCH producto de la reacción de una parte de las familias, y las familias mismas a raíz de la confusión que generó la propuesta del Director de SERVIU X. Ante los conflictos políticos y sociales a los que se expuso el proyecto, la gestión de nuevos recursos y la búsqueda de empresas constructoras se volvieron prácticamente imposibles, y el esfuerzo que Elemental podía hacer en solitario se volvió insuficiente. Por eso, el 30 de enero de 2006, Elemental envió a la Ministra de Vivienda de la época una carta de renuncia formal al proyecto, haciéndole entrega de todos los antecedentes técnicos para que dispusiera de ellos según considerara pertinente, probablemente cuando el escenario político se apaciguara.

"other solution." Faced with the uncertainty generated by the alternative proposal from the SERVIU X Puerto Montt director, the leaders invited him to a meeting in Valdivia where he could go over the details of his offer, a meeting he did not attend.

Almost at the same time, the families' committee leaders who preferred the proposal that would immediately displace residents to the periphery sent a letter to the regional newspaper criticizing the management of UTPCH, which, in practice, was the institution that did the social work and was associated with them. This letter spurred the resignation of UTPCH—the group responsible for the support work that made the project possible—and greatly hindered the social habilitation process.

This scenario generated an atmosphere of distrust and confrontation in which the three original associates of Elemental saw their participation seriously jeopardized; SERVIU X, for political reasons; UTPCH, due to the reaction of some of the families in the media; and families themselves as a result of the confusion generated by SERVIU Director's proposal. Given these political and social conflicts, obtaining new resources and finding new building firms became practically impossible, and the effort that Elemental made on its own was insufficient. That is why on March 30, 2006, Elemental sent the minister of housing a formal letter of resignation, submitting all the technical background information so that she could do with it what she considered best when the political scenario calmed down.

VERSIÓN FINAL DE LA PROPUESTA I **FINAL VERSION OF THE PROPOSAL**

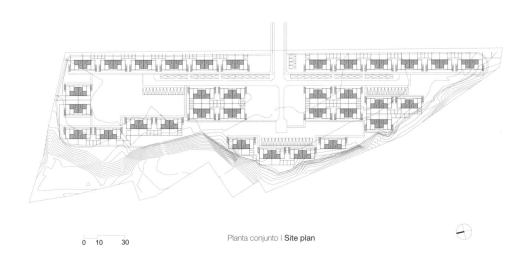

0 10 30

Planta conjunto I **Site plan**

Estructura I **Structure**	Losa fundación, pilares (primer piso) y losa divisoria de unidades en hormigón arma-do, tabiquería estructural de madera en segundo y tercer nivel I **Foundation slab, columns (first floor), and concrete reinforced dividing slab of units; structural wood partitioning in second and third level**
Estructura de techumbre I **Roof structure**	Vigas de madera 2" x 6" I **2" x 6" wooden beams**
Cubierta I **Roofing**	Plancha de acero zincado I **Galvanized steel plate**
Estructura de entrepiso I **Mezzanine structure**	Envigado de madera 2" x 6" I **2" x 6" wooden beams**
Revestimiento interior I **Interior cladding**	Placa de yeso cartón 8 mm / Placa de fibrocemento 4 mm en baño I **8 mm gypsum board / 4 mm fiber cement board in bathroom**
Revestimiento exterior I **Exterior cladding**	Plancha de acero zincado I **Galvanized steel plate**

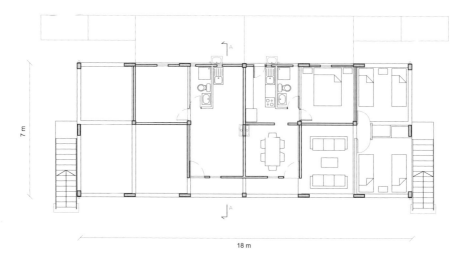

7 m

18 m

Piso 1 | Ground Floor

0   3 m

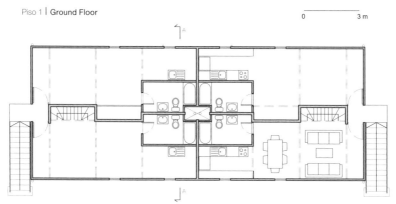

Piso 2 | Second Floor

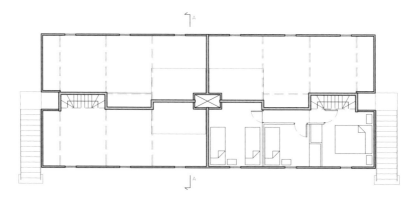

Piso 3 | Third Floor

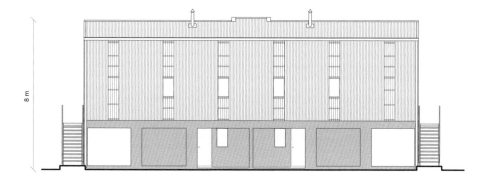

8 m

Fachada Frontal | **Front Façade**

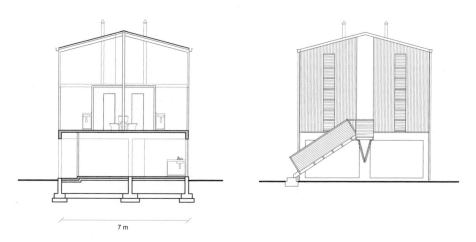

7 m

Corte AA | **Section AA**

Fachada Lateralr | **Side Façade**

Estudiante ganador del concurso Santiago
Castorina en uno de los talleres de
participación

Student winner Santiago Castorina in
one of the participatory workshops

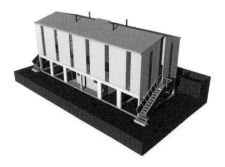

6.8. EVOLUCIÓN DE LOS PROYECTOS

Los gráficos muestran el ritmo de avance de cada uno de los proyectos. El eje X describe el tiempo; el eje Y las etapas de cada proyecto ordenadas de acuerdo a una secuencia de pasos típica. Un proyecto simple y sin tropiezos tendría una curva constante ascendente, conforme se superan etapas a medida que pasa el tiempo.

Lo primero que se observa en estos gráficos, es que los proyectos de Elemental presentan cúspides y valles, lo que significa que a veces hay avances y otras retrocesos. La complejidad de los proyectos (componentes sociales, políticos, burocráticos de cada caso), la importante cuota de innovación y nuestros propios errores y faltas de experiencia explican estos altos y bajos.

Una segunda observación es que un avance rápido, ya sea al principio o en cualquier otro momento del proyecto (pendiente fuerte de la curva) no garantiza en absoluto un final óptimo, así como un retroceso importante no deriva inevitablemente en un término anticipado. La "irregularidad" o longitud de la curva, podría leerse como el proceso de ajuste necesario para dar con la respuesta adecuada.

Como se hace evidente en la crónica de cada proyecto, el trabajo arquitectónico excede con creces las tareas convencionales del diseño. Para transformar una idea en una realidad, hay que hacerse cargo de las dimensiones burocráticas, financieras, políticas y sociales de los proyectos. Tener un punto claro y una visión sintética es crucial para mantener el curso y el ritmo de avance. Pero o que realmente hace la diferencia es una comunidad organizada. El avance de un proyecto es directamente proporcional a lo activo de la participación de un comité; son ellos los que influyen para que las dificultades del proceso no se transformen en obstáculos permanentes.

6.8 PROGRESS DIAGRAMS

The following graphics show the rhythm of progress for each of the projects. The X-axis describes time, the Y-axis, the stages that each project has to go through organized according to a sequence of typical steps. A project without setbacks would have a constant ascending curve as it moves through the different steps in time.

The first thing one observes in these graphs is that the Elemental projects have peaks and valleys, meaning that they both advance and backtrack. The complexity of the projects (social, political, bureaucratic components in each case) and the important quota of innovations explain these highs and lows.

A second observation is that a rapid advance, be it at the beginning or at any other moment of the project (a steep incline in the curve), does not guarantee an optimal end, just as an important backtrack does not dictate an inevitable anticipated end. The "irregularity" or length of the curve can be read as the process of adjustment necessary to arrive to an appropriate response.

As is evident in the chronicle of each project, the architectural task by far exceeds the conventional labor of design. To transform an idea into a fact, one has to take care of bureaucratic, financial, political, and social aspects. To have a clear point and a synthetic view is crucial to maintain the course. But what really makes a difference is an organized community. The progress of a project is directly proportional to the level of participation of its housing committee; an active community is the key to make the difficulties not to become permanent obstacles.

Elemental Antofagasta

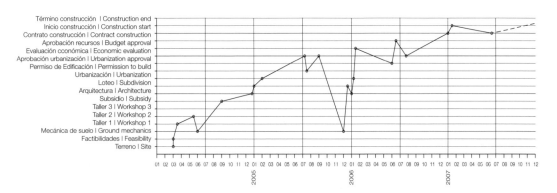

Elemental Copiapó

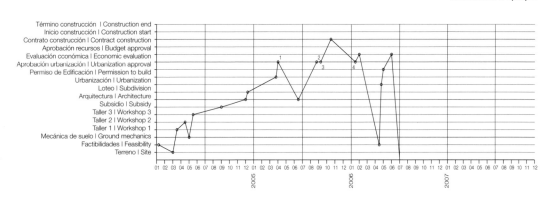

Elemental Valparaíso

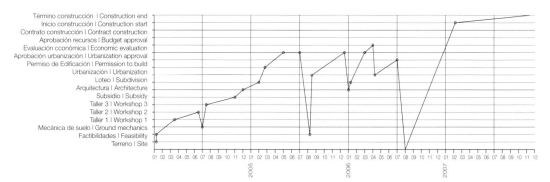

Elemental Renca

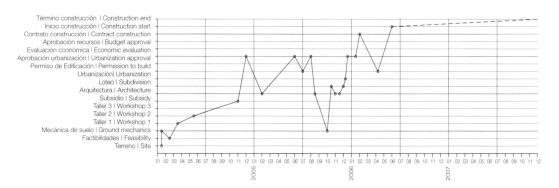

Elemental Chiguayante

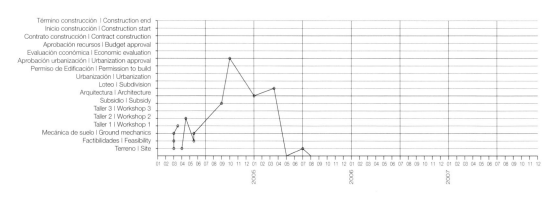

Elemental Temuco

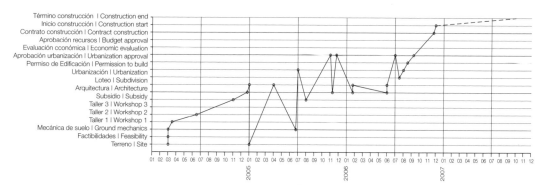

Elemental Valdivia

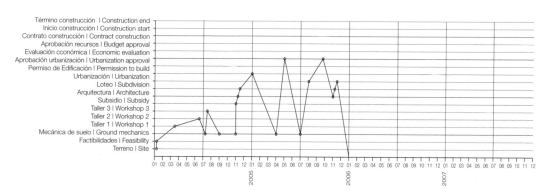

Elemental Lo Espejo (Proyecto nuevo I New Project)

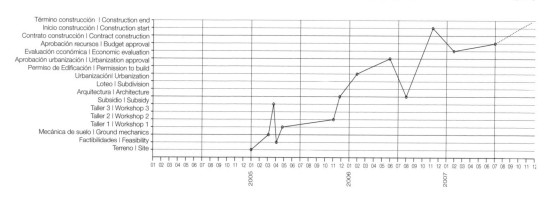

VII

NUEVOS PROYECTOS

NEW PROJECTS

7.1 POLÍTICA HABITACIONAL 2006: NUEVAS REGLAS DEL JUEGO

Es esperable que cualquier política nueva requiera ajustes una vez que se comienza a implementar. En el caso de la Vivienda Social Dinámica sin Deuda había varias cosas positivas, quizás la más meritoria de todas, la idea de eliminar la deuda para poder focalizar efectivamente en los más pobres, aquellos sin capacidad de endeudamiento.

Sin embargo, se podría decir que fue una política a la que le faltó claridad conceptual. Si bien el subsidio estatal era mayor, al eliminar la deuda hipotecaria, el monto final disponible era menor y esta política no supo formular el problema de tal forma que la disminución del monto final no significara una simple reducción de los estándares. Una muestra de esta falta de claridad conceptual, era el requerimiento que en un mínimo de 25 m² se debía entregar un living, un comedor, una cocina, un baño y al menos un dormitorio conformado. Lo que esto producía en la práctica era diluir los pocos recursos en una cantidad de recintos todos de muy bajo estándar, en vez de haber priorizado hacer menos recintos pero buenos.

Se debería haber sido más explícito en declarar que la condición "Dinámica" como su nombre mismo lo indicaba, requería diseños incrementales; se debería haber explicitado que la reducción de recursos requería jerarquizar, priorizar y dejar que las soluciones evolucionaran en el tiempo. Al no entregar la nueva política el conjunto de incentivos y regulaciones que orientaran el diseño en la dirección correcta, la reacción del mercado fue la de enfrentar una pregunta nueva con respuestas obsoletas: construir casas más chicas, más lejos. Para responder a un financiamiento menor, se redujeron los metros cuadrados y se llevaron los conjuntos cada vez más

7.1 NEW RULES OF THE GAME: THE 2006 HOUSING POLICY

It is to be expected that any new policy requires adjustments once it begins to be implemented. In the case of Vivienda Social Dinámica sin Deuda (dynamic debt-free social housing), there were many positive things, particularly the idea of eliminating debt in order to target the poorest people, those without the capacity to pay back a loan.

However, it could be said that the 2001 housing policy was conceptual lost. Even though the state subsidy was increased by eliminating the mortgage debt, the total amount of the voucher was reduced. And the policy was unable to frame the problem in such a way that the reduction of the final amount did not mean a reduction in the overall standards. An example of this lack of conceptual clarity was the fact that as a requirement, a minimum of twenty-five square meters with at least a living room, dining room, kitchen, bathroom and one bedroom had to be delivered. This requirement produced a series of rooms of a very low standard, instead of prioritizing fewer rooms of a higher standard.

What would have been desirable was a more explicit indication that the "dynamic" condition that gave name to the policy meant incremental designs; it should have explained that the reduction in the final available amount required making a hierarchy, prioritizing, and letting solutions evolve over time. Without the incentives and

La presidenta Michelle Bachelet inició una nueva política habitacional en 2007 que cambió el marco de restricciones a los proyectos de vivienda.

President Michelle Bachelet started a new policy in 2007 that changed the initial set of constraints for housing projects.

Entre el 2007 y el 2010 habrá 223 mil casas para las familias de menos recursos y 174 mil subsidios a las de ingresos medios.

Construcciones sociales tendrán mínimo dos dormitorios, y medirán al menos 38 m2.

Un importante giro tendrá a partir de hoy la política de vivienda del gobierno para los próximos cuatro años: se acabarán las casas "enanas", las tipo "Chubi" de Peñala...

GOBIERNO DE CHILE

lejos, donde el suelo era más barato. En ese sentido la política del 2001, no fue capaz de generar una masa crítica de proyectos buenos y primaron las respuestas mediocres del mercado, lo cual abrió la discusión sobre la necesidad de hacer correcciones a la Vivienda Social Dinámica sin Deuda.

A esta necesidad de ajuste, se sumó el hecho que el país seguía experimentando un crecimiento económico sostenido, lo que hacía que hubiera más fondos disponibles en el presupuesto del Ministerio de Vivienda. El 18 de julio de 2006 – apenas cuatro meses después de haber asumido el Gobierno – la Presidenta Michelle Bachelet y su Ministra de Vivienda, Patricia Poblete, lanzaron un ambicioso plan habitacional para el período 2007-2010, que a grandes rasgos le inyectó más recursos al sistema, en vez de hacer el ajuste conceptual que se necesitaba.. En él destacaban tres cuestiones: la creación de un subsidio a la localización, la mejora en las condiciones financieras para las empresas constructoras y un aumento de 50 UF (unos $2.000 dólares) al subsidio a cada familia.

A. Subsidio a la Localización

El MINVU decidió ofrecer un nuevo incentivo para tratar de revertir la lógica de exclusión de los más pobres: el nuevo subsidio a la localización, consistió en un aporte directo del Estado de hasta 150 UF por familia, destinado exclusivamente a la compra de terrenos bien localizados en la ciudad. Este beneficio estaba disponible para terrenos ubicados dentro del área urbana en ciudades de más de 30.000 habitantes.

regulations that indicated the right direction, the market responded to a new question with old obsolete answers: build smaller houses, farther away. In response to lower financing, built area was reduced, and complexes were displaced to where the cost of land was close to nothing. So the 2001 policy was unable to generate a critical mass of good projects and mediocre answers predominated. This opened the discussion about the need of adjustments to VSDsD.

To this need for corrections, one has to add the fact that Chile kept on growing economically, so between 2001 and 2006 the budget of the housing ministry (MINVU) grew accordingly. On July 18, 2006, four months after taking office, President Michelle Bachelet and her housing minister, Patricia Poblete, launched an ambitious housing plan for the 2007–2010 period that, in general terms, meant more money for the system instead of the conceptual adjustment the policy needed. Three issues stood out in the decree: the creation of a specific subsidy for location, improvement of the financial conditions for builders, and an increase of US$1,800 to the subsidy for each family.

A. Location Subsidy

The housing ministry decided to create a new incentive to provide alternatives to the exclusion of poor families: a new specific subsidy for location consisted of a direct contribution from the state of up to US$3,000 per family that was exclusively destined for the purchase of well-located sites in the city. This benefit was available for sites located within the urban area of cities with more than 30,000 inhabitants. To access this subsidy, the project had

Para acceder a este subsidio, los proyectos no podían superar las 150 unidades y debían construirse en terrenos que se encontraran a menos de 500 metros del transporte público, 1.000 metros de un colegio con matrícula disponible y 2.500 metros de un consultorio de salud. Esta medida buscaba incorporar al mercado una serie de terrenos normalmente inaccesibles para la vivienda social, abriendo una posibilidad real de construir conjuntos insertos en la red de oportunidades que la ciudad ofrece.

El problema fue la implementación de una idea en principio bien intencionada: una política que al comienzo permitió efectivamente incorporar terrenos bien servidos al mercado de la vivienda social, con el tiempo fue relajando las condiciones para obtener el subsidio a la localización hasta el punto que casi un 98% de los terrenos urbanos de Chile llegaron a ser elegibles para tal subsidio. Puede haber sido el lobby de los tenedores de suelo o una necesidad política de darle velocidad al sistema, pero lo que en la práctica esto significó fue simplemente un traspaso de fondos público a los especuladores que pudieron aumentar el valor de sus predios casi automáticamente. De hecho muchas inmobiliarias y constructoras crearon sus propias organizadoras de demanda, las cuales no estaban obligadas a hacer licitaciones para asignar las obras. En todos los casos, curiosamente, el suelo se valorizaba al máximo de UF/m² que el subsidio de localización podía pagar.

to have less than 150 units and be built on sites less than 500 meters away from public transportation, 1,000 meters from a school with available openings, and 2,500 meters from a health center. This measure added a series of sites to the market that were usually inaccessible for social housing and opened up the possibility of building housing complexes integrated into the network of opportunities offered by cities.

The problem was the implementation of this in principle well-intentioned measure: a policy that at the beginning effectively allowed the incorporation of well-served lots into the social housing market with time relaxed the conditions for site compliance to the point where ninety-eight percent of urban lots were eligible for the location subsidy. It may have been due to the landowners and Chilean building chamber lobby, or to the political need to make the system run faster, but what it produced in the end was a transfer of public funds to speculators who saw the value of their land increase almost automatically. In fact, many developers created their own NGOs, which were not required to run public bids to sign a contract with a building company while using the subsidies. Interestingly enough, in all the cases, the cost of the land was always the maximum amount that the system allowed for subsidizing location.

B. Condiciones Administrativas más Flexibles

Por otra parte, el MINVU se fue dando cuenta de que la escasez de proyectos para la política 2001 era consecuencia entre otras cosas, de las estrictas condiciones administrativas y financieras con que debían cargar las constructoras. Al haber impuesto el límite de 300 viviendas a los proyectos, con la buena intención de eliminar los monótonos conjuntos de extensión indiscriminada, sin servicios y sin identidad, las grandes empresas constructoras con capacidad financiera habían emigrado a otros mercados. Las empresas chicas que se quedaron en el nicho de la vivienda social, con menor capital de trabajo, difícilmente podían asumir por ejemplo, las boletas de garantía exigidas por SERVIU y los costos de sostener financieramente obras, cuya construcción podía durar más de un año, con sólo tres estados de pago. Muchas de las que no emigraron, quebraron.

Eventualmente, el MINVU decidió flexibilizar sus condiciones: redujo por ejemplo el costo de la garantía por fiel cumplimiento del contrato de 5% a 3%, y aumentó de tres a cinco los estados de pago, lo que aún estando lejos de las condiciones del mercado privado de construcción, representó una mejora sustancial en las condiciones para las empresas constructoras.

B. More Flexible Administrative Conditions

On the other hand, MINVU started to realize that the scarce number of projects submitting proposals for public bids for the 2001 policy was due to the strict administrative and financial conditions the building firms had to put up with. Setting the limit at 300 houses per project, with the good intentions of eliminating huge, monotonous social housing developments that lacked services or identity, caused the big building firms with financial capacity to migrate to other markets. The remaining small firms, with less working capital, could hardly assume the performance bonds demanded by the SERVIU and it was difficult for them to assume the cost of sustaining works where construction times could stretch more than a year with only three payment statements. Many of those who did not chase other markets went bankrupt.

Eventually, MINVU decided to make its conditions more flexible: they reduced the guarantee from five to three percent and increased payments from three to five installments. Although still below the conditions of the private market, the changes marked a significant improvement in conditions for VSDsD builders.

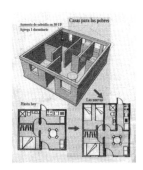

C. Aumento del Subsidio y
   del Mínimo de Recintos Iniciales

Por último, para enfrentar los problemas de calidad de la
construcción y especialmente del tamaño de las soluciones
propuestas, el MINVU aumentó el monto del subsidio y exigió
a los proyectos la entrega inicial de más metros cuadrados.
La política del 2001 exigía al menos un dormitorio y la posibilidad de ampliación hasta un mínimo de 50 m². La política del
2006 estableció un estándar mínimo inicial de dos dormitorios
y la posibilidad de ampliación hasta 55 m² como mínimo. Para
financiar esto, se aumentó el subsidio de 280 UF a 330 UF,
de unos $11.000 a unos $13.000 dólares. Sin embargo, si se
hace un análisis detenido, se observa que se redujo el financiamiento por metro cuadrado de construcción.

El verdadero problema era que pedir más metros y más
terminaciones fue una señal que iba en la línea opuesta a lo
que se esperaría de una política pública, la cual debería hacerse cargo de aquello que una familia no puede hacer por
su cuenta. Mas metros cuadrados y más terminaciones, en
sentido estricto, es algo que las familias pueden abordar individualmente. Nada se dijo en cambio sobre cómo diseñar
la primera mitad de la casa para que la segunda mitad fuera
fácil, económica y segura de hacer.

Otros dos problemas se sumaron al panorama anteriormente descrito. Por una parte, las ventajas y regalías que
ofrecía el programa de vivienda para los que no tenían capacidad de endeudamiento eran tales, que "todo el mundo
quería ser pobre", al punto que en el 2010, un 48% de
las familias postulando a una vivienda, se declaraba como
indigente. Esto claramente no correspondía a la realidad
del país y se explicaba sólo en la medida que existía una

C. Increase of the Subsidy and
   the Minimum Number of Initial Rooms

Finally, to be able to face the problems of building
quality and the size of proposed solutions, which
at least according to the media seemed to be generating a crisis, MINVU increased the amount of
the subsidies. The problem is that it also demanded more square meters in the initial delivery. The
2001 policy set a minimum standard of at least one
bedroom and the possibility of expanding to a minimum of fifty square meters. The 2006 policy asked
for two bedrooms and the possibility of expanding to at least fifty-five square meters. To finance
this, the direct subsidy was increased from 280 UF
(US$11,000 in 2006) to 330UF (US$13,000 at the
time). However, if one pays careful attention, one
sees that the amount of money per built square
meter was reduced.

By asking for more meters and more finishes,
the message MINVU was sending was the opposite from what one would expect from a public policy whose aim should be to provide all that
which a family on its own can not do. Increasing
built square meters and completing finishing work
are tasks that families can deal with on their own.
The housing ministry did not outline anything in
their policies, however, about how to design the
first half so that the second half could be easier,
cheaper, and safer for each family to build.

Two other problems could be added to the scenario previously described. On the one hand, the

El modelo presentado en la prensa como ejemplo de la nueva política habitacional no recogía la dimensión incremental en su diseño. Nuestra contrapropuesta fue tomar el mismo diseño pero disponerlo en 2 pisos para que cada familia alcanzara realmente un estándar de clase media.

The model presented in the press as an example of the new policy did not consider incrementality in its design. Our counterproposal was to take the same design but to arrange it over two floors so that each family could really achieve a middle-class standard.

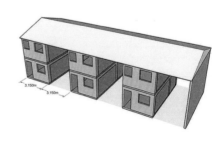

enorme irregularidad en el proceso de elaboración de la ficha de protección social.[59]

Por otro lado, quienes no calificaban en la categoría de indigentes, postulaban a otros programas del MINVU, todos ellos con una combinación de subsidio y deuda hipotecaria blanda. Para darle más dinamismo a estos programas, el lobby de la Cámara Chilena de la Construcción presionó para eliminar la exigencia de contar una ficha de protección social para obtener una casa construida con subsidio, privilegiando en cambio y dando mayor puntaje al ahorro personal. Muchas constructoras e inmobiliarias hicieron proyectos, pagados con subsidios del Estado –es decir con los impuestos de todos los chilenos- para gente con capacidad de ahorro, pero que no era pobre. Una cantidad enorme de proyectos usaron los $1.000 millones de dólares del presupuesto anual del MINVU para proyectos que no iban en ayuda de los que realmente lo necesitaban.

En casi todos los casos, estas nuevas reglas del juego comenzaron a correr cuando los proyectos del concurso ya habían sido licitados y estaban siendo construidos con los estándares de la política habitacional del 2001, lo que nos obligó a homologarlos. Fue frecuente recibir más recursos, pero se nos exigió también más recintos conformados al inicio o más terminaciones.

advantages and incentives the program was offering to those without debt capacity were such that "everybody wanted to be poor." In fact, in 2010, according to MINVU forty-eight percent of the families applying for a subsidy declared themselves indigent. This was clearly not the case in Chile and could only be explained by massive irregularity in the process of developing the Ficha de Protección Social (social protection card; acronym: FPS).[59]

On the other hand, those who did not qualify as indigent applied to other MINVU programs, which combined subsidy with personal savings. To speed up these programs, the lobby of the Chilean building chamber pushed for the elimination of FPS inclusion as a condition for getting a house built with subsidies. Priority was given to the capacity to have savings, so many building companies and developers did projects, paid with tax money, for people who had savings but were not poor. A huge number of projects were executed using MINVU's annual budget of one billion US dollars for people who did not really need them.

In almost every case, the new rules of the game came into effect when the projects from the contest had already been bid out and were being built to the standards of the 2001 policy, obliging us to adjust them. Frequently we received more funds, but also more initial rooms or finishes were demanded.

---

59   Cada familia elegible para subsidio de vivienda, es evaluada para determinar su nivel de vulnerabilidad (ingreso familiar mensual, composición del núcleo familiar, nivel de escolaridad, etc) producto de lo cual obtienen un puntaje que determina la prioridad que esa familia tiene para obtener beneficios del Estado.

59   Each family eligible for a housing subsidy is evaluated to determine its level of vulnerability (monthly family income, composition of the nuclear family, education level, etc.) in order to obtain a score that determines the priority the family has in obtaining state benefits.

7.2 NUEVOS PROYECTOS

Con este nuevo conjunto de reglas, Elemental comenzó a desarrollar nuevos proyectos de vivienda y conformó un equipo permanente de profesionales para enfrentar su diseño. A Iquique y los siete proyectos del Concurso se sumaron nuevos encargos en Renca (1), para 79 familias en total; en Lo Espejo (2), para 155 familias en total; en Barnechea (2), para 363 familias en total; en Pudahuel, para 42 familias; en La Pintana, para 68 familias; en Tocopilla, para 20 familias; en Rancagua (2), para 206 familias en total; en Monterrey, México para 70 familias; el Plan de Vivienda para los Trabajadores de Forestal Arauco en varias localidades del sur de Chile para unas 9.000 famiias. Con estos nuevos desarrollos, los proyectos del Concurso y el inicial de Iquique, sumamos ya más de 10.000 viviendas en Chile y el extranjero.

7.2 NEW PROJECTS

Within this new group of rules, Elemental developed new housing projects and formed a permanent team of professionals to develop the designs. To Iquique and the seven competition projects we added new commissions in Renca (1 project), for a total of 79 families; in Lo Espejo (2), for 155 families in total; in Barnechea (3), for 363 families in total; in Pudahuel, for 42 families; en La Pintana, for 68 families; in Tocopilla, for 20; in Rancagua (2), for 206 families in total; in Monterrey, for 70 families; the housing plan for Arauco Forest company workers for more than 9,000 families. With these new developments, the competition projects, and the initial project in Iquique, we added up more than 10,000 homes in Chile and abroad.

fig. 49

ELEMENTAL LO ESPEJO

El sitio elegido en la comuna de Lo Espejo en Santiago era pequeño -1.000 m²- pero ofrecía muy buenas condiciones urbanas. Se encontraba en el cruce de una vía principal de la comuna y una autopista metropolitana, entre un retén de carabineros y una plaza consolidada, rodeada de servicios y algunas empresas e industrias. Contaba además con urbanización en todos sus costados, por lo que el proyecto tenía la posibilidad de disponer las viviendas sin tener que generar nuevas obras de pavimentación. Sin embargo, el área de restricción que generaba el trazado de un antiguo canal de regadío en el lado poniente del terreno disminuía drásticamente la superficie original del sitio, dejando un fondo disponible entre calles de apenas 24 metros (fig. 49).

Para albergar a las 30 familias, propusimos una variación de la tipología del proyecto de Iquique, con una casa abajo y un departamento dúplex encima; tanto la casa como el apartamento tenían 6 metros de frente, pero a la casa, se le daba un patio de 12 metros de fondo. Ambas propiedades, al igual que Iquique, tenían accesos individuales desde la calle para las casas y a través de una escalera independiente para los apartamentos. Una losa de hormigón armado, que funcionaba como un muro medianero horizontal, separaba la casa

ELEMENTAL LO ESPEJO

The chosen site was small, 1,000 square meters, but it had remarkable urban conditions. It was situated in the crossing of a major street and a city highway, between a police station and a well-established square, in front of two gas stations and near several companies and sites of industrial production. It also had appropriate infrastructure on all sides, meaning houses could be organized without taking into account new or future street paving or sewage, for example. However, a restricted swath of land running alongside an old canal on the west side of the site drastically reduced the original surface of the land, leaving only twenty-four meters between streets (fig. 49).

To house the thirty families, we proposed a variation of the Iquique typology where a house six meters wide had a duplex apartment six meters wide on top. The ground floor house had a patio twelve meters deep to compensate for the smaller front (in Iquique the house was nine meter wide and the courtyard nine meters deep). Both units, as in Iquique, had individual access: the house from the

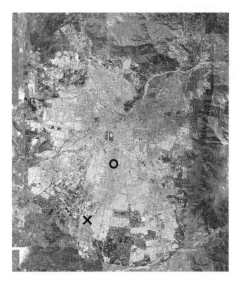

O Centro de la ciudad I **Downtown**
X Ubicación del proyecto I **Project location**

Nº de familias I **No. of families**	30
Terreno I **Site**	0,15 há (800 hab/há) I **0.15 ha (800 inhabitants/ha)**
Ubicación I **Location**	Juan Francisco González 9461, Lo Espejo, Santiago, Región Metropolitana
Presupuesto licitación política habitacional 2006 I **Budget**	12.060 UF, aprox. US$420.000 I **12,060 UF, approx. US$420,000**
Subsidio I **Subsidy**	382 UF/familia + ahorro 20 UF/familia I **382 UF/family + savings 20 UF/family**
Superficie inicial casa I **Initial house area**	36,2 m² I **36.2 m²**
Superficie final casa I **Final house area**	60,5 m², ampliación: 24,3 m² I **60.5 m², expansion: 24.3 m²**
Superficie inicial dúplex I **Initial two-story unit area**	36,2 m² I **36.2 m²**
Superficie final dúplex I **Final two-story unit area**	72,5 m², ampliación: 36,3 m² I **72.5 m², expansion: 36.3 m²**
Comité de Vivienda I **Housing committee**	"Un Sueño por Cumplir"
Entidad Organizadora I **Organizing entity**	Un Techo para Chile
Arquitectura I **Architecture**	Elemental
Ingeniería I **Engineering**	José Gajardo
Urbanización y especialidades I **Civil, electrical, plumbing engineering**	Elemental + Constructora Simonetti
Construcción I **Building**	Constructora Simonetti
Aprobación subsidio I **Housing subsidies approval**	Junio I **June 2005**
Aprobación permiso edificación I **Building permit approval**	Febrero I **February 2006**
Inicio obras I **Construction start**	Noviembre I **November 2006**
Término de obras I **Construction end**	Diciembre I **December 2007**
Entrega de viviendas I **Occupancy of houses**	Diciembre I **December 2007**

La presidenta Bachelet le dijo a una de las dirigentas el día de la inauguración que a ella le habría gustado entregar las casas pintadas. La dirigenta le contestó que en lo talleres de participación había aprendido que pintar era relativamente fácil para cada familia, por lo que habían preferido usar los recursos para que se les entregara cosas más difíciles como el techo cubriendo el vacío de la futura ampliación.

On opening day, President Bachelet said to one of the community leaders that she would have liked to deliver the houses with paint. The leader responded that one of the things she learned during the participatory workshops was that paint was relatively easy to do herself, so she preferred to use the state funding to get more difficult things like the roof covering the void for the future expansion.

fig. 50

del dúplex. Bajo la losa, la casa proyectaba su crecimiento hacia el patio en el cual definimos una zona de lavadero que asegurara la existencia futura de un patio de luz para iluminar y ventilar los recintos que eventualmente construyera cada propietario. Sobre la losa, el dúplex contemplaba una entrega inicial de 3 x 6 metros en dos pisos y un vacío de la misma dimensión entre cada dúplex, lugar en el que se esperaba crecerían a futuro los departamentos. Dado que Santiago tiene precipitaciones en invierno, se consideró un techo continuo cubriendo todo el edificio.

Las obras se iniciaron en noviembre del año 2006. La Inmobiliaria y Constructora Simonetti se hizo cargo de la construcción de este proyecto como parte de su política de responsabilidad social empresarial, lo cual trajo estándares constructivos inéditos al nicho de la vivienda social. Las familias postularon a nuevos fondos para realizar las ampliaciones, por lo que solicitaron a la empresa constructora que, permanecieran un tiempo más a cargo de la obra y ejecutaran los nuevos recintos. Las viviendas fueron entregadas a las familias en diciembre de 2007, en ceremonia presidida por la Presidenta de la República Michelle Bachelet (fig. 50).

La importancia de este proyecto radica en haber probado que era posible hacer proyectos en terrenos pequeños y angostos, de los cuales hay muchísimos en Santiago. Además pudimos alcanzar una densidad de 900 habitantes por hectárea, sin hacinamiento, con casas y departamentos ampliables hasta 72 m², lo que aumentó aún más el rango de precio de los terrenos a los que podíamos acceder.

street and the apartments through independent stairs. A reinforced concrete slab acted as a horizontal dividing wall separating the two units. Under the slab, the house projected into the patio where we defined a laundry zone ensuring the future existence of a light well for illumination and ventilation. Above the slab, the apartment consisted of an initial area of three by six meters in two stories and a void between the units with the same dimensions that was designated for future growth. Given that in Santiago it rains during the winter, we designed a continuous roof covering the whole building.

The project began in November 2006. The real estate developer and builder Simonetti, which traditionally works for the upper class in Chile, took charge of construction as part of its social responsibility policy and with it brought unprecedented good construction standards to the social housing area. The families applied for new subsidies for the construction of their expansions and solicited the contractor to stay longer to add the new rooms. The homes were handed over to the families in December of 2007 in a ceremony presided over by President of the Republic Michelle Bachelet (fig. 50).

The importance of this project lies in having proven that it was possible to make successful projects in small, narrow sites, of which there were many in Santiago. We were also able to achieve a density of 900 inhabitants per hectare, without overcrowding, with houses and apartments expandable up to seventy-two square meters, augmenting the range of sites we were able to access.

VERSIÓN FINAL DE LA PROPUESTA I **FINAL VERSION OF THE PROPOSAL**

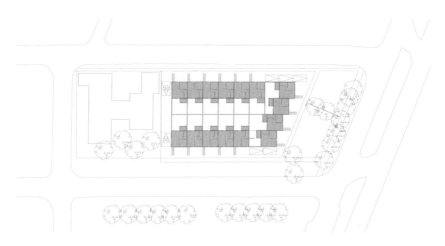

Planta conjunto I Site plan

Estructura I **Structure**	Albañilería confinada y losa intermedia de hormigón armado I **Confined masonry, reinforced concrete columns with reinforced concrete intermediate slab**
Cerramiento I **Closure**	Panelería de madera 2" x 2" y 2" x 3" I **2" x 2" and 2" x 3" wooden paneling**
Estructura de techumbre I **Roof structure**	Carpintería metálica 150 mm (Metalcón) I **150 mm light steel profile (Metalcon)**
Cubierta I **Roofing**	Plancha de acero zincado, onda estándar I **Galvanized steel plate, standard wave**
Estructura de entrepiso I **Mezzanine structure**	Envigado de madera 2" x 6" I **2" x 6" wooden beams**
Revestimiento interior I **Interior cladding**	Placa de yeso cartón 8 mm / Placa de fibrocemento 4 mm en baño I **8 mm gypsum board / 4 mm fiber cement board in bathroom**
Revestimiento exterior I **Exterior cladding**	Placa de fibrocemento 8 mm I **8 mm fiber cement board**

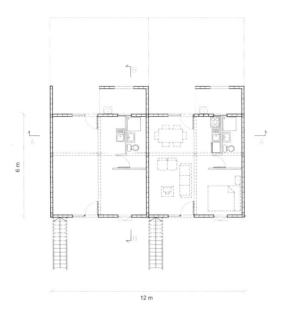

6 m

12 m

Piso 1 | Ground Floor

0   3 m

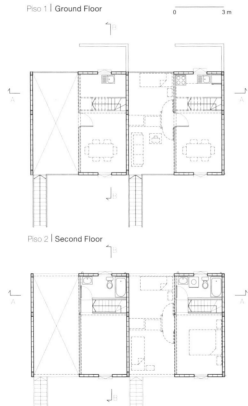

Piso 2 | Second Floor

Piso 3 | Third Floor

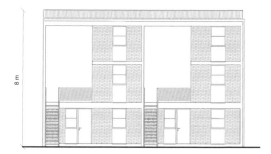

Fachada Frontal | **Front Façade**

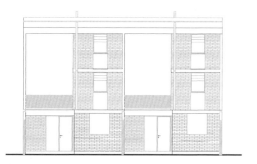

Fachada Posterior | **Back Façade**

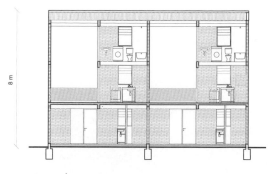

Corte AA | **Section AA**

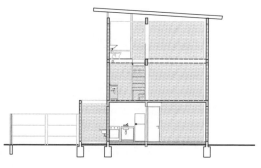

Corte BB | **Section BB**

Las familias recibieron sus casas un día viernes. Cuando fuimos el día lunes a tomar fotos, las viviendas ya habían sido transformadas. Ese tipo de eficiencia es lo que verifica un diseño incremental.

Families received their houses on a Friday. We went the following Monday to take pictures and houses had already been transformed. That kind of efficiency is what can be expected when design is incremental.

ELEMENTAL PUDAHUEL

Este proyecto desarrollado en un terreno de 4.000 m² dio solución habitacional a 40 familias en una comuna relativamente céntrica de Santiago, usando una tipología similar al proyecto de Renca.

La importancia de este proyecto, más allá de las optimizaciones naturales que se pueden hacer cuando se insiste sobre un diseño, consistió en haber desarrollado una sede social aplicable a todos los proyectos de vivienda que estábamos realizando y a todos los que vendrían en el futuro. La política habitacional exige la provisión de un edificio comunitario para los proyectos de vivienda social. Para ellos hay un aporte estatal de 12 UF por cada vivienda (unos 400 dólares) con las cuales se debe construir dicha sede social. Para determinar su tamaño se debe tomar el número de unidades del conjunto, dividirlo por dos y esa cantidad será la superficie construida; el área mínima de una sede no puede ser inferior a 35 m². En este caso, habría correspondido hacer el mínimo de 35 m², pero pudimos construir una sede de 70 m².

ELEMENTAL PUDAHUEL

This project was for forty families in a neighborhood near central Santiago where a housing solution was proposed on a site of 4,000 square meters. We used a similar typology to Renca.

The importance of this project, more than the natural optimizations that can be expected, consisted of developing a social center applicable to all the housing projects we were working on as well as those coming in the near future. The housing policy requires the provision of a community center for each the social housing project. State funding of 12 UF (ca. US$400) per home is the available construction budget for such a building. To determine its built area, the number of units in the complex has to be divided by two, and that quantity will be the community center's built area: that area cannot be less than thirty-five square meters. In this case, we had to deliver the minimum of thirty-five square meters but were able to build seventy square meters for our center.

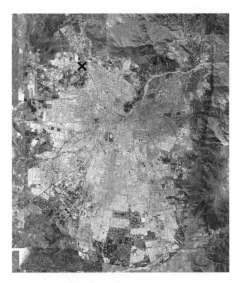

O Centro de la ciudad I **Downtown**

X Ubicación del proyecto I **Project location**

N° de familias I **No. of families**	40
Terreno I **Site**	0,38 há (421,9 hab/há) I **0.38 ha (421.9 inhabitants/ha)**
Ubicación I **Location**	El Tranque 1421, Pudahuel, Santiago, Región Metropolitana
Presupuesto licitación política habitacional 2006 I **Budget**	20.921 UF, aprox. US$0,76 millones I **20,921 UF, approx. US$0.76 million**
Subsidio I **Subsidy**	370 UF/familia + ahorro 20 UF/familia + habilitación de terreno 100 UF + aportes privados (arzobispado) 33.02 UF/familia I **370 UF/family + savings 20 UF/family + site habilitation 100 UF + private support (archbishopric) 33.02 UF/family**
Superficie inicial casa I **Initial house area**	49 m²
Superficie final casa I **Final area**	67 m²
Comité de Vivienda I **Housing committee**	"Coordinadora de Campamentos" y "Construyendo Nuestro Futuro"
Entidad Organizadora I **Organizing entity**	Un Techo para Chile
Asistencia Técnica I **Technical assistance**	Un Techo para Chile
Habilitación Social I **Social habilitation**	Un Techo para Chile
Arquitectura I **Architecture**	Elemental
Ingeniería I **Engineering**	José Gajardo
Urbanización y especialidades I **Civil, electrical, plumbing engineering**	Elemental + Juan Carlos Díaz
Construcción I **Building**	Constructora Donoso
Aprobación subsidio I **Housing subsidies approval**	Marzo I **March 2007**
Aprobación DOM I **Building permit approval**	Junio I **June 2007**
Inicio obras I **Construction start**	Junio I **June 2007**
Término de obras I **Construction end**	Diciembre I **December 2008**
Entrega de viviendas I **Occupancy of houses**	Diciembre I **December 2008**

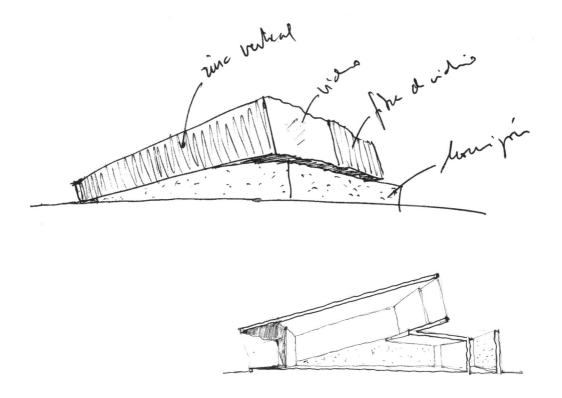

Era importante pensar un esquema que fuera lo suficientemente flexible para adaptarse a conjuntos de vivienda de tamaño variable, pero que no nos obligara a diseñar cada vez una sede social nueva. El proyecto consistió es una caja inclinada que se posaba sobre otra asentada al suelo. La caja inclinada, aun cuando de dimensiones modestas, entregaba un espacio de doble altura y por tanto introducía una escala cívica y pública, necesaria para la naturaleza de las actividades que ahí se iban a desarrollar. Al estar apoyada en el suelo, se reducían las complejidades estructurales propias de las construcciones de doble altura. Su inclinación permitía además hacer escurrir el agua-lluvia sin sacrificar la abstracción del volumen. La caja inclinada era aquella parte del proyecto que se esperaba repetir exactamente igual en cada lugar. La caja horizontal en cambio – en parte cierro para un patio interior, en parte volumen de servicios – era la componente variable en cada caso; se extendería o comprimiría dependiendo del tamaño del conjunto habitacional.

It was important to think of a scheme that was flexible enough to be adapted to various sizes of housing projects without having to design a new social center each time. The project consisted of a tilted box mounted over another box on the ground. The tilted box, despite its modest dimensions, provided a double-height space and the civic-public scale necessary to house its intended activities. Supported on the ground, it reduced structural complexities that we might have found while going directly to a double-height construction. The incline of the roof plane also provided a direct watershed while maintaining the abstraction of the volume. The tilted box was that part of the project that we hoped to repeat in every project. The horizontal box was partially enclosed for an interior patio as well as a service volume. It was the component of the project that can be extended or truncated depending on the size of the housing complex.

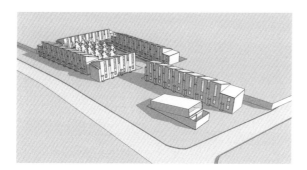

VERSIÓN FINAL DE LA PROPUESTA I **FINAL VERSION OF THE PROPOSAL**

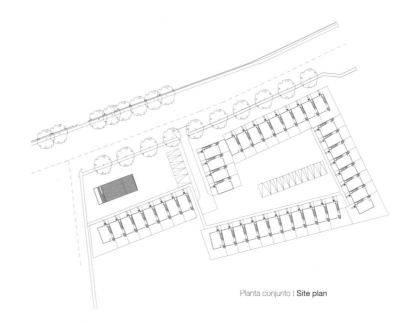

Planta conjunto I **Site plan**

Estructura I **Structure**	Albañilería confinada y machones de hormigón armado I **Confined masonry and reinforced concrete walls**
Tabiquería I **Partition walls**	Panelería de madera 2" x 2" y 2" x 3" I **2" x 2" and 2" x 3" wooden paneling**
Estructura de techumbre I **Roof structure**	Carpintería metálica 150 mm (Metalcón) I **150 mm light steel profile (Metalcon)**
Cubierta I **Roofing**	Plancha de acero zincado, perfil 5V I **Galvanized steel plate, 5V profile**
Estructura de entrepiso I **Mezzanine structure**	Envigado de madera 2" x 6" I **2" x 6" wooden beams**
Revestimiento interior I **Interior cladding**	Placa de yeso cartón 8 mm / Placa de fibrocemento 4 mm en baño I **8 mm gypsum board / 4 mm fiber cement board in bathroom**
Revestimiento exterior I **Exterior cladding**	Placa de fibrocemento 8 mm I **8 mm fiber cement board**

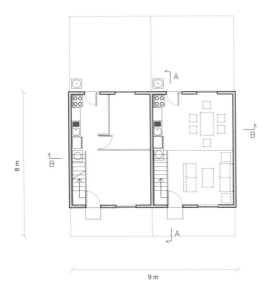

8 m

9 m

Piso 1 | Ground Floor

0   3 m

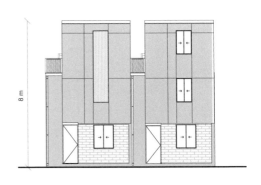

8 m

Fachada Frontal | Front Façade

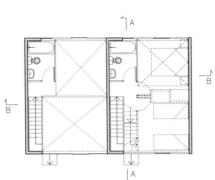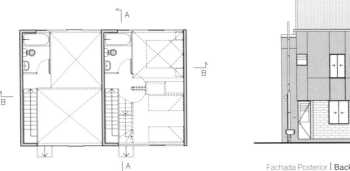

Piso 2 | Second Floor

Fachada Posterior | Back Façade

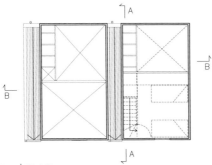

Piso 3 | Third Floor

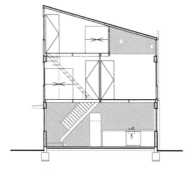

Corte AA | Section AA

ELEMENTAL LO BARNECHEA

La comuna de Lo Barnechea es la comuna que concentra la población de mayores ingresos en Chile, pero a diferencia de otros sectores, mantiene una numerosa población pobre. Esto si bien genera un alto contraste socio-económico, representa también una oportunidad de integración. La importancia de este proyecto radicaba en que si se lograba radicar a las familias más pobres dentro de la comuna – en vez de erradicarlas a otras comunas de menores ingresos – mantendríamos las redes sociales, laborales y los niveles de acceso a las oportunidades que una de las comunas más ricas de Chile les podía ofrecer.

La dificultad del proyecto tenía al menos 2 niveles:

1. La disponibilidad de suelo: Queríamos radicar a las familias en una de las comunas con mayor presión inmobiliaria por el suelo, por tanto con terrenos muy caros para el estándar que la vivienda social normalmente puede pagar con cargo al subsidio. Los únicos terrenos disponibles, eran los propios asentamientos informales donde vivían las familias, a orillas del río Mapocho. Esos lotes, debido a las fosas sép-

ELEMENTAL LO BARNECHEA

Lo Barnechea is the commune with the highest income in Chile, but unlike neighborhoods with similar income levels, Lo Barnechea has a large population of urban poor. Despite creating a stark socio-economic divide, this mixture represents a huge opportunity for integration. The importance of this project is that in settling these families within the commune, we will be maintaining social and work networks as well as levels of access to opportunities that the consolidated city offers.

The difficulty of the project had at least two tiers:

1. Land availability: We wanted to establish the families in the neighborhood with the highest land demands, meaning very expensive sites for the standard that social housing can pay with the subsidy. The only sites available were the same places where the families were already living, on the banks of the Mapocho River. Those lots required soil improvements

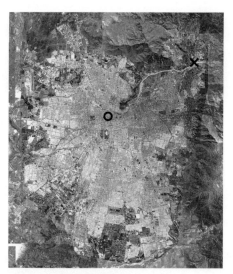

O Centro de la ciudad I **Downtown**

X Ubicación del proyecto I **Project location**

N° de familias I **No. of families**	770 (en cuatro etapas de 130+256+196+188) 770 (in four phases of 130+256+196+188)
Terreno, primera etapa I **Site, first phase**	0,5 há (240 hab/há) I **0.5 ha (240 inhabitants/ha)**
Ubicación I **Location**	Riberas norte y sur del Río Mapocho, Lo Barnechea, Región Metropolitana
Presupuesto licitación política habitacional 2006 I **Budget**	309.540 UF, aprox. US$1 millones I **309,540 UF, approx. US$1 million**
Subsidio I **Subsidy**	382 UF/familia + ahorro 20 UF/familia + subsidio de localización I **382 UF/Family + savings 20 UF/family + location subsidy**
Superficie inicial casa I **Initial house area**	44,5 m² I **44.5 m²**
Superficie final casa I **Final house area**	69,2 m², ampliación: 23 m² I **69.2 m², expansion: 23 m²**
Comité de Vivienda I **Housing committee**	"Bicentenario"
Entidad Organizadora I **Project coordinator**	Municipalidad de Lo Barnechea I **Municipality of Lo Barnechea**
Asistencia Técnica I **Technical assistance**	Elemental
Habilitación Social I **Social habilitation**	Municipalidad de Lo Barnechea I **Municipality of Lo Barnechea**
Arquitectura I **Architecture**	Elemental
Ingeniería I **Structural engineering**	José Gajardo
Urbanización y especialidades I **Civil, electrical, plumbing engineering**	Juan Carlos Diaz - Proyectos Integrales
Construcción I **Building**	Vicuña & Valenzuela
Aprobación subsidio I **Housing subsidy approval**	Diciembre I **December 2007**
Aprobación permiso edificación I **Building permit approval**	Febrero I **Febraury 2009**
Inicio obras I **Construction start**	Junio I **June 2009**
Termino de Obras I **Construction end**	Julio I **July 2010**
Entrega de viviendas I **Occupancy of houses**	Julio I **July 2010**

ticas cavadas para suplir la ausencia de alcantarillado y por haber sido botaderos de basura, requerían mejoramientos de suelo de hasta 5 metros de profundidad. Ello constituía un desafío técnico y económico.

2. La escala de la operación: Se trataba del asentamiento informal más grande de Santiago, con un total de 880 familias. La escasez de suelo libre, nos obligó a idear un proyecto logístico en conjunto con el proyecto arquitectónico. Se debía partir por limpiar y construir en un pequeño lote vacío, en el cual se colocaría a un primer grupo de familias. En el suelo que fuera quedando libre cada vez, construiríamos la siguiente etapa y así sucesivamente. El aumento de densidad en cada una de las fases nos permitiría ir acumulando un "capital" de terreno disponible para hacer sostenible la operación en el tiempo, evitando el traslado provisorio de familias fuera de la comuna, como había sido necesario en Iquique.

Para resolver el problema, utilizamos una variación de la tipología de vivienda de Renca y Temuco: la casa con el núcleo de servicios, instalaciones, circulaciones y estructura de 1,5 metros de ancho y luego un espacio de 3 metros hasta el próximo núcleo en el cual se desarrollaban los recintos.

up to five meters deep because the septic pits people dug to compensate for the lack of a plumbing system, or because they were used as debris and garbage dumps, presented technical and economic challenges.

2. The scale of the operation: This project addressed the largest informal settlement in Santiago with a total of 880 families. The scarcity of available land compelled us to devise a logistical project along with the architectural project. It had to start with cleaning and building on a small vacant lot in which the first group of families would be placed. Once the ground was freed up after each stage, the next stage would be built and so on. The density growth in each phase would allow us to accumulate a "capital" of available terrain for sustaining the operation over time and avoiding the provisory emigration of families out of the commune (as was necessary in Iquique).

To resolve the problem, we utilized a typology similar to the Renca and Temuco projects: the bracket wall house, with wet areas, vertical circulation, and

Así, se completaba un volumen cerrado de 3 pisos, de 4,5 metros de ancho por 6 metros de fondo, cuya ampliación se realizaba internamente, a través de la construcción de entrepisos livianos, entre las vigas estructurales dispuestas para este efecto.

La variación que introdujimos fue dotar a las baterías de viviendas de un techo continuo a dos aguas con cumbrera central, lo cual redujo la dimensión de la fachada a solo 2 pisos, aún cuando conservaba los 3 pisos interior por medio de un último nivel en mansarda. Esto tuvo importante consecuencias sobre el costo pues redujo metros cuadrados de muro estructural y estándar de terminación caro, remplazándolos por metros cuadrado de techo que debíamos construir de todas formas.

A escala urbana, el proyecto se organizó en base a una unidad tipo condominio de 20 viviendas en torno a un patio comunitario. Cada condominio se "apropiaba" de una fracción de espacio público (el patio central del condominio), haciéndolo controlable. Esta organización permitió la agrupación selectiva de pequeños grupos de familias, que redundó en una comunidad responsable del espacio público asignado, un refuerzo de sus redes sociales y el control de los espacios comunes de manera segura.

La primera etapa del proyecto fue licitada en abril del 2009 y se entregó a las familias en junio de 2010. En septiembre de 2011 se colocó la primera piedra de la segunda etapa para un total de 213 viviendas. Se espera entregar la segunda etapa en diciembre de 2012.

structure compressed in a bay 1.5 meters wide. Each bracket wall was placed at a three-meter distance from the next one, providing enough width for the living spaces. This design completed a closed three-story volume 4.5 meters wide and six meters deep where expansion was expected to happen internally by building the floors between the available steel beams.

The variation we introduced was a pitched roof, which reduced the dimension of the façade to only two floors while conserving three interior floors, which reduced the cost by limiting the amount of structure and expensive finishes, replacing them with square meters of roof that we had to build anyway. On an urban scale, the project was organized as a sequence of twelve-unit condominium buildings with a community courtyard at its center. Each building "owned" a fraction of the public space (the central patio), making it more controllable. This organization allowed us to selectively group families and, by giving them the responsibility of the assigned public space, reinforce the social networks that ensure proper maintenance.

The project's first phase was bid out in April of 2009 and construction was completed in June 2010. In September 2011, construction of the second phase started and it is expected to be finished by the end of 2012.

VERSIÓN FINAL DE LA PROPUESTA I **FINAL VERSION OF THE PROPOSAL**

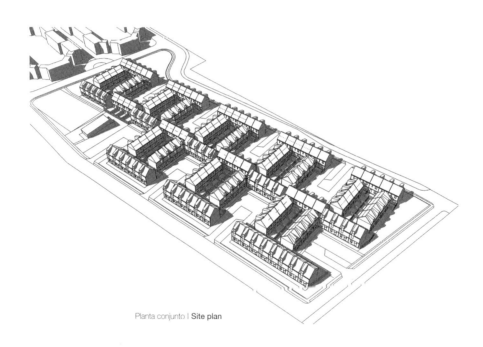

Planta conjunto I Site plan

Estructura I **Structure**	Albañilería confinada y machones de hormigón armado I **Confined masonry and reinforced concrete walls**
Cerramiento I **Closure**	Panelería de madera 2" x 2" y 2" x 3" I **2" x 2" and 2" x 3" wooden paneling**
Estructura de techumbre I **Roof structure**	Carpintería metálica 150 mm (Metalcón) I**150 mm light steel profile (Metalcon)**
Cubierta I **Roofing**	Plancha de acero zincado, perfil 5V I **Galvanized corrugated steel plate, 5V profile**
Estructura de entrepiso I **Mezzanine structure**	Envigado de madera 2" x 6" I **2" x 6" wooden beams**
Revestimiento interior I **Interior cladding**	Placa de yeso cartón 8 mm / Placa de fibrocemento 4 mm en baño I **8 mm gypsum board / 4 mm fiber cement board in bathroom**

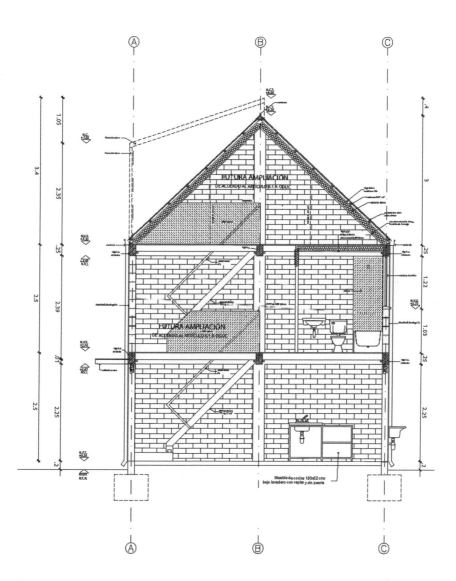

Corte Transversal I **Cross Section**

ELEMENTAL MONTERREY

Se trata de un proyecto para 70 familias en un lote de 6,600 m² encargado por el Instituto de la Vivienda de Nuevo León el año 2007.[60] Ocupando una variación del proyecto de Iquique, con una casa en planta baja y un apartamento dúplex con acceso individual a la calle sobre ella, se diseñó un edificio que ocupó todo el perímetro del lote rectangular, descontando las respectivas cesiones viales y dejó un espacio central colectivo.

La casa en planta baja, de 9 metros de frente, entrega una superficie inicial de 36 m² y puede crecer hasta 54 m² con tres dormitorios. El dúplex en planta alta, de 6 metros de frente, también entrega una superficie inicial de 36 m² y puede crecer hasta 72 m² con cuatro dormitorios. En la franja que ocupan las escaleras de acceso a los departamentos, se dispusieron los estacionamientos, un requerimiento básico del mandante. El costo de la casa fue 20,000 dólares y el del dúplex de 25,000 dólares, valores que incluyeron el costo del suelo.

ELEMENTAL MONTERREY

This project for seventy families on a site of 6,600 square meters was commissioned in 2007 by the Instituto de la Vivienda de Nuevo León, Mexico.[60] Using a variation of the Iquique typology (a house nine meters wider on the ground floor and a duplex apartment six meters wide duplex above), we designed a building that occupied the entire perimeter of the rectangular lot, discounting the respective roads and alleys and leaving a central collective space.

The house on the ground floor had an initial area of thirty square meters expandable up to fifty-four square meters with three bedrooms. The two-story unit above also provided an initial area of thirty square meters that could expand up to seventy-two square meters with four bedrooms. In the zone occupying the stairs that give the apartments direct

60   El Instituto de la Vivienda de Nuevo León es un organismo público, descentralizado de participación ciudadana de la Administración Pública Estatal, con personalidad jurídica y patrimonio propio, así como con autonomía técnica y de gestión.

60   The Instituto de la Vivienda de Nuevo León is a public participatory housing agency in Mexico, with its own endowment and independent administration.

Nº de familias I **No. of families**	70
Terreno I **Site**	6.591 m² (477hab/há) I **6,591 m² (477 inhabitants/ha)**
Ubicación I **Location**	Santa Catarina, Nuevo León, México
Presupuesto I **Budget**	US$20.000/vivienda I **US$20,000/house**
Subsidio I **Subsidy**	US$2.800/familia I **US$2,800/family**
Superficie inicial casa I **Initial house area**	44,5 m² I **44.5 m²**
Superficie final casa I **Final house area**	58,75 m², ampliación: 14 m² I **58.75 m², expansion: 14 m²**
Superficie inicial dúplex I **Initial two-story unit area**	40 m²
Superficie final dúplex I **Final two-story unit are**	76,60 m², ampliación: 36 m² I **76.60 m², expansion: 36 m²**
Entidad Organizadora I **Project coordinator**	Instituto de la Vivienda de Nuevo León (IVNL)
Asistencia Técnica I **Technical assistance**	Instituto de la Vivienda de Nuevo León (IVNL)
Arquitectura I **Architecture**	Elemental
Ingeniería I **Structural engineering**	Projects and Technological Innovation Department, IVNL
Urbanización y especialidades I **Civil, electrical, plumbing engineering**	Projects and Technological Innovation Department, IVNL
Construcción I **Building**	Constructora AXIS
Inicio obras I **Construction start**	Noviembre I **November 2008**
Termino de Obras I **Construction end**	Noviembre I **November 2009**
Entrega de viviendas I **Occupancy of houses**	Marzo I **March 2010**

Esto significó una reducción de más del 50% respecto de lo más económico que se encontraba en el mercado mexicano, cuyas unidades más baratas estaban entre los 30.000 y 35.000 dólares.

La importancia de este proyecto radica en que debido a la densidad que alcanzó, pudo pagar por un terreno localizado en un barrio en el cual el valor de las propiedades vecinas estaba en torno a los 50,000 dólares. Eso va a significar no sólo un traspaso de plusvalía directo a las viviendas en el futuro cercano, sino que ese valor de suelo expresa también mayores estándares de espacio publico, de acceso a transporte salud y educación, es decir mayor calidad urbana.

access to the street, we placed the parking (a basic requirement of the commission). The construction cost of the house, and therefore its sale price, was US$20,000 for the house and US$25,000 for the apartment. These prices include the cost of the land. This meant a fifty percent reduction compared to the cheapest available offer in the Mexican building market.

The significance of this project is that due to the density achieved, it paid for a site located in a neighborhood where nearby properties were priced at around US$50,000. The location will mean an immediate value gain for the properties, but also expresses that the units will benefit from higher urban standards of public space, access to jobs, health care, education, and transportation.

VERSIÓN FINAL DE LA PROPUESTA I **FINAL VERSION OF THE PROPOSAL**

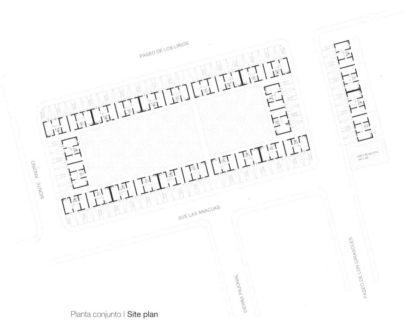

Planta conjunto I **Site plan**

Estructura I **Structure**	Albañilería confinada y machones de hormigón armado I **Confined masonry and reinforced concrete walls**
Cerramiento I **Closure**	Albañilería I **Masonry**
Estructura de techumbre I **Roof structure**	Carpintería metálica 150 mm (Metalcón) I **150 mm light steel profile (Metalcon)**
Cubierta I **Roofing**	Plancha de acero zincado I **Galvanized corrugated steel plate**
Estructura de entrepiso I **Mezzanine structure**	Envigado de madera 2" x 6" I **2" x 6" wooden beams**
Revestimiento interior I **Interior cladding**	Enlucido de yeso y pintura blanca I **Plaster and white paint**

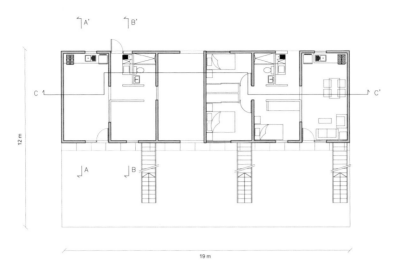

Piso 1 | Ground Floor

0   3 m

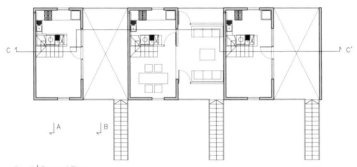

Piso 2 | Second Floor

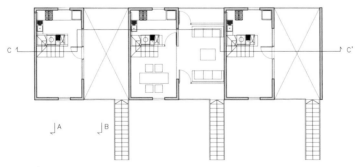

Piso 3 | Third Floor

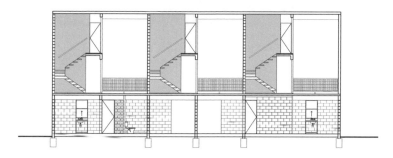

Corte CC | Section CC

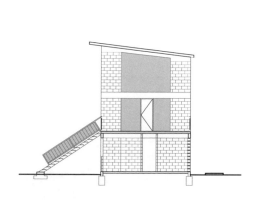

Corte BB | **Section BB**

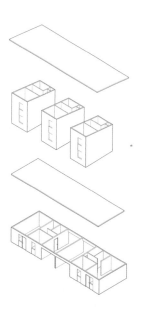

US$20,000 X CASA I HOUSE

US$50,000 X CASA I HOUSE

US$50,000 X CASA I HOUSE

US$50,000 X CASA I HOUSE

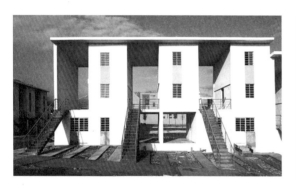 

40 m²   40 m²

si la primera mitad de la casa costó   y se suma autoconstrucción
if the first half of the house cost was   and adding self-construction of

US$20,000   +   US$2,000

80 m²

el valor final supera los
the final value is more than

=

US\$50,000

MIR NEW ORLEÁNS:
la Reconstrucción después del Huracán Katrina

Make it Right, la Fundación de Brad Pitt, quería contribuir a la reconstrucción de la ciudad poniendo a disposición de las familias del 9th Ward, un conjunto de diseños desarrollados por arquitectos de todo el mundo. El encargo era diseñar casas de 167m², que era lo que fondos disponibles permitían pagar.

Descubrimos que las familias vivían anteriormente en casas de mucho mayor tamaño, no porque fueran ricas, sino porque usaban sus propias viviendas como fuente de ingreso: las casas albergaban familiares (conformando la misma familia extensa que habíamos encontrado en otros entornos socialmente frágiles) o simplemente tenían subarriendos a otras familias.

Debido a la urgencia y escasez (relativa) de dinero seguimos la estrategia de entregar la mitad de la casa que solían tener en vez de entregar una casa completamente terminada, pero que iba a resultar más pequeña que la que realmente se necesitaba. Partimos por ocupar al máximo el lote típico de 12 metros de ancho. Luego construíamos el máximo volumen posible, en 2 pisos, lo cual nos arrojaba un tamaño potencial de 270 m². Propusimos entonces una estructura de acero, la más convencional que se puede

MIR NEW ORLEANS:
Reconstruction after Hurricane Katrina

Make It Right, Brad Pitt's foundation, wanted to contribute to the reconstruction of New Orleans, Louisiana, after Hurricane Katrina. They called various architects to make proposals as to how to rebuild the Ninth Ward. The requirement was to design a house of 167 square meters, because that was the area that could be covered by the available funds.

We found out, though, that families lived in much larger houses, not because they were wealthy, but because they used their own household as way to generate income: they hosted relatives (forming the extended family we observed in other socially fragile environments) or simply rented part of it to other families.

Due to the urgency and (relative) lack of money, we followed the strategy of doing half of the house they used to have instead of the full one that was in the brief. We knew that the area the money could pay for was smaller than the real need. We started by occupying the maximum available footprint for

encontrar en Estados Unidos, posible de ser ma- nufacturada casi en cualquier lado y enviada luego a New Orleáns. De olla, completábamos el máximo que nos permitieran los fondos disponibles, lo que representaba la mitad del volumen. A partir de este punto confiábamos en la cultura del "Hágalo Usted Mismo" tan típica de Estados Unidos, para comple- tar la mitad faltante.

La segunda mitad entonces, era inicialmente un gran porche, un espacio intermedio muy pertinente para el clima de la ciudad. Ese espacio era también el lugar para la expresión de la cultura y tradiciones locales. El porche era el elemento por medio del cual aumen- tar el capital de la familia: permitía alcanzar una casa mayor, capaz de aumentar de valor, pero también de acomodar una pareja joven o adultos mayores, pro- duciendo en última instancia un ingreso extra por la posibilidad de arrendar casi una segunda casa com- pleta dentro del mismo volumen construido.

the thirty-foot-wide lot. We then built the maximum pos- sible volume for that footprint, which in two stories al- lowed us to achieve, potentially, 270 square meters. We proposed a structure for that maximum volume using the most typical steel frame that could be manufactured in almost any place in the US and then be shipped to New Orleans. Out of that, we enclosed half of the volume as interior space in order to accommodate the required pro- gram (and to comply with the available budget). From that point on, we trusted that the "do-it-yourself culture" so embedded in US culture would complete the missing half.

The second half was initially a big porch, an intermedi- ate space appropriate for the local weather. But it was also the space for the expression of the families' own cul- tural and living traditions. The big porch, or the expansion space, was the means for the family to increase its capital: a larger house is capable of increasing its value, of ac- commodating other family members, a young couple or an elder, and ultimately of producing extra income from the rent of an almost full second house.

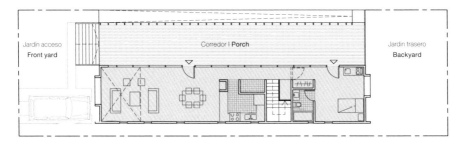

Jardín acceso
Front yard

Corredor | Porch

Jardín trasero
Backyard

Piso 1 | Ground Floor

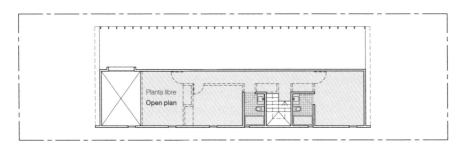

Planta libre
Open plan

Piso 2 | Second Floor

0   3   6 m

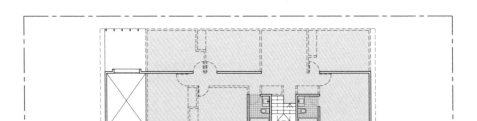

Piso 2 + Ampliación | Second Floor + Expansion

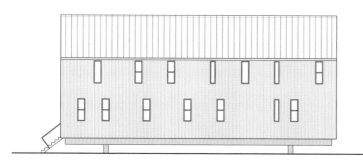

Fachada norte I **North Façade**

Fachada Acceso I **Front Façade**

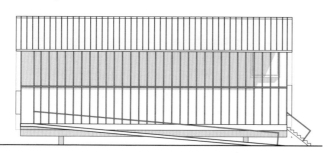

Fachada Sur I **South Façade**

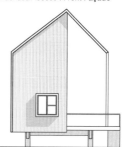

Fachada Posterior I **Back Façade**

0   3   6 m

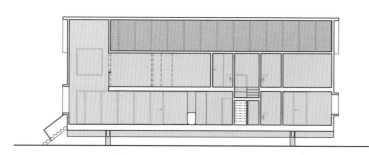

Corte longitudinal I **Longitudinal Section**

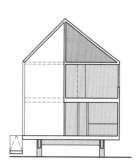

Corte transversal I **Cross Section**

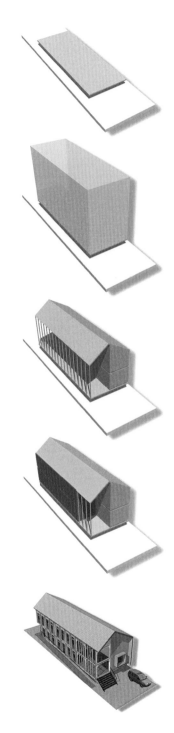

Lote típico de 12 m de ancho
Typical lot, 12 m wide

Volumen potencial construible
Potential built volume
270 m²

Casa de dos pisos + corredor
Two-story house + porch
158 m²

Casa + ampliación
House + expansion
270 m²

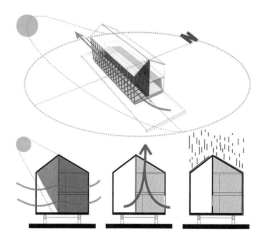

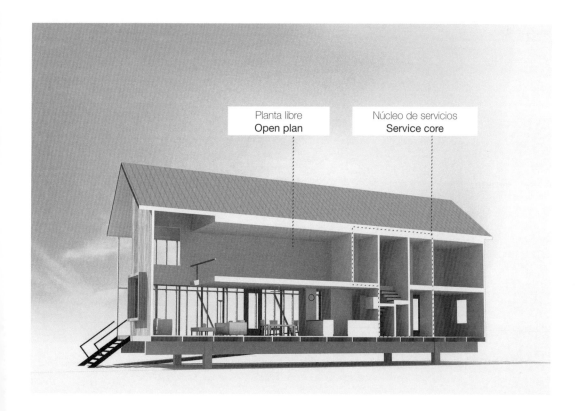

Planta libre
Open plan

Núcleo de servicios
Service core

PLAN DE VIVIENDA TRABAJADORES DE ARAUCO

El año 2009, la empresa forestal Arauco nos encargó desarrollar un plan para apoyar a sus trabajadores y contratistas a tener acceso a su vivienda definitiva.[61] Específicamente se trataba de desarrollar unas tipologías de vivienda dentro del marco de la política habitacional vigente tanto para el Fondo Solidario de Vivienda I (hasta 600 UF sin deuda, unos 25.000 dólares) como para el FSV II (hasta 1000 UF con crédito hipotecario, unos 40.000 dólares). Estos diseños serían aportados por la empresa como una especie de subvención para que los comités de vivienda postularan a fondos públicos.

La importancia de este proyecto radica en que por primera vez incursionamos en el tramo inmediatamente superior de la política habitacional. En la medida que pudiésemos desarrollar una tipología innovadora y competitiva estaríamos ampliando el potencial ámbito de contribución al problema de la vivienda. Para ello, en vez de tomar una de las viviendas más económicas que nosotros mismos habíamos desarrollado y

PLAN FOR ARAUCO FORESTRY WORKERS

Arauco is a forestry company that called us in 2009 to develop a plan to support their workers in the process to have access to their definitive house.[61] We were asked to develop a set of typologies within the current housing policy for Fondo Solidario de Vivienda I (units up to 600 UF or US$25,000 without debt) and for FSV II (units up to 1,000 UF or US$40,000 with a bank loan). These designs would be a contribution of the company to their workers, a kind of subvention, so that housing committees could use them when applying for the regular system of public funds.

The importance of this project is that on the one hand, for the first time, it allowed us to think about a design for the upper niche of the housing policy. If we developed an innovative and competitive typology, we would broaden our possible

61   Las personas claves en tener una visión de este alcance fueron Matías Domeyko, gerente general y Charles Kimber, gerente de asuntos públicos.

61   The key people for envisioning this scale of potential cooperation were Matías Domeyko, CEO, and Charles Kimber, Chief of Public Affairs Officer.

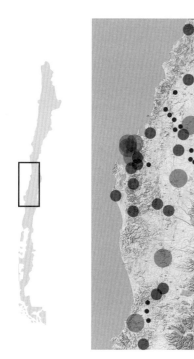

Escenario 1 I **Scenario 1**
50 Viviendas/há I **50 houses/ha**

Ciudad < 10.000 habitantes x 0,5 UF/m²
City < 10,000 inhabitants x US$22/m²

Escenario 2 I **Scenario 2**
60 Viviendas/há I **60 houses/ha**

10.000 hab. < Ciudad < 50.000 habitantes x 0,6 UF/m²
10,000 Inhab. < City < 50,000 inhabitants x US$26/m²

Escenario 3 I **Scenario 3**
80 Viviendas/há I **80 houses / ha**

Ciudad > 50.000 habitantes x 0,8 UF/m²
City > 50,000 inhabitants x US$35/m²

entregarla más terminada (dada la disponibilidad de una mayor cantidad de recursos), ideamos una tipología que volvió a aplicar el principio de incrementalidad y concentración prioritaria en las componentes más complejas, pero que tuvo un piso inicial y techo final de crecimiento de estándar mayor. También la vivienda para el Fondo Solidario I fue replanteada, innovación que fue posible no sólo por el financiamiento directo de Arauco, sino además porque el volumen de unidades demandadas permitía absorber los costos de tal innovación. El Plan estima una demanda de 9,000 unidades a ser implementadas en alrededor de treinta localidades.

Finalmente, una de las cuestiones más relevantes de este plan, es que la mayoría de los proyectos es para pueblos y ciudades que tienen entre 10,000 y 20,000 habitantes. En localidades de ese tamaño un proyecto de vivienda, para bien o para mal, tiene muchísimo impacto y en general es en este tipo de poblados, de los cuáles hay muchos en Chile, donde se observa la menor calidad urbana. Es en tipo de lugares por tanto, donde cualquier aporte tiende a ser más significativo.

contribution to social housing. We could have taken one of our own more economic typologies and used the extra money to finish them, filling the void that families were expected to complete. But we thought of once again applying the principle of incremental construction and prioritization of the more complex components, this time with higher standards both for the initial and the final scenario.

These innovations were possible because of the direct funding of Arauco, but also because the volume of the potential demand was big enough to absorb the costs of such research. The plan estimated a total of 9,000 units in thirty different towns.

Finally, one of the most relevant points was that most of the projects were intended for towns and villages of between 10,000 and 20,000 people. In places of such scale, housing projects, for good or for bad, do have a major impact. And it is in exactly these types of towns where the worst urban standard is found, so any contribution in this niche is more than welcome.

TIPOLOGÍA 1 | **TYPOLOGY 1**

Inicial | Initial: 56.44 m²
Ampliado | Expanded: 64.90 m²

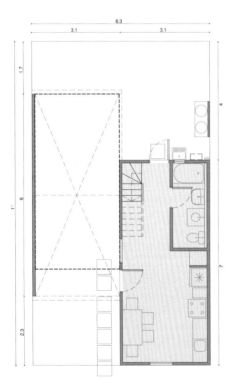

Piso 1 | Ground Floor

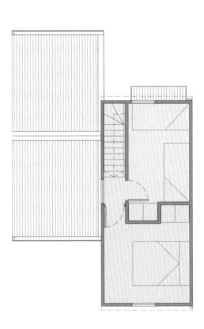

Piso 2 | Second Floor

Inicial I **Initial**

Ampliado I **Expanded**

TIPOLOGÍA 2 I **TYPOLOGY 2**

Inicial I **Initial**: 56.88 m²
Ampliado I **Expanded**: 85.10 m²

11.00

6.30

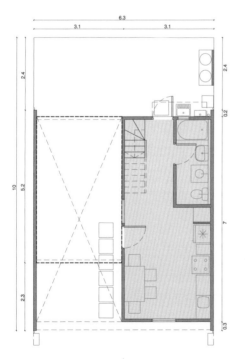

Piso 1 I Ground Floor

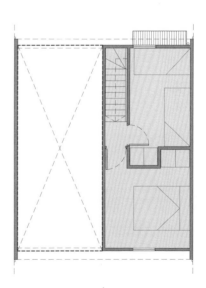

Piso 2 I Second Floor

TIPOLOGÍA 3 | **TYPOLOGY 3**

Inicial | Initial: 56.10 m²
Ampliado | Expanded: 65.20 m²

11.00

4.80

Inicial | Initial
Ampliado | Expanded

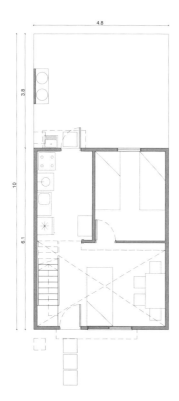

4.8

3.8

10

6.1

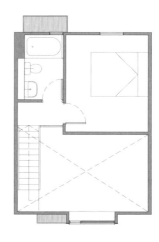

Piso 1 | Ground Floor   Piso 2 | Second Floor

TIPOLOGÍA 4 I **TYPOLOGY 4**

Inicial I **Initial: 71.20 m²**
Ampliado I **Expanded: 88.20 m²**

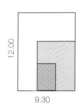

12.00

9.30

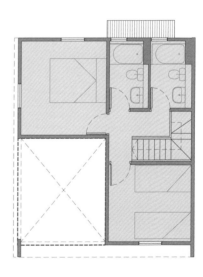

Piso 1 I Ground Floor

Piso 2 I Second Floor

TIPOLOGÍA 5 | **TYPOLOGY 5**

Inicial | Initial: 77.20 m²
Ampliado | Expanded: 108 m²

12.00

6.20

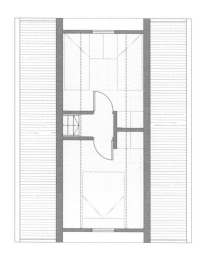

Piso 3 | Third Floor

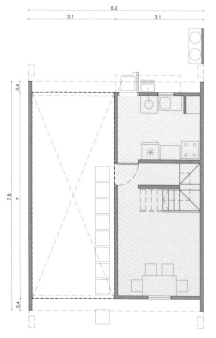

6.2

3.1   3.1

0.4

7.8   7

0.4

Piso 1 | Ground Floor

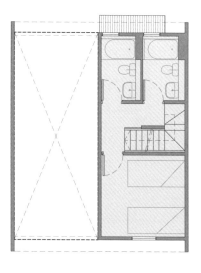

Piso 2 | Second Floor

PROYECTO I **PROJECT «VILLA VERDE»**

N° de familias I No. of families	484
Terreno I Site	8,5 há (228 hab/há) I 8.5 ha (228 inhabitants/ha)
Ubicación I Location	Calle Rio Maule s/n, Constitución, Región del Maule
Presupuesto licitación política habitacional 2006 I Budget	306.130 UF, aprox. US$13.79 millones I 306,130 UF, approx. US$13.79 million
Subsidio I Subsidy	332 UF/familia + ahorro 20 UF/familia + aportes privados 16 UF/familia I 332 UF/family + savings 20 UF/family
Superficie inicial - tipologia 1 I Initial area - typology 1	56,44 m² I 56.44 m²
Superficie final - tipologia 1 I Final area - typology 1	64,90 m², ampliación: 9 m² I 64.90 m², expansion: 9 m²
Superficie inicial - tipologia 2 I Initial area - typology 2	56,88 m² I 56.88 m²
Superficie final - tipologia 2 I Final area - typology 2	85,10 m², ampliación: 28,2 m² I 85.10 m², expansion: 28.2 m²
Comité de Vivienda I Housing committee	"Comite Villa Verde"
Entidad Organizadora I Project coordinator	Fundación Gestión Vivienda + Plan de Vivienda Para Trabajadores de Arauco
Asistencia Técnica I Technical assistance	Fundación Gestión Vivienda
Habilitación Social I Social habilitation	Fundación Gestión Vivienda
Arquitectura I Architecture	Elemental
Ingeniería I Structural engineering	Patricio Bertholet
Urbanización y especialidades I Civil, electrical, plumbing engineering	Fernando Montoya EFEM Ingenieria
Construcción I Building	Icafal Ingenieria y Construcción
Aprobación subsidio I Housing subsidy approval	Diciembre I Dicember 2011
Aprobación permiso edificación I Building permit approval	Enero I January 2012
Inicio obras I Construction start	Enero I January 2012
Termino de Obras I Construction end	Diciembre I December 2012
Entrega de viviendas I Occupancy of houses	Enero I January 2013

Estructura I Structure	Madera estructural C16 y C24 graduada mecanicamente 36.5 mm / 70 mm - 120 mm - 160 mm I Machine-graded structural timber of strength classes C16 and C24, 36.5 x 70/120/160 mm
Cerramiento I Closure	Placa de fibrocemento 8 mm I 8 mm fiber cement board
Estructura de techumbre I Roof structure	Madera estructural C16 y C24 graduada mecanicamente 36.5 mm x 120 mm I Machine-graded structural timber of strength classes C16 and C24, 36.5 x 120 mm
Cubierta I Roofing	Plancha de acero zincado I Galvanized corrugated steel plate
Estructura de entrepiso I Mezzanine structure	Madera estructural C16 y C24 graduada mecanicamente 36.5 mm x 160 mm I Machine-graded structural timber of strength classes C16 and C24, 36.5 x 160 mm
Revestimiento interior I Interior cladding	Placa de yeso cartón 10 mm / Placa de fibrocemento 6 mm en baño I 10 mm gypsum board / 6 mm fiber cement board in bathroom

Planta conjunto | Site plan

LECCIONES DE SOCIALIZACIÓN
Recomendaciones para el Diseño Participativo

SOCIALIZATION LESSONS
Recommendations for a Participatory Design

El trabajo que realizamos con las familias en más de quince proyectos nos permitió llegar a algunas conclusiones respecto al proceso de socialización de un proyecto de vivienda. Los objetivos de un programa de socialización se podrían resumir en lo siguiente:

1. Comunicar restricciones: Participar es, antes que nada, informar. Se podría decir entonces que de lo que se trata es de comunicar las restricciones económicas, legales, constructivas, climáticas y urbanas, que afectarán el diseño del proyecto.
2. Abrir la toma de decisiones a las familias: Proyectar es en el fondo, preferir. Preferir alguna cosa en vivienda social, siempre significa sacrificar otra. En la medida que sea posible y siempre que las alternativas sean realmente equivalentes, son las familias quienes debieran tener la posibilidad de preferir. Esto porque son ellos quienes tienen más claro, qué es más relevante en su vida diaria y porque hace a las familias co-responsables en la toma de decisiones, con los derechos y deberes que ello implica.
3. Transferir criterios y conocimientos técnicos para enfrentar el proceso dinámico de ampliación de la vivienda. Dado que una parte significativa de las viviendas será completada por los propios usuarios, es importante que ellos estén empoderados desde un punto de vista técnico para que ese proceso de personalización de la vivienda ocurra de manera eficiente.

En términos generales se podría decir que el proceso de participación se podría agrupar en torno a cuatro grandes fases: Diseño, Licitación, Construcción y Habitación.

The work we have done with the families in more than fifteen projects has allowed us to arrive at some conclusions with respect to how the socialization process of a housing project can be carried out. The objectives of a participatory program could be summarized as follows:

1. Communicate constraints: To participate is, above all, to inform. It is about communicating economic, legal, technical, environmental, and urban restrictions that may affect the design.
2. Open the decision-making process to the families: To design is to prefer. In social housing, to prefer something always means having to sacrifice something else. As long as the alternatives are truly equivalent, the families should be involved in the decisions—because they are the ones who know better what is more relevant for their everyday lives and because it makes the families jointly responsible for the choices, associating them with the implied rights and duties.
3. Transfer technical knowledge and criteria to address the dynamic process of family-led home additions.

In general terms, the participatory process can be divided in four phases: design, bidding, construction, and habitation.

8.1 FASE A: DISEÑO

El objetivo principal de esta etapa debiera ser definir un proyecto de arquitectura, que abarque desde la vivienda al conjunto urbano, aprobado por el comité de vivienda, con permisos municipales en regla y listo para ser presentado a licitación. Para lograr este objetivo se proponen 3 reuniones con las familias:

TALLER 1: Comunicación de Restricciones

En este primer taller hay tres puntos que se deben abordar:

1. Presentar formalmente a las instituciones involucradas, (EGIS,[62] organizador de demanda, comité de vivienda, Elemental) y definir responsabilidades. Se debiera explicar además el mecanismo general del sistema de financiamiento (subsidio si es el caso) y presentar una línea de tiempo estimada para etapas de diseño, licitación y construcción.
2. Presentar los criterios que las familias deben priorizar en un proyecto de vivienda, independientemente del equipo que esté a cargo, apuntando a las operaciones que permitirán que la propiedad se valorice en el tiempo.
3. Comunicar las restricciones específicas a las que se enfrentará el proyecto, incluyendo condiciones topográficas, climáticas, constructivas,

8.1 PHASE A: DESIGN

The main objective of this stage is to define an architectural project, from the home to the urban complex, approved by the housing committee with city permits and ready for presentation for a bidding process. To achieve this objective three meetings with the families are recommended:

WORKSHOP 1: Communication of Restrictions

Three items need to be addressed in this first workshop:

1. The following should be formally presented: involved institutions (EGIS,[62] community organizer, housing committee, Elemental) and definition of their respective responsibilities; the general mechanism of financing (subsidies if used); an estimated timeline for the design, bidding, and construction phases.
2. The criteria with which the families must prioritize their housing project independent of the team in charge should be presented, aiming specifically at the operations that will allow the property to grow in value over time.
3. Specific restrictions to be faced by the project should be communicated, including topographical, climatic, and construction conditions, among others. It is recommended to involve the families in the exercise of testing the capacity (or incapacity) of the available typologies in the market to answer the question proposed by the project—typologies that

62   EGIS: Entidad Gestora Inmobiliaria Social.

62   Entidad Gestora Inmobiliaria Social, a developer for social housing projects

etc. Se recomienda involucrar a las familias en el ejercicio de probar la capacidad (o incapacidad) de tipologías disponibles en el mercado para resolver el proyecto, tipologías con las que muy probablemente las familias ya se habrán hecho alguna expectativa, tanto a favor como en contra. En el caso que esas tipologías no sean capaces de resolver el problema, es importante instalar la idea de la necesidad de innovar.

TALLER 2: Anteproyecto

En este taller se debiera presentar una primera propuesta dentro del marco de restricciones comunicado en el Taller 1. La estrategia de solución que se presente debiera abarcar desde el esquema urbano (cabida) hasta la tipología de vivienda. Como parte de este taller, se debieran incluir ejercicios prácticos en que se explique la condición progresiva de la vivienda, distinguiendo la parte ejecutada con cargo al subsidio de aquella que se construirá luego individualmente. Para esto son particularmente útiles las maquetas aunque sean abstractas.

En esta etapa preliminar del proyecto, tan importante como lo que hay que decir, es lo que no se dice: si bien se puede ser muy preciso al comunicar los metrajes finales a los que la vivienda podrá llegar, no es bueno especificar los metros cuadrados de la vivienda inicial. En primer lugar porque es muy difícil saber a estas alturas del proyecto cuál será la superficie que se podrá construir con cargo al subsidio (y porque ajustar la superficie de la casa es una manera de hacer entrar el proyecto en costo durante la licitación). Si se declara una cifra para el tamaño inicial de la casa, por mucho que se aclare y advierta que es una cifra tentativa,

may have already generated opinions among the families, both for and against. In the event that these typologies are incapable of resolving the problem, it is important to install the idea of the need for innovation.

WORKSHOP 2: Design Development

The first approach to the answer within the framework of restrictions communicated in Workshop 1 should be shown in this workshop. The solution strategy must include everything from the capacity of the site to fit all the families to the house typology. As part of this workshop, practical exercises should be included to explain the progressive condition of the house and make a distinction between the part to be executed and paid for by the subsidy and the part to be built later on by the families. Abstract scale models are particularly useful for this purpose.

During this stage, what is not said is just as important as what is said: although one can be very precise in communicating the final square meters the house may reach, it is not wise to specify the square meters of the initial house. It is very difficult to know at this early stage of the project how much area the subsidy will be able to pay for; the area of the house is precisely where the project can be adjusted to obtain a competitive cost for the bid. If one gives a figure for the initial size of the house, no matter how much one may insist on and warn that it is only a tentative figure, any difference in the

cualquier discrepancia con la versión definitiva del proyecto, será percibida como un incumplimiento o como una expectativa insatisfecha. En ese sentido es mejor hablar en términos de cantidad de recintos que de metros cuadrados.

Por último en esta etapa se debieran recibir los comentarios y las críticas por parte de las familias. Es bueno recibir esta retroalimentación tanto en el comité en pleno, como en grupos más pequeños. Además de permitir mayor representatividad (en grupos más grandes los líderes naturales tienden a imponer sus visiones), permite ser más específico al momento de identificar aciertos y desaciertos de la propuesta.

TALLER 3: Proyecto

Para cerrar el ciclo de talleres de la Fase de Diseño, se debiera presentar el proyecto final con carácter de síntesis, incluyendo las condiciones de diseño planteadas por los profesionales, las restricciones del problema y las observaciones hechas por las familias. Como resultado de este taller se debiera contar con la aprobación de las familias para proceder con el desarrollo de los proyectos de especialidades y con los trámites municipales.

final version of the project will be considered noncompliant or an unfulfilled expectation. It is best to talk about the number of rooms and not in terms of square meters.

Finally, it is in this stage that one must receive comments and criticisms from the families. It is good to receive this feedback both from the committee as a whole and from smaller groups. This achieves a higher representation (in larger groups only natural leaders tend to give their opinions) and allows one to be more precise and specific when it comes to identifying the pros and cons of the proposal.

WORKSHOP 3: The Project

To close the workshop cycle of the design phase, the final project should be presented in a synthesized manner, including the design conditions suggested by the professionals, the restrictions of the project, and the comments made by the families. As a result of this workshop, one should obtain the approval of the families to proceed with the projects, the municipal permits, and the bidding process.

8.2 FASE B: LICITACIÓN

La oferta hecha por la empresa constructora al final del proceso de licitación es la que definirá qué partidas de la casa podrán ejecutarse con cargo al subsidio y cuáles deberán ser abordadas posteriormente por las familias. Por eso al final de este proceso es recomendable realizar un taller informativo donde se desglosen las partidas incluidas en la licitación y cuáles se debió dejar fuera por razones de costo.

En esta etapa se puede (y se debe) ser muy específico en la superficie construida que la constructora va a entregar, así como el nivel de terminaciones de la vivienda. Se deben especificar además las partidas y obras que serán ejecutadas a nivel de conjunto urbano. Además de la planimetría completa del expediente, se recomienda entregar como parte de los antecedentes el cuadro de costo por partidas de la licitación.

En caso de que el proyecto licitado haya sufrido una modificación mayor para entrar en costo, se debe contemplar un taller destinado específicamente a explicar la naturaleza y pertinencia de los cambios realizados, así como la posibilidad de que sean las familias quienes acuerden eventuales sustituciones en partidas relevantes que hayan quedado fuera. Esta fase sólo se puede dar por finalizada cuando se firme un acta de aprobación de las modificaciones por parte de las familias.

8.2 PHASE B: BIDDING

The offer made by the contractor in the bidding process will tell precisely what parts of the house can be built with the subsidy and which parts must be dealt with later on by the families. That is why one should carry out, at the end of this process, an informative workshop in which the items included in the bid are broken down in detail.

In this stage, one can (and must) be incredibly specific about the square meters the contractor is going to deliver as well as the level of finishes of the house to be delivered. One must also specify the items to be executed on the urban scale. Apart from the complete plans, it is advisable to give the spreadsheet showing the cost per item in the bid as background information.

In the event that the project suffers a major change after the bidding in order to meet the costs, a specific workshop may be added to explain in detail the nature and pertinence of the changes made. Families should be given the possibility the suggest alternatives if, according to their opinion, relevant parts were left out. This phase can only be considered finished when families have signed a document accepting the modifications.

8.3 FASE C: CONSTRUCCIÓN

Durante la construcción del nuevo conjunto se debiera preparar a los futuros propietarios para sacar el máximo provecho de su vivienda y su barrio. Para ello es muy relevante que al comienzo de esta fase se les encargue a las familias la creación de subcomités asociados a los espacios colectivos o condominios que se hayan definido internamente en el proyecto. Esto permitirá crear lazos y dinámicas colectivas tempranamente, creando nuevos líderes en la comunidad y haciendo más eficiente el trabajo participativo durante la construcción.

Durante el tiempo que dure la construcción (normalmente en torno a 1 año), siguiendo el ritmo mensual de visitas de inspección técnica, se proponen tres grandes líneas de acción para llevar adelante las reuniones con las familias: visitas a la obra, talleres de ampliación y talleres de espacio colectivo. Como síntesis de este proceso se debe elaborar un reglamento de copropiedad.

8.3 PHASE C: CONSTRUCTION

During the time the new housing complex is being built, the future owners should receive training in order to obtain as much advantage as possible from their house and neighborhood. Thus, it is very important that at the beginning of this phase, families are led to create subcommittees associated with the collective spaces or condominiums defined within the project. This will allow the creation of early stage collective ties and dynamics, raising and empowering new leaders in the community and making the participative work during construction more efficient.

For a period of at least ten months, according to the monthly schedule of technical supervision visits, three lines of action are proposed to be carried out in the meetings with the families: the construction site visits, the expansion workshops, and collective space workshops. As a synthesis of the process, the co-ownership regulations should be drafted.

Visitas a la Obra

Para despejar ansiedades e incertidumbres sobre la "realidad" del proyecto, además de permitir una visualización a escala natural del tamaño de los espacios comunes y de la casa, se propone organizar visitas regulares a la obra en construcción. Las visitas permiten a las familias dar seguimiento a las obras y vigilar la calidad de la construcción. Las visitas pueden programarse desde que se hace el trazado en el terreno y se excavan las fundaciones, cuando se termina de ejecutar la obra gruesa, en los tijerales y terminación de estructura de techumbre y hasta el momento en que se hace la casa piloto (en el caso que ella exista). Las visitas pueden culminar con un recorrido por el proyecto terminado, realizando la recepción final de las obras en conjunto con los arquitectos. Conviene que las visitas se hagan a nivel de jefes de subcomités, que es un número más manejable desde el punto de vista práctico (de acuerdo a los reglamentos de seguridad típicos de las obras) pero es al mismo tiempo suficientemente representativo.

Site Visits

To dispel anxieties and uncertainties over the "reality" of the project and allow for the visualization of the natural scale of the home and common spaces, we propose the organization of regular site visits to the construction site. The visits allow families to monitor the quality of the construction. They can be programmed from the moment the site is laid out and foundations are excavated, when the structural work is finished, when the roof trusses have been installed, to the moment when the prototype of a house (in case it exists) is finished. The visits should culminate with a final walkthrough of the finished project and the final reception of the projects together with the architects. It is best that these visits are made with the subcommittee leaders, a manageable number from a practical point of view (in accordance with security protocols) but also sufficiently representative.

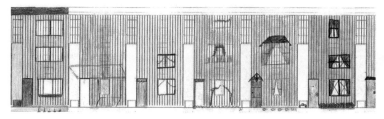

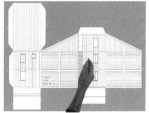

Talleres de ampliaciones

Considerando que la casa debe ser ampliable al menos al doble de la superficie inicialmente entregada, el trabajo de anticipación que se puede hacer en estos talleres debe cubrir al menos tres aspectos:

1. Asesorar y capacitar a las familias en el plano técnico, respecto a las condiciones estructurales y constructivas de la vivienda que reciben, así como de las ampliaciones que ejecutarán por cuenta propia. Hay que definir qué materiales y operaciones están permitidos y cuáles no, de tal forma que no se ponga en riesgo la estructura del edificio o a las ampliaciones mismas. Se deberá comunicar conceptos tales como los de juntas de construcción y dilataciones, además de explicar cómo se pueden extender las redes eléctricas, de agua o alcantarillado, de forma que todo se haga de manera segura y eficiente. Corresponde también transmitir nociones de habitabilidad y salubridad doméstica en términos de ventilación e iluminación natural, calefacción, aislamiento, manejo de la humedad, etc.
2. Identificar y precisar en el proyecto las actividades y situaciones de la vida diaria (lugares para estudiar, para guardar o para secar ropa por ejemplo) u orientar la inclusión de actividades productivas no residenciales en la vivienda (pequeños comercios, talleres, subarriendos, etc). Se pueden hacer ejercicios para probar alternativas de organización de la planta de la casa para sumar los nuevos dormitorios, separar las partes públicas de las privadas, sumar espacios intermedios a las viviendas, o para evitar perder espacio innecesario en circulaciones. Todas estas cuestiones apuntan a capitalizar el estándar de clase media de la casa recibida.
3. Visualizar las consecuencias de las opciones estéticas y de lenguaje arquitectónico. Para no entrar en el plano del gusto, la idea es enfocarse en la forma en que las decisiones individuales pueden influir en la valorización (o la desvalorización) del conjunto.

Expansion Workshops

Considering that the house must double in size from the initial delivery, workshops must address at least these three aspects in advance:

1. Teaching families about the technical aspects of the home they are receiving with respect to the structural and constructive conditions, as well as the expansions that will be done by them. It is important to define the materials and operations that are permitted as well as those that are forbidden, so that the structures of the building or the expansions themselves are not put at risk. Concepts such as construction joints must be communicated as well as how to make efficient and safe extensions of electrical and plumbing lines. Transmitting notions of livability and domestic health in terms of ventilation, natural light, heating, insulation, and vapor barriers follow the same logic.
2. Identifying and locating daily activities and situations in the project: places to study, for storage, or where to dry clothes, for example. Or orienting the inclusion of non-residential activities in the dwelling: small businesses, workshops, sublets, etc. Exercises can be made to test alternatives for organization of the house plan for adding new bedrooms, separating public and private sectors, or avoiding wasted circulation space. All these issues aim to capitalize on the middle-class standard of the received home.
3. Visualizing and anticipating the consequences of aesthetic options and architectonic language. To avoid entering into the realm of taste, the idea is to concentrate on the form in which individual decisions can influence the value appreciation (or depreciation) of the complex.

Talleres de Espacio Colectivo

Esta serie de talleres tiene por objeto generar una discusión para enlazar lo doméstico con lo urbano. La dimensión colectiva requiere organización y que existan acuerdos sobre el uso y destino del espacio público. Se deberán acordar cuestiones como dónde y de qué manera se dispondrán los automóviles en el conjunto, qué criterios se tomarán para la construcción de rejas y antejardines, o cómo se enfrentará la postulación a otros fondos del estado para intervenir los espacios comunes. De nuevo, el hilo conductor de estos ejercicios es la idea de valorización de la propiedad individual a partir de decisiones colectivas.

Collective Space Workshops

These workshops are aimed at generating a discussion to link the domestic to the urban. The collective dimension requires organization and agreements over the use of the public space; important points like where cars are to be parked in the complex, sizing criteria for fences and front yards, and how to apply for additional funds from the state for improving the common spaces should be agreed upon. Again, the driving force of these exercises should be the pursuit of value appreciation of the individual property through collective decisions.

Reglamento de Copropiedad

En cada uno de los talleres realizados en los ámbitos anteriormente descritos debe recogerse por escrito los posibles conflictos y los acuerdos tomados por el comité para crear un reglamento de copropiedad que sintetice el trabajo de los talleres. Este reglamento debe anticipar y regular, por ejemplo, conflictos relacionados con la provisión de servicios de iluminación pública, riego y mantenimiento de áreas comunes, retiro de basura, reparaciones en caso de vandalismo, etc.

Co-ownership Regulations

In each of the previously described workshops, possible conflicts and agreements should be recorded in the minutes of the meeting to be included in the draft of the co-ownership code that synthesizes the workshops. This code must anticipate and regulate, for example, conflicts related to the provision of public illumination services, the maintenance of public spaces, trash collection, repairs in the case of vandalism, etc.

8.4. FASE D: HABITACIÓN

Una vez que se ha realizado la mudanza, la idea es ofrecer asesorías de diseño para asistir in situ a las familias en el proceso de ampliación. Hemos denominado Semana-Piloto a este momento en que se abre paso a la casuística individual y se deben resolver situaciones concretas y particulares. También es importante en esta etapa apoyar y ejercer la autoridad y validez del reglamento de copropiedad. Se debe ofrecer una atención y asistencia especiales para aquellos casos en los que haya recursos suficientes para hacer una ampliación completa, con la intención de que al cabo de la Semana-Piloto se cuente con obras que sirvan de ejemplo al resto de las familias. Los propietarios beneficiados por esta asistencia especial deben comprometerse a mostrar su casa a las demás familias que así lo soliciten. Paralelamente, esta asistencia técnica colaborará en la organización de cuadrillas de trabajo remunerado capaces de realizar labores de ampliación. En estos casos, el arquitecto a cargo ejerce un rol fiscalizador en términos de la calidad de las obras.

Estos talleres, dada su naturaleza técnica o porque su implementación gira en torno al proyecto de vivienda mismo, es probable que sean llevados a cabo por los arquitectos; sin embargo es imprescindible que estén absolutamente coordinados con la entidad organizadora de la demanda, la EGIS o quien esté a cargo del trabajo en terreno con las familias. Se requiere además la presencia de un asistente social en terreno que garantice cierta continuidad en la relación con el comité de vivienda más allá del período de construcción. Hay que ser especialmente riguroso con el registro de asistencia y elaboración de acuerdos escritos, tal que l trabajo participativo sea representativ, vinculante y validado por la comunidad.

8.4 PHASE D: HABITATION

Once the families have moved in, the idea is to offer on-site design assistance to those families who require it. This is the moment for analyzing individual cases where specific situations will be resolved. This is also an important time to support and enforce the authority of the co-ownership regulations. Special attention and assistance must be offered to those cases in which there are sufficient resources for a complete extension with the intention that they serve as an example for the rest. The owners who benefit from this special assistance must agree to show their home to the rest of the families when asked. In parallel, this technical assistance will contribute in the organization of work teams capable of executing the additions. In these cases, the architect in charge exercises the role of a quality supervisor.

These workshops, given their technical nature, or because their implementation revolves around the housing project itself, tend to be conducted by the architects; however, it is essential that they are well-coordinated with the institution that is coordinating the community, the EGIS or whoever is in charge of the on-site social work with the families. It also requires the presence of a social assistant on site to guarantee continuity to the relationship with the housing committee. It hardly needs saying that one must be very rigorous in the registry of attendance and the elaboration of written agreements so that the participative work can be representative, binding, and validated by the community.

IX

LECCIONES ESTRUCTURALES

STRUCTURAL LESSONS

En una construcción convencional, del orden de 1/3 del costo corresponde a la estructura u obra gruesa y 2/3 a las terminaciones y cerramientos. En vivienda social, esta relación entre obra gruesa y terminaciones se invierte, pudiendo la estructura llegar a constituir un 80% de los costos directos finales. La vivienda social es prácticamente una obra gruesa habitable. Por tanto si con algo se debe ser preciso, estratégico y eficiente es con la estructura; dar en el blanco con la estructura, es dar en el blanco con el proyecto completo.

In a conventional construction, one third of the cost corresponds to structure and two thirds to finishes and cladding. In social housing, this relationship is flipped to where structure can claim as much as eighty percent of construction costs. Social housing is practically an inhabitable structure. So, if anything must be precise, strategic, and efficient, it is the structure. Hitting the mark with the structure is hitting the mark for the whole project.

9.1 ESTRUCTURA PARA EL TAMAÑO FINAL (NO SÓLO EL INICIAL)

Cruzado cierto umbral de escasez de recursos, la reducción de tamaño y de nivel de terminaciones puede no ser suficiente para ajustarse a los costos. Debiéramos entonces estar conceptualmente preparados para entrar en el campo de la vivienda incremental. Si la estructura es tan influyente en la precisión de la respuesta, en el nicho de vivienda incremental, la estructura debiera responder al menos a dos cuestiones.

En primer lugar, la estructura debería estar calculada y construida para el tamaño final de la vivienda. La estructura es siempre una operación cuyo nivel de dificultad requiere un conocimiento profesional específico; de ella depende la integridad y seguridad de las personas. Cuando se trabaja en vivienda incremental, el cálculo y la ejecución de la estructura se deben hacer para el escenario final de la vivienda una vez ampliada. La dificultad radica en que no hay certeza sobre cómo se vayan a hacer esas ampliaciones. Se requiere por tanto aumentar el nivel de seguridad de la estructura, certificando no sólo el cálculo sino también su ejecución.

9.1 STRUCTURE FOR THE FINAL SCENARIO (NOT JUST THE INITIAL ONE)

Once a certain threshold is crossed in terms of lack of resources, the reduction in size and finishes may be insufficient for the cost adjustment. We should then be conceptually prepared to enter into the field of incremental housing. In the incremental housing niche, the structure must be prepared to respond to two questions:

First, the structure should be calculated and built for the final size of the house. The structure, given its level of difficulty, requires very specific professional knowledge; the security of the people depends on it. In incremental housing, the calculation of the structure should be done for the unit once expanded; the problem is that it is not possible to know how those expansions will be made. So, the structure has to plan for the worst-case scenario and its level of security be raised, certifying not just the resistance but also its execution.

La Monotonía como una Virtud

En segundo lugar, la estructura debe cuidar el desarrollo armónico del conjunto en el tiempo. Cuando más de la mitad de la superficie de los conjuntos será auto edificada, la repetición de los componentes y la producción en serie, pueden ser la única manera de garantizar la calidad del barrio en el futuro. A diferencia de los casos en que se entrega una vivienda completa, cuando se construye sólo la mitad de una casa la repetición necesaria para reducir costos, puede dejar de ser un problema (monotonía de los conjuntos urbanos) y se puede transformar en el factor clave para dar un marco ordenado a la suma de intervenciones individuales de muy impredecible calidad. Estructuras eficientes, repetidas incluso monótonamente, pueden tener una consecuencia directa en la dinámica de valorización de la vivienda, pues introducen un soporte regular que cautela la calidad urbana del conjunto.

Entre todos los sistemas constructivos posibles, la estructura de muros es deseable dada su mayor capacidad de conformar frentes urbanos. Las estructuras de reticulas (marcos rígidos, pilares y vigas), al tener rellenos livianos no estructurales para conformar recintos, tienen menor capacidad de garantizar en el tiempo el enmarcamiento de las intervenciones individuales.

Monotony as a Virtue

Second, the structure must protect the harmonious growth of the complex. When more than half the square meters of the complex will be self-built, the repetition of components and serialized production may be the only way of guaranteeing the quality of the neighborhood in the future. Unlike the cases where the whole dwelling is built, when only half is built, the required repetition to reduce costs may not be a problem anymore (monotony of the urban fabric) but the key factor to provide an organized frame for the individual extensions of unpredictable quality. Efficient structures, repeated monotonously, may have a direct effect on the appreciation of the home because they introduce a regular support that takes care of the architectural diversity and urban quality of the complex.

Among all the building systems, a wall structure is the most desirable from an urban point of view given its higher capacity to define public fronts. Linear structures and grids or frames, which accept non-structural panels to enclose rooms, have lesser capacity to guarantee a framework for the individual interventions over time.

9.2 PREFABRICACIÓN
Y AISLAMIENTO SÍSMICO

Las 3 S De La Prefabricación:
Scale, Speed & Security

Vimos que como estrategias para responder a la escasez de recursos estaba la priorización de la estructura por sobre las terminaciones y la incrementalidad como un proceso que permite entregar sólo la parte más esencial al principio. Se le podría sumar una tercera: Ahorrar tiempo.

En una construcción convencional las terminaciones no sólo son lo más caro de la obra, sino también lo más lento de ejecutar. La vivienda social en cambio, por ser casi pura estructura, debiera ser, en principio, una obra más rápida de ejecutar. Esto es importante porque en vivienda social, reducir costos tiende a estar asociado a la disminución de la calidad material de la edificación. Disminuir el tiempo de construcción, reduce los gastos generales de las constructoras y disminuye los costos financieros de las operaciones sin sacrificar calidad constructiva.

Además, los proyectos tienden a ser urgentes. A veces, porque se provee las soluciones habitacionales en los mismos terrenos que las familias ocupan informalmente, lo cual las deja temporalmente en una situación de vivienda aún más precaria. Otras veces, porque simplemente las condiciones de vida de las familias son tan malas, que el problema se debe resolver a la brevedad. Reducir los plazos de construcción es por tanto no sólo económica sino también socialmente deseable.

9.2 PREFABRICATION
AND SEISMIC ISOLATION

The 3 S's of Prefabrication:
Scale, Speed, and Security

We saw there were two strategies to deal with the scarcity of resources: prioritizing the structure over the finishes and using incrementality as a way to deliver only the most crucial part of a house. We could add a third: save time.

In a conventional building, finishes are not only the most expensive part but also the slowest to execute. Social housing, for being almost pure structure, should be, in principle, a quick construction. This is important, because in social housing reducing costs tends to be associated with lower quality building. Shortening construction time reduces the contractor's general expenses and lowers operational costs without sacrificing building quality.

Projects also tend to be urgent. Sometimes, housing solutions are provided on the same sites the families are informally occupying, meaning they must temporarily leave and move to an even more precarious situation. Other times, simply because the living conditions of the families are so bad, the problem must be resolved as quickly as possible. Reducing construction times is both socially and economically desirable.

En la definición de soluciones pertinentes al tema de la vivienda no sólo influye la cantidad de recursos disponibles (saber por ejemplo si se trata simplemente de viviendas económicas o de vivienda incremental), sino también la escala del déficit habitacional. Escasez de fondos combinada con un déficit grande, no sólo tiende a reducir el estándar de las terminaciones o derechamente a eliminarlas, sino produce una relación circular de causa y efecto entre masificación y estandarización. Por una parte, para ajustarse al escaso presupuesto, los diseños de las viviendas tienden sistemáticamente hacia una estandarización de la mayor cantidad posible de componentes y partidas. Por otra parte, la estandarización encuentra en lo masivo del déficit habitacional, las economías de escala necesarias para desarrollarse.

Para responder a este conjunto de condiciones, la conclusión lógica es que las estructuras de la vivienda incremental deberían ser prefabricadas. Si hay un lugar donde tiene sentido prefabricar la estructura, ese lugar es en la vivienda social incremental. En primer lugar, un sistema estructural prefabricado ahorra tiempo porque en vez de construirse, sólo se ensambla. En segundo lugar porque en la prefabricación, mientras más repetitivo el sistema, cuestión que es la base de su propia eficiencia, mejor se cautela el desarrollo armónico en el tiempo. Y por último, porque las construcciones prefabricadas hacen el control de calidad de sus componentes en la planta de origen, pudiendo así certificar no sólo el cálculo estructural sino también su fabricación y montaje.

When trying to solve the social housing problem, it is important to understand if the amount of resources available will lead us to deal with low-cost housing or if we will have to move to incremental housing. But that information has to be crossed with understanding the size of the overall housing deficit. Scarcity of resources combined with a big deficit not just reduces size and finishes, but also generates a circular cause and effect relationship between mass production and standardization. On one hand, to adjust to this meager budget, the housing designs tend towards a systematic standardization of as many components as possible. On the other hand, standardization finds in the massiveness of the deficit the economies of scale adequate to develop.

To respond to this set of conditions, the logical conclusion is that the incremental housing structures should be prefabricated. If there's any area of the construction industry where prefabrication makes sense, it is in incremental social housing. First, a prefabricated structural system saves time: instead of being built on site, it is simply assembled. Second, in prefabrication, the more repetitive the system, the better it ensures harmonious development over time. And lastly, prefabricated constructions undergo quality control of the components in the plant, which allows for certification not only of the structural calculations, but also the fabrication and installation.

Aislamiento Sísmico y Customización

La prefabricación si bien tiene enormes ventajas, nos pone frente a dos debates para los cuales se debe encontrar una salida:

1. De la incapacidad de acoger la diversidad a la autoconstrucción como "customización"

La estandarización de la vivienda social, deseable para responder rápido y a bajo costo, ha sido históricamente criticada por la incapacidad de acoger la diversidad de los usuarios a los que sirve. Soluciones homogéneas son incapaces de responder a distintas estructuras familiares, sociales y productivas, a distintas preferencias de gusto, diversas sensibilidades y a la necesidad natural de identificación de las personas con su vivienda. Hay mucha evidencia de esfuerzos de diseño que buscan romper el patrón repetitivo, pero eso en general esto se hace con operaciones estéticas arbitrarias y a costa de la eficiencia del propio sistema.

En el caso de la vivienda incremental, en el propio problema de contar con recursos escasos, está contenida la solución a este debate. Al poder hacer sólo la mitad de una vivienda inicialmente, la segunda mitad, aquella terminada por las propias familias, funciona naturalmente como un proceso de personalización o "customización" de la unidad. En la medida que los soportes estructurales han sido diseñados para tal efecto, la construcción espontánea – que en general es vista como un deterioro tanto del edificio como del barrio- pasa a operar como una adecuación de las estructuras a las preferencias de cada familia, domesticación que dota de vitalidad y diversidad a los conjuntos urbanos.

Seismic Isolation and Customization

Prefabrication has enormous advantages, though it places us in the middle of a debate for which we have to find an exit:

1. From the incapacity to embrace the diversity to self-construction as "customization"

The standardization of social housing, desirable for responding quickly and at low cost, has been historically criticized for its inability to embrace the diversity of the users it serves. Homogenous solutions are incapable of responding to the different family, social, and productive structures, differences in taste, diverse sensibilities, and the natural need of the people to identify with their homes. There is a lot of evidence of design that seeks to break the repetition, but in general this is done with arbitrary aesthetic operations and at the cost of the system's efficiency. In the case of incremental housing, the problem of having scarce resources contains the solution to the debate. By only building half of the house, the second half finished by the families themselves functions as a personalization process or "customization" of the unit. If structural supports have been designed strategically, spontaneous construction (generally seen as a deteriorating factor to both the building and the neighborhood) acts as an adjustment of the structures to the preferences of each specific family, domestication that gives vitality and diversity to the urban complexes.

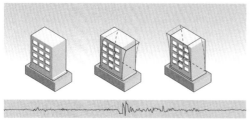

Edificio no aislado | **Non-isolated building**   Edificio aislado | **Isolated building**

2. La difícil relación entre prefabricación y terremoto y el aislador sísmico de bajo costo

Todo diseño estructural se puede resumir como la búsqueda por satisfacer la desigualdad Capacidad > Demanda: que la capacidad de la estructura de resistir, sea mayor a la demanda. Esta desigualdad puede ser satisfecha de dos formas: aumentando la capacidad de la estructura o minimizando la demanda. Las técnicas tradicionales de diseño sismorresistente buscan aumentar la capacidad. El problema de esta aproximación cuando se trabaja con sistemas prefabricados, es que las uniones de los componentes se deben reforzar a un punto tal, que terminan por ser poco competitivas desde el punto de vista económico frente a sistemas convencionales.

La otra alternativa es disminuir la demanda, esto es, reducir la entrada sísmica a la estructura. El aislamiento sísmico, en términos simples, consiste en lograr la independencia entre el movimiento horizontal del suelo de fundación y la estructura. Hay varios sistemas disponibles en el mundo para aislar sísmicamente una estructura, pero dado el bajo presupuesto de construcción asignado a las viviendas sociales, es imposible usar las técnicas convencionales. Por tanto la pregunta es, ¿es posible desarrollar, construir, ensayar e implementar aisladores sísmicos de bajo costo?

En el marco del proyecto Elemental, el equipo de la Escuela de Ingeniería de la Universidad Católica liderado por Juan Carlos de la Llera, propuso dos proyectos para aisladores de bajo costo: el pilote pretensado autocentrante (PPP), y el aislador elástico-friccional autocentrante, ambos con un costo del orden de 1/3 de cualquier sistema conocido (fig. 51).

2. The difficulty of prefabricated structures in seismic zones and the low-cost seismic isolator

All structural design can be defined as the search for satisfying the inequality of Capacity > Load: the capacity of the structure to resist must be greater than the load. This imbalance can be satisfied in two ways: augmenting the capacity of the structure or minimizing the load. The conventional technical seismic-resistant design looks to augment capacity. The problem with this approach when working with prefabrication is that the joints of the components are heavily solicited and need to be reinforced, making them less competitive from an economic point of view than conventional structural systems.

The other alternative is to reduce the load, that is, reduce the seismic effect on the structure. Seismic isolation, in simple terms, consists in achieving independence between the horizontal movement of the ground and the structure of the building. There are various available systems for seismically isolating a structure, but given our meager construction budgets it has been impossible to use conventional techniques. So our question was: Is it possible to develop, build, test, and implement low-cost seismic isolators?

As part of the Elemental initiative, the team from the engineering school of the Universidad Católica led by Juan Carlos de la Llera proposed two projects for low-cost seismic isolators: the

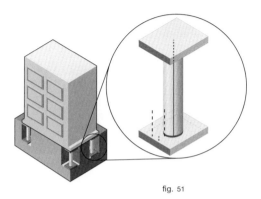

fig. 51

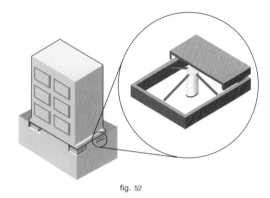

fig. 52

El aislador elastomérico-friccional autocentrante consiste en un deslizador de teflón inserto en un perfil metálico tubular el que está unido en su parte superior a la estructura y por los costados a cuatro tensores elastoméricos responsables de volver el sistema a su centro (fig. 52). Como el elastómero es especialmente eficiente para resistir esfuerzos axiales, su uso como tensor es económicamente óptimo y parece difícil conseguir un dispositivo con una mayor razón eficiencia-costo.

El aislador cinemático PPP es un sistema prefabricado compuesto por 4 cuerpos; una columna o pila vertical, las cabezas de rodadura superior e inferior, un cable pre-tensado central, y eventualmente barras de refuerzo silenciadas que se utilizan como disipadores. La cabeza superior del P3 se conecta a la estructura y la cabeza inferior se conecta al sistema de fundación, típicamente de hormigón pobre. El efecto autocentrante es generado por la geometría del dispositivo y por la fuerza de pre-tensado del cable central. Con el fin de incluir disipación de energía en el dispositivo, el PPP puede incorporar barras dúctiles que penetran silenciadas en un tramo en la columna, disminuyendo así la necesidad de contar con deslizadores friccionales u otro sistema actuando en paralelo para proveer la disipación de energía requerida en la estructura.

self-centering pre-stressed pile (PPP) and the low-cost, self-centering friction-elastic isolator (SCFE), both with a third of the cost of any other known system (fig. 51).

The low-cost, SCFE isolator consists of a Teflon slider inserted into a metal tube section connected to an upper part of the structure and on the sides by four elastomeric tensors responsible for returning the system to center (fig. 52). As the elastomer is particularly efficient for resisting axial forces, its use as a tensor is economically optimal and a device with better cost-efficiency seems difficult to find.

The PPP cinematic isolator is a prefabricated self-centering system comprised of four parts: a vertical column or pile, upper and lower roller heads, a central pre-stressed cable, and silencer reinforcing bars that may be used as dissipaters. The PPP's upper head is connected to the base diaphragm of the superstructure and the lower head is connected to the foundation system, which is usually low-resistance concrete. The self-centering effect is generated by the device's geometry and mainly

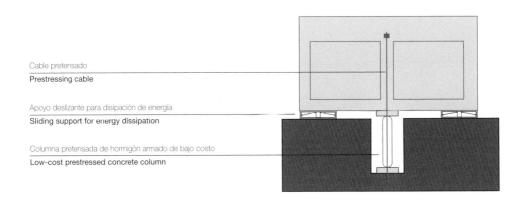

Cable pretensado
Prestressing cable

Apoyo deslizante para disipación de energía
Sliding support for energy dissipation

Columna pretensada de hormigón armado de bajo costo
Low-cost prestressed concrete column

Ambos conceptos de aislamiento fueron ensayados exhaustivamente en laboratorio. Las patentes de ambos sistemas fueron publicadas en el Diario Oficial de Chile con fecha de 17 de Noviembre de 2006 y 5 de enero de 2007, respectivamente.[63]

Hay otras dos cuestiones que destacar con respecto a los sistemas de aislamiento sísmico. En primer lugar, aislar sísmicamente permite disminuir los costos directos de las estructuras al reducir su espectro de respuesta sólo a las descargas verticales. Pero además reduce los costos financieros, pues al aumentar el factor de seguridad de las edificaciones disminuye el costo de los seguros que las constructoras deben contratar.

En segundo lugar, el diseño estructural de la vivienda social en Chile debe respetar la normativa sísmica vigente (norma NCh433 Of. 96). Dicha normativa establece que, al igual que para cualquier otra edificación en un país sísmico, la estructura puede ser diseñada con fuerzas sustancialmente menores a las que le corresponden para comportarse elásticamente (sin daño) durante un sismo. En otras palabras,

by the horizontal projection of the pre-stressing strength of the central cable. So as to include energy dissipation in the device, the PPP may include ductile bars that penetrate a stretch of the column, thus reducing the need for friction sliders or another parallel system to provide the energy dissipation required by the structure.

Both concepts of isolation were exclusively tested in laboratory. The patents for both systems were published in the official bulletin of the Chilean government on November 17, 2006, and January 5, 2007, respectively.[63]

There are two questions that arise with respect to the seismic isolation systems. First, seismic isolation allows for lowering the costs of the structures because it reduces the problem to vertical loads only. But apart from reducing financial costs, it also augments the security factor of the buildings and thus lowers the insurance costs the builders must obtain.

63   El paper completo sobre los aisladores sísmicos de bajo costo preparado por Juan Carlos de la Llera, se puede descargar en el capítulo de patentes en www.elementalchile.cl

63   The complete report of the low cost seismic isolators prepared by Juan Carlos de la Llera can be downloaded in the patents chapter of www.elementalchile.cl.

se acepta la disipación de energía por medio de daño estructural siempre y cuando no haya colapso. En el caso de las viviendas sociales, dadas las restricciones presupuestarias, sus factores de seguridad sísmica son límites, lo que significa que optaron por presentar daño en un sismo futuro. Se sabe además que los usuarios de estas viviendas no tienen capacidad económica de responder en forma rápida por la reparación del daño ocasionado por un sismo de las características descritas, o de buscar una vivienda alternativa. Es un hecho de que el problema de un eventual daño estructural en este caso posee componentes económico-sociales que van más allá del simple costo de reparación de las obras. Aislar sísmicamente una estructura no sólo aumenta su seguridad sino también lo que se conoce como "servicialidad", es decir, la posibilidad que las estructuras sigan en uso después de ser afectadas por un sismo. Esto es relevante por el impacto social que puede tener un sismo de magnitud en un país donde más del 60% de las viviendas cuenta con algún tipo de subsidio estatal.

Second, the structural design of social housing in Chile must respect the current seismic regulations (code NCh433 Of. 96). The aforementioned regulation establishes that, just like that of any other building in a seismically-active country, the structure can be designed with substantially fewer forces in mind than those that behave elastically (without damage) during an earthquake. In other words, the code accepts the dissipation of energy by means of structural damage as long as it doesn't collapse. In the case of social housing, the security factors are limited, meaning that structural calculations normally opt to take a risk and sustain damage in future earthquakes. It is also known that the users of these homes do not have the economic capacity to repair the damage caused by an earthquake or find an alternative dwelling. It is a fact that the problem of eventual structural damage in this case possesses socio-economic components that are deeper than the simple cost of repairs. Seismically isolating a structure not only makes it safer, but it increases what is also known as "serviceability," that is, the possibility that the structures continue to function even after an earthquake. This is relevant for the social impact that a forceful earthquake can have in a country where more than sixty percent of the dwellings are built with some kind of state subsidy.

LA CASA MILÁN

A comienzos del año 2008, Elemental fue invitado por la Trienal de Milán, a participar en la exposición "Case per Tutti" (Casas para Todos), que recopilaba la historia de la habitación de emergencia y de la vivienda de bajo costo. En el marco de esta exposición, se nos encargó desarrollar un prototipo de vivienda para ser instalado en los jardines del Palacio de la Trienal. Decidimos que la tipología de vivienda de Lo Espejo, con dos propiedades superpuestas en un frente de seis metros, era apropiada para ser exhibida. Los organizadores de la muestra, nos propusieron construir la tipología en madera. Nuestra respuesta fue que debíamos aprovechar la oportunidad para introducir en la vivienda algún mejoramiento respecto de lo que ya habíamos construido, mejora que nos pareció debía venir por el lado de prefabricar la construcción del módulo.

El proyecto se llevó adelante en un desarrollo conjunto con MC Prefabbricati, una compañía italiana de prefabricación, que tomó nuestra tipología de viviendas construida originalmente en albañilería armada de ladrillo y la adaptó al sistema constructivo de paneles de hormigón que ellos producían. Los espesores en que se trabajó cada panel (20 cm. para los muros y 25 cm. para las losas) permitió eliminar cadenas y vigas y aumentó el módulo estructural original de 3 a 6 metros. La eficiencia alcanzada permitió levantar el módulo en 24 horas.

THE MILAN HOUSE

At the beginning of 2008, Elemental was invited by the Triennale di Milano to participate in the "Case per Tutti" (houses for everyone) exhibition compiling the history of emergency shelters and low-cost housing. Within the context of this exposition, we were charged with developing a housing prototype to be installed in the gardens of the Trienniale palace. We decided that the typology for Lo Espejo, with two superimposed properties and a six-meter front, was appropriate. The organizers of the exhibition proposed building the typology out of wood. Our response was that we should take advantage of the opportunity to introduce an improvement In the housing we had already built by introducing a modular concrete prefab construction.

The project went ahead in development with MC Prefabbricati, an Italian prefab enterprise, which took our housing typology originally built with reinforced brick and adapted it to the concrete panel building system they regularly produce. The thicknesses of the panel (twenty centimeters for the walls and twenty-five centimeters for the slabs) allowed us to eliminate beams and augment the structural module from the original three meters to six meters. The achieved efficiency allowed us to assemble the unit in twenty-four hours.

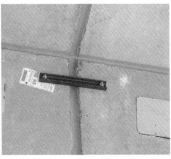

1. Núcleo Infraestructural Prefabricado
Infrastructural Prefabricated Core

2. Techo = Colector de Agua
Roof = Water Collector

3. Milán Prototipo = 1,5 Vivienda
Milan Prototype = 1.5 House Unit

4. Version Ampliada
Expanded Version

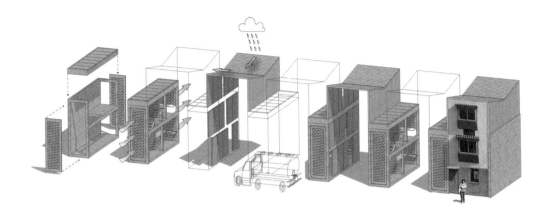

LA E-HOUSE

Un segundo prototipo de prefabricación en el que estamos trabajando, es el que hemos llamado E-House. Consiste en un núcleo de infraestructura básico de 1,5 x 7 metros en 2 niveles con forma de E en planta, que contiene un baño, una cocina, una escalera, y que funciona como soporte físico par las expansiones futuras, muro cortafuego y aislante acústico entre propiedades vecinas.

Dado que a escala global, la instalación masiva de gente en las ciudades ocurrirá principalmente en los países más pobres del mundo, entre los trópicos, la vivienda deberá responder en la mayoría de los casos a climas calurosos; puede que ellos sean secos o lluviosos, pero sabemos que serán siempre calurosos. El problema principal para los 2 billones de nuevos habitantes urbanos por tanto, no será calefaccionar, sino enfriar. Dado que el aire acondicionado no es una alternativa debido a su elevado costo y consumo de energía, la única estrategia restante es evitar las ganancias térmicas indeseadas. Para ello hay dos caminos: sombrear y ventilar cruzado. Sombrear es la capacidad de, por medio de aleros, evitar la radiación directa sobre las superficies verticales de la casa, especialmente las ventanas. Por ventilación cruzada, entendemos la posibilidad de crear una corriente de aire fresco en los recintos, la cual se consigue por medio de tener al menos dos vanos en cada cuarto.

THE E-HOUSE

A second prefab prototype that we have been working on is called the E-House. It consists of a nucleus of basic infrastructure of 1.5 x 7 meters in two levels containing the bathroom, kitchen, and stairs. This nucleus functions as physical support for future expansions, firewall, and acoustic insulation between neighboring units.

Given that the world's poorest cities, typically located in the tropics, will absorb the greatest share of global urbanization process, housing will have to respond to hot climates. The climate may be dry or rainy, but we know it will always be hot. The main problem for the two billion new urban inhabitants will not be heating but cooling. Given that air-conditioning is not an alternative due to the elevated cost and energy consumption, the only remaining strategy is to avoid unwanted thermal gain. This gives us two paths: shading and cross-ventilation. Shading uses overhangs to avoid direct radiation over the vertical faces of the house, especially the glazed portions. By cross ventilation we understand the possibility of creating fresh airflow in the rooms by means of having at least two openings in each room.

La evidencia muestra que la autoconstrucción espontánea, es capaz de producir respuestas apropiadas para sombrear, pero no es capaz de garantizar la circulación del aire. La E-House incluye la ventilación cruzada como un elemento programático del núcleo inicial, al punto que se lo puede considerar como un artefacto de ventilación que garantiza tanto la extracción del aire de cocinas y baños, como la ventilación cruzada del resto de las habitaciones de la casa. No hay que olvidar que la polución interna en las viviendas de bajos recursos, es por lejos más conflictiva que la contaminación urbana del aire. Por otra parte, cuando se trabaja en esquemas urbanos densos, con propiedades de sólo dos fachadas expuestas directamente al exterior, hay que introducir de alguna manera la ventilación lateral.

En su versión más radical, la E-House se puede implementar sólo a partir de los núcleos de infraestructura colocados a una distancia estratégica los unos de los otros: distanciamientos suficientemente grandes para que se generen habitaciones de tamaño razonable y a la vez suficientemente pequeños para permitir operaciones técnicamente sencillas con mano de obra no calificada. La medida de ese vacío deberá ser múltiplo y módulo de los materiales de construcción más comunes y corrientes disponibles en cada lugar, de tal forma que las pérdidas se reduzcan al mínimo. En la medida que hayan más recursos disponibles, se puede entregar el techo como parte inicial de la casa, dado que es un elemento de gran dificultad técnica de ejecución y porque es muy influyente en el comportamiento energético eficiente de la edificación.

Una de las críticas más recurrentes al proceso de urbanización, es que impermeabiliza el suelo que ocupa. En vez de luchar contra ese hecho, decidimos sacar ventajas de él. Los techos son naturalmente un buen recolector de agua; sólo se necesita poder almacenar esa agua. La cubierta del núcleo de infraestructura, la transformamos por tanto en una especie de cisterna plana que recoge el agua de la techumbre para destinarla al uso de los WC, (que generan el mayor consumo doméstico de agua). La cisterna funciona también como un "amortiguador" que regula en cierta medida el paso del agua al sistema de los colectores públicos de agua lluvia en caso de precipitaciones intensas. Un compartimiento separado en la cisterna podría funciona como estanque de agua potable, siendo llenado por camiones en caso de haber problemas con las redes (cuestión bastante común en el mundo subdesarrollado).

Evidence shows that spontaneous self-building can generally produce appropriate responses for shading but is incapable of guaranteeing air circulation. The E-House includes cross ventilation as a programmatic element of the initial nucleus, to the point that it could be seen as a ventilation device that guarantees the air extraction from kitchens and bathrooms as well as the bedrooms of the house. One cannot forget that internal pollution in lower income homes is by far more damaging than city air contamination. When working in dense urban areas where properties generally do not have two sides directly exposed to the exterior, some kind of lateral ventilation must be introduced.

In its most radical version, the E-House can be implemented by simply placing the infrastructure nuclei at strategic distances: distances large enough for reasonably sized rooms but small enough to be built with low-tech operations by unskilled labor. The dimensions of the void can be a multiple and module of the most common construction materials available on site so that waste is minimized. In case there are more resources, a roof can be delivered as part of the initial house, given that it is an element requiring difficult technical execution and is very influential in the energy-efficient behavior of the building.

One of the most often recurring criticisms of the urbanization process is that it leaves the ground it occupies impermeable. Instead of fighting against this fact, we decided to take advantage of it. The roofs are naturally an efficient water collector; we only need to be able to store that water. So we transformed the upper part of the infrastructure nucleus into a kind of flat cistern that collects water for the toilet (which generates the largest consumption of domestic water). The cistern also functions as a "shock absorber" that to a certain extent regulates the passage of water to the public rainwater collection system in the case of intense rains. A separate function of the cistern works as a potable water tank that can be filled by trucks in case of water network problems (a common problem in the underdeveloped world).

LA CASA-ACUEDUCTO

Otra línea radical en el sentido de llevar el problema a su versión más irreductible, es lo hemos denominado la Casa-Acueducto. Se trata de replantearse la manera de trazar los servicios básicos: proponemos llevar el agua potable y el tendido eléctrico a una cierta altura, canalizados en una viga hueca, resistente del punto de vista estructural. La red de alcantarillado se mantiene abajo, pero el trazado y la geometría de las matrices sirve como vereda de circulación peatonal.

Lo que buscamos es crear una supraestructura (en vez de una infraestructura) capaz de dotar de un soporte físico y urbano para el futuro crecimiento de la vivienda. Por medio de sobre-estructurar el soporte de las redes de urbanización, buscamos dotar a la futura ciudad de un zócalo que ordene y regule las construcciones incrementales que llevarán a cabo con posterioridad las propias comunidades. Cada apoyo de la viga hueca que contiene las conexiones de agua, marcaría la subdivisión de propiedad. La eliminación de los cables permitiría el crecimiento de los árboles (evitar la poda por parte de las compañías eléctricas), lo cual es clave para que la calle funcione como una extensión de las pequeñas casas y para construir lugares ambientalmente más amigables en climas que como vimos requieren sombra. En caso de necesidad de mayores densidades, el acueducto podría ser el soporte y marcar el inicio de para una propiedad paralela sobrepuesta a aquella con acceso al suelo.

THE AQUEDUCT HOUSE

Another radical project we are working on, in the sense of taking the problem to its most irreducible status, is what we have called the Aqueduct House. It is about reconsidering the way basic services are provided: we propose running water and electrical lines at a certain height, in a kind of hollow, structurally resistant beam. The sewage network remains below, but the outline and geometry of the matrices serve as a sidewalk for pedestrian circulation. We are seeking to create a superstructure instead of an infrastructure capable of providing a physical and urban support for the future growth of the dwelling.

By over-structuring the support of the urbanization networks, we expect to provide the future city with a plinth that organizes and regulates progressive constructions that will eventually take place in these communities. Each support of the hollow beam that contains water lines would mark property subdivisions. The elimination of cables allows for tree-growth (avoiding the need for pruning by electrical companies), something essential for a street to work as an extension of the small houses and to build environmentally friendlier places in climates which, as we have seen, need shade. If higher densities are needed, the aqueduct could be the support and mark the beginning of a parallel house overlaying the one with access to the floor (as in the Iquique project).

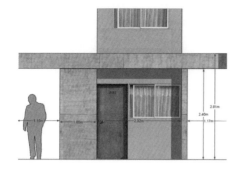

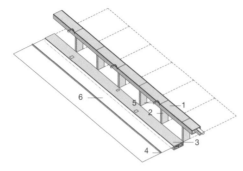

1. Viga prefabricada con construción para agua
   Prefabricated beam with water ducts
2. Columna de hormigón que marca subdivisión predial
   Column wells marking property line
3. Veneda prefabricata de hormigon con canalización para electricidad y alcantarillado
   Prefabricated concrete sidewalk with ducts for sewerage and electricity
4. Solera
   Curb
5. Iluminación pública
   Public lighting
6. Espacio disponible para arborización
   Space for planting trees

Editores | Editors: Alejandro Aravena, Andrós Iacobelli
Gestión editorial | Managing editors: Alejandro Aravena, Víctor Oddó
Traducción | Translations: Alejandro Aravena
Corrección de texto | Copyediting: Alejandro Aravena, Melanie Eckner
Diseño gráfico | Graphic design: Víctor Oddó, Elemental
Colaboradores | Collaborators : Andrea Sace, Anna Chiara Leardini,
Letizia Caprile
Familia tipográfia | Typeface: Helvetica Neue
Producción | Production: Vinzenz Geppert, Hatje Cantz
Reproducciones | Reproductions: Kathrin Lehmann, prints professional
Papel | Paper: Tauro Offset, 120 g/m^2
Impresión | Printing: Graspo CZ, Zlín

Publicado por | Published by
Hatje Cantz Verlag
Mommsenstr. 27
10629 Berlin
Alemania | Germany
Tel. +49 30 34 64 678 00
Fax +49 30 34 64 678 29
www.hatjecantz.com
A Ganske Publishing Group company

Distribuido internacionalmente por Hatje Cantz, excepto en Chile.
Distributed internationally by Hatje Cantz, except for Chile.

ISBN 978-3-7757-4142-2

Impreso en Chequia | Printed in Czech Republic

Este libro fue financiado parcialmente por el Index Award,
que Elemental ganó el 2011 en Copenhague.
This book was partially funded by the Index Award
Elemental won in 2011 in Copenhagen.

■ INDEX
■ DESIGN
TO IMPROVE
LIFE®

LECCIONES DE ARQUITECTURA
Manual de Diseño para la Valorización de la Vivienda

ARCHITECTURAL LESSONS
Design Manual for Housing's Financial Appreciation

¿CUÁL ES EL PUNTO?
La Vivienda como Inversión y No como Gasto Social

El año 2004 se realizó en Cambridge, Massachussets, la reunión anual del Comité de Benefactores del David Rockefeller Center for Latinamerican Studies (DRCLAS), en la cual se presentaban iniciativas en las que el Centro estaba participando o simplemente temas que podían ser interesantes de estudiar. Entre los expositores de ese año estaban E. O. Wilson, el famoso biólogo, inventor del concepto de biodiversidad, que iba a mostrar las nuevas especies que había descubierto en América Central en investigaciones financiadas por el Centro Rockefeller. Estaba también Domingo Cavallo, ex ministro de Economía de Argentina exponiendo sobre el Consenso de Washington. Elemental también fue invitado a exponer. Llevábamos ya 4 años de trabajo, el proyecto de Iquique estaba en construcción, el concurso ya había tenido 7 ganadores, las propuestas se estaban desarrollando y teníamos por tanto una presentación que mostraba logros reales y concretos.

Sin embargo aún cuando en principio ya teníamos todo claro, en el avión hacia Boston, Andrés Iacobelli preguntó: ...pero a ver, ¿cuál es nuestro punto? Yo creo, dijo, que las viviendas se deben valorizar en el tiempo y ser así una inversión más que un gasto social. La necesidad de explicar con claridad y sintéticamente lo que hacíamos, nos permitió hacer la diapositiva cero de la presentación: el principio.

Ese principio era el siguiente: En general en el mundo se sabía cómo generar cobertura en el ámbito de la vivienda: cantidad de viviendas capaces de hacer frente al déficit. Lo que no se sabía era cómo hacer que esa cantidad de viviendas fuera además de calidad. Lo más obvio era decir que el problema

WHAT IS THE POINT?
Housing as Investment and Not as Mere Social Expense

In 2004, at the annual benefactor committee meeting of the DRCLAS in Cambridge, Massachusetts, initiatives already being funded or the themes that would be worth funding were presented. Among the presenters was E.O. Wilson, the famous biologist and inventor of the concept of biodiversity, who was going to show some new species discovered in Central America during investigations financed by the Rockefeller Center. Domingo Cavallo, Argentina's former Minister of Finance, was going to give a presentation about the Washington Consensus. We were also invited to present the Elemental initiative with which we had been working for four years: Iquique was in construction, the competition already had the seven winners, and the proposals were being developed, so we had a presentation that showed real, concrete achievements.

However, after we had everything ready, on the plane to Boston, Andrés Iacobelli asked: ". . . wait a second, what is our point?" Housing, he said, must appreciate in value and in this way be considered an investment and not a social expense. The necessity of clearly and briefly explaining what we were doing allowed us to make the first slide of our presentation: the principle.

The principle went like this: in general in the world we knew how to provide the quantity of units necessary to cover its citizens' housing needs. What we

se trataba de evitar que cantidad y calidad fueran términos excluyentes. Pero lo que identificamos como el verdadero problema a resolver, era que no había claridad sobre cómo definir calidad. La crítica generalizada a la vivienda social, tanto de especialistas como de la opinión pública, era que las unidades eran pequeñas y que estaban mal construidas. Lo lógico por tanto, sería que una vivienda de calidad fuese más grande y mejor hecha. Lamentablemente, eso sería contestar bien la pregunta equivocada. A nosotros nos pareció que había que redefinir la noción de calidad. Todos quienes compramos una casa esperamos que cada día que pasa valga más. La vivienda social, en un porcentaje inaceptablemente alto, se parece más a comprar un auto que a comprar una casa: cada día que pasa vale menos. Nuestro punto fue que una vivienda social de calidad era aquella capaz de valorizarse en el tiempo.

Para una familia pobre, el subsidio de vivienda es por lejos la ayuda más importante que obtiene del Estado en toda su vida y ese subsidio lo recibe una única vez. Si ese subsidio inicial puede agregar valor en el tiempo, no sólo puede ser una manera eficiente de garantizar el pago de la deuda hipotecaria (en el caso que exista), sino que puede convertirse en la pieza clave para que esa familia pueda superar su situación de pobreza. Para eso, es preciso ver la vivienda más allá de su condición física (como un techo), y empezar a entenderla como un activo con posibilidad de llevar "una vida paralela como capital", como propone Hernando de Soto.[64]

Para el Estado, una vivienda social capaz de valorizarse, abre el camino para que ella deje de entenderse como un gasto y pase a entenderse como una inversión social. El gobierno de Chile deberá invertir 10 billones de dólares para superar el déficit

didn't know was how to generate the same quantity with quality. It was accurate to say that quantity and quality tended to be mutually exclusive, that you couldn't have both. But what we thought was the real problem was that there was no clear definition of quality. The general criticism of social housing, among the public and experts alike, was that the units were small and poorly built. So, if there was an attempt to increase the quality, the almost instinctive answer was to try to achieve larger and better built units. That meant answering the wrong question well. We felt the notion of quality had to be redefined. All of us when buying a house expect that it is worth more each day than the day before. Social housing is more like buying a car than a house: it is worth less each day. Our point was that quality social housing would be capable of appreciating in value.

For a poor family, the housing subsidy is by far the most important support obtained from the state during their lives and this subsidy can only be received once. If this aid in the form of housing subsidy could appreciate in value, it would not only be an efficient way to guarantee mortgage payments, but also become a key piece in the family's strategy to overcome poverty. For this to occur, it is crucial to see housing not only in its physical condition (as a shelter), but also to begin to understand it as an asset with the possibility of having "a parallel life as capital," as Hernando de Soto puts it.[64]

---

64   Hernando de Soto, economista peruano (ver nota 2).

64   Hernando de Soto 2000 (see note 2).

actual. Si esa inversión puede garantizar rentabilidad (social y financiera) estaremos siendo más eficientes para abordar el tema del desarrollo. En otras palabras, con una buena política, un diseño arquitectónico, urbano y estructural inteligente y con un plan de habilitación social adecuado, cantidad y calidad de viviendas no tienen que ser términos excluyentes.

Por último una vivienda que aumenta de valor en el tiempo no sólo significa hacer un uso más eficiente de los siempre escasos recursos públicos; además es un indicador que la familia propietaria de esa vivienda ha podido superar su situación de mera sobrevivencia al estar siendo capaz de invertir en su casa. Además, dado que uno de los factores más influyentes en la valorización es la localización, un aumento de valor de la vivienda, refleja la inserción de esa familia en una parte de la ciudad que está mejor servida y equipada, es decir, con acceso a una mejor calidad de vida.

Para que tal valorización ocurriese, identificamos un conjunto de 5 variables de diseño arquitectónico que con los mismos recursos (es decir, sin sacrificar la cantidad de unidades construidas cada año), son la base para que el aumento de valor ocurra.

For the state, social housing that can appreciate in value can be understood as a social investment. The government of Chile must spend 10 billion dollars to cover the current deficit. If this investment could be guaranteed to appreciate (socially and financially) we would be more efficient in our development. In other words, with a good policy, a smart architectural, urban and structural design and an appropriate plan for social habilitation, quantity and quality no longer need be mutually exclusive terms.

Lastly, a home appreciating in value not only means a more efficient use of scarce public resources, it is also an indicator that the family owning the home has been able to move beyond mere survival to being able to invest in their home.

For this appreciation to take place, we identified a group of five design parameters that with the same resources (that is, without sacrificing the number of units built each year) are the bases for value gain to occur.

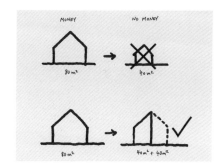

½ CASA BUENA ≠ 1 CASA CHICA

Cuando hay dinero suficiente, ya sea por ahorro personal, crédito hipotecario, subsidio estatal o una combinación de ellos, la evidencia muestra que una familia de clase media vive razonablemente bien en una casa del orden de 80 m². Las familias más pobres que no tienen capacidad de ahorro ni son susceptibles de crédito bancario, son fuertemente dependientes de los subsidios fiscales para acceder a la vivienda. Pero la evidencia muestra que los subsidios son incapaces de permitir a una familia pobre acceder a un estándar de clase media. ¿Qué hace el mercado cuando no hay dinero suficiente? Achicar y alejar. La tendencia convencional del mercado que provee las soluciones habitacionales que se financian con fondos públicos, es construir en lugares donde el suelo cueste muy poco, es decir, lejos y hacer la misma casa de la clase media, pero más pequeña. De hecho, en el mundo en desarrollo, los sistemas públicos de financiamiento permiten construir del orden de 40 m².

A nosotros nos pareció que era más eficiente pensar que 40m², en vez de una casa chica, son la mitad de una casa buena. Cuando la plata alcanza sólo para la mitad de una casa, la pregunta clave es ¿qué mitad hacemos? Aquella mitad de la casa que una familia no va a poder hacer por sí sola.

HALF A GOOD HOUSE ≠ ONE SMALL HOUSE

When there is sufficient money, be it personal savings, mortgage funds, or state subsidy, a middle-class family usually opts for a home around eighty square meters. Poorer families have no capacity for saving nor are they eligible for loans, and thus depend on state subsidies for housing. What does the market do when there isn't enough money? Reduce and displace. The conventional trend of the market providing housing solutions financed by public funds is to make the same middle-class house, only smaller, and farther away where land is cheaper.

To us, it seemed more efficient to think of forty square meters not as a small house, but as half of a good house. When money can pay for only half of a house, the key question is: Which half do we do? The half that a family could never make on their own.

Las 5 condiciones de diseño arquitectónico que se deben verificar para que una vivienda social pueda valorizarse en el tiempo son:

The five architectural design conditions that must be verified for a social housing project to increase in value over time are:

10.1 BUENA LOCALIZACIÓN EN LA CIUDAD

La localización en la ciudad no sólo es aquello que una familia de manera individual nunca podrá modificar, sino que es por lejos el factor que más influye en la valorización de la casa. Además, dado que una ciudad no es una mera acumulación de casas sino una red de oportunidades, una buena localización garantiza la inclusión de una familia en esa red que puede ayudarlos a superar la pobreza.

En un proyecto de vivienda social, más que preguntar cuánto (tamaño o terminaciones tiene), hay que preguntar dónde (se ubica en la ciudad). Es infinitamente más deseable, entregar una casa más chica en un buen barrio, que una casa más grande pero mal localizada. En vez de esforzarse por entregar casas más grandes, lo cual muchas veces se hace a costa de pagar por suelos baratos en la periferia, hay que invertir los esfuerzos (y los recursos) en entregar las viviendas en terrenos bien ubicados en la ciudad.

Para lograr esa buena localización, o, lo que es lo mismo, para poder pagar un suelo caro con cargo al modesto monto del subsidio, la única herramienta disponible es alcanzar una densidad lo suficientemente alta. Esa densidad debe ser alcanzada garantizando a cada propiedad acceso directo e individual al suelo, evitando núcleos verticales y circulaciones horizontales comunes, dado el nivel de conflicto social y deterioro urbano que en ellos se produce.

10.1 GOOD LOCATION WITHIN THE CITY

Location within the city is not only what an individual family will never be able to modify, but it is the factor that most affects the value of the house. Furthermore, as a city is not an accumulation of houses but a network of opportunities, a good location guarantees the inclusion of a family in a network of opportunities that increases the likelihood that they will overcome poverty.

So, in social housing, instead of asking how much (size of the house or quantity of finishes for example), the question should rather be where (it is situated within the city). It is infinitely preferable to deliver a smaller house in a good neighborhood than a bigger unit that is poorly situated; instead of making the effort to deliver larger houses, which is usually done by buying cheap land on the outskirts of town, those efforts must be invested in delivering houses in well-situated lots within the city (able to grow).

To obtain a good location, or what amounts to being able to pay for an expensive lot with the modest amount of subsidies, the only tool available is to achieve a sufficiently high density. That high density has to be achieved, though, with individual direct access of every property to the ground, avoiding common vertical or horizontal circulations, given the social conflict and urban deterioration they can produce.

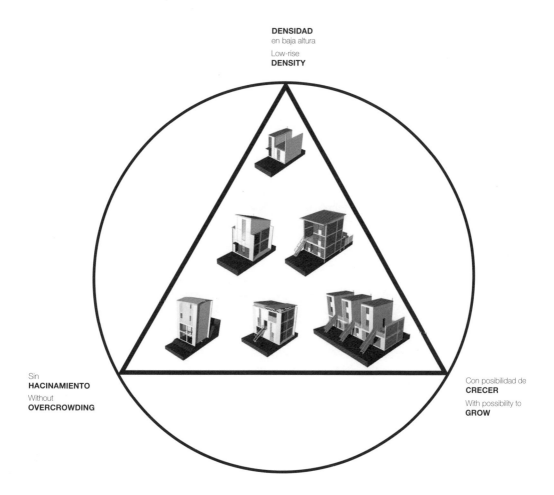

DENSIDAD
en baja altura
Low-rise
DENSITY

Sin
HACINAMIENTO
Without
OVERCROWDING

Con posibilidad de
CRECER
With possibility to
GROW

La dificultad radica en que al mismo tiempo que necesitamos densidad, debemos garantizar que cada vivienda se pueda ampliar al menos al doble de su tamaño inicial. Por lo tanto el diseño debe resolver alcanzar densidades suficientemente altas, en baja altura, sin hacinamiento, con posibilidad de crecimiento.

En el libro hay ejemplos que resuelven el problema por medio de lotes compactos y otros, más radicales, que lo hacen sobre el principio de superponer propiedades. En ambos casos se trata de hacer conjuntos de vivienda densos como un edificio pero ampliables como una casa.

The difficulty lies in that together with high densities that enable us to pay for good locations, we must guarantee that each house can be enlarged to twice its initial size. Therefore, the design condition may be expressed as the need of obtaining density with low-rise buildings that allow growth without overcrowding.

There are some examples in the book exploring the idea of compact lots and other more radical ones that work according to the principle of overlaying houses. In both cases, the aim is to build housing complexes dense like apartments, but expandable like houses.

10.2 CRECIMIENTO ARMÓNICO EN EL TIEMPO

Cuando con fondos públicos, se puede entregar sólo la mitad de una casa, lo que en el fondo estamos diseñando, es una vivienda incremental. El principal conflicto que se desprende de ella, es la alta probabilidad de deterioro del entorno urbano producto de construcciones espontáneas de calidad incierta y dispar. Si el conjunto urbano se deteriora, el valor de cada vivienda decrece. Por mucho tiempo, dinero o energía que una familia invierta individualmente en ampliar o mejorar su casa, si el barrio pierde valor, la vivienda misma dejará de valer.

Para cuidar un desarrollo armónico del conjunto, hay que conformar al menos el 50% del frente urbano con la vivienda inicial. Es muy difícil controlar la manera en que se harán cada una de las ampliaciones, por tanto de lo que se trata más bien es de "racionalarlas", separarlas y enmarcarlas. La idea básica es que el diseño de la primera mitad, sea una estructura "porosa", que funcione como un soporte para las ampliaciones improvisadas. Estos "poros" o espacios para las ampliaciones deben estar idealmente rodeados de estructuras sólidas y separados por "raciones" de edificio, para que la eventual mala calidad de las ampliaciones quede enmarcada y dosificada. En este sentido es muy importante que el "edificio inicial" esté estratégicamente colocado en las aristas de los lotes, para garantizar así la calidad del frente urbano futuro.

La crítica histórica que se le hace a la vivienda social es que, debido a la tendencia natural a la repetición y producción en serie para reducir costos, ella es incapaz de acoger la diversidad de composición, economías, gustos o sensibilidades de los residentes. En el caso de vivienda incremental, la monotonía y la repetición pueden ser la única manera de enfrentar un escenario incierto de ampliaciones futuras. De esta manera, la auto-construcción puede dejar de entenderse como una amenaza de deterioro y podría convertirse en una alternati-

10.2 HARMONIOUS GROWTH OVER TIME

When public funds can deliver only half of a house, what we are essentially designing is incremental housing. The main conflict arising from incremental housing is the high probability for the deterioration of the urban environment by spontaneous building of uncertain quality; if the urban surroundings deteriorate, the value of the home decreases. Despite the time, money, and energy individually invested by the family in expanding or improving their home, if the neighborhood loses value, the home loses value.

To ensure harmonious development for the complex, at least fifty percent of the urban front needs to be defined with the initial dwelling. It's difficult to control how the expansions will be made, so the aim has to be to separate and frame them. The basic idea is that the design of the first half is a porous structure that works like a support for the improvised expansions. These "pores" or spaces for the expansions must be surrounded by solid structure and separated by "rations" of building so that the eventual poor quality of the expansions are framed and controlled. In this sense it's important that the "initial building" be strategically placed towards the lot edges to guarantee the urban front.

The criticism historically made about social housing is that it is incapable of embracing the diversity of composition, economy, tastes, and sensibilities of the residents when cost reduction techniques such as through modularity and repetition are employed. In the case of incremental housing, monotony and repetition may be the only way to

va para personalizar tanto el espacio urbano como la vivienda misma. Por otra parte, los procesos de industrialización de la construcción dejan de tener una connotación negativa y pueden ser llevados adelante ya sin ningún cargo de conciencia pues su regularidad e incluso monotonía, definen un soporte neutro, clave para la valorización de la inversión.

Hay veces en que el entorno ambiental y climático, fuerza a entregar desde el comienzo la totalidad de la envolvente de la casa. En esos los casos, dado que los crecimientos ocurren dentro del volumen entregado, podría haber un problema con la monotonía e incapacidad de individualización de cada unidad. Para enfrentarlo, se debe identificar aquellos elementos que las familias puedan modificar y tener así algún margen de "customización" en la vivienda. Tales elementos tienden a ser los vanos de las unidades y las partes no estructurales de la fachada.

face an uncertain scenarios of building expansions in the future. In this way, self-construction may no longer be seen as a threat of deterioration and become a viable alternative for personalizing urban space. On the other hand, the industrialization processes in construction no longer have a negative connotation and can be used in good conscience because their regularity, and even their monotony, defines a neutral support, key to the appreciation of the investment.

There were times in which the local climatic conditions forced us to deliver the whole envelope of the house and the growth occurred within the delivered volume. In each case, we could have had a problem with the monotony and incapacity to individualize each unit. To confront this, we had to identify the elements that the families could modify and in this way have a margin of "customization" in the dwelling. Such elements usually include the openings of the units and the nonstructural elements of the façade.

10.3 ESPACIO COLECTIVO
PARA FAMILIA EXTENSIVA

Una cuestión clave en el despegue económico de una familia de escasos recursos, es la existencia de un espacio donde se pueda desarrollar la "familia extensiva". Es muy caro ser pobre. La ocupación multifamiliar de un lote, no es sólo consecuencia de la incapacidad de tener una casa propia; es también una estrategia de sobrevivencia y un nivel intermedio de asociación económica, clave en entornos sociales frágiles.

Un ejemplo clásico: una familia que vive allegada en el fondo del solar de los padres, se gana un subsidio en la periferia. La mudanza, altera la generalmente frágil relación con su fuente de ingresos y rompe la red social que sostiene a esa familia. En su nueva casa no sólo deben empezar a pagar cuentas, sino además dejan de estar esos abuelos que cuidaban a los nietos. Así las cosas, uno de los padres debe quedarse en la casa, el ingreso familiar se reduce y si bien quizás están en una mejor casa, su situación económica es peor. Por tanto si esas redes sociales existen, hay que conservarlas; y si eso no es posible, hay que dotar al nuevo conjunto de un espacio para que se pueda volver a construir ese nivel intermedio de asociación.

Se podría afirmar que el tejido urbano con que se ha construido la vivienda social tiene una estructura binaria: o hay espacio público o hay espacio privado; o hay calles o hay lotes privados. En un conjunto de vivienda social es muy importante introducir el espacio colectivo, una propiedad común pero de acceso restringido, donde pueda tener lugar esa unidad económica de la familia extensiva. El tamaño del espacio colectivo estará determinado por la cantidad de familias que se pueden poner de acuerdo. Tanto la evidencia empírica como la literatura muestra que ese tamaño está en torno a las 20 familias.

10.3 COLLECTIVE SPACE
FOR THE EXTENDED FAMILY

A key matter for the economic takeoff of a low-income family lies in the existence of a space where the extended family may develop. It is very expensive to be poor. The multifamily occupation of a plot, although overcrowded, is not only the expression of the impossibility of having a house of their own. It is also a survival strategy; an intermediate level of economic association which in fragile social environments is crucial.

A classic example: a young family lives in the back of their parent's lot and obtains a subsidy for a house on the outskirts of town. Not only is the fragile relationship with the income source altered, but also the social network supporting the family is broken. In their new house they must not only start to pay bills, but also they no longer have the grandparents to look after their children. Therefore, one of the parents has to stay at home, family income is lowered, and although they may be in a better house, their poverty situation has worsened. Thus, if said social networks exist, one must try to preserve them, endowing the new urban complex with space where that intermediate level association may be maintained.

One could say that the urban fabric in which social housing is inserted has a binary structure: there is either public space or private space; there are either streets or private plots. In a social housing complex it is very important to introduce a collective space, a common property of restricted

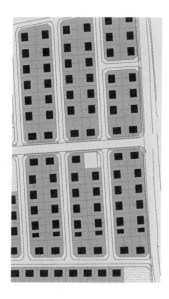

Estructura binaria I **Binary structure**

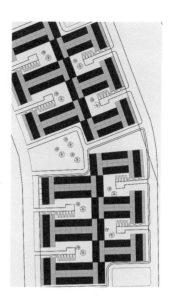

Espacio colectivo I **Collective space**

Este muy probable que ese espacio colectivo, sea el lugar donde en el futuro (en caso de no existir hoy) las familias estacionarán los automóviles. Observamos que en la medida que la proporción de ese espacio es cercana al cuadrado, aún cuando se estacionen autos, todavía es posible que se desarrollen otras actividades, principalmente el juego de los niños.

Es importante hacer un esfuerzo para que este espacio quede despejado de cables e infraestructura en general. Dado que el tamaño de las casas es pequeño, el espacio colectivo funciona en la práctica como una especie de extensión del living de las viviendas. La arborización de ese "living" depende muchas veces no sólo de la mantención que los vecinos hagan, sino del hecho que las compañías que proveen servicios, no poden los árboles para mantener libre el tendido aéreo. Garantizar el desarrollo del material vegetal, justifica los esfuerzos para que las canalizaciones sean subterráneas o por las fachadas.

access where the economic and social activities of the extended family may take place. The size of the collective space will be determined by the number of families that can reach an agreement (which, in practice, is usually around twenty families).

The collective space is also where, in the future (should it not already be in place), the families park their cars. We have noted that if the proportion of that space is close to a square, even though cars may park there, it is possible to have enough room left for other activities, like play spaces for children. We have also noted that it is important to leave that space free of cables and infrastructure in general.

Given that the size of the houses is small, the collective space is, in practice, their living room. The planting of trees in that "living room" depends not only on the maintenance carried out by the neighbors, but also on the companies rendering the services who do not prune the trees to keep the overhead line free. That is why, rather than for aesthetic reasons, it is justifiable to make efforts to build underground channeling or across the façades.

10.4 HACER PRIMERO LA MITAD MÁS DIFÍCIL DE LA CASA

Cuando los recursos disponibles permiten hacer sólo la mitad de una casa, hay que tener una estrategia muy precisa para abordar tanto la mitad inicial como la mitad que será luego hecha por las familias. La primera mitad debe considerar todas aquellas operaciones y elementos que resultarán imposibles o difíciles de abordar a una familia por sí sola: los muros medianeros estructurales y cortafuegos, la cocina, el baño, la escalera y el techo (cuando sea el caso).

Es muy importante visualizar, cómo cada familia hará luego la segunda mitad de la casa, porque esa es una pregunta inevitable en toda vivienda incremental: ¿qué tan fácil, económica y segura puede ser la segunda mitad de la casa, si el diseño de la primera mitad ha sido estratégicamente pensado?

Cuando hoy en Chile se evalúa un proyecto de vivienda dinámica, rara vez se mide la dificultad técnica o el costo de las ampliaciones que cada familia deberá hacer. Simplemente se verifica que haya espacio o, lo que es lo mismo, un patio suficientemente grande. En realidad, la estrategia debería ser la opuesta: se debería diseñar el estado final de la vivienda y luego empezar a sacar todo aquello que no se puede cubrir con el subsidio, siguiendo una especie de lista de partidas en orden decreciente de dificultad que van desde lo más complejo a lo más fácil de ejecutar.

Por ejemplo: si en una construcción convencional, el 30% del costo es la obra gruesa y un 70% las

10.4 BUILDING THE DIFFICULT HALF OF THE HOUSE FIRST

When the available resources provide for the construction of just half of a house, one has to have a very precise in defining the initial half and anticipating how to deal with the other half, to be built later on by the families. The first half should consider all the elements and operations that will be difficult for the family to deal with. That difficult half generally includes structural partition walls and firewalls, kitchen, bathroom, stairs, and roof.

It's very important to visualize how each family will build the second half of the house as herein lies the inevitable question in every incremental house: how easy, cheap, and safe can the second half of the house be, when the design of the first half has been decided in a strategic manner?

When an incremental housing project is being assessed nowadays in Chile, the technical difficulties or the cost of the expansions each family will have to make are rarely taken into account. It is only verified that there is enough space for them or, what amounts to the same, that the courtyard is ample enough. Therefore, a way of dealing with this issue would be to start the other way around and work backwards: design the final state of the house and then take away all that cannot be covered by the subsidy, generating an itemized list in order of difficulty from the most complex to least.

For example, if in conventional construction, thirty percent of the cost is spent on structure and seventy percent on finishing, in social housing this proportion is inverted: seventy percent of the cost goes to the structure

terminaciones, en vivienda social, esta proporción se invierte: el 70% del costo es la obra gruesa y el 30% las terminaciones. Por tanto, la estructura para el estado final, debe estar muy arriba en la lista de prioridades de lo que debería quedar hecho inicialmente. Con ello se logra que la segunda mitad sea más segura pues se puede hacer el cálculo estructural incluyendo los peores escenarios de ampliación y se logra además que la segunda mitad sea económica pues las familias sólo deben hacer cerramientos no estructurales. Un buen proyecto de vivienda progresiva debe evaluarse en forma directamente proporcional a la reducción del costo de la ampliación que es capaz de hacer (expresado como porcentaje del costo de la inversión inicial). Así, si aceptamos la relación 70/30 entre obra gruesa y terminaciones, se debiera poder esperar que las segundas mitades de las viviendas, cuesten como máximo un 30% de los que costaron los primeras mitades.

En caso de estar trabajando con una tipología que considere vacíos o "poros", ellos se deben dimensionar de tal forma que sean lo suficientemente grandes para satisfacer el estándar de un buen recinto, pero lo suficientemente pequeños de tal modo de permitir ampliaciones constructivamente sencillas y de baja tecnología. En el fondo lo que se busca es que si a la inversión pública se suma la inversión familiar, lo que se obtenga sea mucho más que la suma de las partes.

and less than thirty to finishing. Therefore, given that the structure, in addition to being difficult, is an expensive item, it should head the list of priorities of what should be built first. Furthermore, the structure should be executed for the final state of the house. On one hand, this ensures a safer second half by making a structural calculation that includes the worst-case expansion scenario. At the same time, it allows the second half to be cheaper as the families will only have to build non-structural enclosures. A good social housing project must be assessed directly in proportion to the cost reduction of the expansion it is capable of obtaining (expressed as a percentage of the cost of the initial investment). Thus, if we accept the 70/30 relationship between structure and finishing, one could expect that the second thirty-six square meters cost, at the most, thirty percent of the first thirty-six square meters.

A typology that uses empty spaces or "pores" requires that the spaces be measured so that they are large enough to meet the standards of good rooms, but small enough to permit simple expansions requiring little technology. In the end, one must make the public investment plus the family investments become much greater than the sum of its parts.

10.5 ADN DE CLASE MEDIA

Es muy importante dejar de pensar en los 30 m² o 40 m² que se pueden entregar, como una casa chica. Lo que se debe hacer, es verlos como una parte de una vivienda de clase media, la que dado los escasos recursos disponibles no se puede entregar completa.

La política habitacional exigía hasta el 2006, que se entregaran como mínimo 25 m², y que se incluyera un baño, una cocina, un dormitorio, un living y un comedor. En esa superficie todos los recintos resultaban de mal estándar y esa vivienda estaba condenada a permanecer para siempre en torno a lo mínimo. Independientemente que esos mínimos hayan aumentado en la política actual, lo importante es invertir el punto de partida y tener como horizonte de proyecto el metraje final de la casa. Al hacerlo así, baños y cocinas por ejemplo, dos recintos difíciles de modificar, deben dimensionarse para una vivienda de estándar de clase media.

Un ejemplo: cuando se proyecta un baño para una vivienda de 25 m²,, parece razonable querer hacerlo lo más ajustado posible. Ese baño de vivienda social mide típicamente1,20 x 1,20 m, considera un receptáculo de ducha en la esquina opuesta a donde se coloca la puerta y está generalmente ubicado inmediatamente al lado del acceso a la casa para reducir los metros lineales de cañería necesarios para conectarse a las matrices públicas. La evidencia demuestra que ese baño es malo por tres razones:

10.5 MIDDLE-CLASS DNA

It is very important to stop thinking about the initial unit of twenty, thirty, or forty square meters as a small house. Instead, let's consider it as part of a middle-class dwelling that cannot be fully delivered because of lack of resources.

Until 2006, housing policy demanded that a minimum area of twenty-five square meters be delivered, including a bathroom, kitchen, a bedroom, a living room, and a dining room. Within that area everything was small and the future of that house would, inevitably, be small. Regardless of whether those minimum spaces have increased in the current policy, the important thing is to invert the starting point and consider the final footage of the house. Just as an example of two rooms that are difficult to modify, consider bathrooms and kitchens: they should be measured for a house of seventy-two square meters, the area of a standard middle-class house. Otherwise the following is typical reasoning in the market:

When a bathroom is planned for a house of twenty-five square meters, it is understandable that it is made as tight as possible. The bathroom which we have seen countless times in social housing is usually 1.2 x 1.2 meters with a shower receptacle in the corner opposite the door. This bathroom is almost always placed immediately beside the access to the house to reduce the amount of piping to connect to the public plumbing system. There is sufficient evidence on three different levels to prove why such a bathroom is very bad:

Ubicación Baño I Bathroom location

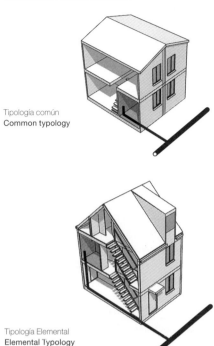

Tipología común
Common typology

Tipología Elemental
Elemental Typology

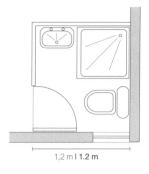

1,2 m I 1.2 m

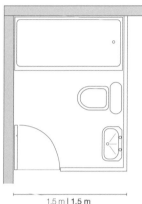

1,5 m I 1.5 m

1. El receptáculo de ducha debido a su poca profundidad, no puede evitar que el piso se inunde cuando alguien se baña. De hecho, el conflicto más recurrente entre vecinos es la filtración de los baños de una propiedad a otra.
2. Para instalar una tina, hay que modificar la distribución de todos los artefactos, cañerías y descargas incluídas.
3. A nadie le gusta tener el baño en la entrada de la casa. Es muy frecuente encontrar que el baño se traslada a una parte más central de la casa, más cercana a la parte privada de la vivienda (dormitorios), cuestión que debe ser por lejos la operación más cara y compleja de hacer en una vivienda y por tanto la última que uno quisiera que una familia hiciera por su cuenta[65].

1. Due to its small size, the shower cannot avoid flooding the floor with water every time someone showers. In fact, the most recurrent conflict among neighbors pertains to water leaking onto properties below.
2. To install a tub, the distribution of all the installations, plumbing, and drainage must be modified.
3. No one wants a bathroom at the entrance to his or her home. It is not uncommon to find the bathroom moved to a more central part of the house, closer to the private sector (bedrooms), by far the most complicated and expensive operation to make in a home and therefore the last thing one would want for a family to do on their own.[65]

65   Hay casos en que algunas constructoras nos contaban orgullosas, que sabiendo que la reubicación del baño era una de las primeras cosas que la familia iba a hacer, se dejaban los artefactos sin anclar al piso, para "facilitarles" la operación a la gente.

65   Some building companies told us, proudly, that there were cases in which, knowing that one of the first things a family would do would be to move the bathroom, they left the fixtures without anchoring them to the floor to make the job "easier" for the people.

Un diseño con ADN de clase media, debiera considerar por ejemplo, que el baño no estuviera a la entrada de la casa, sino cerca de los dormitorios. Que tuviese un tamaño acorde a una vivienda de 72 m², y no a una de 36 m²,. Que se pudiese instalar una tina sin cambiar la distribución del resto de los artefactos porque sólo en la tina se puede colocar bien una cortina, evitando inundaciones cada vez que alguien se ducha, además de permitir bañar un niño o lavar ropa por ejemplo. El estándar de clase media debe considerar además la posibilidad de cerrar las cocinas para que puedan convertirse en habitaciones independientes; los dormitorios deben tener un tamaño que acepte tener clósets o camas matrimoniales. Los conjuntos deben estar diseñados considerando los automóviles de las familias, con posibilidad de estacionarlos de forma segura, aun cuando esos autos todavía no existan.

Esto coincide con algo que detectamos en los talleres participativos: que el tamaño sí importa. Pero más que el tamaño inicial, es decir los metros cuadrados que se puede entregar al principio, lo que a las familias les interesa es el tamaño final que podrá alcanzar la vivienda una vez que ellos hagan las ampliaciones.

Todo eso, evidentemente es más caro, pero es justamente este tipo de decisiones las que se deben dar en los talleres participativos. Como todo eso debe pagarse con un subsidio limitado, son las familias las que deben participar en la definición de prioridades de estos elementos, sabiendo que hacer una cosa, significa dejar de hacer otra.

A design with middle-class DNA should consider, for example, a bathroom closer to the bedrooms and not in the entrance. It should be sized according to a home of seventy-two square meters and not to an initial unit of thirty-six square meters. One should be able to install a tub without having to change the distribution of the plumbing, because only in a tub can a curtain be hung to avoid flooding, a child be bathed, or clothes washed. A middle-class standard must also consider the possibility of enclosing the kitchens so that they become independent rooms; the bedrooms must be of a size that allows closets or queen-size beds. The housing complexes must be designed to take into account the families' cars, the possibility of parking them in a safe place, even though those cars may not exist at the moment.

We found in the workshops that size does matter. But more than a larger unit at the beginning, what interested the families was the final size that could be achieved with the expansions.

Obviously, all of this is more expensive, but these are precisely the kinds of decisions that must come from the workshops with the families. Also, all this must be paid with the subsidy; the families themselves must participate in determining the priority of these elements, aware that to do one thing means not doing another.

+ Buena Localización I **Good Location**

densidad suficientemente alta que permita pagar suelos caros I **sufficient high density to permit paying for expensive sites**

+ Crecimiento Armónico en el Tiempo I **Harmonious Growth in Time**

conquista de la arista / alternancia de vacíos para ampliaciones I **conquest of the edge / alternation of empty spaces for expansion**

+ Familia Extensiva I **Extended Family**

espacios colectivos de alrededor de 20 familias I **collective spaces for around 20 families**

+ Construir Estratégicamente la Primera Mitad I **Strategically Building the First Half**

dejar hecha la estructura para el estado final / muros medianeros estructurales y cortafuego + baño + cocina ı escalera ı tocho (cuando sea el caso) I **finish the structure for the final state / partition structural walls and firewalls + bathroom + kitchen + stairs + roof (if it's the case)**

+ ADN de Clase Media I **Middle-Class DNA**

72 m² o 4 dormitorios de 3 x 3 m con espacio para clóset o cama matrimonial / baños que acepten tina y no sólo receptáculo, con espacio para lavadora, lejos del acceso a la casa / posibilidad de estacionamiento para el auto I **72 m² or 4 bedrooms (3 x 3 m) with space for closet or double bed / bathrooms that may include a bathtub and not just a receptacle, with space for washing machine, far from the access to the house / possibility of a parking place for the car**

= **Todo x 300 UF x familia I Total x US$7,500 x family**

pagando terreno, urbanización y arquitectura I **paying for the plot, housing infrastructure, and architecture**

CONTINUARÁ...

Este libro documenta básicamente lo que hemos hecho en materia de vivienda. Pero desde que partimos el año 2000, hemos ampliado nuestro campo de acción a la ciudad completa. De hecho los proyectos más relevantes que hemos desarrollado últimamente, como el Zócalo Metropolitano de Santiago, el Plan de Reconstrucción Sustentable de Constitución (PRES) o el Plan Urbano Sustentable de Calama (PLUS) son todos de escala urbana e integran todas las dimensiones de la ciudad: desde su geografía y medio ambiente a su dimensión productiva, desde la energía a los sistema de movilidad, pasando por los edificios públicos y la vivienda hasta el espacio público y la infraestructura. Todos ellos han sido abordados, al igual que la vivienda, buscando equilibrar sentido de realidad y pragmatismo con una ambición a la altura del desafío que cada uno de ellos representa. Todos ellos han sido llevados adelante, al igual que la vivienda, con la participación e inclusión de la gente.

Pero todas esas experiencias son materia de otra publicación. Por ahora, sólo una breve sinopsis de lo que será el próximo libro que ya está en elaboración:

ELEMENTAL CIUDAD.

TO BE CONTINUED . . .

This book basically documents what we have done in social housing. But since we started in the year 2000, we have broadened our field of action to the entire city. In fact, the most relevant projects we have been working on recently, like the Metropolitan Promenade, the Reconstruction Plan of Constitución after the earthquake and tsunami (PRES), the Sustainable Plan for the mining city of Calama (PLUS), are all of urban scale and integrate all the dimensions of the city: from its geography and environment to economic production, from energy to transportation, from public buildings to housing, from public space to infrastructure. All of them have been developed (or are being developed) as we did with social housing, trying to balance reality and pragmatism with an ambition equivalent to the challenge they represent. And all of them, as with social housing, have been carried out (or are being carried out) with the participation of the people.

But this is the subject for a different book. For now, just a quick snapshot of what that book, which is already being prepared, will be about:

ELEMENTAL CITY.

Plan de Reconstrucción Sustentable de Constitución (PRES)

Reconstruction Plan of Constitución after the Earthquake and Tsunami (PRES)
2010–2020

Plan Urbano Sustentable de Calama (PLUS)

Sustainable Plan for the Mining City of Calama (PLUS)

2012–2025

propuesta I **proposal**

Zócalo Metropolitano de Santiago
Metropolitan Promenade of Santiago
2010–2015

antes | before

primer tramo | first phase

10 km length

Editores | Editors: Alejandro Aravena, Andrés Iacobelli
Gestión editorial | Managing editors: Alejandro Aravena, Víctor Oddó
Traducción | Translations: Alejandro Aravena
Corrección de texto | Copyediting: Alejandro Aravena, Melanie Eckner
Diseño gráfico | Graphic design: Víctor Oddó, Elemental
Colaboradores | Collaborators : Andrea Sace, Anna Chiara Leardini,
Letizia Caprile
Familia tipográfia | Typeface: Helvetica Neue
Producción | Production: Vinzenz Geppert, Hatje Cantz
Reproducciones | Reproductions: Kathrin Lehmann, prints professional
Papel | Paper: Tauro Offset, 120 g/m^2
Impresión | Printing: GRASPO CZ, Zlín

Segunda edición | Second edition

Publicado por | Published by
Hatje Cantz Verlag
Mommsenstr. 27
10629 Berlin
Alemania | Germany
Tel. +49 30 34 64 678 00
Fax +49 30 34 64 678 29
www.hatjecantz.com

Distribuido internacionalmente por Hatje Cantz, excepto en Chile.
Distributed internationally by Hatje Cantz, except for Chile.

ISBN 978-3-7757-4142-2

Impreso en Chequia | Printed in Czech Republic

Este libro fue financiado parcialmente por el Index Award,
que Elemental ganó el 2011 en Copenhague.
This book was partially funded by the Index Award
Elemental won in 2011 in Copenhagen.

■ INDEX
■ DESIGN
TO IMPROVE
LIFE®

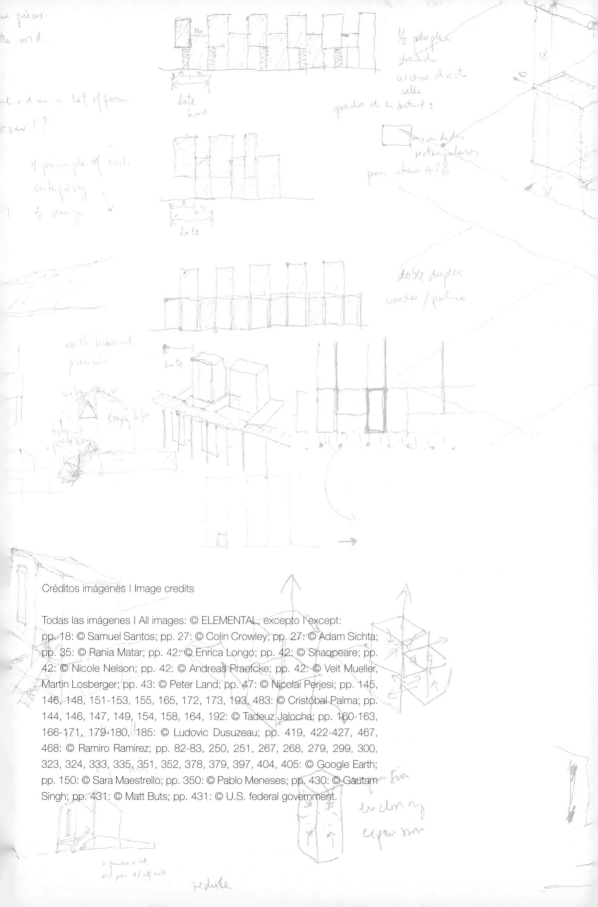

Créditos imágenes I Image credits

Todas las imágenes I All images: © ELEMENTAL, excepto I except:
pp. 18: © Samuel Santos; pp. 27: © Colin Crowley; pp. 27: © Adam Sichta;
pp. 35: © Rania Matar; pp. 42: © Enrica Longo; pp. 42: © Shaqpeare; pp.
42: © Nicole Nelson; pp. 42: © Andreas Praefcke; pp. 42: © Veit Mueller,
Martin Losberger; pp. 43: © Peter Land; pp. 47: © Nicolai Perjesi; pp. 145,
146, 148, 151-153, 155, 165, 172, 173, 193, 483: © Cristóbal Palma; pp.
144, 146, 147, 149, 154, 158, 164, 192: © Tadeuz Jalocha; pp. 160-163,
166-171, 179-180, 185: © Ludovic Dusuzeau; pp. 419, 422-427, 467,
468: © Ramiro Ramirez; pp. 82-83, 250, 251, 267, 268, 279, 299, 300,
323, 324, 333, 335, 351, 352, 378, 379, 397, 404, 405: © Google Earth;
pp. 150: © Sara Maestrello; pp. 350: © Pablo Meneses; pp. 430: © Gautam
Singh; pp. 431: © Matt Buts; pp. 431: © U.S. federal government.

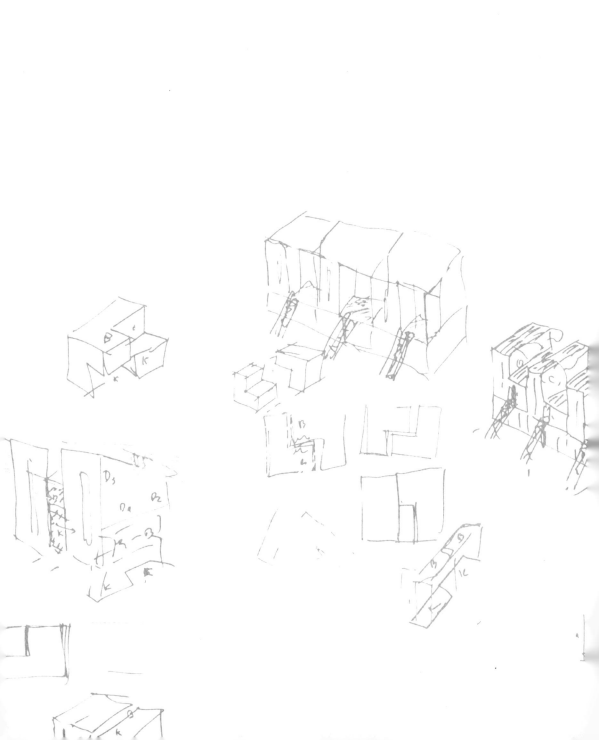